权威·前沿·原创

皮书系列为
“十二五”“十三五”国家重点图书出版规划项目

北京党的建设研究报告（2018）

AN ANNUAL REPORT ON PARTY BUILDING IN BEIJING (2018)

主　编／北京市党的建设研究会

社会科学文献出版社
SOCIAL SCIENCES ACADEMIC PRESS (CHINA)

图书在版编目(CIP)数据

北京党的建设研究报告. 2018 / 北京市党的建设研究会主编. -- 北京: 社会科学文献出版社, 2018. 9
(北京党建蓝皮书)
ISBN 978 - 7 - 5201 - 3315 - 9

Ⅰ. ①北… Ⅱ. ①北… Ⅲ. ①中国共产党 - 党的建设 - 研究报告 - 北京 - 2018 Ⅳ. ①D26

中国版本图书馆 CIP 数据核字 (2018) 第 192095 号

北京党建蓝皮书
北京党的建设研究报告 (2018)

主　　编 / 北京市党的建设研究会

出 版 人 / 谢寿光
项目统筹 / 仇　扬　王小艳
责任编辑 / 王小艳　仇　扬

出　　版 / 社会科学文献出版社 · 当代世界出版分社 (010) 59367004
地址: 北京市北三环中路甲 29 号院华龙大厦　邮编: 100029
网址: www. ssap. com. cn
发　　行 / 市场营销中心 (010) 59367081　59367018
印　　装 / 三河市龙林印务有限公司

规　　格 / 开　本: 787mm × 1092mm　1/16
印　张: 29. 75　字　数: 447 千字
版　　次 / 2018 年 9 月第 1 版　2018 年 9 月第 1 次印刷
书　　号 / ISBN 978 - 7 - 5201 - 3315 - 9
定　　价 / 128. 00 元

皮书序列号 / PSN B - 2018 - 741 - 1/1

北京党建蓝皮书编委会

北京市党的建设研究会简介

北京市党的建设研究会（以下简称“市党建研究会”）成立于1984年11月12日，主管部门是北京市委组织部。市党建研究会办事机构为北京市党的建设研究所（以下简称“市党建研究所”）。市党建研究所前身是1984年在北京市委党校设立的党的建设研究所。2004年4月19日，经北京市机构编制委员会办公室批准，独立并更名为北京市党的建设研究所，归属北京市委组织部管理。

市党建研究会自成立以来，关注党建前沿理论研究和基层党建工作实践，每年牵头或承担全国党建研究会重点课题研究，承担中央组织部党建研究所重点课题研究，课题成果多次获得重要奖项。同时，市党建研究会通过年度课题立项，组织全市各区、系统和单位进行党建课题研究，据不完全统计，自2013年至2018年已经立项课题214个，极大地调动了全市广大党员干部进行党建研究的积极性主动性。

2017年9月，市党建研究会入选首批首都高端智库建设试点单位。2018年2月，市党建研究会成立了首都党建智库。

主要编撰者简介

张　革　北京市委组织部副部长，北京市老干部局局长，市委老干部联络室主任（兼），北京市党的建设研究会副会长。研究方向：执政党建设理论与实践、基层组织建设。

姚　桓　北京市党的建设研究会党建智库首席专家、北京市党的建设研究会常务理事，北京市委党校原校务委员、党史党建部原主任。研究方向：党建理论、党章、执政能力建设。

章建伟　北京市党的建设研究会秘书长、北京市党的建设研究所所长。研究方向：执政党建设理论与实践、基层党建工作。

摘　要

《北京党的建设研究报告（2018）》由北京市党的建设研究会组织编写，旨在全面展示一段时期内北京市党的建设情况。全书由总报告、专题报告、地区报告、领域报告、特色党建案例和附录六部分组成。

总报告描述了全市各级党组织在政治建设、思想建设、组织建设、作风建设、纪律建设、制度建设等方面工作的基本情况和成效、亮点。

专题报告收录了全市层面以基层党组织建设、干部队伍建设、人才队伍建设、纪检监察工作为主题的调研报告。地区报告和领域报告分别收录了北京市各区、各系统的优秀调研报告。特色党建案例收录了北京市具有典型性的基层党建创新案例。

附录部分为北京市年度党建大事记，展现北京市年度党建工作脉络。

目　录

Ⅰ　总报告

Ⅱ　专题报告

Ⅲ 地区报告

Ⅳ 领域报告

Ⅴ 特色党建案例

Ⅵ 附录

皮书数据库阅读**使用指南**

总 报 告

General Report

B.1
2017年北京市党建工作情况报告

北京市委党建办

摘 要： 本报告反映了2017年北京市党的建设新进展、新成效。突出了五件大事：深入学习宣传贯彻党的十九大精神、抓好中央巡视“回头看”整改、完成监察体制改革试点重大政治任务、召开中国共产党北京市第十二次代表大会、压实管党治党主体责任。介绍了北京市党的建设各项工作情况：一是把党的政治建设摆在首位，坚决维护以习近平同志为核心的党中央权威和集中统一领导；二是突出思想建设基础性地位，坚定不移用习近平新时代中国特色社会主义思想武装党员干部；三是着眼锻造高素质专业化干部队伍，全面加强领导班子和干部人才队伍建设；四是以提升组织力为重点，推动基层党组织全面进步、全面过硬；五是持之以恒正风肃纪，推动党风政风持续好转；六是坚定不移惩治腐败，巩固反腐败

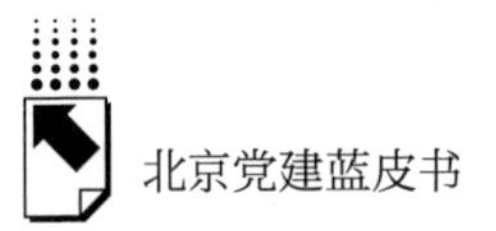

斗争压倒性态势；七是把制度建设贯穿始终，为管党治党提供法规制度保障。

关键词： 党建工作 主体责任 首善标准

2017年，在以习近平同志为核心的党中央坚强领导下，市委团结带领全市各级党组织和党员干部，坚持以习近平新时代中国特色社会主义思想为指导，牢固树立政治意识、大局意识、核心意识、看齐意识，牢牢把握迎接党的十九大胜利召开和深入学习宣传贯彻党的十九大精神这条主线，坚持和加强党的全面领导，坚持党要管党、全面从严治党，自觉扛起主体责任，坚持首善标准，推动全市党的建设取得了新进展、新成效。

一年来，在全面推进党的建设各项工作同时，重点抓了以下五件大事。

第一，深入学习宣传贯彻党的十九大精神。学习研究宣传党的十八大以来理论创新成果，围绕“砥砺奋进的五年”，开展主题宣传教育，配合办好大型成就展，编辑出版系列图书，开展“喜迎十九大，党史铸党魂”宣传月活动等，营造了良好氛围。十九大胜利闭幕后，市委召开常委会扩大会议、全市领导干部会议、全市学习宣讲报告会，以及市委十二届三次、四次全会，出台学习宣传贯彻的实施意见，突出强调以习近平新时代中国特色社会主义思想为指引，牢固树立“四个意识”，提出明确要求，在全市范围开展广泛学习，迅速掀起热潮。市领导带头到所联系区、系统等各类联系点，走上党校高校讲台，宣讲调研、督促检查，以上率下，步步深入。抓层层传达，确保党的十九大精神传达到每一个党支部、每一名党员。抓学习培训，市委理论学习中心组带头学习研讨，举办11期专题研讨班全员轮训市管干部、镇街党（工）委书记。抓集中宣讲，全市组织各类宣讲1.4万余场，直接受众155万人。抓精心宣传，发挥党报党刊、电台电视台等主流媒体作用，开辟专栏专刊，推出一批有分量、有深度的专题报道和理论文章；协调重点移动客户端全部上线十九大频道，相关新闻报道移动端点击量超过11

亿次，《为习近平鼓掌》收到网民鼓掌13.9亿次。抓贯彻落实，增强针对性、实效性，切实把十九大精神转化为推动首都工作的强大力量。

第二，抓好中央巡视“回头看”整改。深化对政治巡视的认识，不折不扣抓好整改，全面加强党的领导、党的建设。对巡视反馈问题，不回避、不推脱、不遮掩、不护短，细化整改内容、整改措施、整改时限，明确责任领导、责任单位、责任人员，确保整改可量化、可检查、可问责。对中央巡视组移交的366件问题线索，建立专门督查督办机制，全部处置完毕。按要求向中央报送整改情况，并在党内通报、向社会公开，接受党员群众监督。建立长效机制，制定贯彻落实十八届六中全会精神，深入推进全面从严治党。报请党中央批准，对北京农产品中央批发市场管委会党委实施改组，召开全市领导干部警示教育大会，进行警示、教育、震慑，坚定不移推进全面从严治党向纵深发展。

第三，完成监察体制改革试点重大政治任务。将试点作为改革“一号工程”，把党的领导贯穿全过程。将分散的行政监察、预防腐败和检察机关反贪反渎等力量整合到监察委员会，实现反腐败工作决策指挥、资源力量、措施手段的集中统一。完成市区两级监察委员会组建，统一派驻机构名称并赋予监察职能和权限，推进监察职能向基层延伸，实现对所有监察对象全覆盖。抓住转隶这个关键，细化工作方案，设置过渡期，实现机构、职能和人员全面融合。全面试用12项调查措施，探索“留置”措施使用程序和标准，做好使用“留置”措施的审查指导工作。推进执纪执法顺畅衔接，坚持纪严于法、纪在法前，深入探索审查违纪问题和调查违法行为协调推进的有效机制，完善监察机关与司法机关的配合协调机制，形成权威高效的反腐败体制机制。

第四，召开中国共产党北京市第十二次代表大会。按照“细致、精致、极致”要求，高标准、高质量筹备和召开市第十二次党代会，实事求是总结过去五年工作，认真谋划未来五年各项任务，对全面从严治党做出系统部署。认真开展换届考察工作，突出政治标准，严把市党代表、市“两委”、党的十九大代表人选政治关、廉洁关，对政治上作风上有问题的一票否决。

大会审议通过十一届市委工作报告，审查批准十一届市纪委工作报告，选举产生新一届“两委”和北京市党的十九大代表，中央批准的人事安排格局顺利实现，进一步统一了思想、凝聚了共识。党代会后，深入抓好“两贯彻一落实”，即深入学习贯彻习近平总书记系列重要讲话精神和治国理政新理念新思想新战略，深入学习贯彻习近平总书记两次视察北京重要讲话精神，抓好市第十二次党代会精神的学习宣传落实，以首都改革发展和党的建设实际成效迎接党的十九大胜利召开。

第五，压实管党治党主体责任。市委常委会制定并带头落实全面从严治党主体责任的规定，提出“七个带头从严”要求。坚持和完善市人大常委会、市政府、市政协、市高级人民法院、市人民检察院等党组定期向市委常委会报告工作制度，充分发挥市委总揽全局、协调各方的领导核心作用。健全抓党建工作机制，市委常委会加强对党建议题的研究，市委党建工作领导小组发挥统筹督导作用，推动党建责任和重点任务落实。研究建立市委常委党员副市长党建工作基层联系点制度、指导督促分管联系部门或单位党委（党组）抓党建工作制度。全面落实区委常委会向市委和区委全会专题报告抓党建工作情况制度，完善区委书记、系统党（工）委书记抓基层党建工作述职评议考核，约谈排名靠后的书记。严格责任追究，对党的领导弱化、党的建设缺失、从严治党不力问题严重的 53 个党组织和 841 名领导干部严肃问责，推动失责必问、问责必严成为常态。

一年来，市委统筹推进全市党的政治建设、思想建设、组织建设、作风建设、纪律建设，把制度建设贯穿其中，深入推进反腐败斗争，主要做了以下工作。

一　把党的政治建设摆在首位，坚决维护以习近平同志为核心的党中央权威和集中统一领导

始终牢记、坚决贯彻“看北京首先要从政治上看”要求，带头旗帜鲜明讲政治，确保全市上下统一步调，一切听从以习近平同志为核心的党中央

指挥，为党中央站好岗、放好哨。

牢牢把握党的政治建设首要任务。印发关于维护党中央集中统一领导的规定，明确要求全市各级党组织、全体党员牢固树立“四个意识”，坚定“四个自信”，切实做到“四个自觉”：自觉维护习近平总书记在党中央和全党的核心地位，自觉维护以习近平同志为核心的党中央权威和集中统一领导，自觉用习近平新时代中国特色社会主义思想武装头脑，自觉在思想上政治上行动上同党中央保持高度一致。明确要求市委及其常委会发挥带头作用，以上率下，切实做到“三个一”：听从一个号令，一切听从以习近平同志为核心的党中央指挥；带出一支队伍，带出一支对党忠诚、让党中央充分信赖放心的干部队伍，为党中央站好岗、放好哨；干好一件事情，推动习近平新时代中国特色社会主义思想在京华大地落地生根、开花结果，进一步形成生动实践。

严守政治纪律和政治规矩。坚定执行党中央决策部署，党中央提倡的坚决响应，党中央决定的坚决执行，党中央禁止的坚决不做，切实做到令行禁止。对党中央确定的目标、方针和重要提法，坚决贯彻，决不随意变动更改，决不自作主张另搞一套。明确要求党员干部做到“四个决不允许”：决不允许妄议中央、说三道四；决不允许阳奉阴违、搞两面派、做两面人；决不允许见怪不怪、纵容附和社会上错误思潮；决不允许搞团团伙伙，搞山头主义、圈子文化、码头文化。严格请示报告，重要情况及时向党中央报告，重大问题及时向党中央请示。把贯彻落实习近平新时代中国特色社会主义思想和对北京的重要讲话精神作为严肃的政治纪律，加强对中央重大决策部署和市委重点工作执行情况的监督检查，确保落实到位。对照“七个有之”，认真查找在北京的突出表现，严肃查处违反政治纪律问题。

严肃党内政治生活。把党章作为根本遵循，教育引导全市党员自觉学习、遵守、贯彻、执行党章，维护党章严肃性和权威性。严格执行《关于新形势下党内政治生活的若干准则》，认真开好班子民主生活会，落实双重组织生活制度，市委常委带头参加所在支部组织生活，切实增强党内政治生活的政治性、时代性、原则性、战斗性。制定市委及其常委会工作规则，完善和落实民主集中制各项制度，坚持集体领导、科学民主依法决策，凡属重大决策、重要人事任免、重大项目安排和大额资金使用等，都集体讨论，按少数服从多数作出决定。

二　突出思想建设基础性地位，坚定不移用习近平新时代中国特色社会主义思想武装党员干部

坚持以坚定理想信念宗旨为根基，教育引导全市党员干部不忘初心、牢记使命，补足精神之“钙”，筑牢思想根基，凝聚起推动发展的强大合力。

强化思想理论武装。精心组织对党的十九大报告、《习近平谈治国理政》第一卷与第二卷的学习，将习近平总书记对北京工作重要指示编印成册、印发全市，作为各级党员干部的案头卷、工具书、座右铭，推动学习贯彻向基层一线和党员群众延伸。坚持党委（党组）理论学习中心组学习制度，提出细化、量化要求，把学习贯彻习近平新时代中国特色社会主义思想作为首要任务，确保每一次学习就是一次理论武装，就是一次统一思想，就是一次强化导向。坚持“党校姓党”，突出党的理论教育和党性教育，在主体班次中课时占比超过70%，其中党性教育超过20%。坚持融入日常、抓在经常，把“两学一做”内容纳入各级党校、行政学院主体班次，作为各级中心组学习、党支部“三会一课”的基本内容固定下来，推进学习教育常态化制度化。

确保首都意识形态安全。严格落实意识形态工作责任制，强化重点阵地管理，开展“净网”“护苗”等专项行动，营造风清气正的网络环境。坚持党管媒体，完善管理制度，牢牢把握正确政治方向和舆论导向。强化高校阵地管理，坚决批驳错误言论，坚决处置攻击党的领导和社会主义制度的违法违规行为，有力维护了首都意识形态安全。

加大党的理论创新成果研究和阐释力度。积极参与马克思主义理论研究和建设工程重大任务，加强中国特色社会主义理论体系研究中心、马克思主义学院建设，建好用好《北京日报》、《前线》、“宣讲家”网等党报党刊党网，推出

一批重大理论文章。围绕习近平新时代中国特色社会主义思想和习近平总书记对北京工作的重要讲话精神，设立市级研究课题近400项。举办“首都当代马克思主义论坛”和首都理论界、文化界、媒体网站学习党的十九大精神座谈会。积极推进首都高端智库建设，紧紧围绕中心工作，为市委决策提供咨询服务。

三　着眼锻造高素质专业化干部队伍，全面加强领导班子和干部人才队伍建设

坚决贯彻好干部标准，着眼锻造一支与实现“两个一百年”奋斗目标相适应、与首都地位相匹配、忠诚干净担当的高素质专业化干部队伍，突出政治标准，树立正确导向，努力把干部选准、把班子配强、把风气搞好，为首都事业发展提供坚强保证。

做好党的十九大代表推选和市级换届工作。突出政治标准和先进性，坚持代表条件，落实结构比例要求，做好党的十九大代表以及十三届全国人大代表、常委会委员、专门委员会组成人员，全国政协十三届委员、常委、专门委员会委员推选工作。认真筹备市人大、市政府、市政协换届，统筹做好市委、市纪委和市人大、市政府、市政协换届人事工作，配合中央考察组扎实做好换届考察工作。坚持把纪律和规矩挺在前面，加强全程监督，加大违纪违法问题查处和问责力度，市第十二次党代会期间，严肃处理违反会风会纪的问题，营造风清气正的换届环境。

选优配强各级领导班子和干部队伍。确立“四个不让”的选人用人导向，研究起草高素质专业化干部队伍建设意见。坚持党管干部原则，强化党组织领导和把关作用，规范干部选拔任用，调整市管企业领导人员管理体制。做好领导班子综合分析研判，统筹全市干部资源，科学合理配备领导班子，重点配强党政正职和关键部门、重要岗位的干部。坚持在实践中培养锻炼干部，搭建平台、创造条件，通过交流任职、挂职锻炼等方式，有针对性地选派干部到首都改革发展一线、协同发展重点领域、对口支援帮扶地区等经受锻炼。研究推进优秀年轻干部培养选拔工作，注重配备女干部、少数民

族干部、党外干部。落实事业单位领导人员管理“1+5”制度体系，推进事业单位人事制度改革。

提升领导干部履职尽责本领。坚持量体裁衣、因材施教，开展精准化专题轮训培训，开展换届后十六区党政副职和法检“两长”分类专题培训，开展全市乡镇街道领导班子成员分类分专题集中轮训，有效提高了班子成员政治素质、领导能力和工作水平。围绕落实首都城市战略定位、有序疏解非首都功能、推动京津冀协同发展、建设城市副中心等重大任务和中心工作，统筹利用高端优质教育资源，开展境内外专题培训，帮助干部提高专业知识、专业能力、专业作风、专业精神。

强化干部日常管理监督。严格落实“两项法规”，扎实开展个人有关事项报告和抽查核实工作。对市管干部和市管企业领导人员配偶、子女及其配偶经商办企业情况进行全员核查规范，巩固提升试点工作成果。专项查核处级干部本人经商办企业情况，严肃处理违规人员。加大对苗头性倾向性问题发现、处置力度，加强提醒、函询、诫勉，起到了“咬耳朵”“扯袖子”作用。制定防止干部“带病提拔”实施办法，推动选人用人巡视检查全覆盖，推进超职数配备、“裸官”、违规办理和持有因私出国（境）证件、违规兼职、档案造假等专项治理常态化。

调动干部干事创业积极性。完善干部考核评价机制，修订完善领导班子和领导干部年度考核指标，研究改进十六区经济社会和党建工作实绩考核评价。专项督查推进领导干部能上能下规定落实情况，对不适宜担任现职的领导干部，通过调离岗位、免职退休、保留职级待遇等方式进行调整。研究建立容错纠错支持干部担当作为机制，为那些敢于担当、踏实做事、不谋私利的干部撑腰鼓劲。全面推行公务员平时考核，规范开展公务员及时奖励，营造鼓励干事创业的良好氛围。

深化人才发展体制机制改革。健全领导体制，调整充实市人才工作领导小组和成员单位，完善党管人才工作格局。落实首都人才发展体制机制改革实施意见，研究制定中关村人才管理、首都国际人才社区建设、引进外国人才、事业单位专业技术人员离岗创业、职称制度等方面的改革措施。深入实施“海聚工程”“全球顶尖科学家及其创新团队引进计划”，引进一批由诺贝尔奖级科学家领衔的团队。围绕“三城一区”、城市副中心等重点地区需求，面向全球发布 17 个政府特聘岗位。出台京津冀人才一体化发展规划（2017～2030 年），加强三地人才合作，服务区域协同发展。

四　以提升组织力为重点，推动基层党组织全面进步、全面过硬

坚持强功能、抓基本、补短板、重创新，突出政治功能，分类施策与整体推进相结合，抓实基层、夯实基础，基层党组织战斗力进一步增强。

创新推进党支部规范化建设。构建“一规一表一册一网”支撑载体，着力解决党支部“干什么、什么时候干、怎么干、干成什么样”的问题。健全“1＋N”制度体系，制定党支部规范化建设意见，完善配套制度。建立主题党日制度，每月固定一天开展主题党日活动，形成“政治生物钟”。在村和社区，试点开展党支部评星定级和党员积分管理，综合评价支部建设、党员发挥作用情况，推动党支部建设严起来、实起来。在全市 2.4 万个党支部开展大范围试点，积累经验、发现问题、创新载体、完善制度，为全面推广奠定基础。试点建设实训基地，加强基层党校建设，市级示范、区级重点、基层全员轮训党支部书记，提高书记抓支部建设的能力。

统筹推进各领域基层党建。落实基层党建重点任务，结合城乡基层党建“三级联创”调研检查，加强分类指导、专项督查。召开城市基层党建工作座谈会，制定加强和改进城市基层党建工作意见，推进城市管理体制改革，创新街乡管理机制，实行“街乡吹哨、部门报到”，强化街道统筹协调功能，以党建引领基层社会治理创新。召开国企党建工作会议，推动市、区一级企业全部将党建工作要求纳入企业章程，将党组织研究讨论作为董事会、经理层决策重大问题的前置程序，更好发挥国企党组织领导作用。开展集中攻坚，依托行业系统、园区、商务楼宇等抓好新兴领域党建工作，巩固提升非公企业和社会组织“两个覆盖”，北京地区全国百强互联网企业全部建立

党组织。制定村干部管理监督办法，对有前科的村书记和村主任分类作出处理。规范村级组织党务、村务、财务公开，健全完善村党组织领导下的村民自治机制。建立市级机关党委书记联席会制度，配齐配强党务力量，防止机关党建“灯下黑”。加强高校党的领导，召开高校思想政治工作会议，修订北京高校党建和思想政治工作基本标准并开展入校检查，市属高校党员校长全部任党委副书记，组织、宣传、统战部长按要求担任常委（委员）。推行中小学校书记校长“一肩挑”，推动民办学校党组书记进入学校董（理）事会和决策层。

加强基层基础建设。把政治标准放在首位，做好发展党员宏观调控，优化党员队伍结构。加强对重点领域行业党组织设置和换届工作的政策指导，建立健全基层党组织按期换届提醒督促机制，规范党支部纪检委员设置，优化组织体系。全面试行党组织关系网上转接，不断加强流动党员管理。印发基层党建工作基础保障五年规划，提高村干部和社区工作者待遇保障水平，推动实现工作有力量、办事有经费、活动有阵地、党建有氛围。

引领助推中心工作。着眼把组织优势转化为发展优势，创新载体、选树典型、示范带动，把党员服务中心工作的实际表现纳入民主评议内容，教育引导基层党组织、党员干部在疏解整治促提升、安全隐患大排查大清理大整治等专项行动中充分发挥作用，形成“红墙意识”“四千四万”“支部建在项目上”“建设副中心，向前站一步”等生动实践，实现了重点工作推进到哪里，党的建设就跟进到哪里，党组织和党员作用就发挥到哪里。深入推进抓党建促低收入村发展增收和软弱涣散基层党组织整顿，持续选派第一书记，健全干部驻村帮扶机制，整顿提升212个软弱涣散村党组织。

五　持之以恒正风肃纪，推动党风政风持续好转

深入学习贯彻习近平总书记关于进一步纠正“四风”、加强作风建设重要批示，驰而不息抓好作风建设，努力交上首善之区作风建设合格答卷。

贯彻落实中央八项规定实施细则。迅速制定贯彻落实中央八项规定实施

细则的办法，作出细化规定，提出严格要求。从严整治文山会海，完善精简会议的长效机制，严控会议规模，减少临时性、全市性会议。严控市委发文数量，加强前置审核，提高文件质量。严格落实党员干部直接联系群众制度，完善领导干部到基层蹲点调研、基层联系点、党建工作基层联系点、高校联系点、联系党外人士等工作制度，严督实导，抓好落实。

聚焦突出问题不放松。紧盯元旦、春节、中秋等重要节点，狠刹节日期间公款送礼、公款吃喝、公车私用等不正之风。紧盯老问题，关注新动向，研究制定进一步纠正“四风”、锲而不舍抓好作风建设的若干措施，严防“四风”反弹回潮。研究制定进一步加强因公出国管理工作的实施意见，坚决杜绝公费出国（境）旅游现象。开展违规购买和消费高档白酒专项治理、违规使用公车专项治理。全市共查处违反中央八项规定精神问题 586 人，给予党纪和政务处分 514 人，其他方式处理 72 人，通报曝光典型案例。

持续深化专项整治。深入开展“为官不为”“为官乱为”问题专项治理、“严肃查处群众身边的不正之风和腐败问题”专项工作，增强群众获得感，厚植党执政的政治基础。对“两个责任”落实不力、巡视反馈问题整改不力、落实中央八项规定精神不力等全面从严治党突出问题开展专项整治。

六　坚定不移惩治腐败，巩固反腐败斗争压倒性态势

坚持把纪律和规矩挺在前面，保持高压态势，坚持“零容忍”，深化政治巡视，做到有案必查、有腐必惩，持续深入推进反腐败工作。

保持遏制腐败高压态势。坚决拥护党中央对孙政才严重违纪违法案的查处，坚决肃清吕锡文案件恶劣影响，引以为戒，警钟长鸣。突出执纪审查工作的政治性，重点审查不收敛不收手，问题线索反映集中、群众反映强烈，现在重要岗位且可能还要提拔使用的领导干部，把三类情况同时具备的作为重中之重。立足首都工作大局，严肃查处败坏政治生态、扭曲市场经济秩序、侵害群众利益、破坏生态环境、毁坏文化遗产本身及背后的腐败问题。全市纪检监察机关共接受纪内信访举报 18279 件（次），处置问题线索

12537 件，谈话函询 3390 次；立案 3585 件，增长 11.5%；处分 3215 人（其中党纪处分 2844 人），增长 22.5%。处分厅局级干部 60 人，县处级干部 482 人，乡科级干部 686 人，移送司法机关 89 人。

有效运用监督执纪“四种形态”。制定指导意见，抓早抓小、防微杜渐，对党的十八大以来未办结的 1858 件局级问题线索大起底，按照“四种形态”分类处置。全市纪检监察机关运用“四种形态”处理 12494 人次，增长 58.6%。其中，第一种形态 9188 人次，占 73.5%；第二种形态 2399 人次，占 19.2%；第三种形态 610 人次，占 4.9%；第四种形态 297 人次，占 2.4%，下降 12.6%。

反腐败国际追逃追赃取得突破性进展。坚持追逃、追赃、防逃并重，健全“追防一体化”机制。建立防逃应急反应机制，阻止有外逃嫌疑的党员干部出境。追回在逃人员 32 名，是 2016 年的 2 倍多；追赃金额、冻结涉案房产套数实现历史性突破。

充分发挥巡视利剑作用。完成十一届市委最后一轮巡视，实现了全覆盖。市委换届后，迅速开展巡视工作，发现一批违纪违法问题线索和管党治党方面的突出问题。2017 年共完成对 54 个单位党组织的专项巡视和 3 个单位党组织的“回头看”，发现违反“六项纪律”方面问题 1497 个，移交问题线索 529 件。坚持巡视巡察一体谋划、一体部署、一体推进，建立上下联动监督网。巡察工作稳妥有序推进，巡察基层党组织 152 个，发现问题 2426 个，党员干部违纪违规问题线索 705 个。强化问题整改和成果运用，对十一届市委巡视发现的重点问题，集中梳理并形成制度清单，建立建账、交账、转账、督账、销账完整责任链条，做到条条要整改、件件有着落。实施巡视组工作和巡视整改情况“双测评”制度，对问题严重的严肃约谈、问责。

七　把制度建设贯穿始终，为管党治党提供法规制度保障

坚持思想建党和制度治党紧密结合、同向发力，突出针对性、指导性，

积极推进党的建设制度改革，不断健全党内法规制度体系。

统筹加强党内法规制度建设。坚持市委领导党内立法工作，完善领导体制和工作机制，建立健全市委常委会会前学法制度和定期听取立法工作汇报机制，建立党内法规工作联席会议。加强党内法规制度体系建设，研究制定党内法规制度建设五年规划（2018～2022年），重点对照党的十八大以来中央新制定或修订的党内法规，抓紧配套完善，突出抓好市委基础主干党内法规的制定。将党内法规制度的贯彻执行列入重点督查事项，对重要法规的贯彻落实情况定期督查、开展专项督查，探索纳入巡视工作内容。

积极推进党的建设制度改革。加强工作统筹谋划，明确党的建设制度改革12项年度重点任务，涉及加强市委常委会自身建设、干部队伍建设、加强和改进基层党建、深化人才管理改革等方面内容。发挥专项小组统筹协调作用，加强跟踪问效，对已出台的21项制度开展集中督察，对2项重点改革任务由市领导带队开展专项督察，推进改革任务落实。

专题报告

Thematic Report

B.2

首都基层党建工作特点规律研究报告

北京市党建研究所课题组*

摘　要：深刻把握超大型城市基层党建工作的特点规律，不断提高党建工作的针对性实效性，是加强新时代首都基层党组织建设的重要前提。本报告通过文献研究、实地调研、一对一访谈、专家座谈等方式，深度分析首都基层党建工作实际情况，从强化政治功能始终是首都基层党建的首要职责、完善适应基

* 课题组组长：张革，北京市委组织部副部长，北京市老干部局局长，北京市委老干部联络室主任（兼），北京市党建研究会副会长。
课题组副组长：章建伟，北京市党建研究所所长，北京市党建研究会秘书长。
课题组成员：曾佳佳，北京市党建研究所副所长，北京市党建研究会副秘书长；罗利，北京市党建研究所秘书处处长；端木婕，时任北京市党建研究所信息处处长；李琰，北京市党建研究所信息处副处长；王建军，北京市党建研究所调研处副处长；梁朱红，北京市党建研究所调研处副调研员；张越，北京市党建研究所秘书处干部；李斌，北京市党建研究所调研处干部；符建平，时任北京市党建研究所调研处干部；王士龙，时任北京市党建研究所调研处干部。

层社会治理结构变化的党组织体系是首都基层党建的根本保证、强化动力支撑是推动首都基层党建运行的核心要素、保障有力是首都基层党建运行和发展的基础、坚持统筹协调是首都基层党建的基本方式五个方面总结提炼出首都基层党建工作的特点和规律，为新时代进一步加强首都基层党建工作提供了理论支撑。

关键词： 首都　基层党建工作　特点规律

近年来，市委多次强调，要深刻把握超大型首都城市基层党建工作的特点和规律，不断提高党建工作的针对性、实效性。为总结经验做法，提炼特点和规律，进一步提升首都基层党建工作水平，市党建研究所课题组深入海淀区、大兴区、市委社会工委、北京二商食品股份有限公司、北汽福田汽车股份有限公司、中国人民大学、北京航空航天大学等开展调研，一对一访谈领导干部、基层党组织负责人、党务工作者和专家学者 50 余名，组织召开专家研讨会，在全市基层党建工作专题培训班上进行专题研讨。在深入研究的基础上，形成课题报告。

一　强化政治功能始终是首都基层党建的首要职责

功能定位是基层党建的核心问题，决定着基层党建工作的目标任务和运行机理。基层党建的功能是否得到有效发挥，是衡量和评价基层党建工作成效的重要标准。多年来，北京市始终把强化政治功能作为基层党建的首要标准，彰显首都政治特色。

（一）在落实中央重大决策部署中发挥首都基层党建政治功能

首都作为全国政治中心、文化中心、国际交往中心、科技创新中心，社会关注度高、大事要事多，各项工作既备受中央关注，也对其他兄弟省市具有示范效应。基层党建工作必须增强政治意识、大局意识、核心意识、看齐意识，坚定不移确保党的路线方针政策贯彻落实到基层。全市基层党建工作始终牢固树立首善意识，坚持首善标准，模范贯彻执行中央重大决策部署，为建设国际一流的和谐宜居之都保驾护航。通州区委按照京津冀协同发展战略部署，在全区开展“建设副中心，向前站一步”主题教育实践活动，通过交流研讨、明确职责、查摆问题、承诺践诺，引领带动各单位和广大党员自觉向中心聚焦、为大局聚力，形成主动出力、协调配合、齐抓共管的良好局面，为副中心建设凝聚了强大力量。延庆区在申办和筹备2022年冬奥会、创建世界地质公园、举办世界葡萄大会等活动中，充分发挥基层党建工作的统筹协调和衔接联动作用，将党的工作融入重大项目，与项目实施同步推进，实现互动双赢。

（二）在承担好重大政治任务中凸显首都基层党建政治功能

北京作为全国政治中心的城市战略定位，决定了基层党建的政治功能标准更高、要求更严、特点更突出。市委强调看北京首先要从政治上看，要求基层党建工作必须以更高的站位，坚决落实好“四个服务”职能，坚决维护中央权威。近年来，在北京2008年奥运会、国庆60周年庆祝活动、APEC会议、9·3阅兵等重大活动中，全市基层党组织充分发挥战斗堡垒作用，广大党员群众积极开展志愿服务，为维护首都安全稳定和各项重大活动顺利开展提供了坚强保障。在承担奥运场馆设施建设的20家市属企业、104个项目设计和建设团队中分别建立了基层党组织。新中国成立60周年群众游行筹办工作中，在8个指挥部、48个方阵的游行队伍中建立了3000多个临时党组织。通过加强基层党建工作，为重大任务圆满完成提供了强大组织保障。西城区西长安街街道工委立足特殊区域位置提出“红墙意识”，教育引导党员群众增强政治意识、责任意识，坚持“四个必须”，打造“五个一流”，建设“京城第一街道”。海淀区委制定《海淀区关于全面加强服务中央单位和驻区部队工作的意见》，明确基层党组织的服务责任，为中央单位和驻区部队提供更加优质、高效、精细的服务。

（三）在引领发展、发挥好战斗堡垒作用中强化基层党建政治功能

基层党组织是推动改革发展的“一线指挥部”。市委坚持将基层党建工作融入首都经济社会发展和现代城市治理，基层党组织在有序疏解非首都功能、推动京津冀协同发展、治理“大城市病”等中心工作中做好表率、当好先锋，把党的政治优势转化为发展优势，把党组织的战斗力转化为生产力，构建深度融合、协同发展的共同体，引领首都各项事业健康发展。朝阳区制定《朝阳区疏解非首都功能工作方案》，建立区、街道（乡镇）、社区（村）三级联动机制，带动全区基层党组织和广大党员群众坚决打好功能疏解攻坚战。大兴区在首都新机场建设过程中，充分发挥基层党组织在控制抢栽抢种和违法建设、做好村民工作等方面的作用，涉及的 13 个村全部在规定时间内拆迁完毕，既维护了村民的合法权益，又保障了项目的顺利实施。北汽福田汽车股份有限公司党委在确立党的组织地位和发挥作用途径上，提出要实现“体制对接、机制对接、制度对接、业务对接”，明确党组织在公司治理中的作用，实施“党管决策、党管干部、党管人才、党管监督”，形成了规范有序、作用有为、执行有力的党建工作新格局，实现“政治核心”与“经济中心”有效融合。

功能不明则方向不清。基层党建工作的运行过程，也是发挥功能的过程。强化首都基层党建的政治功能，让基层党组织沿着正确的方向创新发展，可以总结出一些规律性认识。一是必须把政治功能作为基层党建的“魂”。政治属性是基层党建的根本属性，政治功能是其首要功能。要把强化基层党建的政治功能放在首位，教育引导党员、干部和群众坚定理想信念，坚持党的领导，严肃党内政治生活，切实增强党内政治生活的政治性、时代性、原则性、战斗性，推动党的路线方针政策在基层落地生根。[①] 二是必须在服务中心工作中增强基层党建功能。基层党建工作必须紧紧围绕首都

① 张金豹：《强化基层党组织的政治功能——学习习近平总书记关于基层党建工作重要论述札记之三》，《中国组织人事报》2014 年 11 月 17 日。

改革发展大局，在推动北京由“聚集资源求增长”向“疏解功能谋发展”转变的过程中，充分发挥基层党建工作优势，切实把北京这个超大型首都城市规划好、建设好、管理好。三是必须突出基层党建的首善标准。首都城市战略定位的特殊性，决定了北京基层党建工作必须强化首都意识、突出首善标准，将首善标准和要求落实到基层党建工作各方面和全过程，建设基层党建首善之区。

二　完善适应基层社会治理结构变化的党组织体系是首都基层党建的根本保证

随着工业化、城镇化的迅猛发展，北京城乡经济结构和社会结构都在发生深刻变化，出现了大量的非公有制经济组织和社会组织，这些组织呈现出“小、散、变、杂”等特点。多年来，北京市适应超大型城市基层社会治理结构的变化，坚持分级推进、分类指导，条块结合、以条为主，持续健全完善全市基层党组织体系。

（一）创新方法，扩大党组织覆盖面

根据各行各业分布特点，创新党组织设置方式方法，完善党组织体系。针对非公有制企业党建工作基础薄弱情况，通过单独建、联合建、行业建等形式推进非公企业党组织组建工作，全市非公有制企业党组织组建率由2010年的31.8%提升至2016年的83%，规模以上非公有制企业党组织基本实现了全覆盖。探索“行业抓，抓行业”，实施商务楼宇“五站合一”建设工作，实现1297座商务楼宇党组织和党的工作全覆盖。建立全国首家互联网协会党委，成立全市出租汽车行业协会党委，将物业、保安等行业的党建工作纳入区域化党建工作中，实现党组织和党的工作在重点行业的全覆盖。将同类别、同领域社会组织相对集聚的市总工会、团市委、市科协等27家市级单位和部门认定为“枢纽型”社会组织，负责本领域党建工作，突出抓好律师事务所、注册会计师事务所、注册税务师事务所、大协会、大商会

等规模较大、人员较多的社会组织党建工作。适应信息化的快速发展，把党建阵地拓展到网络上，建立“e 支部”，加强北京地区 26 家主要网站的党建工作。

（二）优化设置，增强党组织功能

党组织设置灵活多变，不再固守行政组织设置，而是根据中心工作需要进行调整。紧跟农业产业化、城乡发展一体化步伐，打破城乡、地域和行业界限，不断调整优化党组织设置，在农民专业合作社、行业协会、产业链中全面建立党组织，探索村村联建型、产业带动型、村企联建型、村居联动型等模式，推进管理体制和运行机制创新，确保基层党组织作用充分发挥。目前，全市共有农民专业合作社 6010 个，单建、联建党组织 1508 个。怀柔区渤海镇党委合理规划村庄发展和产业布局，组建长城国际文化村联合党委，引领区域民俗旅游朝高端化、精品化、国际化方向发展。牢牢把握城市管理、公共服务、社会建设不断涌现的新任务、新要求，打破条块限制，优化城市社区党组织整合辖区资源和力量，推行街道“大工委制”和社区“大党委制”，构建首都特色的区域化党建工作新格局。探索支部建在网格上，构建起以街道党工委为核心，以社区党组织为主体，以网格党支部为基础的党组织体系。东城区东直门街道将社区划分为大小不一的管理网格，推行“1 + X + Y”（“1”指一个网格建立一个党的组织，“X”指日常工作力量，“Y”指社会参与力量）模式，形成“街道工委 – 社区党委 – 网格党支部 – 楼门院党小组”四级党建工作体系，确保每个党组织、每名党员学习活动、承诺践诺、创先争优、服务奉献、作用发挥都在网格。机关、企业、事业单位党组织设置也注重强化功能，在承担的重大工程中设立临时党组织，企业对外合作中创建“支部建在海（京）外项目中”，在铁路系统车间班组、高校和科研院所重大实验项目中建立移动党组织等。

（三）理顺关系，完善领导机制

着眼于建立完善基层党建工作责任体系，强化党委管党建、书记抓党建的责任，完善党委统一领导、组织部门牵头协调、行业系统具体指导、有关方面齐抓共管，一级抓一级、层层抓落实的基层党建工作领导体制。充分发挥统战、工商、民政、财政、司法、工信、商务、农业、教育、文化、卫生、国资委等部门抓行业系统党建的优势，把条条抓和块块抓有机结合起来，形成了上下联动、左右协同、合力推进的基层党建工作格局。特别是针对全市社会组织首都特征鲜明、社会参与度高、集聚效应明显、业态相对高端的特点，相继成立了市委社会工委、区委社会工委、乡镇（街道）社会工作党委，具体负责辖区社会组织党建工作。引导基层党组织统筹市场和社会资源，支持、协调和指导各类组织发挥优势，以党建工作的柔性管理推进社会治理和谐有序运行。建立完善区、乡镇（街道）两级基层党建工作述职评议考核制度，把抓基层党建工作领导责任真正落实到位。丰台区将全区81个委办局、群团组织、事业单位按照分工归口、责任覆盖的原则划分为宣传、组织、统战、经济、社会管理、城市管理等11个系统党建工作组，由主管区领导挂帅，形成有序运转的党建工作运行机制。

基层党组织体系的不断健全和完善，为推进超大型首都城市经济社会发展提供了坚强的组织保障。梳理近年来全市基层党组织体系建设的实践，可以总结出一定的规律性认识。一是必须紧紧围绕经济社会发展完善党的组织体系。党的根基在基层，党的力量也在基层。基层社会发展到什么阶段，党的组织体系建设就要跟进到什么阶段，做到哪里有群众哪里就有党的工作、哪里有党员哪里就有党组织、哪里有党组织哪里就有健全的组织生活和党组织作用的充分发挥。① 二是必须坚持基层党组织体系与社会治理结构变化相适应。基层党组织根植于基层社会之中，必须适应基层社会治理主体多元的变化，创新党组织设置，理顺党组织隶属关系，优化党组织体系。要根据不同利益主体的诉求，善于引领带动各方形成协商参与、共治共享的社会治理机制，增强基层党组织的凝聚力和影响力。三是必须坚持以创新的思维和举措研究探索党组织体系建设的发展方向。要注重理念创新，从大处着眼、小

① 王凤志：《论基层党建工作科学化及其对策》，《党的建设与政党理论》2010年第8期。

处入手，通盘考虑、统筹协调，使基层党组织体系不断适应基层经济社会发展的要求，要针对经济社会结构的变迁，与时俱进，促进党组织有效嵌入社会空间，切实巩固党的执政基础。

三 强化动力支撑是推动首都基层党建运行的核心要素

基层党建工作的动力，就是能够激励和推动基层党建工作有效运行的各种内外部力量的总和。首都超大型城市快速发展进程中，基层党组织所处的环境、担负的任务、工作的条件以及自身状况发生了重大变化，给基层党建提出了新的挑战和要求，需要基层党组织保持内生动力，不断破解难题，实现创新发展。

（一）传承红色基因，永葆不断前进的内生动力

全市各领域基层党组织把服从服务党和人民的事业、地区和单位的发展作为自己的神圣职责，作为共同的价值追求，深植血脉、代代相传，培育强大的内生动力。调研发现，凡是党建工作抓得好的基层党组织，都注重培养锻炼党员干部的党性修养，党组织负责人在精神层面都有着鲜明的“红色基因”。石景山区在非公有制企业中开展以“传承红色基因，提高治理能力”为主题的微党课，组织园区非公有制企业学习党史和红色基因集中体现的井冈山精神、长征精神、延安精神和西柏坡精神，从党的红色基因中寻找提高治理能力、解决治理难题的方法和依据，增强了非公有制企业对党的政治认同。顺义区高丽营镇一村党支部书记对党怀有深厚感情，带领党员“明职责、亮身份、做表率”，倡导“红心引领，入孝出悌，崇文善礼，知乐善舞，亲水护绿，遵规守制”村民文化，党建引领作用显著。北京航空航天大学针对青年学生思想活跃的特点，旗帜鲜明地用强大正向的“精神磁场”引领广大师生，以“爱祖国、爱航空、爱航天、爱北航”的“四爱”教育为载体，借助新媒体力量，落实落细社会主义核心价值观教育，凝聚正能量，增强根本动力。

（二）加强督导考评，将责任压力转化为自觉动力

基层党建工作不仅仅是基层党组织自身的事情，也需要上级党组织的领导、支持和保障，形成上下联动推进基层党建的合力。党的十八大以来，市委坚持推动全面从严治党向基层延伸，加强对基层党建工作的督导，抓好考核评价，落实党建责任，以压力传导激发基层党建工作的活力。区委书记、系统负责人就抓基层党建工作情况向市委进行专项述职，其他各级党组织主要负责人也向上一级党组织述职，形成了重视基层党建、狠抓基层党建、严格落实党建责任的氛围。从 1999 年开始，开展农村党的建设“三级联创”活动，坚持每年对农村基层党组织创建工作进行考核评价，2012 年，将活动延伸到城市社区，并将非公有制企业和社会组织党建工作纳入，有效激发了各级党组织抓基层党建工作的责任感和积极性。房山区持续推动城乡结对共建工作，先后开展了“排队抓尾”“整顿攻坚”“携手共建新农村”“百村帮扶”“连心共建”等工程，层层落实党建责任，统筹推进基层党建工作。昌平区制定党建责任、责任倒查和基本制度规定“三个清单”，要求各级党组织书记和领导班子对照落实；创新督查考核机制，成立 5 个基层党建工作巡回检查组，每季度深入基层巡查一遍责任制落实情况，其结果纳入年度考核。平谷区坚持“输血”“造血”并重，安排重点区直部门和实力较强的企业党组织，与 50 个经济薄弱村和低收入村党组织结对，开展“一村一策、精准帮带”。

（三）坚持群众路线，把赢得群众认同作为基层党建根本动力

群众满意不满意、高兴不高兴、答应不答应是检验党的一切工作的最高标准。市委制定了《关于进一步加强基层服务型党组织建设的实施意见》，各级党组织坚持走好新形势下的群众路线，接受群众监督、回应群众需求、协调群众利益、引领群众继续前进，把群众的要求转化为做好基层党建工作的内生动力，重点解决群众反映强烈的问题，把关系群众切身利益的实事扎扎实实办好，把一件件“民生工程”办成“民心工程”。全市选派机关优秀

干部400多人到需要重点整顿的软弱涣散村和发展落后村担任“第一书记”，着力建强基层党组织，促进农民增收致富，解决群众生产生活实际问题。怀柔区深入开展“百名干部包村居、千名干部回家乡、万名党员进社区”活动，组织党员干部帮助村居发展出主意、想办法、办实事，实现了全区284个行政村、32个社区全覆盖，提高了基层党组织的服务水平，得到群众赞许。密云区以区镇村三级党组织为核心，在全市率先建立农村立体分类式网格化社会服务管理模式，建立“三级联动”便民服务体系，开展“听民声、访民情、解民忧”主题实践活动，把服务送到群众家门口，把工作干在基层第一线，实现让群众满意的目标。

总结激发首都基层党建的动力来源，可以得到一些规律性认识。一是必须发挥内生动力的决定性作用。所有的外力最终都要通过内力起作用，基层党建工作的内生动力是基层党组织对党、对人民、对事业忠诚的体现。要加强基层党组织自身建设，坚持教育引导，打牢思想政治基础，促进基层党组织保持自我提高与推动事业发展的思想自觉和行动自觉。二是必须注重基层党组织的动力激发。要严格工作落实，强化督导检查，层层传导基层党建工作压力，不断把内在的责任压力转化为外在的工作驱动力。要通过建立科学完善的党内监督体系，压实基层党建责任。不断加大指导帮扶和激励保障力度，为基层党建提供“养分”，加强外部动力。三是必须坚持人民满意标准。基层党建工作说到底是做人的工作，最根本的是服务群众、凝聚共识。要围绕群众需求开展服务，动员群众参与、主动接受群众监督，增加人民群众对党的工作认同，通过基层党建工作实现凝聚人心、共促事业的目标。

四　保障有力是首都基层党建运行和发展的基础

保障基层党建工作的运行，需要从人、财、物、制度机制等方面为基层党组织开展工作提供必要条件。首都基层党建政治性强，工作要求和标准高，对基础保障提出了更高要求。近年来，北京市十分重视基层、关心基层，加大投入，把人、财、物等党建资源要素向基层倾斜，改善基层党建工作条件，规范制度机制，有力地保证了首都基层党建工作的正常运行。2016年12月，市委常委会研究通过《北京市2016—2020年基层党建基础保障工作规划》，进一步健全科学高效、与首都经济社会发展水平相一致、与基层党建工作需要相适应的基础保障体系。

（一）抓住选育管用备关键环节，做好人员保障

以村、社区为重点，加强以基层党组织书记为重点的基层干部队伍建设，加大培训力度，着力提升能力，精心培育基层党建工作的骨干力量。选派党建工作指导员，联系指导非公有制企业党建工作。从2015年起，分批选派市、区、乡镇机关优秀干部到村担任“第一书记”，进一步加强农村基层组织建设。开展面向村党组织书记考试录用为乡镇机关公务员工作，落实“一定三有”政策，拓宽了优秀村党组织书记政治发展空间。2016年3月，市委组织部联合相关部门出台《关于村干部基本待遇和基本保障的实施办法（试行）》，明确村“两委”干部基本报酬标准，给予社会保险缴费补贴，健全完善村干部待遇保障机制，为村干部集中精力抓党建、谋发展解除了后顾之忧。近年来，连续3次为社区党务工作者提高基本待遇，同时探索开展从优秀社区党组织书记中考录事业编制人员。海淀区组织近100名基层党组织副书记和组织委员（组织部部长）到上海、广东学习，组织2550名基层党组织书记到中国人民大学集中“充电”，选派543名党员到社区担任专职副书记，选派179名党员干部对口帮助基层党组织解决难题。

（二）多渠道筹措资金，提高经费保障水平

研究制定了进一步加强基层党组织工作和活动经费管理的办法，将基层党组织工作和活动经费标准从2005年的年人均100元提高到200元。加大对重点领域、薄弱领域党组织建设经费投入力度，对非公有制企业党组织实行党费全额返还。为每个村和社区拨付公益事业专项补助资金，保障村、社区党组织基本运行。从2015年起，按照每年每村15万元、社区20万元的标准，设立城乡基层党组织服务群众经费，确保基层党组织有钱办事，强化

了基层党组织的权威。通州区每年增加投入3000万元，设立引领发展、整顿软弱涣散基层党组织和党群活动服务中心扶持资金，将每名党员每年活动经费由200元提高到400元。大兴区仅2015年就投入5亿多元，用于基层党组织办公场所改善、开展服务以及困难党员生活补助等。

（三）调动各方资源，落实阵地保障

全面落实农村党组织活动场所规范化建设、社区党建“三有一化”、非公党建工作阵地“六有”标准。下大力气解决活动场所不达标问题，全市村级党组织活动场所全部达到90平方米的标准，社区办公和服务用房基本达到350平方米以上标准。在金融街、中关村、CBD、亦庄等非公有制企业和社会组织集聚地区建立起标志性党建活动阵地，方便各党组织开展活动。顺义区加强基层党组织办公活动场所建设，完成社区办公用房达标建设，全区426个村的办公活动场所平均面积达到526平方米，建成21个党群活动服务中心。

（四）注重规范化运行，加强制度机制保障

近年来北京市制定、修订了一批制度性文件，比如《关于在加强基层服务型党组织建设中发挥农村基层党组织引领发展作用推进城乡发展一体化的指导意见》《关于进一步加强基层服务型党组织建设的实施意见》《关于进一步加强区域化党建工作的意见》《关于规范基层党组织设置的指导意见》等，明确基层党组织工作职责、规范工作流程、完善工作程序，从制度机制上保障了基层党建工作正常运行。各区也注重制度机制建设，门头沟区委制定《关于区委领导班子成员履行抓党建工作责任制的实施办法》《关于进一步做好区级领导班子直接联系基层和服务群众工作的实施意见》《门头沟区城乡基层党组织服务群众经费管理办法》等，建立基层服务型党组织建设流动现场会制度、基层党建“联督互促”等机制，不断提高基层党建工作规范化水平。

总结近年来保障首都基层党建工作的做法和经验，可以提炼出一些规律

性认识。一是必须坚持以人的保障为中心。人是基层党建工作中最活跃、最关键的因素，抓保障就要重点抓好基层党组织负责人队伍建设，要注重增强他们的党性意识，提高能力水平，使这支队伍在首都基层党建工作中更好地发挥引领作用。二是必须结合实际提供保障。基层党组织发展水平不一样，面对的问题不同，需要的支持保障也有差异，要根据基层党组织的需求，善于整合资源、因地制宜提供有针对性的保障，促进其发挥自身资源优势，不断强化“造血”功能。同时，要通过发展壮大集体经济，增强为群众服务的手段和力量。三是必须重视提高保障的效益。在持续加大保障投入的同时，关注保障的产出，努力使人员作用得到充分发挥、经费真正用在刀刃上、阵地有效利用起来、制度机制得到贯彻执行，使保障机制发挥最大效益。

五　坚持统筹协调是首都基层党建的基本方式

毛泽东同志曾指出：“我们的任务是过河，但是没有桥或没有船就不能过。不解决桥和船的问题，过河就是一句空话。不解决方法问题，任务也只是瞎说一顿。”① 北京市立足“四个中心”城市战略定位，牢固树立“大党建”理念，坚持把统筹协调作为基层党建工作最基本、最有效的方式方法，在系统谋划、整体推进上下功夫，不断加强资源统筹、组织统筹、工作统筹和项目统筹，整合各类资源、激活各种要素、凝聚各方力量，形成推动基层党建工作的合力。

（一）统筹首都党建资源，大力推进共建共享

北京作为首都，驻区中央和国家机关、部队总部、央企、高校和科研院所云集，基层党建资源丰富。做好首都基层党建工作，必须有效整合各类优势资源，增强资源聚集效应，通过组织共建，实现资源共享。市委印发了《关于进一步加强区域化党建工作的意见》，发挥组织平台优势，整合区域资

---

① 《毛泽东选集》第1卷，人民出版社，1991，第139页。

源，通过园区统筹、街区统筹、网格统筹、商圈统筹、楼宇统筹等模式，着力构建“条块结合、资源共享、优势互补、共驻共建”的区域化党建工作体系。西城区月坛街道针对驻区中央政务办公区、住宅区密集，驻区单位集中的特点，健全双向沟通机制，整合驻区单位的服务，同时在征求意见基础上为驻区单位提供相应服务，调动中央单位参与社区建设。海淀区充分利用驻区高校和科研院所集中的优势，积极搭建校地联建区域化平台，以“校地共建”“结对共建”等形式，统筹运用各类资源，促进区域基层党建发展。

（二）统筹社会力量，基层党建引领基层社会治理创新

当前，北京发展进入新阶段，落实首都城市战略定位、有序疏解非首都功能、治理“大城市病”，对城市治理特别是基层社会治理提出了新的更高要求。各领域基层党组织紧紧围绕超大型首都城市的特点，适应基层社会治理的客观需要，充分发挥党组织的领导核心作用，采取党建联席会议制度，采取“轮值主席”“圆桌议政”“居民问政”等民主协商方式，调动和组织多方力量共同参与基层社会治理。朝阳区探索推广“党政群共商共治”党建模式，构建“一轴四网”党建工作体系，即由区－街道（地区）－社区－片区（网格）形成上下联动的轴，通过分别健全组织体系、工作体系、服务体系和保障体系形成工作网，充分调动各方资源，打好“组合拳”。门头沟区按照党建引领、政府牵头、多方参与、共驻共建原则，推进“参与式协商”自治模式，完善社区治理多元参与机制，实现“大事共议、实事共办、要事共决、急事共商”，调动居民参与社区建设的积极性和主动性。

（三）统筹活动空间，推动基层党建工作信息化

北京作为全国科技创新中心，是全国网络信息技术发展最快、水平最高、应用最广泛的地区之一。近年来，北京市大力推动基层党建工作信息化建设，统筹线上线下两种手段、两个空间，积极推广网络“e 支部”、微型党课、党建微信群，探索网上党代表工作室、网上党员大会、网络公推直选、党员议事厅，不断扩大基层党建工作覆盖面和影响力。东城区创建

“红云东城”非公党建信息化平台，探索党员教育管理服务新模式。石景山区依托区域网络探索“一呼百应”党员志愿服务系统，通过微信公众号、门户网站、手机 APP 等方式，形成“居民点单－支部下单－党员接单”流程，搭建网上信息平台，实现服务需求和供给有效对接。密云区开发推广基层党建全程纪实系统，对基层干部有效监督的同时，对乡镇和村干部转变职能、转变作风、提高效率也发挥了重要作用，推进了基层党建工作透明化、规范化、科学化。

基层党建是一项宏伟而庞杂的系统工程，各方面工作必须通盘谋划、协调配合、统筹兼顾，才能达到纲举目张、事半功倍的效果。北京市采取统筹协调方式推进基层党建工作，可以总结出一些规律性认识。一是必须坚持“大党建”理念、“开放式”运行。基层党建工作要打破地域、时空界限和组织壁垒，通过“党建＋”模式，找准党建工作与业务工作的结合点，促进党建工作化“虚”为“实”，探索城乡互动、优势互补的城乡一体化党建新路子，构建开放、高效、融合、互动的大党建工作格局。二是必须坚持眼睛向下、重心下移。既要给基层下达“过河”任务，加强对基层党建工作的宏观设计和整体谋划，制定基层党建专项规划；又要帮助基层解决“桥”和“船”的问题，加强具体指导、解决实际问题，特别要注重基本队伍和基本保障建设。三是必须坚持系统集成、避免零敲碎打。把“单打独斗”的要素集中起来“团体作战”，规范基本运行，完善基本制度，形成多重互动效应和强大合力，才能有效补短板、提弱项、破瓶颈，全面提升基层党建工作整体水平。

参考文献

1. 张金豹：《强化基层党组织的政治功能——学习习近平总书记关于基层党建工作重要论述札记之三》，《中国组织人事报》2014 年 11 月 17 日。
2. 王凤志：《论基层党建工作科学化及其对策》，《党的建设与政党理论》2010 年第 8 期。
3. 《毛泽东选集》第 1 卷，人民出版社，1991。

4. 张琦琦、宋新：《浅谈在新形势下基层党建工作的特点与创新》，《赤子（上中旬)》2016 年第 18 期。
5. 万银锋：《城乡结合部基层党建：特点、困境与路径》，《中州学刊》2016 年第 1 期。
6. 李秀云、江伟：《北京运用新媒体创新基层党建工作的实践与思考》，《贵阳市委党校学报》2015 年第 6 期。
7. 李逸浩：《探索规律，创新基层党建工作》，《中国领导科学》2015 年第 3 期。
8. 杨婧、粟常云：《新媒体对我国基层党建的挑战与对策研究综述》，《湖南行政学院学报》2015 年第 2 期。
9. 宗文：《北京基层党建工作成果显著》，《北京支部生活》2011 年第 7 期。
10. 张希贤：《新形势下基层党建工作创新手册》，新华出版社，2009。
11. 《中共中央关于加强和改进新形势下党的建设若干重大问题的决定辅导读本》，人民出版社，2009。
12. 姜一峰：《促进基层党建工作科学化的辩证思考》，《领导科学》2010 年第 7 期。
13. 朱剑昌、石英：《高校基层党建工作特点和规律探析》，《民营科技》2008 年第 4 期。

B.3
党支部规范化建设调研报告

北京市党建研究所课题组*

摘　要： 党支部是党的全部工作和战斗力的基础，党之所以能在革命建设和改革中取得一个又一个胜利，与党历来重视党支部建设，充分发挥党支部基本组织单元、战斗单元的作用密不可分。抓党支部建设，是党的独特政治优势，抓住了基层党建的关键和重点，规范化是加强党支部建设的重要抓手。本报告立足于综合分析课题调研的实际情况，明确界定了党支部规范化建设的基本内涵，总结提炼了北京市推进党支部规范化建设的主要做法，深度分析了党支部在规范化建设中存在的薄弱环节和突出问题，并在此基础上，研究提出了下一步从严要求、从实推进党支部规范化建设的对策建议，为新时代北京市推动全面从严治党向基层延伸、加强党支部建设提供了借鉴和参考。

关键词： 基层党建　党支部　规范化建设

---

* 课题组组长：张革，北京市委组织部副部长，北京市老干部局局长，北京市委老干部联络室主任（兼），北京市党建研究会副会长。

课题组副组长：章建伟，北京市党建研究所所长，北京市党建研究会秘书长。

课题组成员：曾佳佳，北京市党建研究所副所长，北京市党建研究会副秘书长；罗利，北京市党建研究所秘书处处长；李琰，北京市党建研究所信息处副处长；王建军，北京市党建研究所调研处副处长；罗军，北京市党建研究所秘书处副调研员；梁朱红，北京市党建研究所调研处副调研员；李志强，北京市党建研究所信息处干部；李斌，北京市党建研究所调研处干部；陈闯，北京市党建研究所信息处干部；王士龙，时任北京市党建研究所调研处干部。

党的十八大以来，中央高度重视党支部建设。习近平总书记多次强调，基层是党的执政之基、力量之源，只有基层党组织坚强有力，党员发挥应有作用，党的根基才能牢固，党才能有战斗力，要把全面从严治党落实到每一个支部。[①] 为贯彻落实习近平总书记关于推动全面从严治党向基层延伸、加强党支部建设的重要指示精神，抓好“两贯彻一落实”，不断推进全市党支部规范化建设，按照市委统一部署，市党建研究所成立课题组，围绕党支部规范化建设开展专题调研。课题组深入丰台、门头沟、顺义、密云4个区和市国资委，召开座谈会5次，座谈34人，一对一访谈基层党组织书记59人，参加市属宣传文化系统、市属国有企业和北京高校党建工作座谈会，面向全市16个区和8个系统开展书面调研，召开了课题研讨会，征求了部分专家学者及区委组织部相关负责人的意见，在进一步修改和完善的基础上形成了调研报告。

一　关于对党支部规范化建设基本内涵的认识

调研中，大家普遍认为，党支部是党的全部工作和战斗力的基础，党之所以能在革命建设和改革中取得一个又一个胜利，与党历来重视党支部建设，充分发挥党支部基本组织单元、战斗单元的作用密不可分。抓党支部建设，是党的独特政治优势，抓住了基层党建的关键和重点，规范化是加强党支部建设的重要抓手。

加强党支部规范化建设，必须首先明确党支部规范化建设的基本内涵。党章中明确规定了党的基层组织的8项基本任务，《中国共产党党和国家机关基层组织工作条例》《中国共产党普通高等学校基层组织工作条例》《中国共产党农村基层组织工作条例》，对不同领域党的基层组织的职责任务作出了明确的规定，党支部规范化建设，必须紧密结合党支部的基本任务和目标的实现来开展。综合调研中，关于对党支部规范化建设的认识，课题组总

---

① 《习近平谈治国理政》第二卷，外文出版社，2017，第173页。

结认为，党支部规范化建设的基本内涵主要包括以下几个方面。一是党支部的职责任务和目标要明确规范。就是要进一步明确和履行好党支部的职责任务，引导党员坚定信念，提升能力水平，不断激发党支部和党员的活力和战斗力，把党支部建成团结群众的核心、教育党员的学校、攻坚克难的堡垒。二是党支部的设置要规范。党支部设置要符合规定，党总支、党支部、党小组的设置原则、标准，要符合党章的原则、要求、标准，又要结合自身实际。党支部要按期换届，符合选举的有关程序、要求等。三是党支部的队伍建设要规范。党支部书记、副书记及支部其他委员的产生、主要职责、职数配备以及相互之间的关系要符合党章要求。要确保党员发展质量，党员教育要常抓不懈，党员管理要从严从实，党员队伍建设要适应时代要求等。四是党支部相关制度的规范化。就是要认真落实民主集中制、组织生活会、民主生活会、民主评议党员、谈心谈话、党员党性分析等一系列规章制度，规范抓好“三会一课”、主题党日教育、党费收缴等基本制度的贯彻执行。五是党支部工作管理台账的规范化。就是要建立党员和相关工作的综合信息台账，对党员基本情况、党员学习教育培训情况、开展组织活动情况、支部发展党员情况、党费收缴情况等实行痕迹管理，相关档案要完整、规范等。六是支部工作保障的规范化。主要包括党建责任有效落实，支部阵地建设、经费保障的规范化和有效落实等。

调研中，很多同志还对党支部规范化建设过程中，应把握和注意的一些问题提出了很好的建议。概括起来课题组认为，主要应注意把握和处理好以下几组关系。一是党支部政治功能与服务功能的关系。要突出党支部鲜明的政治属性，发挥好党支部政治引领的功能和作用①，把政治引领作为党支部的根与魂，发挥好党支部服务党员和群众的功能和作用，以服务党员和群众为本，获得党员和群众的支持和认可。把党支部的政治属性寓于服务功能之中，以服务功能体现政治属性。既不能离开政治功能片面强调服务功能，更不能以服务功能简单地代替和弱化政治功能。二是普遍性与特殊性的关系。

① 朱利军：《强化党支部政治功能》，《中国组织人事报》2018 年 4 月 2 日。

全市共有 8.9 万个党支部，情况差异大、工作头绪多。推进党支部规范化建设，必须把握基本原则、坚持科学方法。既要不折不扣落实党章党规的各项规定，落实中央和市委的各项要求和部署，又要充分考虑领域和层级之间的差异，体现支部自身的特色。既要突出普遍要求，明确所有党支部的规定动作；也要根据不同领域和行业基层单位实际情况，分类分层次提出具体要求，使每个基层党支部定有标尺、干有方向、评有依据，又独具特色、亮点纷呈。三是典型引路与问题导向的关系。既要注意挖掘培育和总结推广优秀党支部规范化建设的成功经验，发挥示范、引领、推动作用，又要强化问题意识，坚持问题导向，从中央巡视“回头看”和实际工作中，认真查找支部规范化建设中存在的短板和薄弱环节，找准症结所在，研究分析破解办法，采取有效管用措施，精准发力，真正解决好深层次问题，更好促进党支部规范化建设。四是痕迹化管理与档案管理的关系。党支部工作是否留痕，在一定程度上是评价一个支部工作规范不规范、有没有落实中央和市委相关要求、解决党支部工作考核难等问题的一种有效方法，但“痕迹化”并非“档案化”。完整的资料档案是一个党支部规范管理的基础，是党支部规范化建设的一项重要指标，两者不能互相代替，而要相互补充。既不能陷入形式主义，增加基层工作负担，又要发挥好档案在党支部规范化建设中的重要作用。

二　全市推进党支部规范化建设的主要做法

从总的调研情况来看，全市基层党组织牢固树立党的一切工作到支部的鲜明导向，充分发挥支部主体作用，积极推进党支部规范化建设，组织引导广大党员深入学习贯彻习近平总书记系列重要讲话精神特别是两次视察北京重要讲话精神，坚决贯彻落实党中央决策部署，广大党员的政治意识、大局意识、核心意识、看齐意识不断增强，党支部战斗堡垒作用和党员先锋模范作用得到有效发挥。

一是规范优化党支部设置方式，党的组织覆盖和工作覆盖不断扩大。制定印发《关于规范基层党组织设置的指导意见》，按照有利于加强党的领导、有利于开展党的工作、有利于充分发挥党组织作用的要求，进一步优化组织设置，理顺隶属关系，健全组织体系，党的组织和工作覆盖面大幅扩展。高校党组织适应高校组织结构、管理模式、学科设置、办学形式新变化，积极探索以学科组、课题组、实验室和创新团队为基础设立党支部的新形式。社会组织党组织和非公企业党组织贯彻实施加强社会组织党建工作意见及三年行动计划、园区非公企业党建工作意见等，非公企业和社会组织党组织覆盖率分别达到83%和67%。中国音乐学院在教学、行政实体单位调整时，坚持党的组织同步设置、党的工作同步开展，抓好学校下辖或主管的社会组织中党的组织和党的工作有效覆盖，强化基层党支部的政治引领作用，牢牢把握教育、科研、管理等重大事项的政治原则、政治立场、政治方向，有力促进了争创“双一流”等中心工作。中铁电气化局结合企业点多线长、人员分散，以及业务板块多、属性不同，机关党员多、基层党员少的特点，将党支部设置划分为机关党支部、项目党支部、生产车间党支部、生产一线作业队党支部、联合党支部、临时党支部、海外党支部等，实行分类管理，明确不同的工作职责，有效发挥了党支部功能。

二是选好育好党支部带头人，党员队伍整体素质不断提升。通过换届选优配强支部班子，加强党支部书记规范化管理、教育轮训和激励保障，强化党支部在发展党员、党员教育管理工作中的责任和作用，不断提升党支部队伍素质能力。海淀区开展基层党组织书记素质提升工程，按“分级负责”原则，以区级分领域培训与各系统党（工）委和各直属单位分系统、分单位组织培训相结合的方式，对党支部书记进行轮训，有效提升了党支部书记整体素质。房山区严格党员发展程序，制定党员发展“四三二一”工作机制和25步工作法，建立发展党员预警制度等，保证了党员发展质量，打造高素质党员队伍，切实发挥党员的先锋模范作用。北汽集团属于生产性企业，日常工作任务重，难以组织大规模的党课学习，党委创新开展了“职工餐桌上的党课”“班车上的党课”等活动，还组织基层班组党支部轮流兼职编辑党建刊物，布置青年党员比拼赶超等项目，打造“不下课”的党课课堂，提升党员学习的效率。①

三是严格规范组织生活，党支部活动方式和载体不断创新。全市基层党支部认真贯彻落实中央、市委关于党建工作的方针政策，根据形势任务要求，不断创新党支部活动的形式、内容、载体，扎实开展党的群众路线教育实践活动、“三严三实”专题教育、“两学一做”学习教育，党支部的凝聚力、战斗力更加凸显。石景山区八角街道探索实施“组织生活路线图”项目，对“三会一课”、组织生活会、民主评议党员等党内组织生活制度的年度安排和标准要求进行全面呈现，严肃和规范了党支部的各项组织生活制度。昌平区开展“党员三日”活动，每半年为生日周期内入党的所有正式党员集中开展一次政治生日活动，引导党员自觉听党话、守党规、跟党走。将每月的第一个星期六确定为“党员服务日”，着力打造“红色星期六”志愿服务品牌。每月固定 1 天为“党员学习日”，让支部党员学习成为常态、成为习惯。延庆区针对党员教育管理工作中出现的党员召集难、管理难、系统学习难等问题，创新运用“互联网 + 党建”理念，从 2016 年起在全区推广使用“党员小书包”手机客户端，为 1178 个党支部的 12215 名党员打造了在线学习和移动交流平台，拓宽了党员教育管理服务渠道。北京日报报业集团开展“党组书记和班子成员深入基层支部讲理想话党性”活动，讲党课 20 多场，与广大党员面对面交流，认真开展党员思想政治工作，党员理想信念更加坚定。

四是加强制度和规范建设，党支部各项工作制度和机制逐步健全。各级党组织高度重视党支部各项工作制度和机制的健全和完善，在工作中着力建制度、立规矩，以强劲的约束力保证了党支部各项工作的有效落实。西城区在对全区党支部运行情况进行评估分析基础上，建立了党支部工作评价指标体系，有效提升了党支部工作规范化水平。丰台区依据党章党规，制定党支部工作规范，编制党支部工作细则，明晰党支部 12 项基本制度，使基层党

① 《新形势下加强国企基层党支部建设的调研报告》，北京市党的建设研究会编《2011 党建课题研究成果选编》，2012，第 276 页。

支部工作具体化、条理化、精细化。制作推行党支部工作手册、党员手册，推动支部工作和党员组织生活全程纪实，实现了对支部建设和党员组织生活的“可查考、可比较、可追溯”。门头沟区制定党员教育管理1+7文件体系，对支部党员教育管理等各项组织活动从严规范，从严要求。大兴区制定出台《进一步规范基层党支部组织生活的意见》，对“三会一课”、组织生活会、党员活动日、民主评议党员等常态化工作作出明确规定，提出具体要求，为基层支部开展工作提供基本遵循。平谷区以支部为主体，建立“支部建设自转、学习传达召集、中心工作响应”三项“吹哨”机制，明确党员“主动参加学习活动、带头攻坚克难、自觉遵守规章制度”三个“报到”要求，进一步发挥了党支部组织凝聚党员的阵地作用。市委教工委贯彻落实加强高校党建工作意见，制定下发《关于进一步加强和改进新形势下高校教师党支部建设的若干意见》《进一步加强和改进在大学生中发展党员工作和大学生党支部建设的若干意见》等，明确了目标要求和主要措施，推进了党支部建设标准化、规范化。

五是加大党支部日常运行保障力度，基础保障体系不断健全完善。在全国率先出台《北京市2016—2020年进一步加强基层党建工作基础保障规划》，坚持人向基层走、钱向基层投、政策向基层倾斜，市财政每年投入基层党建基础保障的资金达10亿元以上。建立村干部基本报酬财政托底机制和社会保险财政补贴机制，提高正常离任村党组织书记补贴标准，社区工作者待遇进一步提高。全市3930个村的办公活动场所面积全部达到90平方米标准，3084个社区的办公活动场所面积全部达到350平方米标准。强有力的基础保障，为基层支部发挥积极性和创造力提供了坚强保障。东城区加强党建阵地建设，建立区域性党群活动中心155个、街道级党群活动服务中心17个。探索打造“红云东城”信息化平台，实现了基层党建传统优势与信息技术的有机融合。怀柔区着力加强农村后备人才队伍建设，建立后备干部人才库。按照“区招、镇管、村使”的原则，选拔、培养和储备了一支扎根乡土的农村党建工作助理员队伍。密云区出台《城乡基层党组织服务群众经费管理办法（试行）》，确保党组织工作和活动经费管理、使用更加规范。市公安局依托公安内网自主研发了基层党支部组织生活管理系统，实现了基层党支部执行落实组织生活制度的在线填报、即时查询、定期评价、定点指导，支部组织生活规范执行率从 2012 年的 95.3% 上升到目前的 99.0%，有效推动党的组织生活制度在基层落地生根、发挥作用。

六是整体功能进一步提升，党支部的战斗堡垒和党员的先锋模范作用有效发挥。全市各级党组织通过从严从实、全面系统推进党支部规范化建设，突出强化党支部政治功能，充分发挥服务功能，引导党支部和广大党员在基层工作中“唱主角”、冲在前，有力服务保障了有序疏解非首都功能，规划建设城市副中心，筹办 APEC 会议、“一带一路”高峰论坛、2022 年冬奥会等重大任务。东城区、通州区在望坛和潞城棚改项目中，成立临时党支部，把支部建在项目上，党员带头签约，带动望坛居民签约率超过 90%，潞城实现签约和选房率“双 100%”，保证了棚改项目和城市副中心行政办公区建设按时动工。朝阳区十八里店乡小武基村支书身背违建、安全事故处分，一心打好“翻身仗”，带领全村圆满完成拆迁任务。海淀区东升镇塔院村支书在疏解整治促提升中从自家拆起，带动了全村的顺利拆迁，发挥了表率作用。顺义区顺鑫控股集团鹏程食品分公司 5 个车间党支部，为保障 APEC 会议、全国“两会”等重大活动的食品供应，党支部冲在前，党员做表率，在超出平时生产量数倍的强度下，高质量完成生产任务，将党支部战斗力和党员先锋模范作用转化成为企业的强大生产力。大兴区小黑垡村党支部为把脱贫攻坚的政策落到实处，切实发挥党组织战斗堡垒和党员先锋模范作用，始终把惠民增收的实事办到群众心坎上，搭建起沟通群众的“连心桥”，真心实意为民造福，真正让支部“活”起来，党员“动”起来，形象“树”起来，群众“富”起来，带领低收入户打赢了一场脱贫攻坚战。密云区溪翁庄镇尖岩村党支部通过建强支部、发展产业，立足加强支部自身建设，充分发挥党员干部示范带动作用，不遗余力维护村庄公平正义，切实让群众得到了实惠，在实现转化升级的同时，真正把支部建设成为群众信赖的“主心骨”，让昔日的“信访村”“闹村”彻底摘掉了软弱涣散党支部的帽子。

三 存在的主要问题

从调研的总体情况看，各区、各系统、各领域认真贯彻落实中央和市委关于加强党支部建设的各项部署要求，党支部规范化水平显著提升。但同时也发现，党支部规范化建设状况与当前全面从严治党的要求还不完全符合，与首都改革发展任务的需要还不完全适应，一些地方、单位和领域的党支部在规范化建设中还存在一些薄弱环节和突出问题。主要表现在以下几个方面。

其一，有的党支部对自身功能定位认识还不够清晰。明确党支部的功能和职责，是党支部有效运行和发挥作用的前提。① 但调研中发现，虽然党章和有关党内法规制度对党支部的功能定位都作了明确规定，但在实践中，一段时间以来部分地区和单位对党支部建设的重要性认识不足、重视不够，导致部分党支部还存在对支部功能认识不清、把握不准和职责履行不到位等问题。例如，有的农村和社区党支部片面地认为“只要做好服务工作就可以了”，政治功能弱化，引领凝聚思想、推动社会治理、开展群众工作等方面的职能履行不力。有的国有企业党支部对如何参与企业决策、引领企业发展缺乏有效具体的办法，领导和政治核心功能发挥不到位。有的高校党支部功能弱化，职能简化，在师生中缺乏影响力和凝聚力。有的“两新”组织党支部对政治核心功能不理解，不少非公企业党支部书记表示“企业都是听老板的，不知道党支部究竟应该做什么，工作很茫然”。

其二，有的党支部设置和管理还不够规范。在基层单位和组织中设置党支部，是扩大党的组织覆盖的必要条件。但调研中发现，部分党支部的设置和管理还不够规范，制约了支部活动的开展和作用发挥。一是部分领域党支部尚未实现有效覆盖。截至 2016 年底，全市非公有制经济组织党组织覆盖率 83%，社会组织党组织覆盖率 67%。其中，联合党支部占绝大多数，全

① 参见《党的十九大报告学习辅导百问》，党建读物出版社、学习出版社，2017。

市共有7.1万家非公企业建立联合党支部，占非公企业总数的64%，平均每个联合支部覆盖11.2家企业，党建工作“联而不合”现象突出。二是党支部设置、调整不及时。有的新建社区、新组建企业和机构调整的机关事业单位党员组织关系接转不及时，有的京外、境外和混合所有制企业组织隶属关系、股权管理关系不顺畅，造成支部设置和调整不及时。三是党支部管理不到位。有的机关事业单位、国有企业和“两新”领域党支部不按时换届；有些新型党支部（如联合型、临时型、功能型）设置和管理较为随意，缺乏明确制度规定；有的“两新”领域党支部隶属关系不合理，特别是在属地管理和行业管理方面不够清晰。

其三，有的党支部组织生活严肃性和规范性不够突出。组织生活质量如何是检验党支部规范化建设的核心要素。但调研中发现，部分党支部仍然存在组织生活不经常、不规范、不严肃等问题，组织生活质量有待提高。一是“三会一课”制度落实不到位。部分党支部不能按时开展活动，有的虽然开展了，但党员参与率不高，质量有限。例如，有的农村、社区党支部老龄党员、流动党员较多，有的企业、高校和事业单位党员忙于事务性工作，不能按时参加组织生活。二是组织生活“党味”不浓。组织生活平淡化的问题较为普遍，民主评议党员、谈心谈话走过场，批评和自我批评不到位。有的机关事业单位党支部组织生活行政化、业务化，“以业务会代替支部会，把支部会作为业务会的补充”；有的企业党支部组织生活娱乐化，以文体活动代替支部活动。三是组织生活内容和形式缺乏创新。存在“重形式、轻质量”现象，组织生活内容单一、形式简单、手段不多。不少党员反映“除了理论学习没有其他活动”，部分支部书记表示“现在各方面规定特别是经费要求严格，不敢随意组织活动”。

其四，有的党支部党员教育管理成效有待提高。党员教育管理是党支部的主要职责和经常性工作。[①] 访谈中，大部分支部书记认为，党员教育管理是党支部规范化建设的难题，“党员数量众多，特点各异，情况复杂，管理

① 参见中共中央组织部编《中国共产党组织工作教程》，党建读物出版社，2015。

难度很大”。一是党员经常性教育有待加强。部分农村、社区和“两新”组织党支部忽视党员日常教育，教育内容和形式缺乏吸引力；有的高校党支部对大学生和青年教师党员的思想政治工作弱化。二是发展党员工作不规范、难度大。不少农村党员存在“老龄化”“家族化”“关系户”现象；部分高校、科研单位在高层次人才中发展党员有一定难度；有的“两新”组织人员入党积极性高，但发展计划有限。三是流动党员管理难度大。调研中，几乎所有农村、社区和“两新”组织党支部书记都谈到，“党员流入地和流出地沟通不畅、信息不对称，党员组织关系管理缺乏明确制度规定”，有的党员表示“想转组织关系，但工作单位和居住地不接收”。四是对党员关怀激励不够和对不合格党员处置不够的问题同时存在。一方面对优秀党员的激励、宣传力度不够，对困难党员的关怀帮扶机制不完善；另一方面，对党员的考核和约束力度不够，对不合格党员缺乏有效处理办法和手段。

其五，党支部书记队伍建设存在薄弱环节。书记是党支部的“关键少数”，是党员的“带头人”。根据调研情况分析，书记强，则党支部一般坚强有力；书记弱，则党支部就容易软弱涣散。具体来看，一是来源窄，选用难度大。农村党支部书记普遍年龄偏大，后继乏人问题突出；社区党支部书记职位吸引力不强，队伍流动性较大；部分高校党支部书记配得不强，缺乏威信和影响力，存在“大主任、小书记”现象；国企党务工作者职业空间窄，工资待遇相对较低，吸引力较弱；“两新”组织党员数量少，选用优秀管理人员担任书记难度大。二是兼职多，工作不够投入。国企、高校、机关事业单位和“两新”组织党支部书记大多数为兼职，工作主动性不强、投入时间和精力不够、研究思考不深入、制度执行不规范。三是能力不足，专业水平有待提高。调研中发现，党支部书记“不想管”“不敢管”的问题基本解决，但“不会管”“管不好”的问题仍比较明显。部分农村、社区党支部书记文化水平低，专业学习不够；有些兼职党支部书记任职时间短，对支部工作不熟悉，专业水平不高。不少支部书记反映，“专门针对支部书记的业务培训比较少，内容不够专业、系统”。

其六，对党支部建设的指导还需要进一步加强。党支部建设不可能只靠支部自身，还需要上级党组织强有力的组织领导和支持保障。从调研情况看，有的地区和单位对党支部建设的指导不够、监管不够、制度落实不到位，制约着支部规范化水平的提高。一是具体指导和典型示范不够。许多同志反映，党建责任和压力已经明显传到支部了，但相应的指导服务没跟上，“只交任务、不教方法”。对优秀支部、典型经验的总结、提炼、推广不够，“你干你的、我搞我的”“星光闪闪、缺少月亮”。二是监督考核机制不完善。一方面，对党支部作用发挥情况考核难度大，考核软指标多，缺少量化标准，考评结果得不到有效运用，存在“干好干坏一个样”“百分之百全合格”的现象。另一方面，党支部对上监督和自我监督职能、党员的监督职能发挥较弱。三是缺乏统一的制度规范和标准。虽然各级党组织都制定了一系列党支部工作制度，但这些制度往往多头管理，在宏观与微观、普遍性与特殊性、顶层设计与基层创新等方面缺乏有效统筹，有些制度的可操作性不强，基层支部难以全面、准确地贯彻执行。四是对《党支部工作手册》的使用和认识上还存在一些问题。目前，全市有 12 个区和系统已经探索使用支部手册，但缺乏统一标准，手册五花八门，实际效果不够理想。有的对手册认识不到位，把手册简单地作为记录信息台账使用，没有起到规范和指导作用。有的内容设计不合理，活动记录分类太细、太烦琐或者是过于简单、缺少最基本的内容，部分支部书记反映“手册缺少党风廉政建设方面的内容”，“留给支部创新和特色活动的空间太少”。有的使用和管理不规范，存在不按规定记录、补填记录、应付检查等现象，网上记录和手册记录存在重复问题。调研中了解到，一方面存在记录留痕任务太重的问题，工作量太大，容易导致应付；另一方面部分农村、社区和“两新”组织党支部，没有按规定做好基本的记录留痕工作。

四　对策建议

抓好党支部规范化建设，必须坚持以习近平新时代中国特色社会主义思想为指导，深入学习习近平总书记两次视察北京重要讲话精神，把重要讲话作为案头卷、工具书、座右铭，作为抓好党支部建设的根本遵循，紧扣强化政治功能这个根本，突出问题导向，坚持改革创新，从基础工作抓起，从基本制度严起，以“一规一表一册一网”为载体，构建“B（就是标准，即中央和市委对党支部工作的基本要求）+T（就是特色，即各工委、各系统、各区的特色党建工作，也属于基本要求）+X（就是先进，即党支部的典型做法和创新经验）”模式，从严要求、从实推进党支部规范化建设，确保党支部成为各类社会基层组织的核心，党的坚强战斗堡垒。

其一，进一步厘清党支部的功能定位和基本职责。党支部的功能定位决定党支部的地位，决定党支部作用的发挥。一是突出强化党支部政治功能。旗帜鲜明地突出党支部的政治属性，在社会基层组织中的战斗堡垒作用，引导党支部在基层工作中唱主角。落实好党支部的服务功能、教育功能、组织功能和监督功能等功能定位。二是明晰党支部的基本职责。通过加强对党支部相关制度的研究，进一步明确各领域党支部的基本职责和任务。注意区分不同类型党支部的性质、特点和工作重心，分类细化不同领域不同行业党支部的具体职责，将党支部职责制度化、具体化，促进党支部履行使命、发挥作用。

其二，进一步规范优化党支部组织设置。规范优化党支部设置是加强党支部规范化建设的重要起点和基础。一是严格遵循党支部设置的基本条件和基本原则。严格按照党章等党内法规，规范党支部设置形式、人员配置、任期、选举方式、设立程序等，从源头上确保党支部规范化运转。二是以地域、单位为设置主体。不搞“空架子”，突出实体化，坚持便于党员参加党支部活动、促进党支部更好发挥作用的原则，解决部分党员人户长期分离、工作与组织关系分离，难以参加党支部活动等问题。明确要求党员加入居住地或所在单位党支部，当工作或居住地发生变化后，及时转接党组织关系，确保党支部对党员的有效管理。三是探索新兴领域党支部的设置形式。适应经济社会发展变革的新形势新要求，探索建立以经济关系和社会联系为纽带，以各种组织形式和产业链条为依托，纵向到底、横向到边、纵横结合、全面覆盖的党支部设置模式。对城市里的商务楼宇，可由街道党工委统一领导，依托商务楼宇内的物业公司、产权单位等建立楼宇党组织，然后根据入驻单位规模大小和党员数量，单独或联合建立党组织。在“两新”组织聚集的各类园区，可以园区为单位，建立党建工作机构，然后按片区设立分支机构，在此基础上，能单独建立党组织的单独建立，暂不具备条件的，建立联合党组织。小微企业有一两个党员或没有党员的，不具备单独建立党组织条件的，可以依托街道社区、协会商会，或依托产业链建立党组织。对商圈市场“人气旺”的区域，可以依托街道党工委或市场管理部门在商圈市场建立党组织，然后向商圈市场内的各个商家、店铺拓展延伸。推广在农民专业合作社、专业协会、产业链、外出务工经商人员相对集中点建立党支部的做法，加大在中介机构、协会、学会以及各类新社会组织中建立党支部力度，努力实现哪里有党员哪里就有党支部，哪里就有党的工作。

其三，进一步规范党支部活动方式提升党支部活动质量。规范、严肃、认真地开展组织生活等支部活动，有助于增强党支部的凝聚力和战斗力，增强支部活力。一是落实好“三会一课”制度。突出政治学习和教育，突出党性锻炼，把“两学一做”作为“三会一课”主要内容，针对党员特点和思想工作实际，确定党员大会、党小组会、党课的主题和具体方式。如，可以明确规定党员大会每季度要召开一次；支委会和党小组会每月至少召开一次，必要时可随时召开；党员至少每半年参加一次党课，支部书记每年至少为党员上一次党课。二是落实好组织生活会制度。借鉴党的群众路线教育实践活动、“三严三实”专题教育、“两学一做”学习教育成功做法，贯彻全面从严治党要求，开好组织生活会，明确规定每年的第四季度召开，也可根据需要随时召开，可以与民主评议党员、年度工作总结有机结合起来，注意防止活动表面化、形式化、娱乐化、庸俗化。三是规范落实民主评议党员制度。明确规定每年至少开展一次，明确提出对党员的评定意见。用好评议结果，对不合格党员拿出切实可行的处理意见。四是建立主题党日等经常性活动制度。每月至少固定一天，组织党员集中学习、听党课，开展民主议事和志愿服务等活动。在“七一”等重要时间节点，集中组织党员开展仪式教育，参加“共产党员献爱心”等活动。非公企业和社会组织的党组织，要注意处理好开展业务工作和组织活动的关系。在时间上，可以采取化整为零的办法，如利用班前一刻钟、午间半小时或者周末半天加休息日半天等时间，以党支部为基本单位，充分利用手机、网络等新媒体平台，采取写读书笔记、交流心得体会、网上会议、微信公众号发文等，组织开展支部的学习和各项活动，不断增强活动的吸引力、针对性和有效性，促进党建工作与企业和社会组织自身发展的有机融合。

其四，进一步解决好党支部书记后继乏人的问题。做好党支部的工作，关键在党支部书记。一是选优配强党支部书记。坚持放宽视野、拓展来源，着力选拔思想好、作风正、能力强、群众拥护、熟悉党的基本理论和基本知识的党员干部为党支部书记。在农村，可采取后备干部选拔、能人回村、上级机关下派、1 人同时兼任 2 个村支部书记等办法。在社区和国企，可以推广“交叉任职”的方法。在高校，可以推广“双带头”的做法，把专业能力强的党员干部选任到支部书记岗位上来，把优秀的党支部书记培养成业务骨干。二是加大对党支部书记的教育培训。将党支部书记培训纳入干部教育培训总体规划，每年都要逐级开展对各领域书记的集中轮训，不断提升基层党组织书记的思想理论水平和工作服务能力。三是落实对党支部书记的各项保障措施。在农村，严格执行村干部基本待遇和基本保障实施办法，建立村干部基本报酬财政托底机制和村干部社会保险财政补贴机制，建立正常离任村党组织书记生活补贴标准动态调整机制。继续探索开展面向优秀村党组织书记考录公务员工作，进一步拓宽优秀村党组织书记进入机关和事业单位的渠道。在社区，鼓励各区建立社区居民党组织书记工作补贴机制，探索开展从优秀社区党组织书记中考录事业编制人员工作。在机关、国有企事业等有条件的单位探索实行党支部书记专职化管理，在岗位设置、待遇保障等方面出台相关政策，确保党支部书记抓党建工作的热情不减，激情不褪，更好履职。

其五，进一步加强对党员队伍的教育管理和思想引领。党员是党的细胞，加强对党员队伍的教育管理和思想引领，能更好发挥党员主体作用。一是强化党员日常教育管理。紧密联系社会发展实际和党员的思想实际，利用远程教育、智慧党建、党员微信群、党性教育基地等，加强党员思想政治教育，增强对党的道路、制度、理论和文化的认同和自觉，提高党员思想理论素质和认识水平，引导党员坚定中国特色社会主义的道路自信、制度自信、理论自信、文化自信。二是把好党员的“入口关”。坚持党章规定的党员标准，突出政治上的先进性，把政治标准放在首位，严格落实党员发展程序，充分发挥党内民主，搞好党内监督，确保发展党员的质量。三是完善党员退出机制。对长期不参加组织生活的党员，对已经不发挥党员作用、表现甚至还不如普通群众的党员，建议按照党章等有关规定，严肃认真地处置不合格党员，永葆党员队伍的先进性和纯洁性。

其六，进一步加大党支部建设保障力度。必要的运转经费、活动场所和办公设施，是确保党支部有人办事、有钱干事、有场所议事的基础保障。一是加大党组织工作和活动经费保障。加强《北京市2016—2020年进一步加强基层党建工作基础保障规划》的落实，严格按照已有标准核算党支部活动经费，确保党支部足额使用和有效支配党建经费。将村党支部书记纳入财政保障范围内，实现“在职有合理待遇，干好有发展前途，退职有适当保障”。建立基层党支部书记工作津贴制度，调动支部书记工作的积极性和能动性。二是加强阵地建设。以“有场所、有设施、有标志、有党旗、有书报、有制度”为目标，建好、用好已有党支部活动场所，真正发挥好活动场所的作用。三是探索基层党建传统优势与信息技术有机融合的途径。提高党建信息化建设，推动党支部将网上阅读学习、沟通交流与线下活动融于一体，不断拓展党支部活动阵地。

其七，进一步加强对党支部规范化建设的指导。对党支部的指导和帮建是各级党委的重要职责，是推进党支部规范化建设的重要保证。一是落实工作责任。各级党委要把履行责任制情况作为领导班子、干部考核及评优评先的重要依据。强化党建工作考核结果运用，将督导考评机制向各系统、各领域党支部延伸，层层压实责任，督导工作落实。二是出台《关于加强党支部规范化建设的指导意见》。从总体要求、工作原则、主要功能、基本制度、方式方法、党建责任、组织领导等方面，对加强和改进党支部规范化建设提出明确要求和奋斗方向，就规范化建设作出具体规定。三是推进实施基层党组织评星定级工作和党员积分管理制度。按照中央和市委关于创建“五个好”基层党组织、“四个合格”党员标准等内容设置星级，通过标准化评定、动态化管理，开展党支部评星定级工作，不断激发党支部的内生动力。以党章党规、“两学一做”学习教育常态化制度化相关文件为基本依据，结合“合格党支部建设规范、合格党员行为规范”大讨论成果，在党员参加党支部主题党日、“三会一课”、密切联系群众等方面细化具体分值，提出具体可量化指标，对党员实施积分管理，把积分和享受社会服务相结合，作为年度民主评议党员和处置不合格党员的重要依据，激发党员队伍活力，增强党员的责任感和使命感。四是以“一规一册一表一网”为载体推进党支部工作规范化。“一规”就是《党支部工作规范》，解决规范化建设依据什么、怎么做、做到什么程度的问题；“一表”就是《党支部学习活动年度安排表》，就是把支部学习的内容和开展活动的内容，按月排定时间，解决什么时间干什么的问题；“一册”就是《党支部工作手册》，用于记录各支部的工作，包括所有“B + T + X”的操作内容、方法和质量；“一网”就是北京长城网、“党员 E 先锋”，主要是按月发布学习党章、党规和系列重要讲话内容，供各支部下载，用于集体学习。通过“一规一册一表一网”把每个党支部应该干什么、什么时候干、怎么干、干成什么样梳理清楚、流程化，让基层党支部书记看得懂、会操作，会开展工作。要在提出全市统一要求的基础上，既明确基本要求、必须要做的工作，明确什么是合格党支部的底线；又提出高线的目标，让支部在做到合格的基础上学有榜样，向优秀党支部努力。注意区分不同领域系统实际，体现特色，不搞一刀切、上下一般粗，给基层支部留足创新空间，通过试点，补齐短板、填平洼地。要把这项工作与抓好巡视整改、推进“两学一做”学习教育常态化制度化、落实基层党建重点任务等正在做的事情有机衔接、融合推进，做好留痕管理与党建信息化管理的线上线下的结合，避免重复烦琐，注重实效，真正让各项工作实起来、动起来，不走形式。

参考文献

1.《习近平谈治国理政》第二卷，外文出版社，2017。

2. 朱利军：《强化党支部政治功能》，《中国组织人事报》2018 年 4 月 2 日。

3.《新形势下加强国企基层党支部建设的调研报告》，北京市党的建设研究会编《2011 党建课题研究成果选编》，2012。

4.《党的十九大报告学习辅导百问》，党建读物出版社、学习出版社，2017。

5. 中共中央组织部编《中国共产党组织工作教程》，党建读物出版社，2015。

6. 王环宇：《浅析新形势下高校学生党支部的规范化建设》，《改革与开放》2017 年第 8 期。

7. 程灵：《加强党支部规范化建设　发挥战斗堡垒作用》，《价值工程》2015 年第 6 期。

8. 孙秀展：《规范化党建聚合力》，《共产党员》2017 年第 7 期。

9. 陈江龙：《发挥村党支部政治功能的实践与思考》，求是网，http：//www. qstheory. cn/2017 –08/22/c_ 1121518849. htm。

10. 连洁：《推进高校基层党组织规范化建设》，《天津日报》2017 年 8 月 14 日。

11. 谭净：《有效提升基层党建规范化水平》，《人民日报》2017 年 12 月 1 日。

B.4
从严管理监督干部 防止“带病提拔”问题研究报告

北京市委组织部课题组*

摘　要： 党的十九大报告提出，要坚持问题导向，推动全面从严治党向纵深发展。从严管理监督干部、防止“带病提拔”，是履行管党治党责任的重要内容，是匡正选人用人风气的基本手段，是推进干部作风转变的重要条件，也是依纪依规选拔干部的必然要求。课题研究综合采用定性与定量相结合的方法，在对北京部分市属部委办局、16 区进行问卷调查和个别访谈的基础上，总结了近年来北京市从严管理监督干部、防止“带病提拔”的主要做法成效，分析了当前存在的五个方面难点问题，并就进一步聚焦重点、突破难点，统筹全局、综合施治，从加强教育培训、明确权责主体、深化日常了解、从严动议审查、强化责任追究五个方面提出了对策建议。

关键词： 干部管理　干部监督　选拔任用　带病提拔

---

* 课题组组长：李世新，时任北京市委组织部副部长，市老干部局局长，市委老干部联络室主任（兼）。

课题组成员：朱洲，时任北京市委组织部干部监督处处长、举报中心主任；许爱军，北京市委组织部举报中心副主任、干部监督处副处长；曲峰，北京市丰台区委组织部副部长；禹春辉，北京市委组织部干部监督处副调研员；苏伟，北京市委组织部干部监督处干部；王昱，时任北京市委组织部干部监督处干部；郜文治，北京市丰台区委组织部干部管理组组长；张程，北京市丰台区委组织部干部监督组干部。

党的十九大报告提出，全面从严治党永远在路上，要坚持问题导向，保持战略定力，推动全面从严治党向纵深发展。习近平总书记强调，全面从严治党的关键是抓住领导干部这个“关键少数”，要把我们党建设好，必须把从严管理监督干部放在突出重要位置，对干部选拔任用严格把关，坚决防止“带病提拔”。干部“带病提拔”是党内外、各方面反映强烈的突出问题，也是中央巡视组通报中的高频词，其成因比较复杂，牵涉面很广，防治难度颇大。因此，研究防止干部“带病提拔”问题，对于坚持正确选人用人导向，匡正选人用人风气，提高干部选拔管理工作科学化水平和公信力，具有重要的理论价值和现实意义。

本课题以“从严管理监督干部，防止‘带病提拔’”为研究主题，综合采用定性与定量相结合的研究方法，在查阅文献资料的基础上，同部分市属部委办局、国有企业党委（党组）有关负责同志以及区委组织部部长，共计 11 名领导干部进行了深度访谈，与 14 家市属委办局、国有企业、高校和区的组织部人事部门负责同志进行了座谈，按照分层分类和整体抽样的方法，对 20 家市属部委办局、16 个区进行了问卷调查（共发放、回收问卷 2299 份，其中有效问卷 2269 份，问卷有效率为 98.7%），在查阅资料、个别访谈、集体座谈、问卷调查和统计分析的基础上，形成了调研报告。

一　充分认识从严管理监督干部、防止“带病提拔”在全面从严治党背景下的重要意义

从严管理监督干部、防止“带病提拔”，是履行管党治党责任的重要内容，为加强政治建设提供有力保证。习近平总书记在党的十九大报告中指出，要“突出政治标准，提拔重用牢固树立‘四个意识’和‘四个自信’、坚决维护党中央权威、全面贯彻执行党的理论和路线方针政策、忠诚干净担当的干部”。组织部门的干部监督工作是党内监督的重要组成部分，是干部工作的重要环节。在干部选拔任用工作中，各级党委（党组）负主体责任，党委（党组）书记是第一责任人，其他责任主体依据职能职责，履行相应

监督责任。切实加强对领导班子和干部选拔任用工作的监督，促使各责任主体正确履职、落实责任，是新时期干部监督的鲜明特征、应有之责。干部监督必须把政治监督作为重点内容，聚焦党的领导、党的建设、党的干部，看党组织的领导核心作用发挥得够不够、领导班子凝聚力强不强，是不是坚定地与党中央保持高度一致，是不是在管党治党上体现“严”“实”要求，看党员领导干部是不是牢固树立“四个意识”、坚定“四个自信”，是不是形成了严守政治纪律、政治规矩的思想自觉和行动自觉。通过有效有力的政治监督，能够确保党员干部始终保持先进性和纯洁性，使我们党在坚持和发展中国特色社会主义的历史进程中始终成为坚强领导核心。

从严管理监督干部、防止“带病提拔”，是匡正选人用人风气的基本手段，为服务中心大局提供坚实保障。政治路线要靠干部路线来保证。干部监督必须始终围绕中心、服务大局，充分发挥对党和国家事业建设发展的保驾护航作用，紧扣重要部署、重大活动、重点任务，做到中心工作在哪里，干部监督工作就跟进到哪里。干部监督要坚持正确选人用人导向，落实新时期好干部标准，真正让忠诚干净担当、为民务实清廉、奋发有为、锐意改革、实绩突出的干部得到褒奖和重用，对违规违纪行为及时调查处理，避免出现“事业搞上去、干部倒下来”的情况，对工作不力的干部及时提醒函询直至组织处理。通过严格管理监督各级领导干部做到忠诚干净担当，让干部习惯在受监督和约束的环境中干事创业，始终保持奋发有为的工作状态。

从严管理监督干部、防止“带病提拔”，是推进干部作风转变的重要条件，为抓早抓小管平时提供明确方向。禁微则易，救末者难。习近平总书记强调，对干部身上的苗头性、倾向性问题，要及时咬咬耳朵、扯扯袖子，早提醒、早纠正。干部监督重在预防，目的不在于查处多少干部，而是尽量让干部少出问题、不出问题，因此必须把功夫下在平时，使日常“咬耳扯袖”作为工作常态。要坚持抓“常”抓“长”，落细落小，有的放矢进行提醒、函询和诫勉，着力变事后组织处理为事前提醒防范。干部监督必须综合利用巡视、审计、举报等成果，注重日常管理监督和专项查核相结合，坚持突出问题导向、推动问题解决的思想方法和工作方法，聚焦重点领域、关键环节发现问题，该提醒的及时提醒，该函询的说明情况，该诫勉和组织处理的坚决做到位，防止小毛病演变成大问题。

从严管理监督干部、防止“带病提拔”，是依纪依规选拔干部的必然要求，为规范用人权力提供全面支撑。信任不能代替监督。党的十九大报告强调，要“强化自上而下的组织监督，改进自下而上的民主监督，发挥同级相互监督作用。”干部监督工作检视的是纪律规矩，就是要督促织牢干部选拔任用和管理监督的制度体系，立“明规矩”、破“潜规则”，把权力关进制度的笼子里。干部监督必须充分运用党内制度，引导各级组织和党员干部自觉在监督下履职用权，严格按照规范和程序选人用人，严把标准关、考核关、程序关，考准人识透人，防止“带病提拔”，着力培养和打造高素质专业化干部队伍。通过规范选人用人权力运行方式，建立完善选人用人失误失察责任追究制度，用刚性的责任把干部选准用好，推动干部选拔任用工作时时严、处处严、事事严。

二　北京市从严管理监督干部、防止“带病提拔”的主要做法

近年来，北京市认真贯彻落实中央部署，突出首善标准，坚持把选人用人作为全局性、关键性、根本性问题来抓，围绕从严管理监督干部、防止“带病提拔”进行了积极探索。问卷调查结果显示，对北京市干部选拔任用工作的总体评价，96.4%的调查对象认为“很规范”和“规范”；对当前北京市的政治生态，97.3%的调查对象认为“很好”和“好”；对北京市干部监督管理工作的整体评价，95.7%的调查对象认为“很有效”和“有效”；对北京市防止干部“带病提拔”工作的整体评价，93.6%的调查对象认为“很有效”和“有效”。

第一，坚持新时期好干部标准选人用人。组织制定《中共北京市委关于贯彻落实党的十八届六中全会精神以首善标准深入推进全面从严治党的意见》，从十个方面完善制度、形成常态，扎实有力推动全面从严治党向纵深

发展。制定实施《北京市贯彻〈推进领导干部能上能下若干规定（试行）〉的实施办法》，重点着力解决为官不正、为官不为、为官乱为等问题。突出政治标准，始终把牢固树立“四个意识”、旗帜鲜明讲政治放在干部选拔任用工作的第一位，深入考察人选的政治信仰、政治立场、政治定力、政治品格，注重选拔政治上清醒坚定、对党绝对忠诚的干部。突出廉洁要求，注重选拔守纪律讲规矩、清正干净的干部。突出能力要求，注重选拔政策理论水平高、具有专业思维专业素养专业方法的干部。突出实绩导向，注重选拔在疏功能、转方式、治环境、补短板、促协同等重大任务中敢于担当、锐意改革的干部。突出基层导向，注重选拔在艰苦地区和改革发展一线埋头苦干、真抓实干的干部。真正把忠诚干净担当、为民务实清廉的干部选出来、用起来，让阳奉阴违、阿谀奉迎、弄虚作假、不干实事、会跑会要的干部没市场、受惩戒，不让老实人吃亏、不让干事的人心寒、不让一线的干部失落、不让带病的人提拔，营造风清气正的选人用人环境。重视规矩意识的教育培养，坚持把学习贯彻习近平新时代中国特色社会主义思想，特别是两次视察北京重要讲话精神纳入“两学一做”学习教育，作为各级领导班子思想政治建设和全市党员干部教育培训的重中之重。问卷调查结果显示，对于从严管理监督干部、防止“带病提拔”工作取得的成效，84.5%的调查对象认为“树立了风清气正的用人导向”。

第二，严格规范干部选拔任用工作程序。切实抓好《党政领导干部选拔任用工作条例》《党委（党组）讨论决定干部任免事项守则》的贯彻执行。印发《关于认真贯彻落实〈党委（党组）讨论决定干部任免事项守则〉的通知》，要求有干部任免权的党委（党组）均要按照规定认真贯彻执行。坚持关口前移、源头控制、层层把关，紧紧抓住干部提拔调整的动议、推荐、考察、讨论决定等关键环节，确保选任程序完整闭环、实质有效。严格落实领导干部“凡提四必”制度。严格核查人选的档案信息，对“三龄两历一身份”等信息严格审核，发现问题逐一调查核实，不放过任何疑点。严格落实个人有关事项“凡提必核”制度，在动议环节就着手核实，做到不核实不上会、不过关不使用，把核实结果作为评价、识别干部是否忠诚老实、是否清正廉洁、是否“带病”的重要依据。坚持纪检监察机关意见“凡提必听”，提名人选时应按有关规定书面征求纪检监察机关意见。对反映违规违纪线索具体、有可查性的信访举报“凡提必查”，对于举报反映的问题没有调查清楚的，坚决不履行任职程序。重视苗头性问题和线索，及时梳理总结突出的共性问题，开展专项治理。研究制定《市纪委市监委机关市委组织部关于进一步加强工作联系的若干规定》等，进一步完善沟通联系机制，增强监督合力。高度重视换届风气监督，在市区乡（镇）领导班子换届工作中，从严从实做好换届人选提名工作，严格开展资格联审，切实防止“带病提名”。充分运用典型案例，加强纪律教育和宣传，筑牢思想防线、法纪红线、行为底线。市纪委市监委机关、市委组织部联合组建督导组，对选举工作进行现场监督和指导，确保换届风清气正。访谈中，受访者一致认为，北京市建立健全干部选拔任用机制，坚持从严管理监督干部，形成了一整套符合首都特点的、科学化的选人用人制度体系，营造了风清气正的选人用人环境。问卷调查结果显示，对于从严管理监督干部、防止“带病提拔”工作取得的成效，81.5%的调查对象认为“干部选任工作程序进一步规范”；对于“凡提四必”制度执行取得的实际效果，97%的调查对象认为“很有效”和“有效”。

第三，强化日常管理与综合研判。加强干部的日常监督管理，坚持从小事抓起、向实处着力，把从严管理监督、防止“带病提拔”落实到干部队伍建设的全过程。定期开展市区两级常委、组织部长接待日活动，与领导干部多层次、多渠道地谈心谈话。研究制定《贯彻落实〈关于组织人事部门对领导干部进行提醒、函询和诫勉的实施细则〉的办法》，提出需要提醒、函询、诫勉的39种适用情形，特别是将群众反映强烈的不担当、不作为，不认真履行或不正确履行职责问题，以及干部群众举报反映较多但又缺乏明确手段的一些情况，全部纳入适用范围，发现领导干部的苗头性、倾向性问题，及时进行提醒、纠正。严格落实干部选拔任用四项监督制度，组织做好干部选拔任用“一报告两评议”工作，综合运用考核评测结果，有针对性地提出加强领导班子和干部队伍建设意见建议。组织开展“三超两乱”、领导干部违规兼职取酬、“裸官”、干部档案造假等专项治理工作，解决一批干部群众反映存在的突出问题。以防止干部“带病提拔”为主题举办全市组织系统“组工论坛”，组织16个区委组织部、市委市政府有关单位分管领导深入开展研讨，分析研究重点难点问题。坚持对涉嫌“带病提拔”的干部选拔任用过程开展严格倒查，对违规提拔任用干部的，严肃追究问责。访谈中，受访者普遍反映各级党组织在干部选拔任用过程中，始终绷紧防止“带病提拔”这根弦，选人用人的规矩意识和责任意识显著增强。问卷调查结果显示，80.9%的调查对象认为“选人用人责任意识进一步增强”；66.6%的调查对象认为，“开展干部‘带病提拔’倒查”对防止“带病提拔”有较好的成效。

第四，以巡视巡察“利剑”助力干部监督全覆盖。充分发挥巡视巡察在选人用人监督检查中的独特优势，坚持巡视巡察到哪里、选人用人专项检查就跟进到哪里，实现同频共振、同向发力。制定《北京市结合巡视开展选人用人工作专项检查工作办法》，将市编办、市人力社保局、市国资委等相关部门纳入联合检查组，形成工作合力，突出检查的有效性和针对性。注意将工作程序不规范、资格把握不严格、超职数配备干部、“裸官”管理、跑官要官、“带病提拔”、干部档案造假、领导干部违规兼职取酬等问题作为检查的重点，检验专项整治工作成效。注重抓好对问题线索的分析和督促整改，运用和巩固好检查成果。市委组织部制定《关于部内加强对巡视移交问题整改落实的工作流程》，统筹协调有关干部处对巡视组移交的问题线索逐一查核，对突出问题全部开展立项督查，确保一查到底，问责到人。党的十八大以来，结合巡视对200余家市属单位和区开展了选人用人检查，共发现选人用人方面问题1120余个。实践证明，选人用人专项检查，既助力巡视监督、为其服务，又借力巡视监督、用其成果，效果显著，已经成为干部监督工作的一种新常态，成为整治用人不正之风的有力武器。问卷调查结果显示，75.1%的调查对象认为，“结合巡视巡察开展选人用人专项检查”对防止“带病提拔”有较好的成效，58.6%的调查对象认为“‘带病’干部存量减少，增量得到遏制”，55.3%的调查对象认为“联查联防的动态工作机制逐步形成”。

第五，不断夯实干部监督工作基础。扎实开展《领导干部报告个人有关事项规定》《领导干部个人有关事项报告查核结果处理办法》“两项法规”学习宣传贯彻工作，加大抽查核实力度，加强数据分析和抽查核实结果运用，强化问责处理，形成完整、规范、有序的抽查核实工作链条。组织制定《关于进一步规范北京市领导干部配偶、子女及其配偶经商办企业行为的规定（试行）》，除高校、科研机构等事业单位外，其他单位市管领导干部和市属国有企业领导人员，全部纳入规范范围。落实全程纪实制度，制定《北京市干部选拔任用工作纪实办法》，突出抓好干部选拔任用的动议、民主推荐、考察、讨论决定、任职五个环节，使干部选任过程可追溯、可倒查。发挥纪实监督系统的日常监督作用，党的十八大以来，对全市各单位提交的1.7万余名干部选拔任用纪实信息进行了审查，对亮“红灯”的干部任用信息与有关单位逐一核实，并要求处理整改。推动纪实系统与超职数配备、有关事项抽查核实、“一报告两评议”等工作的联动审核，为加强选人用人监督检查、改进和提升选人用人工作水平提供重要支撑。访谈中，大部分受访者认为通过严格落实“凡提四必”，以查促防，“查”的警示和震慑作用越来越明显。问卷调查结果显示，对防止“带病提拔”有较好成效的做法中，63.1%的调查对象选择“领导干部个人有关事项报告和抽查核实”，55.4%的调查对象选择“规范领导干部在企业兼职、规范领导干部亲属经商办企业行为等专项治理”。此外，92.6%的调查对象认为“深入开展干部选拔任用工作‘全程纪实’”“很有必要”和“有必要”。

三　存在的难点问题及原因分析

从近年来北京市干部监督工作掌握的情况来看，干部“带病提拔”现象仍然个别存在。调研中，受访者在肯定成绩的同时，也客观地指出了当前干部监督管理、防止“带病提拔”工作存在的一些难点问题，主要有以下五个方面。

第一，少数干部理想信念缺失，带“病”隐蔽性强。从调研情况以及了解掌握的近年来主要案例来看，少数干部理想信念不坚定、思想防线不牢固、组织意识纪律意识弱化是发生“带病提拔”的重要内因。同时随着社会发展和生活方式越来越多样化，腐败活动的隐蔽性和欺骗性越来越强。有受访者提到，少数领导干部“既想当官又想发财”，有的长期在重要领域和关键岗位任职，有的在同一个岗位或系统内工作多年，或长期担任一把手，权力寻租空间大，廉政风险高，极易发生贪腐行为。同时这些重要权力部门很容易出成绩，得到干部群众认可和领导赏识，因问题被掩盖，成绩被放大，容易造成“带病提拔”。有的受访者提出，“带病提拔”是逐渐积累、逐步显现的过程，平时的“小毛病”如果不注意防范和纠正，就很容易演变成“大问题”。有的受访者提出，要在预防“生病”上多下功夫，切实加强日常教育和管理，加强干部党性修养和作风养成，教育引导干部树立正确的世界观、人生观、价值观，增强干部“体质”，筑牢思想防线。此外，受访者普遍认为，“带病”干部往往都很善于隐藏自己，是“两面人”，故意掩盖“病”的一面，当面一套、背后一套，台上、台下两个样，“一些领导干部平时有着良好的表现，顶着耀眼的光环，一朝落马实在出人意料”。在问卷调查中，有31.4%的调查对象认为“被提拔干部带‘病’隐蔽性强”是导致干部“带病提拔”的重要原因。

第二，对干部全面了解不够，干部评价标准存在偏差。对干部的日常了解是评价干部的重要基础，但由于了解渠道单一、组织部门工作方法局限等原因，深入全面地了解评价干部的难度较大，导致无法及时发现带“病”干部。在调研过程中，受访者也普遍反映“缺乏对干部八小时以外的了解”，目前了解干部主要是通过工作圈，考察干部的“能”，而真正了解考察对象德才表现、深层次问题的人，比如生活圈、社交圈人员往往未被列入了解范围，难以做到全面了解干部。还有不少受访者提到，在以发展经济为中心任务的大背景下，个别单位党组织把关不严、把握用人标准存在偏差、“重才轻德”、“以绩掩德”的现象客观存在。有的受访者提出，少数领导干部在用人上片面强调大胆启用“有魄力”“创新型”干部，而对干部的

“德”重视不够。有受访者提到，个别单位政治站位不高，担当精神不足，在干部选拔任用上存在“老好人”思想，为“带病提拔”留出了空间。有的受访者认为，没有私心一切都好办，一把手只要有私心，就不好办，因此必须把一把手身上的责任压实。问卷调查结果显示，导致干部“带病提拔”主要原因中，“组织把关不严，落实工作责任不够”（40.7%）、“执行干部选任监督制度不到位”（39.4%），分列第二、第三位。在防止“带病提拔”应重点改进的方面，“压实干部选拔任用责任”（67.1%）、“加强干部日常监督管理”（67.1%）并列排在第一位。

第三，选任程序把关不严，干部考察实效有待提升。从调研情况来看，对“带病提拔”过程中选拔任用程序履行不到位、考察不准、把关不严等问题的反映比较集中。问卷调查结果显示，干部选拔任用程序中容易导致干部“带病提拔”的主要环节，排在前三位的分别是“动议酝酿”（52.3%）、“提名推荐”（50.9%）、“日常业绩考核”（49.6%），其后依次是“组织考察”（33.1%）、“民主测评”（25.1%）、“讨论决定”（15.2%）。在调研访谈中，一些受访者提到，防止干部“带病提拔”，“解决好初始提名权，防止领导个人意见影响党委民主决策至关重要”；在实际工作中，“有的地方在党组会召开前一把手已经把选任意见抛出来了，与会人员碍于情面很难再发表不同意见”；有的党组成员“在上会前一晚才得知干部选任事宜，对酝酿范围和建议人选没有实际沟通”，党委民主决策看似履行程序，实则走了过场。有的受访者提到，干部推荐和考察的实效还需提升，有的干部存在提拔某人与不提拔某人都与己无关的思想，推荐中存在“随大溜”或“乱投票”现象；考察谈话中很难听到谈话人的真实想法，针对干部的问题，有的人有顾虑不敢讲，有的人认为考察只是走走形式，不愿讲，有的人认为考察干部是要提拔了，还是要多说优点，对于问题往往不想讲或只是蜻蜓点水式地提一提，这样的考察谈话难以发现干部“带病”的问题线索。还有受访者认为考察时间过短，有时存在“质量服从时间”的情况，出现“赶场子”“走形式”的考察，在对一些问题核实过程中，往往是依据与被考察对象本人谈话或者让被考察对象个人作出说明，缺少认真细致地核查。在被问

到防止“带病提拔”“最需要改进的干部选任环节”时，69.8%的调查对象认为需要“规范动议工作，防止带病提名”，67.3%的人认为需要“深化任前考察，考准考实干部”，还有66.9%的人认为需要“严格推荐程序，防止民意失真”。

第四，监督信息资源尚未有效共享，合力尚未有效形成。问卷调查结果显示，防止干部“带病提拔”需重点突破的难点问题中，排在前两位的分别是“干部考核考察手段技术不足，难以准确考察识别干部”（61.3%）、“信息化基础薄弱，制约跨部门干部监督信息交流共享”（51%）。在调研访谈中，受访者普遍反映，当前工作中，组织部门、干部监督机构与纪检监察、审计、信访等单位部门的沟通协作力度还有待加强，缺少对相关信息进行全面有效整合的机制和平台。有受访者提到，干部考察一般局限于任职考察，考察范围较窄、方法简单、手段单一，有时即便听到一些问题，也由于是个别人的反映，且缺乏有效的佐证和深入调查的条件，很多问题往往不了了之。一些受访者指出，组织部门、干部监督机构对信访举报线索进行调查核实的手段、渠道、人手均有限，尤其对贪污腐败和作风问题，难以查证。有受访者谈到，“有时个别干部已经被纪委调查了，我们还不知情，还把他列入了酝酿范围，后来知道了才赶紧把他从名单中撤下来。”有的受访者认为，要界定好组织部门、纪检监察、审计、信访等相关单位在干部监督中的责任，进一步完善多方位、多渠道的信息互联互通机制，有效利用各类干部监督信息，增强监督合力，强化监督实效。对“进一步加强组织与纪检、审计、信访等部门信息共享必要性”的问卷调查结果显示，98%的调查对象认为“很有必要”和“有必要”。

第五，责任追究办法不够细化，追责力度需要加大。动员千次，不如问责一次，干部“带病提拔”时有发生，与干部选拔任用相关责任不好界定，责任追究难以落实、力度有限存在直接关系。问卷调查结果显示，防止干部“带病提拔”需重点突破的难点问题中，40%的调查对象认为“干部选拔任用权力和责任划分不够明确，责任主体难界定”，34.3%的调查对象认为“缺乏对一把手或主要领导的权力监督手段”。调研访谈中，部分受访者认为，一些制度内容还不够具体，手段过于原则化，导致责任主体难界定、责任大小难认定、追究责任难找依据。比如责任主体确定问题，干部选任环节多，参加推荐、决策的往往是一个群体，法难责众，更难以追究个人责任，往往是板子高高举起又轻轻落下，不知道究竟要打到哪个人身上。对于追责程序问题，出现什么样的问题、该通过什么样的程序、由哪级机关追究哪个人的责任、追究到什么程度，还缺乏具体实施细则。对责任大小问题，出现“带病提拔”，原推荐单位、考察组、组织部门、党委（党组）必然都有责任，但怎么“打板子”却不好操作。有受访者提出，干部选拔任用过程中，有时存在制度执行不够严格，用习惯做法代替制度要求的情况，一旦出现“带病提拔”问题，又过多地强调历史原因、客观因素，难以追究相关责任人的责任，导致选人用人的权力和责任不对等。还有的受访者认为，“带病提拔”问题发生后，往往只处理“带病”者，而对负有推荐提名和考察责任的有关人员特别是主要领导极少追责，对选人用人者失察失误责任的追究失之于宽、失之于软，在一定程度上助长了“带病提拔”。在被问到防止“带病提拔”应重点改进哪些方面时，66.5%的调查对象认为应“加强对干部选拔任用的责任追究”。

四　对策建议

党的十八大以来，执政党自身建设取得深刻突破，全面从严治党新格局新态势业已形成，为从严管理监督干部、防止“带病提拔”创造了有利环境，提供了大好契机。干部监督工作要以党的十九大精神为指引，以全面从严治党、从严治吏为主线，进一步总结经验、求真务实，进一步聚焦重点、突破难点，进一步统筹全局、综合施治，在加强干部监督管理，防止“带病提拔”“带病提名”上取得实质性进展。

其一，加强教育培训，筑牢思想防线。始终把思想政治建设摆在首位，全面系统学习习近平新时代中国特色社会主义思想，深入开展党员干部理想信念教育、宗旨教育、法制教育、党规党纪和廉政教育，引导领导干部不断增强“四个意识”，牢固树立“四个自信”，坚守共产党员的精神家园，弘扬健康向上的官德文化，坚决防止理想信念动摇滑坡。把坚持民主集中制、批评与自我批评、严格党内政治生活等内容列为领导干部必修课程，强化政治纪律和政治规矩教育。健全完善政治理论和廉政教育培训机制，把政治理论、法治素养、廉政教育作为培训的重要内容，丰富教育手段，加强警示教育，促使干部自我净化、自我完善、自我革新，筑牢理想信念坚实防线，自觉抵制歪风邪气。强化经常性教育，抓早抓小抓预防。坚持关口前移，把对干部的从严要求融入日常教育管理中，深入开展日常谈心谈话，规范干部任前谈话，健全完善组织部门“双向约谈”制度。加强日常监督管理，始终把纪律挺在前面，充分利用好提醒、函询、诫勉等组织措施，发现干部出现苗头性、倾向性问题，及时对干部“咬咬耳朵、扯扯袖子”，防止小毛病演化成大问题。通过批评教育、提醒帮助，督促干部把忠诚、干净、担当作为干事创业的行为准则和行动自觉，经常对照好干部标准约束自身行为，从源头上防止干部“患病”。

其二，明确权责主体，加强审核把关。压实选人用人工作责任，明确和划分党委（党组）主体责任、党委（党组）书记第一责任人责任、组织人事部门直接责任、纪检监察机关监督责任。为突出抓好干部廉洁自律情况的审核把关，在向上一级党组织推荐报送拟提拔或进一步使用的人选时，要按照干部管理权限认真负责地对人选廉洁自律情况提出结论性意见，由党委（党组）书记、纪委书记（纪检监察组组长）在意见上双签字。提升干部监督信息综合管理水平，完善组织人事部门与纪检监察机关工作对接机制，加大征求意见、情况通报、线索移交、日常联系、问题研究等工作力度。研究建立干部监督信息综合查询系统，从纪检监察、审计、信访、法检公安、政府绩效、巡视督导等多渠道、多方面整合执纪执法监督方面信息，强化动态管理、全程监控、综合研判，实现对干部“立体化”监督管理。注重整合监督资源，增强监督合力，严格落实相关职能部门工作责任。纪检监察部门要加大案件查处力度，对涉组涉干的群众信访举报从严从快处理，对“带病”干部做到零容忍。要把履行选人用人职责情况，作为考核评价党委

（党组）和组织人事部门、纪检监察机关以及有关领导干部的重要内容，督促有关责任主体更好履职尽责。

其三，深化日常了解、注重分析研判。有针对性地拓宽了解干部渠道，充分利用平时考核、年度考核、任期考核、民主生活会、述职述廉、跟班学习、参与巡视巡察、个别听取意见、家访等途径，加强对干部的日常跟踪了解。坚持把政治标准放在首位，深入到基层考察干部德才表现、重要情况和群众口碑，特别是在重大事件、重要关头、关键时刻的表现，客观分析干部的见识见解、禀性情怀、境界格局、道德品质和综合素质，近距离识别干部，坚决克服重才轻德的倾向。落实党政正职、组织人事部门负责人与干部谈心谈话制度，采取定期谈话、专题谈话等方式，及时了解掌握干部思想、工作、作风、生活状况，注重做好日常通报、综合分析、风险评估等工作，对于发现苗头性、倾向性问题的，要及时查核、严肃提醒。结合选人用人巡视巡察工作中发现的易发多发问题，把综合分析研判作为干部选任的前置环节，采取定期研判、专项研判、重点研判等形式，对干部进行综合分析，注意发现“带病”隐患和问题线索。对问题反映较多、廉政风险较大的干部，进行重点研判、重点查核，对在重要岗位、“高风险”岗位任职时间较长的干部，统筹做好交流轮岗工作。

其四，从严动议审查、考准考实干部。合理前移审核关口，做到动议即审，该核早核，针对因听取意见不够可能造成用人失察的问题，要注意听取拟选拔职位分管领导和人选所在单位主要领导同志的意见，重视研究不同意见。要持续强化审核措施，对干部档案“凡提必审”，个人有关事项报告“凡提必核”，纪检监察机关意见“凡提必听”，反映违规违纪线索具体、有可查性的信访举报“凡提必查”。不断提升考察工作的实效性，把发现管理问题作为干部考察工作的重要方面，探索建立集中考察、任职考察、非定向考察相结合的制度机制，赋予组织部门干部工作人员随机考察的职责，通过随机谈话、实地走访、民意调查、家访等形式，在“闲谈”中及时了解、发现和诊断有关干部的“病情”。改进任职考察方式，选好配强考察工作人员，积极推行差额考察办法，进一步拓宽考察内容、延伸考察视角、改进谈话技巧，真正把干部考察全面，把问题查清查实。对考察期间发现的问题线索，考察组要会同考察对象所在地区或单位、纪检监察机关及时调查核实清楚，并提出结论性意见。坚持时间服从质量，为反映问题、调查核实、分析研判留出时间。严格执行《党委（党组）讨论决定干部任免事项守则》，没有按照规定进行酝酿动议、民主推荐、组织考察的不上会，没有按照规定核实清楚有关问题的不上会，没有按照规定向上级报告或报告后未经批复同意的干部任免事项不上会。对发现问题影响使用的，及时中止选拔任用程序。对一时存疑、暂未使用的干部，及时查清问题、作出结论，注意保护作风过硬、敢作敢为、锐意进取的干部。

其五，严格落实各项监督制度，强化责任追究。全面落实干部选拔任用工作纪实制度，详细记录动议、民主推荐、考察、讨论决定、任职等各环节情况，使每个干部的选任过程各环节可追溯、可倒查。严格执行干部选拔任用监督检查制度。做好选人用人巡视巡察、干部选拔任用“一报告两评议”等工作，加强对下级党委（党组）及其组织人事部门选人用人全过程的监督。对干部群众反映强烈、举报反映多的地区、单位和干部开展有针对性的检查。严格开展“带病提拔”倒查，逐一检查干部选拔任用各个环节的主要工作和重要情况，甄别相关责任人的责任。建立健全“带病提拔”问责机制，对干部在政治品质、道德品行、廉洁自律等方面存在违规违纪行为影响使用，但由于领导不力、把关不严、考察不准、核查不认真，甚至故意隐瞒、执意提拔，造成干部“带病提拔”的，按照有关规定，区别不同情况，严肃追究党委（党组）、组织人事部门、纪检监察机关、干部考察组主要负责人和有关领导干部及相关责任人的责任。因干部“带病提拔”造成恶劣影响的，连续出现或大面积出现干部“带病提拔”情况的，要追究党委（党组）主要负责人的责任。紧抓问题整改落实环节，发生干部“带病提拔”的，干部提任前所在单位党委（党组）及向上级党委（党组）推荐报送拟提拔或进一步使用干部的单位党委（党组）要召开专题民主生活会，总结反思产生问题原因，提出改进工作措施。

B.5

党的十八大以来全面从严治党理论与首都组织工作实践研究报告

北京市委组织部课题组*

摘　要： 全面从严治党，是以习近平同志为核心的党中央治国理政最鲜明的特征。本课题系统阐释了全面从严治党提出的时代背景及现实意义，从思想建设、严肃党内政治生活、纪律建设、作风建设、从严治吏、基层组织建设、反腐倡廉七个方面深入分析了全面从严治党理论的思想内涵和主要内容，从理想信念和政治立场、忧患意识和使命担当、问题导向和问题意识、决心态度和战略定力四个方面归纳提出了全面从严治党理论的主要特点，并在全面总结党的十八大以来至2017年9月党的十九大召开前夕，首都组织工作贯彻全面从严治党实践的基础上，结合组织部门职能职责，提出了进一步推进全面从严治党的意见建议。

关键词： 党的建设　全面从严治党理论　组织工作

全面从严治党，是以习近平同志为核心的党中央治国理政最鲜明的特

---

* 课题组组长：张彤军，北京市委组织部副部长。
课题组成员：黄丹，北京市委组织部研究室主任；刘光毅，北京市委组织部研究室副主任；饶小龙，北京市委组织部研究室副主任；罗荣顺，北京市委组织部研究室主任科员；赵宇，北京市委组织部干教中心主任科员；高玉冰，北京市委组织部干教中心主任科员。

征。党的十八大以来，习近平总书记着眼于我们党所处的新的历史方位、所肩负的历史使命，在伟大斗争、伟大工程和伟大事业的实践中提出了一系列管党治党的重要论述，形成了内涵丰富、逻辑严密、博大精深的理论体系，为实现管党有方、治党有力、建党有效提供了理论遵循和行动指南，推动党和国家事业发生了深刻变革，取得了历史性成就。深入研究全面从严治党理论，对于全面提高新形势下党的建设科学化水平，培养造就党和人民需要的好干部，实现“两个一百年”奋斗目标和中华民族伟大复兴的中国梦，具有很强的政治意义、理论意义、现实意义。为此，我们组织力量成立课题组，通过查阅文献、座谈研讨、个别访谈等方式进行深入研究，在系统梳理、综合分析的基础上，形成本报告。

一　全面从严治党提出的时代背景及现实意义

（一）时代背景

（1）全面从严治党是在深刻总结90多年管党治党经验的基础上提出来的。马克思主义政党不同于其他政党的一个显著标志，就是强调坚持党的集中统一，要求严格执行党的纪律。我们党自成立之日起，就一直按照马克思主义政党的标准，严格管理党组织和党员干部。从严治党，是我们党的一贯要求、政治优势和优良传统。党的90多年历史，就是一脉相承而又与时俱进的从严治党的历史。党的一大通过《中国共产党第一个纲领》，明确规定新成员“在加入我们的队伍以前，必须与那些与我党纲领背道而驰的党派和集团断绝一切联系”等。党的二大制定第一部党章，专设了党的纪律一章。党的五大第一次成立中央监察委员会，第一次提出“政治纪律”的概念。从三湾改编提出“党指挥枪”“支部建在连上”到井冈山时期提出“从思想上建党”原则、红军要坚决执行“三大纪律、六项注意”要求，到古田会议作出“党对红军实行绝对领导”的规定，从大生产运动和延安整风解决当时党内存在的突出问题到党的七届二中全会提出“两个务必”，从解放战争时期整党整军到新中国成立初期“三反”“五反”运动，从制定《关于党内政治生活的若干准则》到出台八项规定，从保持党的先进性教育到党的群众路线教育实践活动，我们党始终坚持把从严治党贯穿到思想、组织、作风、制度和反腐倡廉建设的各项实践中。正是始终坚持从严治党，始终保持党的先进性和纯洁性，我们党才能成为中国革命、建设和改革事业的坚强领导核心，才能团结带领全国各族人民不断取得革命、建设和改革开放的伟大胜利。正是基于对90多年从严管党治党经验的深刻把握，以习近平同志为核心的党中央上任伊始，就向全党全国人民庄严宣示：“打铁还需自身硬，我们的责任，就是同全党同志一道，坚持党要管党、从严治党，使我们党始终成为中国特色社会主义事业的坚强领导核心。”2014年12月，习近平总书记在江苏考察时，首次提出了全面从严治党的要求。

（2）全面从严治党是解决党内突出问题，推进党的建设新的伟大工程的必然要求。作为一个有8900多万名党员、450多万个党组织的党，党的建设关系重大、牵动全局。90多年来，我们党高度重视自身建设，取得巨大成就，但也面临着不可回避的挑战和问题。由于党员人数的增加，党员成分日益复杂，整合不同利益和观点变得更加困难，管党治党难度不可避免地增大。在长期执政的条件下，党面临着精神懈怠、能力不足、脱离群众、消极腐败“四种危险”。从近年来查处的领导干部违纪违法情况看，理想信念动摇、“四风”问题严重、腐败问题易发多发、纪律松弛、党的观念淡薄、党内政治生活庸俗化平淡化娱乐化等问题，不同程度地存在，严重背离党的性质和宗旨，人民群众深恶痛绝，严重影响党的形象和创造力凝聚力战斗力。只有全面从严治党，以自我革命的勇气和魄力，解决党自身存在的突出问题，才能保持党的肌体健康，才能有效应对各种风险的侵蚀，从而始终保持党的先进性，巩固党的执政地位。如果管党不力、治党不严，人民群众反映强烈的突出问题得不到解决，那我们党迟早会失去人民支持，从而丧失执政资格，不可避免地被历史淘汰。因此，全面从严治党是针对新形势下党的建设面临的现实问题而作出的必然选择。

（3）全面从严治党是确保党在新的历史条件下进行具有许多新的历史

特点的伟大斗争的客观需要。当前，我国发展虽然仍处于重要战略机遇期，但党面临的执政环境发生了深刻变化。从国内看，经过30多年的快速发展，我国经济发展进入新常态，增长速度换挡、发展方式转变、发展动力转换三期叠加，产能过剩加剧、有效需求不足、金融风险加剧、环保压力加大、新增长动能不足等问题集中显现，同时，思想文化领域各种思潮相互激荡，各种诉求相互碰撞，人民群众期待更高，社会矛盾多发，推动改革发展保持稳定的难度前所未有。从国际看，世界经济增长形势不明朗、逆全球化思潮上扬、贸易保护主义有所抬头、发达国家因政权更迭导致的不确定因素增多、朝核危机等地缘政治问题隐忧凸显，各种不可预见的风险增多，国际局势的复杂程度前所未有。作为中国特色社会主义事业的领导核心，只有全面从严治党，锻造一个坚强有力的党，提高党执政兴国的能力和水平，才能有效应对国内国际上的风险和挑战，用好重要战略机遇期，维护好我国发展的和平环境，推动全球治理体制创新发展，续写好中国特色社会主义的新篇章，向着实现中华民族伟大复兴的宏伟目标稳步迈进。全面从严治党，是把党的建设、党的领导置于党面临的国内国外大环境中考量得出的必然结论。

（4）全面从严治党是对党的十八大以来管党治党新实践的理论升华。党的十八大以来，以习近平同志为核心的党中央不但高度重视从严治党的重要意义，而且采取一系列管党治党的过硬措施，从制定实施中央八项规定、狠抓作风建设入手，持续开展党的群众路线教育实践活动、“三严三实”专题教育、“两学一做”学习教育，强化党建工作责任制，大规模开展巡视坚决惩治腐败、完善党内法规制度等一系列卓有成效的活动，取得了令人瞩目的成绩，党风政风为之一新、党心民心为之一振，党内政治生活出现新气象，政治生态明显好转。管党治党取得的重要阶段性成果，为党和国家事业发展积聚了强大正能量，也为全面从严治党奠定了实践基础，推动了对全面从严治党认识的深化和理论的升华。

（二）现实意义

（1）丰富、创新和发展了党的建设理论，实现了马克思主义党建学说中国化的新飞跃。全面从严治党在坚持马克思主义党建学说基础上，开启了中国共产党建设理论的一系列创新，深入回答了新的历史条件下如何通过从严管党治党保持党的先进性、纯洁性，如何通过制度治党实现党内风清气正等重大问题，在思想、组织、作风、反腐倡廉、制度建设方面都提出了新理念、新要求、新举措，将从严治党拓展到党的建设各个领域、各个方面、各个环节，增强了管党治党的系统性和实效性，深化了对新形势下党建规律的认识，丰富和发展了马克思主义从严治党理论，是党建思想的新飞跃、马克思主义党建学说中国化的新成果。

（2）体现了伟大事业与伟大工程的统一，开辟了治国理政新境界。协调推进“四个全面”战略布局，是党中央确定的治国理政新方略，是新的时代条件下坚持和发展中国特色社会主义的战略抉择。全面从严治党既是“四个全面”战略布局的重要组成部分，又在“四个全面”中处于关键地位，为全面建成小康社会、全面深化改革、全面依法治国把握正确的政治方向、确立科学的发展目标、凝聚强大的力量源泉、提供坚强的组织保证。提出全面从严治党并将其纳入“四个全面”战略布局，完整确立了新形势下党和国家各项工作的战略目标和战略举措，开辟了党治国理政的新理念、新思路、新境界，为夺取中国特色社会主义事业新胜利提供了基本遵循和行动指南。

（3）改善了党的形象，开拓了党的建设新局面。全面从严治党不仅具有理论的指导性，还具有实践的规定性，有力推动了党的建设工作进入“新常态”，推动了全面从严治党实践的发展。全面从严治党的提出，不仅庄严宣告了我们党坚持党要管党、从严治党，永葆先进性、纯洁性的坚定态度和决心，也切实推动了人民群众反映强烈的突出问题的解决，进一步增进了党群关系，塑造了风清气正的良好政党形象，确保党始终赢得人民群众的信任和支持，为长期执政打下了坚实的基础。

（4）为实现“两个一百年”目标、实现中国梦提供了根本保证，指引我们党不断开创中国特色社会主义新时代。实现“两个一百年”奋斗目标和中华民族伟大复兴的中国梦，是我们党对民族对人民的郑重承诺，是我们党肩负的历史责任和使命。深入推进全面从严治党，不断增强党自我净化、自我完善、自我革新、自我提高能力，有利于保持党的先进性、纯洁性，改进党的执政能力和水平，更好地发挥党带领全国人民在实现“两个一百年”目标和中国梦进程中的领导核心作用，更好地推动“四个全面”战略布局的实施，从而保证“两个一百年”奋斗目标和中国梦的如期实现。

二　全面从严治党理论的思想内涵和主要内容

习近平总书记把马克思主义党建理论与我们党的历史方位和自身建设相结合，围绕全面从严治党提出了一系列新理念新思想新战略，内涵丰富、思想深邃，为加强和改进新形势下党的建设、提升管党治党水平提供了根本遵循。

（1）提出把思想建设摆在党的建设首要位置，加强党性锤炼。思想建党是马克思主义的重要建党原则，也是中国共产党的光荣传统和政治优势。习近平总书记多次就思想建党作出明确要求，特别告诫全党，思想上的滑坡是最严重的病变，“总开关”没拧紧，各种出轨越界、跑冒滴漏就在所难免。党的思想建设的首要任务，就是坚定广大党员干部的理想信念。习近平总书记把理想信念比作共产党人精神上的“钙”，把信念坚定作为好干部的第一标准。他针对党员干部中存在的那些“不信马列信鬼神”的现象，那些是非观念淡漠的现象，那些向往西方社会制度和价值观念的现象，那些在原则性问题面前立场模糊、不敢亮剑的现象，强调要高度重视党员干部队伍中信仰缺失的问题，要求全党同志用科学理论武装头脑，“炼就金刚不坏之身”，做到虔诚而执着、至信而深厚，并以“六个是否”作为检验理想信念是否坚定的标准。可以说，坚定理想信念是贯穿习近平总书记系列重要讲话的鲜明红线，体现了对铸魂育人规律的深刻把握，也是党中央领导力的重要源泉。

（2）提出严肃党内政治生活是全面从严治党的根本性、基础性工作，全面净化党内政治生态。“党内政治生活松一寸，党员队伍就散一尺”“抓住了严格党内政治生活这个关键点，也就抓住了解决党内矛盾和问题的钥匙”，习近平总书记鲜明地指出了严肃党内政治生活在全面从严治党中的基础性、根本性地位。总书记阐述了党内政治生活的重要作用，强调这是党组织教育管理党员和党员进行党性锻炼的主要平台，是增强领导班子战斗力的重要途径，是我们党依靠自身理论解决自身问题的重要途径，是增强党的创造力凝聚力战斗力的四大法宝之一。总书记提出了严肃党内政治生活的基本要求，要讲政治、讲原则、讲规矩，贵在经常、重在认真、要在细节，不能搞假大空，避免随意化、平淡化、娱乐化、庸俗化，切实增强党内政治生活的政治性、时代性、原则性、战斗性。总书记强调要坚持民主集中制，用好批评和自我批评这个清除党内政治灰尘和政治微生物的有力武器，领导干部特别是高级干部要发挥示范表率作用，各级党组织要通过营造“小气候”形成“大气候”，最终要体现到调动广大党员、干部积极性和推动事业发展上。习近平总书记的这些重要论述，为严肃党内政治生活指明了正确方向，推动政治生态和从政环境全面向好、明显改善。

（3）提出纪律建设是全面从严治党的治本之策，用铁的纪律维护党的团结统一。纪律严明是马克思主义政党的光荣传统、独特优势和力量所系。习近平总书记反复强调，党要管党、从严治党，靠什么管，凭什么治？就要靠严明纪律，一个松松垮垮、稀稀拉拉的组织是不能干事也干不成事的。总书记指出党面临的形势越复杂、肩负的任务越艰巨，就越要加强纪律建设，要把守纪律讲规矩摆在更加重要的位置。在具体内容上，总书记明确指出党的规矩包括四个方面，即党章、党的纪律尤其是政治纪律、国家法律以及党在长期实践中形成的优良传统和工作惯例；强调党章是党的根本大法，是全党必须遵循的总规矩，严明党的纪律，首要的就是要严明政治纪律。在具体要求上，总书记指出“纪严于法，纪在法前”，强调要做到“五个必须”，即必须维护党中央权威、必须维护党的团结、必须遵循组织程序、必须服从组织决定、必须管好亲属和身边工作人员，并明确指出按规定向组织请示报告是必须遵守的规矩，能否做到这一点也是检验干部合格不合格的试金石。总书记还明确了严明党的纪律的基本目标，即使纪律真正成为带电的高压线，做到人人敬畏纪律、自觉崇尚纪律、严格执行纪律。这些重要论述，丰富和发展了党的纪律建设理论，为依规治党、从严治党提供了理论指导和基本遵循。

（4）提出抓作风是推进党的建设的切入点和着力点，始终保持党同人民群众的血肉联系。习近平总书记鲜明指出，党的作风就是党的形象，关系人心向背，关系党的生死存亡。工作作风上的问题绝对不是小问题，针尖大的窟窿能透过斗大的风，并多次以“霸王别姬”警示全党，认为作风问题“已经到了非抓不可的时候”，要求全党要有危机感。总书记指出，作风问题的核心是保持党同人民群众的血肉联系，在任何时候任何情况下，与人民同呼吸共命运的立场不能变，全心全意为人民服务的宗旨不能忘，群众是真正英雄的历史唯物主义观点不能丢。总书记提出，要集中解决“四风”问题，从解决“四风”问题延伸开去，努力改进思想作风、工作作风、领导作风、干部生活作风，努力改进学风、文风、会风。总书记还敏锐地指出，作风问题具有顽固性和反复性，作风建设永远在路上，要在抓常、抓细、抓长上下功夫。这些重要论述，深刻揭示了作风建设与党的性质宗旨、群众路线的内在关系，深刻揭示了作风问题的特点，并赋予作风建设理论新的时代内涵，为转变作风提供了有力指导。

（5）提出从严治党的关键是从严治吏，培养造就高素质干部队伍。习近平总书记指出要始终把选人用人作为关系党和人民事业的关键性、根本性问题来抓，坚持以严的标准要求干部、以严的措施管理干部、以严的纪律约束干部，把从严管理干部贯彻落实到干部队伍建设全过程，做到管理全面、标准严格、环节衔接、措施配套、责任分明。如何把好干部选出来，总书记鲜明提出好干部的五条标准：信念坚定、为民服务、勤政务实、敢于担当、清正廉洁，并指出要坚持正确的用人导向，发挥党组织在干部选拔任用工作中的领导和把关作用，把好干部及时发现出来、合理使用起来。要想把好干部用起来，就要坚持全面、历史、辩证看干部，注重一贯表现和全部工作，改进考核方法手段，既看发展又看基础，既看显绩又看潜绩，保护那些作风正派又敢作敢为、锐意进取的干部，最大限度调动广大干部的积极性、主动性、创造性。对干部身上出现的苗头性、倾向性问题，要及时咬咬耳朵、扯扯袖子，早提醒、早纠正。总书记还特别强调把对一把手的监督、管理作为重中之重，用刚性制度把一把手管住，保证一把手正确用权、廉洁用权。总书记的这些重要思想，为加强干部队伍建设、打造高素质的执政骨干力量提供了重要遵循。

（6）提出把抓基层、打基础作为长远之计和固本之策，增强管党治党意识、落实管党治党责任。牢固树立大抓基层的鲜明导向，推动基层建设全面进步、全面过硬，是习近平总书记反复强调的一个重要思想，并指出要推进全面从严治党向基层延伸，使每个基层党组织都成为坚强战斗堡垒。总书记运用底线思维谋划基层党建，强调麻绳最容易从细处断，越是情况复杂、基础薄弱的地方，越要健全党的组织、做好党的工作，防止“木桶效应”。总书记既对基层党建提出了严格要求，又重视为基层党建提供保障支持，指出要加大投入力度，加强带头人队伍建设，确保基层党组织有资源、有能力为群众服务。总书记旗帜鲜明地将抓好党建作为最大的政绩，要求各级党组织担负起全面从严治党的主体责任。总书记就责任落实与否提出了“三问”：是不是各级党委、各部门党委（党组）都做到了聚精会神抓党建，是不是各级党委书记、各部门党委（党组）书记都成了从严治党的书记，是不是各级各部门党委（党组）成员都履行了分管领域从严治党责任；并在此基础上指出了“三不”：不明确责任、不落实责任、不追究责任，责任就会落空，就会空转；同时强调要做到“三抓”：抓党建必须抓责任制，抓责任制必须抓责任人，抓责任人必须抓第一责任人。这些重要思想，对于充分发挥基层党组织的战斗堡垒作用，进一步巩固党的执政地位、实现党的执政使命，具有重大意义。

（7）提出以零容忍态度惩治腐败，把权力关进制度的笼子。坚决惩治和有效预防腐败，在习近平总书记全面从严治党思想中具有十分重要的地位，是全面从严治党的底线和重要保障。总书记阐明了反腐败斗争的极端重要性，指出如果任凭腐败问题愈演愈烈，最终必然亡党亡国。总书记指出党风廉政和反腐败的核心问题，就是党要始终紧紧依靠人民，始终保持同人民群众的血肉联系。总书记宣示了反腐败的坚定决心，要求全党保持惩治腐败的高压态度，坚持零容忍的态度不变、猛药去疴的决心不减、刮骨疗毒的勇气不泄、严厉惩处的尺度不松，做到有腐必反、有贪必肃，“老虎”“苍蝇”一起打，将党风廉政建设和反腐败斗争进行到底。总书记深刻揭示了腐败的思想根源，强调要坚决反对和克服特权思想、特权观念，指出这个问题不仅是党风廉政建设的重要内容，而且是涉及党和国家能不能永葆生机活力的大问题。总书记提出了反腐败的方法路径，指出铲除不良作风和腐败现象滋生蔓延的土壤，根本上要靠法规制度。法规制度既要禁于未然之前，也要禁于已然之后，一经建立，就要让铁规发力、让禁令生威。这些重要思想，升华了马克思主义反腐倡廉理论，为我们党坚持中国特色反腐倡廉道路指明了正确方向。

三　全面从严治党的理论特质和理论品格

习近平总书记关于全面从严治党的论述丰富而又深刻，涉及全面从严治党的重大意义、科学内涵、基本要求和重点任务等多个方面，是一个系统完整、逻辑严密的科学体系，闪耀着辩证唯物主义和历史唯物主义的理论光芒，充分体现了马克思主义世界观和方法论，体现了中国共产党人的政治立场、价值追求和思想风范。归纳起来主要有以下几个方面的特点。

（1）贯穿着坚定的理想信念和鲜明的政治立场。总书记在系列重要讲话中，反复强调理想信念问题，始终贯穿着“永不动摇信仰”这条红线，在道路、方向、立场等重大问题上态度鲜明，充分体现了对马克思主义、共产主义的坚定信仰，充满了对中国特色社会主义必然胜利的高度自信。无论是总结党的建设进程，还是分析党面临的形势考验，无论是部署全面从严治党任务，还是对各级领导干部提出明确要求，都是从政治上着眼、从政治上审视，体现了马克思主义政治家的政治站位和政治胸怀，体现了我们党作为马克思主义政党的政治属性和政治追求。

（2）贯穿着强烈的忧患意识和忧党兴党的使命担当。总书记在系列重要讲话中，反复告诫全党要深刻认识党面临的执政考验、改革开放考验、市场经济考验、外部环境考验的长期性和复杂性，深刻认识党面临的精神懈怠危险、能力不足危险、脱离群众危险、消极腐败危险的尖锐性和严峻性，始终做到居安思危，使我们党永远立于不败之地。总书记既着眼当前又放眼未来，讲理想信念、讲党性修养、讲使命责任，彰显了不忘初心、继续前进，为实现党的宏伟目标而奋斗的战略定力，充满着对党、对国家、对人民的责任担当。

（3）贯穿着鲜明的问题导向和强烈的问题意识。总书记在系列重要讲话中，直面问题、毫不避讳，多次振聋发聩地点明党内存在的突出问题，鞭辟入里地剖析问题的实质和要害，清晰明确地提出破解难题的路径和举措，以敢于刀刃向内的勇气向党内顽瘴痼疾开刀，以踏石留印、抓铁有痕的劲头狠抓落实、善作善成，贯穿着强烈的自我革命精神，充分展现了善抓矛盾的治党方法，充分体现了我们党自我革命的决心和意志，彰显了我们党永不自满、永不懈怠的精神品格。

（4）贯穿着真管真严、敢管敢严的决心态度和久久为功、决战决胜的战略定力。党的十八大以来管党治党取得明显成效，“原因就是我们坚持言必信、行必果，认认真真管，实实在在严”。不论是强调严肃党内政治生活，还是强调从严管理干部，不论是强调严明党的政治纪律、组织纪律，还是严厉打击腐败分子，始终突出一个“严”字。从抓办公用房、公车配备、出差餐饮这些看起来不起眼的事，到“腐败分子即使逃到天涯海角，也要把他们追回来绳之以法，五年、十年、二十年都要追”，党内外、国内外都能深切感受到党中央在管党治党上“动真格打硬仗”，这也充分彰显出习近平总书记作为马克思主义政治家的强大自信和政治定力。

四　首都组织工作贯彻全面从严治党的实践

党的十八大以来，北京市组织系统严格按照中央部署和市委要求，全面贯彻党的十八大和十八届三中、四中、五中、六中全会精神，深入学习贯彻习近平总书记系列重要讲话精神和治国理政新理念新思想新战略，深入贯彻

习近平总书记两次视察北京重要讲话和对北京工作的一系列重要指示精神，紧紧围绕统筹推进“五位一体”总体布局和协调推进“四个全面”战略布局，紧紧围绕首都改革发展的中心任务，牢牢把握全面从严治党主线，提高政治站位，坚持首善标准，强化责任担当，切实将全面从严治党要求贯彻落实到组织工作的全过程、各方面，努力推动习近平总书记全面从严治党重要思想在京华大地落地生根、形成生动实践。

（一）持续加强思想政治建设，推动党员干部提高思想理论水平和党性修养

始终把思想教育放在首位，扎实开展党的群众路线教育实践活动、“三严三实”专题教育、“两学一做”学习教育，使全市党员干部在思想、作风、党性上进行了集中“补钙”“加油”。

（1）强化思想理论武装。突出抓好学习习近平总书记系列重要讲话精神和治国理政新理念新思想新战略，特别是两次视察北京重要讲话和对北京工作一系列重要指示精神，引导广大党员干部坚定信仰、坚守初心，进一步增强“四个意识”。五年来，每年聚焦一个主题，先后开展了学习贯彻党的十八大精神、习近平总书记系列重要讲话精神、“四个全面”战略布局、“五大发展理念”、十八届六中全会精神5次集中轮训，对全市局级领导干部和市属企业正职开展集中轮训，共举办35期专题培训班、培训8400余人次。各区各系统各单位通过理论中心组学习、专题培训、集中研讨、在线学习、集体自学等多种方式，对处级及以下干部进行轮训培训。

（2）大力加强党性教育。坚持党校姓党，在各级各类党校加强马克思主义基本原理和中国特色社会主义理论体系的教育培训，深入开展党章党规党纪、党史国史、党的优良传统、党风廉政建设教育。突出党的理论教育和党性教育的主课地位，理论教育、党性教育课程比重不少于70%，其中党性教育理论课程比重不少于20%。立足首都优质教育资源，发挥红色教育基地的震撼作用、先进典型的示范作用、反面教材的警示作用，加强对学员的党性教育。加强体验式教学，组织中青班学员深入郊区农村开展“三同”

教育，增进干部与群众的感情，提高党性修养；组织党校学员赴延安、兰考、红旗渠、古田、东山等地开展党性锻炼，用好西山无名英雄烈士纪念广场等首都红色资源开展党员教育，通过远近兼顾、搭配合理的红色“朝圣”之旅，让广大干部心灵受到震撼、思想得到洗礼。

（3）严肃党内政治生活。严格落实“三会一课”、民主生活会和组织生活会、谈心谈话等制度，恢复和发扬了批评和自我批评的优良传统，探索了新形势下严肃党内政治生活的有效途径。会前广泛征求意见，深入开展谈心谈话，认真撰写对照检查材料，为组织召开高质量的专题民主生活会和组织生活会做足准备。自我批评敢于揭丑、深挖根源，相互批评直面问题、体现“辣味”，真正起到了脸红心跳、出汗排毒、治病救人、加油鼓劲的作用。

（4）持续抓好作风建设。结合开展党内集中学习教育，组织各级领导班子和领导干部聚焦“四风”问题、“不严不实”问题以及群众反映强烈的突出问题，对一些基层干部不作为、乱作为等损害群众利益的问题开展了专项整治，打通联系、服务群众的“最后一公里”，让群众看到了实实在在的成效，党员干部思想作风明显改进，党风、政风和社会风气为之一新。

（二）从严选拔和管理监督干部，打造首都改革发展需要的、忠诚干净担当的高素质干部队伍

坚持党管干部原则，认真落实好干部标准，适应首都城市战略定位和改革发展需要，把握首都阶段性发展新特征，选干部配班子、建队伍育人才，为建设国际一流的和谐宜居之都提供坚强的干部人才保障。

（1）着力构建符合首都特点的选人用人机制。修订市管干部选拔任用工作流程、区县局级党政正职人选推荐办法，出台市管干部民主推荐意见，制定完善干部考核评价、竞争性选拔干部、防止和纠正干部任职年龄“一刀切”和层层递减等具体规定，规范完善干部动议、民主推荐、考察考核等程序步骤，为解决唯票、唯分、唯 GDP、唯年龄“四唯”问题提供更加科学的依据。大力推进干部能上能下，制定出台《北京市贯彻〈推进领导干部能上能下若干规定（试行）〉的实施办法》，在中央规定的基础上，增

加了18种“下”的具体情形，进一步明确干部“下”的方式、标准和程序。开展“为官不为”专项整治，确定和及时调整不适宜担任现职干部，推动形成能者上、庸者下、劣者汰的用人导向和从政环境。在完善制度设计的同时，突出制度的执行力，严格实行动议环节干部档案必审、个人有关事项报告必核、纪检监察机关意见必听、线索具体的信访举报必查，干部“带病提拔”问题得到有效遏制。

（2）大力选拔首都各项事业发展需要的好干部。制定《北京市贯彻〈2014—2018年全国党政领导班子建设规划纲要〉的实施意见》，建立领导班子定期分析研判制度，提高识人预见性、精准度和科学性，统筹抓好领导班子建设。顺利完成全市16个区、182个乡镇领导班子换届工作，切实把好人选质量关，稳妥有序推进干部交流，一大批在疏解非首都功能、推进城市副中心建设、推动京津冀协同发展等重大任务中真抓实干、实绩突出、群众认可的干部被选拔到领导岗位上。新一届区党政领导班子成员平均年龄47岁，乡镇党政领导班子成员平均年龄43.6岁；区、乡镇党政领导班子成员具有大学本科以上学历的，分别达到100%、96.7%；女干部、党外干部、少数民族干部配备达到规定要求，领导班子结构明显优化、专业化水平进一步提升。围绕规划建设城市副中心、筹办冬奥会等重大任务，适应纪检监察、司法、城市管理、卫生、宣传文化等领域改革需要，抓好各级领导班子调整配备，为重大任务和改革的顺利推进提供有力保障。

（3）强化干部培养锻炼。加强后备干部队伍建设，在全市区局级单位和市属国有企业集中开展后备干部专题调研，储备了一批优秀后备干部。立足首都发展新阶段的任务要求，围绕有序疏解非首都功能、规划建设城市副中心、疏解整治促提升、首都城市精细化管理、大气污染防治等主题开展精准化培训，结合创新驱动、绿色发展、城市公共治理等重点难点问题开展有针对性的境外培训，帮助干部提高专业化能力。加强年轻干部实践锻炼，五年来共选派1000余名局、处级干部到中央国家机关、发达地区挂职锻炼，与中央金融单位、中央企业互派760余名干部挂职，选派2600余名缺乏基层工作经历的市级机关年轻干部到农村、社区、乡镇、街道等基层单位挂职锻炼，累计向西藏、新疆、青海、内蒙古等省区选派对口支援、帮扶、协作干部1200余人次。

（4）狠抓干部监督管理。将干部监督管理与干部培养教育、选拔任用深度融合，使干部心有所畏、言有所戒、行有所止。制定实施《关于从严从实做好领导干部报告个人有关事项工作的若干规定》，抽查局、处级干部4.6万人次，对部分拟提拔为处级以上干部人选采取暂停提拔任用、调离岗位、免职等措施作出严肃处理。出台《关于进一步规范北京市领导干部配偶、子女及其配偶经商办企业行为的规定（试行）》，全市除高校和科研机构以外的局级副职以上干部均列入规范范围。结合市委巡视对192家区局级单位开展选人用人检查，纠正违规选人用人问题，提升选人用人公信度。深入开展超职数配备干部、违规兼职、“裸官”等专项整治，超配的副处级以上领导职数全部整改消化完毕，清理违规兼职370余个，对在限入性岗位任职的干部全部进行规范，全市干部人事档案专项审核基本完成。坚持抓早抓小，针对苗头性、倾向性问题，及时采取提醒、函询、诫勉等组织措施，防止小毛病演化出大问题。坚持把严肃换届纪律贯穿换届工作始终，严格抓好“五个责任主体”责任落实，明确“九严禁”换届纪律要求，确保了换届风清气正。

（三）注重抓基层打基础，推动全面从严治党向基层延伸

牢固树立抓好党建是最大政绩理念，深入研究、准确把握超大型首都城市基层党建工作的特点和规律，把抓基层打基础作为长远之计和固本之举，坚持政治功能与服务功能相统一、分类施策与整体推进相结合，集中精力攻坚克难、补齐短板，推进基层党建工作整体提升。

（1）健全完善抓基层党建责任体系。推动建立市委常委会向市委全会专题报告抓党建工作情况制度，建立市委常委党建工作基层联系点制度，加强对基层党建工作的调研指导。坚持“书记抓、抓书记”，自2013年起开展党（工）委书记抓基层党建工作述职评议考核，2016年全面推行基层党支部书记向上级党组织述职。增大抓基层党建工作在领导班子、领导干部年

度考核中的权重，全市区局级单位领导班子成员全部参加基层党建工作年度考评。深入推进全市城乡党建“三级联创”工作，建立常态化督导工作机制，推动基层党建工作有序有效运转。强化基层党建考核评价结果的运用，对存在明显问题、排名靠后的党组织负责人进行严肃约谈，让党委（党组）书记真正成为抓党建的书记。

（2）强化基层党组织整体功能。分领域推进农村、街道社区、国企、机关、高校、社会组织和非公企业党建工作，深入开展软弱涣散基层党组织整治，狠抓基层党建七项重点任务落实，推动基层党建全面进步、全面过硬。着眼于推进城乡一体化，实施党组织引领发展“六个一百”工程，使农村基层党组织引领发展、服务群众的作用充分发挥。制定印发加强区域化党建工作的意见，全面推行街道“大工委制”和社区“大党委制”，整合驻区单位资源力量，把党的政治优势和组织优势转化为社会治理优势。坚持“抓行业、行业抓”，抓好非公企业和社会组织党组织党建，成立全国首个互联网行业协会党委，全市出租汽车企业全部建立党组织，律师、会计师、外商投资、快递、文化创意产业等行业党建工作取得新进展。制定出台加强国企党建工作意见、高校党建工作意见，强化政治引领和服务功能，着力解决党建弱化、虚化、淡化和党组织边缘化等问题。围绕服务保障 APEC 会议、纪念抗战胜利 70 周年大阅兵、“一带一路”国际合作高峰论坛等重大活动，全市基层党组织充分发挥战斗堡垒作用，广大党员群众积极开展志愿服务，为维护首都安全稳定和各项重大活动顺利开展提供了强大组织保障。在疏解非首都功能、规划建设城市副中心、治理“大城市病”、疏解整治促提升专项行动等重点工作中，通过党组织建在项目上、党组织带头人和党员“次序动员”等方式，广大党组织和党员冲锋在前、勇挑重担，涌现出了“朝阳群众”“西城大妈”“海淀网友”“丰台劝导队”等党群共商共治品牌，保证了各项工作的顺利推进。

（3）选优训强基层党组织带头人。抓住选、育、管、用、备等关键环节，以村、社区为重点，大力加强基层党组织负责人队伍建设，精心培育基层党建工作的骨干力量。顺利完成社区和村“两委”换届选举，旗帜鲜明提出“五不能六不宜”候选人资格条件，彻底消除了“白点村”。选派623名市、区机关、企事业单位党员干部到234个低收入村担任村第一书记，实现低收入村和软弱涣散村全覆盖。制定《北京市贯彻〈2014—2018年全国党员教育培训工作规划〉的实施意见》，将基层党组织书记纳入全市干部教育培训范围，形成“市级示范培训、区级重点培训、街乡系统普遍培训”体系，推动党员队伍整体素质不断提升。

（4）加大基层党建基础保障力度。在全国率先出台《北京市2016—2020年基层党建工作基础保障规划》，按照每个社区党组织20万元、每个村党组织平均15万元的标准，拨付基层党组织服务群众经费；将园区非公企业党建经费纳入园区年度工作经费，累计投入社会建设资金1.8亿元用于社会领域党建工作。近年来市财政每年投入基层党建基础保障的资金都达10亿元以上。建立村干部基本报酬财政托底机制和社会保险财政补贴机制，提高村干部待遇保障水平，村党组织书记、村委会主任“一人兼”人员每人每年待遇保障达到4.5万元，其他村党组织书记每人每年待遇保障达到4万元。社区工作者待遇进一步提高，按照平均不低于北京市上年度社会平均工资70%的水平确定社区工作者待遇。加强场所规范化建设，全市3930个村的办公活动场所面积全部达到90平方米标准，3084个社区的办公活动场所面积全部达到350平方米标准；在北京经济技术开发区、金融街、朝阳CBD、中关村等非公企业和社会组织集聚地新建或整合了200多个党群活动服务中心。

（四）坚持党管人才原则，在服务大局中实现人才工作新突破

围绕建设具有全球影响力的科技创新中心，坚持党管人才原则，持续推进人才发展体制机制改革和政策创新，聚天下英才而用之，人才规模结构质量不断提升优化，世界高端人才聚集之都正在加速形成。

（1）着力构建首都现代化人才发展治理体系。市委加强顶层设计，制定《关于深化首都人才发展体制机制改革的实施意见》，向用人主体放权，为人才松绑。依托并推动重大科技任务落地，实施“全球顶尖科学家及其

创新团队引进计划”“北京高校高精尖创新中心建设计划”，引进了包括多位诺贝尔奖获得者在内的一大批国际顶尖人才和创新团队。在全市推广职称评审“直通车”制度，出台推进高等学校和科研机构科技成果转化、完善财政科研项目和经费管理的若干政策措施，简政放权、放管结合、优化服务，让人才自由地开展创新性活动。认真落实公安部支持北京创新发展20项出入境政策，建立配套的外籍人才管理服务机制，设立中关村外国人服务大厅，优化了停居留办理流程，办理时间从180天缩短为50天。

（2）加快建设京津冀人才一体化发展共同体。自觉打破“一亩三分地”的思维定式，主动与天津、河北两地沟通合作，成立“京津冀人才一体化发展部际协调小组”，编制印发我国首个跨区域、首个服务国家重大战略的人才专项规划——《京津冀人才一体化发展规划（2017—2030年）》，为实现“世界高端人才聚集区”总目标明确了时间表和路线图。推动区域人才政策衔接，在职称资格互认、外籍人才流动、文化卫生人才流动等重点领域和关键环节实现新突破。深化拓展区域人才合作，建立京冀互派干部人才双向挂职工作机制，从2015年起每年选派100名干部人才到河北挂职锻炼。举办首都专家“石家庄行”“张家口行”等活动，组织三地12家人才协会建立了京津冀人才协会工作联席会议机制，实现了协会信息互联互通。

（3）积极创新和拓展人才事业平台。深入实施“北京海外人才聚集工程”，累计引进海外高层次人才12批901人，其中206人入选国家“千人计划”。实施“北京市高层次人才创新创业人才支持计划”，支持国内高层次人才创新创业，共评选杰出人才28人，各类领军人才253人，青年拔尖人才147人，其中4人当选“两院”院士。深入推进中关村国家级人才管理改革试验区建设，制定印发《关于深化中关村人才管理改革的若干措施》，提出简化外籍高端人才永久居留证办理程序、为外籍人才创业就业提供便利、扩大人才市场对外开放等8项改革措施。积极推动新型科研机构建设，探索建立与国际接轨的人才管理体制和运行机制，建立了北京生命科学研究所、北京纳米能源与系统研究所、北京石墨烯研究院等一批新型科研机构，产生了一批有国际影响力的科技成果，一大批博士和博士后成长为具备国际领先水准的中青年专家人才。

（4）真诚关心服务人才。市委制定出台《关于进一步加强党委联系专家工作的意见》，加强对专家人才的政治引领和政治吸纳，组织高层次人才到浙江、河北、内蒙古、湖北等地休假，组织143名专家人才参加高层次人才国情研修班。主动关心服务人才，充分发挥北京海外学人中心作用，坚持“一门受理、转告相关、全程代理”的模式，积极为海外高层次人才提供全方位的周到服务。依托北京专家联谊会，与中国科学院、中国工程院一起成立了“首都院士之家”，建立了怀柔科学城院士服务中心、北京中医医院保健基地，设立了北京市计量检测科学研究院、首都医科大学宣武医院院士专家工作站等，为各类人才的学习工作生活做好服务保障。

（五）坚持严上加严、实上再实，抓好组织部门自身建设

坚持从严治部、从严带队伍，强化干部日常管理和专业化能力提升，着力打造“讲政治、重公道、业务精、作风好”的模范部门。

（1）推动组织系统政治文化建设。结合开展党的群众路线教育实践活动、“三严三实”专题教育、“两学一做”学习教育，教育引导广大组工干部坚守正道、秉公用权，大力弘扬组织部门优良传统，严格按规矩办事、按政策办事、按程序办事，树立了可信、可靠、可敬、可亲的组工干部形象。

（2）锻造严以律己的过硬作风。从严抓好组织人事部门领导干部个人有关事项报告工作，对全市组织人事部门副处级以上领导干部及市委组织部全体干部的个人有关事项进行查核，对不如实报告的严肃处理。市委组织部带头加强机关内部管理，制定实施机关干部行为规范、“八小时以外”活动“六提倡、六反对”要求等，全体干部佩戴党徽、主动亮明身份、接受监督。各级组织部门严把组工干部入口关，加强日常管理监督，对组工干部身上出现的不良倾向，及时“咬咬耳朵”“扯扯袖子”。

（3）提高履职担当的专业能力。制定印发《关于进一步加强全市组工干部教育培训工作的意见》，对全市组织系统干部开展大规模培训。各级组织部门采取跟班学习、专题辅导、岗位练兵、在线学习等形式，多渠道、全

方位加强组工干部培养，不断提升知人善任的能力、做群众工作的能力、破解组织工作难题的能力。

（4）强化组织工作的服务支撑。大力推进首都党建智库建设，深入开展党的建设和组织工作重点难点问题研究，形成了一批高质量、高水平的调研成果。全力推动“智慧组工”项目建设，编制实施全市组织系统“十三五”时期信息化发展规划，开展机关业务信息流梳理，信息化对组织工作的支撑保障作用全面提升。完善舆论宣传工作协调机制，开通“北京组工”微信公众号，建立“北京组工矩阵”，组织工作的影响力进一步增强。持续开展督查协调工作，有力推动了组织工作各项重点任务的落实落地。

五　下一步推进全面从严治党的几点考虑

下一步，我们将坚决贯彻中央部署，按照市第十二次党代会要求，深入推进全面从严治党，积极探索规律，总结经验做法，破解存在的问题，进一步推动全面从严治党向纵深发展，为加快建设国际一流的和谐宜居之都、谱写中华民族伟大复兴的北京篇章提供坚强组织保障。

（1）突出问题导向，建设“相适应、相匹配”的高素质干部队伍。着眼实现“两个一百年”奋斗目标，着眼首都未来发展需要，深入分析全市干部队伍建设存在的问题和不足，研究制定建设新时期高素质干部队伍的意见、优秀年轻干部培养选拔计划，确立鲜明导向，加强统筹谋划，聚焦突出问题，坚持全面从严，努力锻造一支与实现“两个一百年”奋斗目标相适应、与首都地位相匹配的高素质干部队伍，在全市各级干部中形成“以拼搏为美、向行动致敬”的干事创业氛围。同时，高标准做好市人大、政府、政协换届筹备工作，坚持把加强党的领导贯穿始终，按照突出政治标准、注重优化结构、严格组织程序、加强审核把关、切实提高素质的要求，依法合规地选举产生新一届市人大、政府、政协领导班子。党的十九大召开后，及时组织各种轮训培训，教育引导广大党员干部切实把思想和行动统一到党的十九大精神上来，迅速掀起学习贯彻党的十九大精神的热潮。

（2）突出务实创新，推动基层党建整体提升。落实全国城市基层党建工作经验交流座谈会精神，围绕“四个中心”建设、强化“四个服务”等目标任务，研究制定《关于加强和改进城市基层党建工作的意见》，推动城市基层党建工作创新发展，努力探索出一条符合超大城市特点规律、具有首都特色的城市基层党建新路径。抓党建统领，研究制定基层党组织和广大党员在疏解非首都功能、推动京津冀协同发展中有效发挥作用的意见，强化党组织的政治引领作用。结合推进“两学一做”学习教育常态化制度化，以“B+T+X”为内容体系，以“一规一表一册一网”为支撑载体，分领域推广运用《党支部工作手册》，充分运用“党员E先锋”全市基层党建综合管理平台，以信息化手段推进党支部规范化建设，努力将每一个基层党支部都打造成为坚强的战斗堡垒。加强督查指导，着力抓好基层党建九个方面62项具体任务的落实。

（3）突出高端引领，加大人才工作改革创新力度。对标新的北京城市总体规划，聚焦建设“世界高端人才聚集之都”总体目标，制定出台具体的行动方案，明确未来五年全市人才工作的目标方向和具体措施。结合“三城一区”建设，继续抓好重大人才工程，搭建人才发展平台，加大高端人才引进力度，着力提升人才国际化发展水平。落实中央关于进一步加强党委联系及服务专家工作的意见，研究制定具体服务保障政策，解决人才发展后顾之忧。积极推进京津冀人才一体化发展规划、引进海外高层次人才、深化职称制度改革等政策措施的落实落地，更好地服务国家重大战略实施。

（4）突出高标准严要求，打造模范部门和过硬队伍。落实蔡奇同志关于组工干部要“克服优越感”“围着干部转”等要求，研究制定《关于加强全市组工干部队伍建设的若干措施》，结合推进“两学一做”学习教育常态化制度化，教育引导干部旗帜鲜明讲政治，公道正派选人用人，大力改进工作作风，着力打造一支讲忠诚、讲奉献、讲规矩、讲作风的高素质组工干部队伍，真正把组织部门建设成为“干部之家、党员之家、人才之家”。

参考文献

1.《习近平谈治国理政》，外文出版社，2014。

2. 中共中央纪律检查委员会、中共中央文献研究室编《习近平关于党风廉政建设和反腐败斗争论述摘编》，中央文献出版社、中国方正出版社，2015。

3. 中共中央文献研究室编《习近平总书记重要讲话文章选编》，中央文献出版社、党建读物出版社，2016。

4. 中共中央宣传部编《习近平总书记系列重要讲话读本（2016 年版）》，学习出版社、人民出版社，2016。

5. 何毅亭主编《以习近平同志为核心的党中央治国理政新理念新思想新战略》，人民出版社，2017。

B.6

世界级城市群人才发展规律及对京津冀人才一体化发展的借鉴研究报告

北京市人力资源研究中心

北京市组织学习与城市治理创新研究中心*

摘　要： 本报告首先从京津冀人才一体化发展需求出发，选取了美国波士华、英国伦敦和日本东京三大世界级城市群，分析它们的城市发展方式和人才体系，研究世界级大城市群发展过程中人才状况、人才成长环境以及实现人才效益的途径，寻找总结共性。最后，依据国内外大城市群的人才发展和使用经验，为促进京津冀人才一体化发展和提高使用效率，打造人才驱动的城市创新动力，提出政策建议：一是强化城市群发展理念宣传与教育；二是强化城市基础设施与服务配套；三是人才政策体系不可或缺；四是打造大规模教育群；五是建立健全京津冀人才一体化协调机制。

关键词： 世界级城市群　人才一体化　人才驱动

---

* 课题组组长：蓝志勇，清华大学公共管理学院教授；吴江，中国人事科学研究院研究员；刘敏华，北京市委组织部人才工作处处长、人力资源研究中心主任。

课题组成员：李晓霞，北京市人力资源研究中心副主任；王选华，北京市人力资源研究中心副调研员；陈乾宇，北京市人力资源研究中心干部；钟玮，清华大学公共管理学院助理教授；秦强，清华大学公共管理学院博士研究生；潘娜，首都经济贸易大学公共管理学院副教授；刘洋，中国人事科学研究院助理研究员。

党的十九大报告提出，要“以城市群为主体构建大中小城市和小城镇协调发展的城镇格局”。同时强调，“人才是实现民族振兴、赢得国际竞争主动的战略资源”。这两项重要判断与世界城市群发展趋势、全球人才竞争态势不谋而合，是顺应时代潮流的方向性目标。

京津冀是我国城市群中一个具有独特地位的区域，既是国家首都所在地，也是北方工业、市场、交通、安全和经济发展的核心。有关京津冀合作的讨论，改革开放初期就有，但影响力并不大。2014 年 2 月 26 日，习近平总书记考察北京时提出了“建设和管理好北京”的要求，将京津冀协同发展上升为重大国家战略。2015 年 4 月，中共中央政治局审议通过了《京津冀协同发展规划》，为京津冀协同发展指明了方向、明确了目标、勾勒了路线。

人才是驱动京津冀协同发展的主要动力之一。早在 2010 年，北京市就将区域人才一体化发展思路写进了《首都中长期人才发展规划纲要（2010—2020 年）》。2011 年北京、天津、河北三省市签署了人才合作框架协议，就有序推进区域人才合作工作先行先试。2017 年 7 月，京津冀三省市人才工作领导小组联合发布了《京津冀人才一体化发展规划（2017—2030 年）》，这是我国第一个跨区域人才规划，也是首个服务国家重大战略的人才专项规划，为推进京津冀人才一体化发展作了顶层设计。目前，京津冀人才一体化发展仍处于初期阶段，许多长期想解决而未能解决的问题依然很突出。比如，人才流动机制不健全、人才交互使用成效不明显、制约区域人才竞争力提升的瓶颈因素还有很多，这些都需要在京津冀城市群大背景下来加以研究解决。因此，本课题将从城市群出发，通过对美国波士华、英国伦敦、日本东京三个具有典型示范意义的世界级环首都超大城市群人才发展进行系统考察，形成城市群人才发展的规律性认识，结合京津冀城市群人才一体化面临的现实困境，提出有针对性解决方案。

一 世界级城市群人才发展特征

（一）美国波士华城市群人才发展

“波士华”（波士顿－纽约－华盛顿）是世界上首个被认可的，也是目前实力最强的城市群，位居美国波士华、芝加哥－底特律、洛杉矶－旧金山三大城市群之首。它南北跨越10州，几乎囊括了美国东北部所有的大城市及部分南部城市，绵延600多公里，总面积约13.8万平方公里，人口约4500万，城市化水平高达90%。“波士华”城市群面积不到美国国土面积的1.5%，却积聚了15%的人口，是美国人口密度最高的地区。“波士华”城市群层级结构犹如一座大“金字塔”。“塔尖”是纽约，“塔腰”是波士顿、费城、巴尔的摩、华盛顿4大城市，“塔基”则是围绕在前面5座核心城市周围的40多个中小城市。美国东北部城市群在世界城市中的地位以及对世界经济的影响力，得益于城市群内在区域分工格局，更得益于活跃在这个区域内强大的人才群。“波士华”城市群人才管理体系有以下特点。

其一，政府支持是基础。政府支持是政策能够充分发挥作用的基础，能够为政策有效落地提供强大助推力。组成“波士华”城市群的各类城市中，市政府对人才高度重视。比如，前纽约市长布鲁门格就曾说过，“许多新的、成功的世界级城市努力用价格和基础设施补贴来吸引企业，那些看起来比较有优势的竞争力只有短期效果，而且只是过渡性的。如果一个城市要有可持续的成功，他们必须对最大的那个‘奖杯’进行竞争：那就是智力资本，即人才”。2011年6月，布隆伯格在华盛顿特区外交关系委员会上发表讲话，指出移民对美国经济增长具有重要作用，并强调华盛顿迫切需要放弃党派政治，应当立即对创造就业机会和促进经济增长所需的移民改革进行表决通过。还有，在国家法律指导下，马萨诸塞州政府、纽约市政府、波士顿政府和周边地方政府，都在积极推行包括税收激励、高等教育、宽松的移民容留、吸引科技人力资源等系列人才政策。因此，政府支持可以为吸引人才

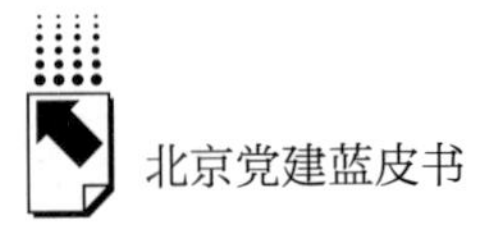

提供稳定的社会情绪，可以为人才互动交流营造良好环境，还可以激励地方形成有利于吸引和使用人才的区域文化。

其二，基础设施和服务是前提。配套基础设施、提供良好服务，这是吸引、凝聚全球各类人才的有利因素，优质的基础设施和服务决定了吸引人才的层次和质量。比如，纽约市政府制定了“与收入相适应的”住房计划、住房环保计划、健康保险与援助计划、公共卫生实验室等；波士顿设立的困难群众基金、空置土地收购基金，巴尔的摩社区健康活动等。通过系列举措，为本地以及外来人才提供了具有吸引力的配套基础设施和服务，从而消除了人才在当地工作的后顾之忧，使他们把更多精力投入到社会建设之中。

其三，三级教育是关键。教育是强国之基，有了好的教育才能有好的未来与发展。在波士华城市群中，教育占据着十分重要的地位并发挥了重要作用。从 19 世纪工业革命和农业革命以来，美国就十分重视教育对经济和科学技术发展的驱动作用。以州政府为主导的全民义务教育、机会均等“一个都不少”的基础教育改革、职业教育与高等教育并重的政策，使得教育在美国人才培养方面形成了独特的优势。基础教育方面，全民义务教育和福利补贴，给每个孩子带来了平等受教育的机会。职业教育方面，这是美国教育重要领域之一。如果高中毕业学生想领取某一专项职业工作执照，必须参加相应职业技术教育培训，如电脑维修、电工、会计助理等，然后再参加政府、企业的职业资格考试，领取职业执照。2017 年 10 月，纽约市长和纽约市小企业服务部宣布了为期五年、预期耗资 2000 万美元的 CUNY 2X 技术项目，以通过扩大获得高质量技术学位来满足技术职业和行业对技术人才的需求。高等教育方面，目前美国有 3000 多所高校，教学、科研、社会服务是美国高校的主要职能，各个学校有不同的侧重。大多集中在美国的波士华、芝加哥、加州城市群。仅波士华地区，就有超过三分之一的全美 150 多所顶尖综合性研究型大学，包括享誉全球的哈佛大学、麻省理工、耶鲁大学、普林斯顿大学、哥伦比亚大学、纽约大学、霍普金斯大学、乔治华盛顿大学以及西点军校等，还有许多以本科为主的名校。其中纽约市就有 25 所大学，这些大学为本地区乃至全世界输送了大批人才。

其四，多元化力量参与是补充。在波士华城市群中，通过政府与科技企业合作，打造科技人才发展“通道”现象十分普遍。比如，纽约市政府为市民提供科技教育与就业方面的资金、计划与持续支持。参与的企业包括LinkedIn、微软、Google、高盛、摩根大通等国际知名企业。2014 年 5 月，纽约市长宣布，纽约市的科技人才通道，旨在支持该市科技生态系统的培育与发展，提供高质量的工作岗位，为迅速发展的科技生态系统提供高质量的人才。目前，纽约市科技生态系统获得了巨大增长，直接雇用了近 30 万人，间接创造了 25 万个就业机会，占该市劳动力总数的 12.6%。纽约市科技人才通道咨询委员会由 25 位首席执行官、首席技术官、首席信息官和 4 万多名员工组成，该委员会在为市民提供就业机会、确定雇主需求、提供培训和教育解决方案以满足技能要求等方面发挥着关键作用。又比如，2017 年 9 月，马萨诸塞州法律援助公司（MLAC）和马萨诸塞州法律改革研究所（MLRI）的当地投资者 Walsh 市长宣布了大波士顿移民辩护基金会。这是一个公私合作伙伴关系和基金合作，旨在加强大波士顿地区的保护能力，通过增加教育和获得法律服务来捍卫其许多移民社区、难民和临时地位持有人。华盛顿政府也着手开展各项发展项目，这些项目创造了经济活动的中心，提供了良好的就业机会，协助减少失业，扩大了城市的财政基础。私人发展伙伴包括 Uline Arena、Anthem Row、Highline 和其他许多公司。

（二）英国伦敦城市群人才发展

伦敦是我们关注的第二个城市群。伦敦拥有 2000 多年历史，从原有港口和河流过境点发展成长为繁华的国家核心城市和国际商业中心。伦敦是位于英格兰东南部地区的城市中心，以伦敦为中心的城市群拥有约 2270 万人口（其中伦敦市约 820 万人，东南地区约 1450 万人）和约 1210 万个工作岗位（其中伦敦约 490 万个，ROSE 约有 720 万个）。伦敦是一个快速发展的地区，吸引来自世界各地、各行各业人士，在工业和科学创新方面一直处于领先地位，富有与贫困、新与旧、城市与郊区在伦敦相互碰撞。在 2011 至 2036 年期间，这个城市地区的人口增长率预计将达到 20%（伦敦增长率为

23%，ROSE 增长率为 19%），就业增长率预计为 17%。伦敦城市群的人才发展特色体现在以下几方面。

其一，注重地方特色，强化顶层设计。英国政府十分重视制定统一的行动方案和战略规划（见表 1）。从人才发展来看，具有推动意义的文件，如《创新英国》等政策均是在文件报告中提出并得以推行。目前，英国针对人才的有《人才管理战略》（Talent Management Strategy）、针对公务员改革的有《2016 人才行动计划》（Talent Action 2016）等多个人才战略和计划。这些战略和计划的目标都是激发英国人民的能力，建立人才池或人才库，挑选出各行各业的精英人才，以期实现人才在全国的流动和发展。而伦敦作为英国首都，是英国的政治中心，也是全球金融中心和商业中心。从 2004 年开始，伦敦就制定了《伦敦规划》（The London Plan），2011 年伦敦市长上任之后，根据实际情况和发展需要对《伦敦规划》做出修改或更新的议案。到目前为止，最新一版的《伦敦规划》为 2016 年版本。在规划中，对伦敦的空间发展、人的发展、环境的发展和经济的发展都做了较为详细的阐述，为伦敦的人才发展和城市发展指明方向。

表 1　伦敦人才计划

人才计划名称	主要内容
新兴人才计划 Emerging Talent Management	新兴人才计划是一项企业人才发展计划，旨在发现和培养六级和七级人才，他们有可能在较短时间范围内晋升到广泛的高级公务员职位。商业部门提名高潜力的六、七级员工参加选拔活动，入选的人将会加入新兴人才库中
经理人才计划 Executive Talent Management	经理人才库支持有可能向执行小组职位和重要董事职位发展的高级管理职系。具有管理潜能的副主任可以参与到这一人才计划中，加入人才池，以便获得进一步发展
快速流动计划 The Fast Stream Scheme	快速流动计划为高素质员工提供大量的人才开发和培训活动，以使员工在计划中提升能力。所有申请快速流动计划的员工均可获得反馈。参与更广泛的开发活动，高素质员工可以为之后需要更好形象和更高技能/能力的高级职位和活动做好准备
实习计划 Internship	DWP 于 2009 年推出了实习计划，作为“Backing Young Britain”（BYB）活动的一部分。该计划旨在为新生提供促进职业发展的机会。实习生可以根据 BYB 和毕业生人才计划的目标收获工作经验

续表

人才计划名称	主要内容
暑期开发计划 Summer Placement Programmes	内阁办有两个针对性项目:针对黑人和少数民族申请者的暑期开发项目;针对残疾人申请者的夏令营计划。这两项计划均为参加者提供部门职能、政府部门对公众影响的实践经验。这些计划有助于参加者知道他们是否适合进入公务员队伍,工作经验将有助于提升职业选择和未来申请者进入快速流动计划
到达计划 Reach	到达计划是一个针对残疾人或少数民族群体的为期 12 个月的 DWP* 员工发展计划。“到达”是一个有针对性的发展计划,旨在支持少数民族和残疾人员作为 DWP 行动计划的一部分,通过实现更加明显和多元化的公务员队伍,改善客户服务质量
夏令营 Summer School	夏令营是由 AA-HEO 级的 DWP 工作人员组成的。它为员工提供了一个机会来评估更为宏观的问题、部门工作方式和管理政策变化,以期员工获得战略问题的经验,采用工作人员自我提名和申请方式。获得暑期学校学位的候选人通过评估经验可以获得更广泛的视野,申请但不成功的候选人可以获得帮助实现发展目标的反馈
温莎奖学金 Windsor Fellowship	温莎奖学金是一个慈善组织,为少数族裔青年提供发展机会。DWP 通过为少数学生提供短期工作安置来支持奖学金计划。温莎奖学金有自己的营销方式,瞄准战略来吸引申请者和候选人。DWP 将接收一定数量的申请人,并确保面试、嵌入式访问和选择过程相结合

注:DWP 计划是英国工作与养老金部(Department for Work and Pensions)推出的一个计划,简称为“DWP 计划”。

其二,重视国家教育,推动优质教学资源可持续发展。无论是英国国家层面,还是伦敦市层面,在人才战略、人才项目等方面均出台过很多文件,这从另一方面也反映出政府十分重视人才培育与发展。英国奉行全球化的人才战略,致力于培养具有全球视野的人才。Education Excellence Everywhere 文件指出:“教育始终是政府的核心议程。在高等教育培养中,英国十分重视高等教育的质量评估,并逐步形成了多元化、多层面的高等教育质量保障体系。英国有高等教育质量保障署、区域性质量保障机构、法定专业质量认证机构等各类保障性机构,议会、政府、专业机构以及高等院校的不同角色扮演和分工协作机制,有力保障了高等教育始终保持优质发展态势。”

培育全世界留学生方面，英国采用多种特色化教学方式，以学制短、教育质量高、特色课程多样化等特点成为世界第二大吸引外国留学生的国家。例如，英国高校提供的“三明治”课程（Sandwich Course），将学习时间分成“学习+工作”模式，把学生在校的课程学习与相关实习工作结合起来，同时还设有Work Place课程，专门就工作申请、面试准备等就业方面的相关技能提供给学生。在签证方面，也为在英国读书的国际学生提供Tier5的国际学生实习计划，为国际学生提供了体验英国公司文化、获得在英工作经验的机会。

其三，人才评价多元，促进人才在各领域顺畅流动。英国的人才评价方式比较多元化，并没有设定严格的标准体系。英国吸引人才战略中最著名的当属Tier1（Exceptional Talent）制度，也就是经常说的“英才移民”制度。英才移民制度旨在吸引全世界科学、工程、数字技术、医学、人文或艺术领域人才到英国工作和发展，人才评价方式则是，经英国政府委托一批权威性机构，由其认可并推荐全球高层次人才。例如，这些权威机构包括英国皇家学会、英格兰艺术理事会等机构。其中，为匹配建设科技城市需要，英国政府为数学技术领域杰出人才提供更为快捷、时间更为简短的通道，吸引这些人才到英国就业。为打破人才流动壁垒，英国建立了国家统一的职业资格证书制度（NVQS），对技能型人才按照5级划分并颁发证书，从而可以促进技能人才在各行各业顺畅流动。这种做法不但可以优化人才资源有效配置，而且还能充分发挥市场在人才资源流动中的决定性作用。

其四，重视技能教育，盘活社会力量。近几年，英国政府对技能教育越发重视。2008年英国创新教育技能部[①]发布的技能人才培养文件[②]指出，要建设政府与企业合作的技能培训模式，充分发挥企业主观能动性，让企业建立培养框架，自主培养需要的技能人才；而政府、企业、雇员以及社区形成多种渠道、互相融合的技能培训教育，以此来促进人才的技能发展。同时，

---

① 英文名称为：Department for Innovation，Universities & Skills。

② 文件名称为：Ready to Work，Skilled for Work：Unlocking Britain's Talent。

英国政府十分重视现有的学徒制教育，为学徒制注入更多资金，面向16至24岁年龄阶段的青年人才提供所需的技能和素质培训。

其五，重视配套服务，为人才提供优质生活环境。《伦敦规划》中有一核心要点贯穿始终，就是为伦敦人提供优质生活环境。近几年，伦敦市很重视城市基础设施建设和配套服务发展。推行交通建设，通过连接外伦敦、内伦敦与中央城区形成交通网络，建设多个“城镇中心”，明确不同城镇中心职能定位，建立一个多中心、多极点的未来伦敦；通过提供住房等多项配套措施，保障伦敦不同阶层的人都可以享受到住房福利；通过建设“智能城市”，使伦敦人人享受“平等智能”的城市生活。

（三）日本东京城市群人才发展特点

东京是我们关注的第三个城市群。日本是世界上最早提出“都市圈”概念，并对都市圈进行统一规划和跨区域联合治理的国家，在都市圈发展与治理方面积累了非常丰富的经验。近年来，东京都市圈生产总值占全国的32.1%，圈内制造业和服务业比重较大，达到60%以上。具体看，东京都作为日本首府，是日本政治、经济、文化的中枢基地，聚集着政府厅舍及企业、商业设施，交通网四通八达；港湾地区机场、海港等基础设施完善，也是交通、物流基地。此外，东京都建有博物馆、美术馆等文化、观光、娱乐设施等，吸引来自全球的众多游客。从1956年东京都成为东京都市圈中心城市以来，虽然其行政区划不是都市圈内最大的，但在人口聚集、人才发展、经济水平等方面长期处于领先地位。比如，埼玉县作为东京都市圈占地面积较大的一极，但人口仅为东京都的一半，其主导产业为制造业与农业；神奈川县是著名的港口城市，面积与东京都相差无几，人口却比东京都少400多万，其主导产业为石油化工业、机械产业、电子产业和零售业；千叶县位于都市圈东侧，面积是东京都的2.5倍，比东京都和神奈川县的总面积还要大，人口却不到东京都的一半，主导产业为钢铁产业与石油化工。根据2012年日本内阁府公布的经济数据，排在前三位分别是东京、大阪、名古屋，4~6名是神奈川、埼玉、千叶。正是这些区域中心城连片形成了以东

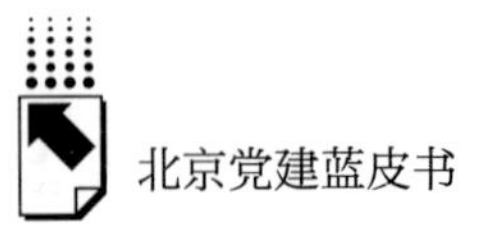

京都为核心的世界级城市群。

经考察，东京城市群之所以能长期高效、有序运行，与其高度聚集的各类人才资源密切相关，城市群内形成了强大人才支撑体系①。主要特点如下。

其一，具有科学专业的人才管理体系。人才管理体系为东京城市群内部智力资源共享提供了良好外部环境。主要做法为：结合国家、行业人才管理法律、法规与政策体系，政府制定严格的实施办法，加强执行力度。比如对于提高女性员工就业的政策导向，东京都市圈进行了充分的数据调查摸底，通过再就业培训、及时发布就业岗位等，为女性员工提供更多就业机会；建立职责分工明确、管理流程顺畅的人才管理组织架构，进一步明确了政府、企业、市场等主体在人才管理运行机制中的职责、角色定位。比如，大力引进第三方人力资源中介机构参与人才管理等；建立科学完善的人才培养、引进、使用、激励和保障体系，特别是人才培养方面，学历教育和职业教育并重，同时建立了非常健全的专业培训体系，不偏废任何一种人才培养方式，为东京都市圈经济社会发展提供相应人才支持；注重平等对待不同能力不同类别人才，建立官民合作与协调的全方位、多元化人力资源开发新体系。

其二，建立现代化人才资源流动与共享机制。共享机制进一步提升了东京城市群内部人才资源共享效率。主要做法是：倡导现代化人才资源管理观，政府与企业都十分尊重人才择业自由，基本不存在人才流动的地域、户籍、社会保障等制度性障碍，城市群内人才资源能充分流动；政府建立包括整个都市圈内人才资源数据及各个微观层面的动态信息技术支撑系统，每年发布《首都圈发展白皮书》，公开各项人才指标和人力资源数据，以实现人才资源自由流动与共享。所以，东京都市圈人力资源管理方面，基本形成了中央政府派出机构、地方政府相关管理机构、遍布全市人力资源管理网络、民间人才开发与培训公司等各类机构相互促进、相互补充的完整体系。

① 第1~5部分，参见宁本荣《国际视野中的长三角人才资源共享——以伦敦、纽约与东京大都市圈人才资源共享为例》，《上海行政学院学报》2007年第8卷第4期。

其三，建立统一的国际人才大市场。为吸引更多高层次国际化人才，东京城市群拥有统一的跨区域国际人才大市场。比如，在充分利用日本人才开放等政策优惠基础上，东京城市群内部制定了统一的海外人才评价与准入标准，通过各种制度实施，建立起既具有公平竞争、又具有跨区域特征的人才市场，让城市群内国际人才流动逐渐规范化。同时，建立完善的国际人才引进制度，特别是在激烈的国际人才竞争中，通过提供非常诱人的资助基金与政策，吸引全世界优秀学生到东京留学；为让国外高端人才安心工作，放宽移民政策，尝试建立“积分制度”，推进短期人才聘任制度，大幅度提升了城市群的国际化水平。

其四，建立完善的人才服务体系。发挥市场效力，用好中介力量是东京城市群人才服务一大特色。东京城市群培育了一大批人才中介，类型多种、运营模式多样，满足了不同人才资源流动服务的需求。除了一些常规猎头公司，很多行业协会、雇主协会、工会以及网上人才市场也扮演重要角色。据统计，东京城市群聚集了多家全球知名人力资源咨询公司，人力资源开发与管理机构十分发达。在官民合作与协作基础上，成立了许多针对不同对象、覆盖不同群体的人才服务组织。正是这些不同主体、不同类型的人才中介机构蓬勃发展，构成了东京城市群内完善的人才服务体系。

其五，提供良好的人才“软件设施”。现代人才管理理念更多强调以人为本，更多强调人性化环境塑造。这种人才“软环境”可以最大限度吸引人才，最充分发挥人才资源效能。城市群人才“软件设施”的优劣甚至成为人才资源流动的关键性因素。东京城市群在人才“软环境”塑造方面有很多成功经验。比如，东京都政府在法律上保证市民的平等教育、平等就业、自由流动、培训权利、劳动保障和福利等，而企业在人才资源管理方面实行以人为本的柔性化管理方式，构建和谐的工作生活环境、平等与自由流动的企业文化等。另外，随着国际化人才资源的集聚，形成了文化与价值观的多样性。为吸引和留住更多国际化人才，东京都构造了一种和谐的跨文化人才管理环境，重点强调平等与人权，从法律上制定了一系列法规，不允许企业在招聘中有种族、性别和年龄歧视。同时，政府还鼓励企业建立多元化、多价值观的人才体系，充分照顾外国移民的文化需求和其他需要，使具有各种文化背景的人才能够互相融合、和谐工作。

二　世界级城市群人才发展规律总结

以上三个世界级城市群人才发展规律表明，一个城市群内部人才资源良性发展需要具备三大要素：政府必须参与、政策必须统筹、设施必须配套。只有这样，才能构建一套完善的区域人才管理体系。

第一，世界级城市群是一个完整的城市群生态体。波士华、伦敦、东京三大城市群地处不同大陆，有不同政治制度、文化传承。它们共同特征是：具有空间超大性、多城市中心，密集与分散有致；依托多元包容文化，集聚了多层次、多阶级、多民族、多国籍的各类人才，城市群内基础教育、职业教育、高等教育并存，人才掌握的高技术与低技术同在，正是这些要素构成了一个有机的城市群生态体。

第二，世界级城市群功能分布明确合理。波士华、伦敦、东京城市群均是以首都地区为中心，政治、经济、教育、文化艺术等功能分布明确合理，地区特点鲜明，形成错落有致的多中心格局，城市交通拥堵现象很少。比如伦敦，旅游参观的往城里走，读书学习的往城外走，商业活动在集中的商业区，而幽雅的别墅区分布在环城带。这种城市群功能按区分布不但对缓解中心城拥堵有巨大效用，而且还可以促进各类经济要素、人才资源在区域内顺畅流动、一体化流通，基本不受医疗、教育、住房、社保或人事制度的制约。

第三，世界级城市群十分重视教育与科技。城市群良性运行离不开完善的人才体系，人才体系形成既需要中央或地方政府加大对教育的投入，对创新要素的聚集，也需要在经济发展、城市安全、生活配套等环境营造上下功夫，特别是在优秀移民容留政策等方面有创新做法。因此，重教育、重科技、重人才、重环境是三大城市群的共同理念，它们拥有一流的高等学校和科研机构，以庞大的初级、中级职业教育作为基础支撑，形成了比较完善的人才体系，为本地区经济发展、协同合作提供了强有力的人力资源，提供了源源不断的智力要素。同时，在人才与创新要素聚集方面，三大城市群有完善的政策支持体系，形成了以强大政策为导向的市场运行体制。

第四，世界级城市群内部行政壁垒较少。虽然城市群各地方政府拥有自己的税源，但整个城市群内部实现了高度一体化，中心城市之间几乎没有行政壁垒阻挡。地方税收不依靠工业征收，而主要依靠房地产和销售税，这样就有利于工业自由选址、集聚，形成集聚性产业链，也就塑造了多赢格局。同时，城市群具有的大系统教育、医疗、社保优势，可以有效降低行政壁垒，破除人才流通瓶颈，促进人才资源自由流动。

第五，世界级城市群十分注重基础设施配套。虽然纽约、伦敦、东京都处于西方世界房价高昂地带，但是其强大的区域间轨道交通和陆地交通，克服了房价高昂产生的“不可达”问题，也形成了区域内经济发展水平相对平衡、通勤有保障的格局。比如，波士华城市群以发达的公路和轨道交通形成了巨大的城市群网络；东京更多依靠轨道交通，但是私人汽车与公交一体化管理、无缝接轨工作十分卓越；而伦敦相对滞后，但基本也能形成大城区间异地通勤和职住分离，居民各取所需、各得其所。

三　京津冀人才一体化发展成效

近年来，在京津冀协同发展大背景下，三省市多级政府部门之间签署了系列人才一体化发展文件，特别是 2017 年三省市联合制定发布了《京津冀人才一体化发展规划（2017—2030 年）》，京津冀城市群人才一体化发展顶层设计不断完善，人才合作成效不断彰显，主要有以下四个方面。

（一）建立了以联席会议为主的合作机制

为加快人才一体化进程，京津冀三省市建立了人才合作协商机制，以三地人才一体化部际协调小组召开联席会议形式推进。在联席会议推动下，三地有关部门积极参与到人才一体化工作中来，在区域人才交流、专家资源共享、人才联合引进以及人才交流等方面取得了初步成效。这些阶段性成果为进一步推进三地人才一体化工作奠定了扎实基础。

（二）形成了多元化人才共引共育机制

近年来，三省市在区域人才引进与培育方面做了许多工作，形成了集人才招聘会、人才工作站、政校企联合培养等为一体的多元化培养方式。比如，三地多向合作方面，为打破地域限制，京津冀三地联合举办“环首都绿色经济圈”招才引智大会；在省市之间双向合作方面，京津两地还互设人才工作站，以协助两地引进人才。人才共育方面，京津冀三地在政、校、企各方面形成了合作机制。天津港保税区、天津空港经济区与河北大学共同签订了《区校企合作共建协议书》，通过引校进厂、引厂进校等多种方式形成了政校企人才共育机制，并推动其规范化和常态化运行[①]。天津武清区与北京部分高校签署了人才引进培养与科技合作协议，以就业见习、博士生服务团和短期挂职等形式，开展暑期实践、科技服务、顾问咨询、调查研究等活动[②]。这些方式有力推动了京津冀人才一体化互动发展。

（三）构建了高层次人才共享机制

近年来，共享高层次人才资源是三地合作主要内容之一，三省市之间基本形成了多层次人才共享机制。比如，北京牵头建设京津冀高级专家数据库，组织专家人才到天津、河北参加休假交流；博士后管理部门之间建立定期联系制度，促进高层次人才信息互通、人才共享。天津方面，通过建立首都院士专家“假日工作室”“京津人才驿站”“二次引进”等方式，发放京津城际“一卡通”吸引北京高层次人才。河北省通过“院士联谊会”“院士

---

① 曹宝艳：《保税区与河北大学校企合作推动京津冀人才一体化》，网易新闻，http：//news. 163. com/14/1016/08/A8LOHDF700014Q4P. html。

② 陈忠权：《武清区与北大加强人才科技合作》，北方网，http：//news. enorth. com. cn/system/2014/05/20/011894189. shtml。

联谊项目”等活动，以柔性方式吸引京津人才参与河北建设。这些机制很好地促进了三地人才资源共享发展。

（四）探索了以政府为主导的人才交流机制

为加快京津冀三地人才资源流动，初期以政府为主导来加以推进势在必行。在三地政府推动下，从人才交流范围、交流内容、交流形式等多方面进行了精心设计，取得了一定成效。从交流范围看，涵盖了党政机关、企事业单位和社会组织人员等方面的人才；从交流内容看，三地围绕经济、文化、交通、科技、生态环境等领域探索全方位人才交流；从交流形式看，有三地政府互派优秀干部人才交流挂职，有三地教育机构之间组织学术交流活动，也有创业园之间开展人才对接交流，还有三地企业之间相互参观考察等形式。这些形式有效激发了京津冀区域人才发展活力。

四　加快推进京津冀人才一体化发展的政策建议

我们认为，要加快推进京津冀人才一体化发展，需要坚持“全景视角”[①] 公共政策理念，通过学习借鉴国内外人才一体化发展成功经验，打破行政壁垒，以国家整体利益为出发点，促进人才在区域内自由流动，以人才流动带动人才一体化发展，为京津冀协同发展提供强大推动力。考虑到国体、政体、文化传承以及发展阶段的区别，三大世界级城市群人才一体化经验难以完全照搬，或者说不可能一蹴而就、一次到位，但不少按照城市群发展规律演化出来的共性特征、发展方向等，值得我们学习与借鉴。因此，今后加快推进京津冀人才一体化发展工作，建议从以下几方面下功夫。

一是强化城市群发展理念宣传与教育。当前，京津冀区域内部分人才还秉持一种传统理念，认为工作生活在城市中心才是最好的，成为首都居民才

① “全景视角”（Panoramic View）强调全面地看问题。无论观察对象如何变化，整体的图景和边界尽在视野之中，不存在遗漏和忽略的现象。从政策层面看，此处“全景视角”强调在京津冀地理区域内，针对一体化协同发展目标，研究制定人才政策所需的全面性视野。

是最为优越的。而现代城市发展理念认为，城市群和非首都功能可以加快人们的生活质量提升，未来城市发展的一大趋势就是城市群化，这是一种重要的城市工作生活理念，这种理念可以帮助人们快速接受城市改造，开拓新型空间生活设计。所以，建议政府部门加大京津冀城市群理念宣传力度，引导各类人才正确认识和选择工作生活空间，促进京津冀城市群人才一体化发展。

二是强化城市基础设施与服务配套。严格按照《京津冀协同发展规划》要求，加快推进北京地区企事业单位外迁工作，有序疏解非首都功能；在京津冀城市群内部，加大交通基础设施特别是轨道交通建设力度，保障城市群内交通一体化管理，通过交通一体化化解人口“倒流”到中心城市的风险。强化京津冀中心城市功能区设计，按功能区布局产业，人才随产业走，以产业布局优化人才布局。同时，要特别注重教育、医疗、住房等配套跟进，只有服务保障跟上，京津冀城市群才能真正把人才引得进、留得住、用得好、流得动。

三是人才政策体系不可或缺。波士华、伦敦、东京三大城市群发展经验证明，现代大都市发展离不开人才体系，离不开价值取向明了、一体化的人力资源管理系统。建立区域内一体化的教育、科技、人才等政策体系，是人才顺畅流动的先决条件。特别是区域内地方政府对人才政策精准制定和实施，直接决定了人才发展的地方品质。所以，必须遵循城市群人才发展规律，以教育、科技为基础，加快形成京津冀人才一体化政策体系，以政策为导向推进城市群人才发展。

四是打造大规模教育群。这是京津冀城市群人才培养、人才体系形成的关键。波士华、伦敦、东京三大城市群主要特点是高等教育机构密集，形成了一个庞大的教育群，为这些区域持续不断地输送各类人才资源。当前，北京、天津高校毕业生到河北就业数量较少，一方面与高校培养的人才数量不足有关，另一方面也与高校培养的人才与河北产业不相适应有关。所以，京津冀应当大力发展教育事业，在城市群内打造一个规模庞大的教育群，形成源源不断的人才溢出效应。随着京津冀经济发展和基础设施持续改善，人才将会通过市场这只“无形的手”自动调控、自由流动，区域内人才最终会实现新的平衡。

五是建立健全京津冀人才一体化协调机制。京津冀城市群人才一体化发展是一项系统工程，需中央、地方政府深度参与、密切配合，工作机制就显得十分重要。建议在京津冀人才一体化部际协调小组基础上，争取中央有关职能部门力量积极参与，升级为更高层级的协调机构；同时，京津冀三省市之间可以考虑建立资源共享机制，以财政补偿、税收分成为抓手，促进产业转移，带动人才流动。

B.7
具有首都特性和超大城市特点的反腐败工作规律研究报告

北京市纪委市监委课题组

摘　要： 党的十八大以来，在以习近平同志为核心的党中央坚强领导下，首都党风廉政建设和反腐败斗争取得明显成效，同时也仍然存在一些突出问题。本报告以习近平新时代中国特色社会主义思想为指导，深入贯彻落实全面从严治党战略部署，深刻把握具有首都特性和超大城市特点的反腐败工作规律。以夺取首都反腐败斗争压倒性胜利为目标，坚持问题导向，深入分析原因，包括理想信念"总开关"这个最根本的内因没有完全解决好、地处政治中心容易成为"权力勾兑"场所、超大城市经济社会快速发展容易滋生腐败、全面从严治党压力传导不够、抵御旧俗陋习沉渣不够有效等。在此基础上，研究报告形成了意见建议：把加强党的政治建设摆在首位、把改革形成的制度优势转化为治理效能、巩固拓展落实中央八项规定精神成果、巩固反腐败斗争压倒性态势、全面加强党的纪律建设等，从而为推进新时代首都纪检监察工作实现高质量发展作出有益探索。

关键词： 首都特性　超大城市特点　反腐败

党的十八大以来，在以习近平同志为核心的党中央坚强领导下，北京市委牢固树立“四个意识”，坚持思想从严、管党从严、执纪从严、治吏从严、作风从严、反腐从严，着力推进全面从严治党，着力解决人民群众反映最强烈的突出问题，管党治党政治责任不断夯实，党的纪律建设全面加强，“四风”顽症得到有效遏制，形成了反腐败斗争压倒性态势，党风政风为之一新，党心民心为之一振，人民群众衷心赞誉，党内政治生活气象更新，为首都各项事业发展提供了坚强政治保证。全面从严治党永远在路上。习近平总书记多次强调，全面从严治党还远未到大功告成的时候，不能有差不多了，该松口气、歇歇脚的想法，不能有打好一仗就一劳永逸的想法，不能有初见成效见好就收的想法。必须按照党中央要求，从首都战略定位出发，深刻把握具有首都特性和超大城市特点的反腐败工作规律，坚持首善标准，坚持问题导向，保持战略定力，提高反腐能力，以永远在路上的冷静清醒和坚忍执着，一刻不停歇地把全面从严治党各项任务落到实处。

一　首都党风廉政建设和反腐败工作存在的突出问题及原因分析

北京作为国家首都，是全国政治中心、文化中心、国际交往中心、科技创新中心，在党和国家事业发展全局中，承担着加强“四个中心”功能建设、履行“四个服务”的职责使命。同时，北京又是一座超大型国际城市，作为国家首都和超大型城市的复合体，政治地位高、经济体量大、科技实力强、资源聚集多、建设发展快，地域文化特色明显。从党的十八大以来北京市查处的党员干部违纪违法情况来看，首都党风廉政建设和反腐败斗争存在如下一些问题和不足：违反政治纪律问题不容忽视、违反中央“八项规定”精神问题禁而不绝、“小官贪腐”影响恶劣、“以权谋房、以地谋私、以工程谋利”问题多发、“关键少数”违纪违法不收敛不收手、通过问责推进“两个责任”落实的力度和刚性仍然存在不足、执纪监督工作需要进一步加强、巡视巡察发现问题的能力还有待提高等。

（1）违反政治纪律和政治规矩问题不容忽视。北京是政治中心，对政

治纪律政治规矩要求严、标准高，一旦发生问题，社会关注度高、影响面大。一是存在“搭天线”“钻圈子”现象。有的干部口大气粗、独断专行，有的干部打着“四个服务”旗号“搭天线”、拉关系、套近乎等。二是严守政治纪律和政治规矩意识不牢固。有的党员领导干部忘记自己的身份，在微博、微信等网络平台和其他公开场合发表违背四项基本原则和党的路线方针政策的言论，产生恶劣影响。三是意识形态问题偶有“冒泡”。有的党委（党组）对理论学习中心组阵地管理不严，对攻击主流意识形态的言行制止不力，对网络自媒体管理存在“跑冒滴漏”现象。四是对抗组织审查占比较大。党的十八大以来全市因违反政治纪律受到纪律处分的干部中，对抗组织审查是主要类型。

（2）违反中央八项规定精神问题禁而未绝。作风问题具有顽固性和反复性，在持续高压态势下，一些人仍不把中央禁令和市委要求当回事，不知敬畏，我行我素。一是高压之下仍然时有发生。有的单位仍然存在违规配备使用公务车、违规发放津/补贴或福利、违规收送礼品礼金、提供或接受超标准接待、擅自改变行程变相公款旅游、接受或用公款参与高消费娱乐健身活动等问题。二是出现隐形变异、改头换面新动向。有的党员干部到农村或四合院等隐蔽场所吃吃喝喝，“其他支出”成为享乐费用走账新渠道；还有的党员干部在公务卡和加油卡上做手脚谋私利等。三是形式主义、官僚主义依然存在。主要表现为急功近利，“疏解整治”与“提升”脱节；作风漂浮，工作重心下移不到位；脱离实际，扶贫措施偏离群众需求；消极怠工，街乡吹哨、部门不报到或报到不履职；工作不细，一些重点工作基础不扎实、底数不清，在落实过程中流于形式。文山会海现象还不同程度存在。四是“为官不为”“为官乱为”有所抬头。北京的工作是在聚光灯和放大镜下开展的，一些发生在北京的“为官不为”“为官乱为”事件严重影响党和政府形象，受到严肃查处。

（3）基层“小官贪腐”问题影响恶劣。党的十八大以来，我市纪检监察机关立案查处的基层党员干部违纪违法案件主要表现为：一是农村部分干部贪腐严重。有的“雁过拔毛”，从经手的惠农惠民资金和建设资金中侵占贪污；有的“蚂蚁搬家”，利用职务便利，违反财务制度，挪用土地征用补偿款；有的“假公济私”，利用服务基层的工作便利，中饱私囊、优亲厚友。二是具有行政审批权限职能部门一线基层干部贪腐问题不容忽视。有的搞官商勾结违规审批，有的利用职务便利收受贿赂，有的利用管理漏洞挪用公款，有的徇私舞弊损公肥私。

（4）“以权谋房”等超大城市类腐败问题多发。北京作为超大型城市，工程建设、政府投资、国有资产管理等资源配置领域违纪违法行为相对集中。一是有的领导干部以明显低于市场价格购买商品房或直接收受房产，有的在集体房产管理中浑水摸鱼或串通谋利、巧取豪夺，有的利用职权长期占用下属企业住房。二是北京住房限购、购车摇号和户口指标限制，滋生大量寻租机会，潜藏腐败风险。三是北京地价高，征地拆迁项目多，近年来征地拆迁领域的贪腐案件频发，特别是非宅拆迁项目成为违纪违法案件高发领域。四是北京基础设施投资规模庞大，大量资金集中于工程建设领域，极易产生各种内幕交易和腐败行为。

（5）“关键少数”顶风违纪问题依然严重。统计显示，一把手履职用权存在的问题，既体现其岗位的独特性，也与首都特性和超大城市特点密切相关。一是不收敛、不收手胆大妄为。有的在党的十八大后，仍不收敛、不收手，不知止，顶风违纪违法。二是寻租受贿、权钱交易点多面广。有的为请托人谋取不当利益，权力寻租、权力设租范围不断扩大，一些传统上被视为“清水衙门”的部门，也逐渐成为腐败多发区。三是关联交易、利益输送间接隐蔽。不少一把手违纪问题的背后，都呈现出社会交往复杂、特定关系人多等特点。四是用权任性、决策环节问题多发。一些一把手任职时间长、资历深，长期把单位视为自留地，违背党的组织原则，过分强调自己在班子中的主导地位和绝对权威，不按程序决策，涉及资金、项目等重大问题，不经集体研究，搞个人专权。五是用人随意、干部选拔任用不规范。有的用人不守纪律、不讲规矩，“党管干部”变成一把手管干部。六是风险集中、基层问题相对严重。与外省市相比，北京市基层一把手掌控资源多，加之监督制约较为薄弱，违纪行为易发、违纪种类多样、违纪情节严重。

以上问题的存在，从深层次反映出北京在肃清腐败现象根源、持续保持党的肌体健康方面还存在不严不实之处。腐败问题产生的原因很复杂，既有思想认识等主观原因，也有经济社会快速发展、体制机制还不够健全完善等客观原因。结合首都特性和超大城市特点，深入分析首都反腐败斗争形势依然严峻复杂的原因，主要有以下六个方面。

一是理想信念“总开关”这个最根本的内因没有完全解决好。任何事物的发展变化，内因是根本性决定性因素。党的十八大以来连续开展党的群众路线教育实践活动、“三严三实”专题教育和“两学一做”学习教育，加强了思想引导、强化了理论武装。但反思和剖析北京市在反腐败工作中存在的种种问题，追根溯源，还是理想信念这个“总开关”出了问题，特别是理想信念教育的精准性把握不够，对部分党员干部世界观改造不到位，没有做到内化于心。党员领导干部只有加强党性锻炼和修养，不断强化先锋队意识，坚定理想信念，坚守共产党人的精神追求，同时辅以中华优秀传统文化的家国情怀、君子人格、士大夫精神涵养政德，做到明大德、守公德、严私德，才能补足精神之“钙”，筑牢拒腐防变的堤坝，真正做到不想腐、不屑腐。

二是地处政治中心容易成为“权力勾兑”场所。北京是首都，党政军中央机关集中在北京，是各种权力的中枢所在。北京的党员领导干部在思想上稍有松弛、在管理上稍有放松，就容易坏了规矩，出现“钻圈子”“搭天线”等行为，出现寻利寻租、以权谋私甚至贪赃枉法等问题。如果对做好“四个服务”的理解有偏差，对服务与坚持原则、遵纪守法的度把握不准，就容易出现违背组织原则、违反党规党纪的行为。

三是超大城市经济社会快速发展容易滋生腐败。首都经济体量大、实力强，各种资源富集，工程项目多、征地拆迁多。党的十八大以来，北京市企业资产总额增长 80.3%，突破 4 万亿①，政府投资力度不断加大，年固定资

① 《［砥砺奋进的五年］北京国有经济五年来持续健康发展综合实力大增》，千龙网，http：//finance. qianlong. com/2017/0612/1764181. shtml。

产投资达数千亿元。北京作为直辖市，权力结构呈扁平化，在提高工作效率的同时，对管理制度和能力素质提出了更高要求。但是，由于各项制度和监督制约还不够健全完善，资金存在被挪用、侵占风险。

四是全面从严治党压力传导不够。现在，全面从严治党责任还没有完全落实到基层，一些地方还存在“海面上九级风浪，海底下却纹丝不动”的现象。北京市一些单位落实全面从严治党主体责任仍然存在层层递减现象，尚未压实到基层末梢。一些单位在党委议事决策、执行“三重一大”制度、发挥领导核心作用方面存在问题，党组织建设不规范、党内政治生活不严肃，开展党章党规党纪教育和警示教育不到位。执纪问责存在宽松软，有的单位对违纪干部处理不严肃，不敢动真碰硬，存在“家丑不外扬”的错误观念，纪律处分执行工作不严不实。监督管理未形成有效合力，没有很好地把党内监督同国家机关监督、民主监督、群众监督和舆论监督等结合和贯通起来。

五是抵御旧俗陋习沉渣不够有效。腐败问题的产生，与所在地区的党风政风息息相关，而党风政风又与该地区的历史沿革、文化源流、地域特点、风土人情等形成的独特社风民风紧密相连、相互影响、相互作用。北京是六朝古都，在长期的演变进程中形成了上下有制、内外有别、尊卑有序的历史传统。随着经济社会发展，一些带有封建糟粕的旧俗陋习沉渣泛起，北京人讲礼、局器，厚道朴实的民风出现泛化、异化趋势。一些党员领导干部党性观念淡漠，追求皇城根下“讲义气”文化，搞“小圈子”“山头主义”，贪腐获利可耻的思想还没有深入人心，清除腐败问题的社会陋习根源任重而道远。

六是对腐败的精准发现和打击力度不够。党章和宪法、监察法赋予了纪检监察机关维护党的纪律、实施国家监察的双重职责，纪委监委合署办公，是党领导下惩治腐败的专责机关。面对新形势新任务，全市纪检监察机关在履职尽责方面还存在不少差距。精准监督不足，精准惩处不够，精准施治不力，面对全面从严治党不断深入、国家监察体制改革全面推进的新要求，纪检监察干部的能力本领不足问题愈加凸显，一些基层纪检监察组织存在处置问题线索时间过长、质量偏低，群众不满意等问题。

二　坚持问题导向，深刻认识、准确把握具有首都特性和超大城市特点反腐败工作规律

习近平总书记提出，“要有强烈的问题意识，以重大问题为导向，抓住关键问题进一步研究思考，着力推动解决我国发展面临的一系列突出矛盾和问题”①。我们要坚持问题导向，树立“靶向思维”，聚焦首都党风廉政建设和反腐败工作存在的突出问题，坚持发扬党的十八大以来行之有效的好经验好做法，牢牢把握具有首都特性和超大城市特点反腐败工作规律，推动全面从严治党向纵深发展。

一是必须强化党对反腐败工作的集中统一领导。党的领导是中国特色社会主义最本质特征，是中国特色社会主义制度最大优势。反腐败事关党和国家生死存亡，面对依然严峻复杂的形势，实践已经并将继续证明，只有党才能站在政治和战略的高度，从党和国家事业全局出发，领导人民夺取反腐败斗争压倒性胜利。深入推进首都反腐败工作，必须把讲政治摆在首位，毫不动摇坚持党的领导，牢固树立“四个意识”，切实增强“四个自信”，把加强党对反腐败工作集中统一领导作为开展纪检监察工作的根本政治原则，态度鲜明、行动坚决，始终保持惩治腐败高压态势，确保领导反腐败斗争主动权牢牢掌握在党的手里，确保反腐败压倒性态势巩固发展。

二是必须压紧压实全面从严治党政治责任。全面从严治党是各级党组织的职责所在。党的十八大以来，我们按照中央要求，把落实管党治党政治责任作为最根本的政治担当，每年坚持由市领导带队开展全面从严治党责任制检查，逐级推动主体责任和监督责任落细落实。严格执行问责条例，抓住党委（党组）特别是一把手这个关键，层层传导压力、级级压实责任，持续释放失责必问、问责必严的强烈信号。深入推进首都反腐败工作，必须紧紧扭住全面从严治党主体责任这个“牛鼻子”，抓住“问责”这个要害，以常态化的问责，唤醒责任意识，激发担当精神，把主体责任压实到最基层，巩

① 《习近平谈治国理政》，外文出版社，2014，第74页。

固全市上下动手一起抓反腐的生动局面。

三是必须把维护人民的利益作为出发点和落脚点。人民是党领导和执政的力量源泉，我们做一切工作，都要始终把人民放在心中最高位置，始终全心全意为人民服务，始终为人民利益和幸福而努力奋斗。推进首都党风廉政建设和反腐败工作，必须落实以人民为中心的发展思想，着力解决好群众反映强烈的突出问题，严肃纠正损害群众利益的行为，坚决整治群众身边的腐败和作风问题。始终坚持人民群众反对什么、痛恨什么，我们就要坚决防范和纠正什么，督促广大党员干部和所有公职人员认真践行全心全意为人民服务的根本宗旨，让人民群众在全面从严治党中有更多获得感。

四是必须深化纪律检查体制改革和国家监察体制改革。党的十八大以来，我们按照党中央统一部署，从纪检监察机关“三转”入手，推动“两个责任”“两个为主”落到实处，积极推进国家监察体制改革试点工作，构建系统完备、科学规范、运行有效的体制机制，构建纪律监督、监察监督、派驻监督、巡视巡察监督四个全覆盖的权力监督格局，为党风廉政建设和反腐败斗争提供组织和制度保障。深入推进首都反腐败工作，必须站在更高起点统筹谋划和推进两项改革，着力增强改革的系统性、整体性、协同性，更加注重理论创新、制度创新、实践创新，不断总结提炼有益做法和新鲜经验，在巩固中提高、在创新中发展，为纪检监察工作不断注入新动力。

五是必须运用法治思维和法治方式惩治腐败。党的十八大以来，特别是深化国家监察体制改革以来，我们坚决落实党中央要求，坚持于法有据、制度先行，坚持依规依纪依法，构建了纪检监察工作的“1+4”制度体系，明确监督执纪问责和监督调查处置各项工作的审批程序、工作流程，严把事实关、程序关、法律适用关，提高了反腐败工作的权威性、规范性。面对依然严峻复杂的反腐败斗争形势，面对监察法颁布之后的新要求，必须不断提高以法治思维和法治方式反对腐败的能力，按照依托纪检、拓展监察、衔接司法的要求，在纪在法前、纪法贯通、法法衔接上下功夫，进一步提高反腐败工作质量，提升惩治腐败的政治效果、法纪效果、社会效果。

六是必须发挥文化涵养和科技反腐作用。北京作为全国文化中心和科技创新中心，历史文化资源丰富、科技创新实力雄厚，具有建设社会主义先进文化和开展信息化反腐的优势。推进首都党风廉政建设和反腐败工作，要充分发挥好这个优势。一方面，要以马克思主义为指导、以中华优秀传统文化为基础、以革命文化为源头、以社会主义先进文化为主体，打造充分体现中国共产党党性文化特点的党内政治文化高地。通过发掘丰厚历史文化资源，不断丰富廉政文化内容，建设廉政文化教育阵地，营造良好廉政氛围、净化廉洁从政环境，促进党员干部不忘初心、坚守正道，坚定文化自信。另一方面，要引入现代科技手段，建设大数据平台，将现代信息技术运用于纪检监察工作各环节，为首都反腐败斗争插上科技翅膀。

七是必须把制度优势转化为治理效能。习近平总书记指出，深化国家监察体制改革，能够有效提升运用制度和法律治理国家的能力，把制度优势转化为管理国家的效能。我们深刻认识政治体制、政治权力、政治关系重大调整的内涵，把握运用管党治党的重要规律，巩固拓展改革形成的制度优势，形成了使反腐败斗争压倒性态势向压倒性胜利转化的强大势能，有力推动了首都反腐败工作向纵深发展。深入推进首都反腐败工作，必须紧紧围绕把制度优势转化为治理效能总要求，从组织形式、职能定位、决策程序、资源配置、措施手段等方面入手，把改革的作用发挥出来，从整体上提高反腐败斗争的效能。

三　坚持首善标准，坚决夺取首都反腐败斗争压倒性胜利

首善是一种追求、一种精神，也是首都工作必须达到的标准。北京作为首都，各方面工作都具有代表性、指向性。我们要在习近平新时代中国特色社会主义思想指引下，坚持首善标准，深入贯彻落实党的十九大精神和全面从严治党战略部署，切实增强全面从严治党的系统性、创造性、实效性，深化标本兼治，强化不敢腐的震慑、扎牢不能腐的笼子、增强不想腐的自觉，坚决夺取首都反腐败斗争压倒性胜利，坚决铲除腐败这个最致命的污染源，

坚决打赢反腐败这场正义之战，厚植党的执政基础。

一要把加强党的政治建设摆在首位。加强思想理论武装，严明政治纪律和政治规矩，坚决维护习近平总书记这一党中央的核心、全党的核心地位，坚决维护党中央权威和集中统一领导，自觉在思想上政治上行动上同以习近平同志为核心的党中央保持高度一致。认真落实《关于新形势下党内政治生活的若干准则》《中共北京市委关于维护党中央集中统一领导的规定》，加强对党内政治生活状况、党的路线方针政策执行情况、民主集中制等各项制度执行情况的监督检查。把贯彻落实党中央和市委重大决策部署作为严肃的政治纪律，强化对“四个中心”功能建设、提高“四个服务”水平、抓好“三件大事”、打好“三大攻坚战”等重大任务的监督检查，发现问题，严肃问责，始终做到党中央和市委决策部署到哪里，监督执纪问责就聚焦到哪里，做“三个一”的标杆。及时发现、报告和查处“七个有之”问题，将选人用人作为监督重点，严把党风廉政意见回复关，坚决落实“四个决不允许”。严格执行问责条例及市委实施办法，坚持问责一个、警醒一片、促进一方，让失责必问成为常态。完善全面从严治党主体责任检查考核，开展全面从严治党突出问题专项整治，加大检查力度，杜绝“海面上九级风浪，海底下却纹丝不动”的现象，推动工作延伸到基层、责任落实到基层，确保中央政令在北京畅通。

二要切实把改革形成的制度优势转化为治理效能。认真落实宪法、监察法和市委《关于继续深化监察体制改革试点工作的意见》，明确继续深化改革主攻方向。积极探索党对反腐败工作集中统一领导的常态化、制度化、长效化的有效途径，加强组织和制度创新，推动全面从严治党、强化监察监督覆盖到“最后一公里”。优化纪检监察机关内部工作机制和工作流程，推动监察机关与执法、司法机关顺畅衔接，修订和完善相关工作规则，形成更加科学、严密、有效的制度体系，着力构建党统一指挥、全面覆盖、权威高效的国家监察体系和科学有效的监察权运行机制，实现对所有行使公权力的公职人员监察全覆盖，不断提高以法治思维和法治方式惩治腐败的能力和水平，切实把监察体制改革形成的制度优势转化为治理效能。扎实做好改革任务清单的落实工作，党委书记当好“施工队长”，纪委履行好牵头专责，改革试点工作小组各成员单位履行好工作范围内的责任，改革试点工作小组办公室进一步加强工作督导，确保北京市深化国家监察体制改革工作充分发挥先行先试的“探路者”作用，继续走在前头，创造更多可复制可推广的经验。

三要巩固拓展落实中央八项规定精神成果。坚决贯彻习近平总书记关于进一步纠正“四风”、加强作风建设重要批示精神，落实市委《关于进一步纠正“四风”锲而不舍抓好作风建设的若干措施》，把对待党中央决策部署“表态多调门高，行动少落实差”等形式主义、官僚主义问题作为整治重点，拿出过硬措施，扎扎实实督促整改。密切关注“四风”问题新动向，以钉钉子精神，扭住不放、寸步不让，释放越往后越严的强烈信号，管出习惯、抓出成效、化风成俗。深化“为官不为”“为官乱为”问题专项治理，重点解决不作为、乱作为、冷硬横推问题。坚决惩治群众身边腐败问题。坚决落实中央纪委开展扶贫领域腐败和作风问题专项治理工作部署，紧盯对口援建、社会救助、推进低收入农户增收及低收入村发展，持续开展严肃查处群众身边的不正之风和腐败问题专项工作，监督检查相关职能部门履职尽责情况。聚焦扶贫协作，加强监督检查。加大整治“小官贪腐”力度，重点查处基层干部违反中央八项规定精神、侵害群众利益、利用执法监管等公权力搞权钱交易和农村“三资”管理中的腐败问题。把惩治“蝇贪”同扫黑除恶结合起来，开展村匪村霸和宗族恶势力专项整治行动，坚决打掉黑恶势力的“保护伞”。

四要巩固发展反腐败斗争压倒性态势。坚持无禁区、全覆盖、零容忍，坚持重遏制、强高压、长震慑，坚持受贿行贿一起查，坚决减存量、重点遏增量，精准有序惩治腐败，做到精准发现，实施精准惩处，保持反腐败高压态势不松劲。聚焦党的十八大后不收敛、不收手，问题线索反映集中、群众反映强烈，现在重要岗位的领导干部；重点查处政治问题和经济问题相互交织的腐败案件，重点查处选人用人、审批监管、资源开发、金融信贷、土地出让、生态环保以及疏解整治促提升、落实首都城市总体规划、筹办冬奥会冬残奥会等方面腐败问题。建设覆盖纪检监察系统检举举报平台，从信访举报大数据中发现端倪、分析动态，把严把实监督执纪头道工序。深化“追防一体化”建设，打好追逃追赃“攻坚战”，紧盯重点案件，综合施策，持续开展“天网行动”，让已经外逃的无处藏身，让企图外逃的丢掉幻想，不管腐败分子逃到哪里，都要缉拿归案、绳之以法。深化标本兼治，推动以案治本，加大专项清理力度，规范领导干部配偶、子女及其配偶经商办企业行为，斩断利益输送链条，努力构建不敢腐、不能腐、不想腐的体制机制。

五要全面加强党的纪律建设。纪律建设是全面从严治党的治本之策，为其他各项建设提供规范和保障。要开展经常性纪律教育，营造浓郁的廉洁文化氛围，让党员干部知敬畏、存戒惧、守底线，习惯在受监督和约束的环境中工作生活。坚持惩前毖后、治病救人方针，深化运用监督执纪“四种形态”，把纪律挺在前面，最大限度地减少存量，把监督挺在前面，最大限度遏住增量。抓早抓小、防微杜渐，在用好第一种形态上加以深化，使批评教育成为常态。强化日常管理监督，综合运用参加党委（党组）会议、问责类案件调查、专题调研、专项整治、问题线索排查、廉政档案管理、舆情分析研判等方式，提高监督实效。强化派驻监督，切实理顺派驻机构与派出机关、驻在部门党组织、市直机关纪工委，以及属地纪委监委的关系，充分发挥“派”的权威和“驻”的优势。深化政治巡视巡察，强化“两个维护”，深化对践行“四个意识”、加强党的领导、推进党的建设、严肃党内政治生活、执行党的路线方针政策情况的监督检查。创新和规范巡视方式方法，统筹常规巡视、深化专项巡视、强化机动巡视，推进“回头看”常态化。认真落实市委《关于开展区委巡察工作的意见》，构建巡视巡察一体化网络格局，推动全面从严治党在基层见到实效。

六要提升纪检监察队伍依法履职能力水平。纪检监察机关是党的纪律部队，必须有对党绝对忠诚的高度自觉和责任担当。要坚持政治过硬，筑牢忠诚品格，牢固树立“四个意识”，提高政治站位，严明政治纪律和政治规矩，带头坚定信念、带头对党忠诚、带头担当作为、带头提高本领、带头锤炼作风，坚决做到“三个一”和“四个决不允许”，坚决同各种违纪违法行为作斗争，坚决维护党章党规、宪法法律的权威和严肃性。要勤于学思践悟，深入学习贯彻习近平新时代中国特色社会主义思想，不断提高理论思维、战略谋划、精准落实水平。认真学习党章党规党纪和宪法法律法规，用好“两把尺子”，发挥双重职能作用，成为纪法皆通的“专才”，切实提高履职能力。要严于正身律己，守住干净底线，完善自我监督机制，严格执行监督执纪工作规则，以更高的标准、更严的纪律要求自己，习惯在受监督和约束的条件下工作生活。严密防范“私自留存、处理涉案材料”等监察法禁止的9种行为，坚决清除“害群之马”，坚决防止“灯下黑”，确保党和人民赋予的权力不被滥用、惩恶扬善的利剑永不蒙尘。

参考文献

1.《习近平谈治国理政》第二卷，外文出版社，2017。

2. 中共中央文献研究室编《习近平关于全面从严治党论述摘编》，中央文献出版社，2016。

3.《党的十九大报告辅导读本》，人民出版社，2017。

B.8

纪委监委合署体制下的监督工作研究报告

杨玉香　李　鹏*

摘　要： 本报告分析了北京市监察体制改革试点工作以来，纪委监委合署办公体制给监督工作带来的新变化和新挑战，从创新组织体系和监督方式入手推动监督常态化，把握监督工作重点切实履行监督专责，充分发挥标本兼治的战略作用及不断提高监督工作的制度化和科学化水平四个方面系统总结了北京市开展监督工作的实践经验。最后，结合新形势新要求，结合北京工作实际，提出了加强和改进监督工作的对策与建议：一是把讲政治摆在第一位，进一步聚焦主责主业；二是把纪律挺在前面，当好政治生态“护林员”；三是突出实效性和创新性，不断探索实践更科学更有效的监督机制；四是突出忠诚干净担当，切实加强监督队伍的建设。

关键词： 纪委　监委　合署体制　监督工作

国家监察体制改革是事关全局的重大政治体制改革，北京作为监察体制改革的试点地区，已经成立了市区两级监察委员会，同纪委合署办公，全面履行纪律检查和国家监察职责。同时，按照中央纪委七次全会及试点工作要求和《中国共产党纪律检查机关监督执纪工作规则（试行）》的规定，市纪

* 杨玉香，北京市纪委常委、市监委委员，高级政工师；李鹏，北京市纪委市监委党风政风监督室干部，助理政工师。

委市监委对内设机构进行了调整，实行监督检查部门和审查调查部门分设。新形势下，监督工作如何落实党的十九大关于全面从严治党的新要求，如何适应纪律检查体制改革和国家监察体制改革的需要，如何有效发挥合署的体制优势，需要不断总结、研究、探索和实践。

一　纪委监委合署体制给监督工作带来的新变化新挑战

党章规定，各级纪委是党内监督专责机关，职责是监督、执纪、问责；宪法和监察法规定，各级监委是国家的监察机关，职责是监督、调查、处置。无论纪委还是监委，监督职能都处于基础性地位，是纪委监委的共同职责和第一职责。在纪律检查体制改革、国家监察体制改革及内设机构改革的大背景下，纪委监委合署，监督检查和审查调查分设，给监督工作带来一系列的新变化和新挑战。认清新形势，才能看清新方向，明确新要求，才能取得新突破。做好监督工作，必须认真分析新时期监督工作的变化和特点，才能有针对性地提出加强和改进的具体措施。

一方面，反腐败斗争的新形势新任务对监督工作提出了更高的要求。

习近平总书记在党的十九大上指出，五年来，全面从严治党成效卓著，党内政治生活气象更新，党内政治生态明显好转，不敢腐的目标初步实现，不能腐的笼子越扎越牢，不想腐的堤坝正在构筑，反腐败斗争压倒性态势已经形成并巩固发展。但反腐败斗争形势依然严峻复杂，巩固压倒性态势、夺取压倒性胜利的决心必须坚如磐石。从中央的部署来看，今后的监督工作，重点是突出日常监督。总书记在中央纪委七次全会上强调，强化党内监督，重在日常、贵在有恒。要敢于较真碰硬，见物见人见细节，从点滴抓起，从具体问题管起，及时发现问题、纠正偏差。很多工作既要巩固，还要深化，同时要注重标本兼治，任务更加繁重，也更加艰巨。例如在纠正“四风”方面，既要紧盯无视中央八项规定精神、潜入地下公款吃喝等老问题，还要注意发现和纠正以形式主义、官僚主义方式对待党中央决策部署，把同党中央保持一致仅仅当作口号等突出问题，同时要密切关注新动向，不断采取新招数，坚决防止不正之风反弹回潮。这对监督工作提出了非常高的要求，必须切实加强日常监督，转变思想观念，把纪律挺在前面，把监督挺在前面，把党内监督和国家监察有机结合起来，强化责任担当，拿出恒心和韧劲，继续在常和长、严和实、深和细上下功夫，管出习惯、抓出成效。

另一方面，纪检监察体制改革给监督工作带来了一系列的新变化。

纪委监委合署，实行双重领导体制，一套人马、履行双重职责，实际上是党统一领导反腐败工作的制度安排。纪检监察体制改革的重要目标之一，就是紧紧围绕监督这个基本职责，形成纪律监督、监察监督、派驻监督、巡视监督四个全覆盖的权力监督格局。改革以来，纪检监察机关开展监督工作发生了一系列积极的新变化。首先，党对反腐败工作的集中统一领导得到了加强，反腐败工作力量得到进一步的整合，监察体系向着集中统一、权威高效的目标迈进。其次，监督的对象更广，监督的内容更全面。监委成立后，对公职人员依法履职、秉公用权、廉洁从政从业及道德操守情况进行监督检查。纪检监察机关的监督对象从党组织、党员、行政机关及其公务员扩展到所有行使公权力的公职人员，监督的对象和范围更广，监督的内容更加全面。再次，监督的手段更丰富。监委可以独立行使监察权，运用谈话、讯问、询问、查询等措施开展调查，和党内法规赋予纪委的执纪调查手段和行政监察法赋予监察机关的调查手段相比，监督手段更丰富也更有约束性。最后，监委整合了检察机关的反贪、反渎和职务犯罪预防部门，转隶来大量骨干人员。同时，纪委监委内设机构实行监督检查和审查调查分设，有了专门从事监督检查的部门和人员，监督力量更加壮大。这些新变化必将全面促进监督工作的深化。

二　纪委监委合署以来开展监督工作的实践

北京市监察体制改革试点工作启动以来，市纪委市监委坚决落实中央和市委的要求，坚持首善标准，紧扣组织和制度创新，优化组织体系，强化制度建设，深入推进人员思想融合和工作流程磨合，定位向监督聚焦，责任向监督压实，力量向监督倾斜，监督的深度和广度进一步拓展，通过主动监督发现问题的能力进一步提高，监督的力度不断加大，问责利器作用发挥越来越充分，监督工作成效逐步显现。

（一）探索创新组织体系和监督方式，着力推动监督常态化

市纪委市监委借助纪律检查体制改革和国家监察体制改革试点工作的良机，加强对监督工作的研究和探索，在组织体系、监督方式等方面大胆创新，形成了具有首都特色的监督工作新格局。

一是优化机构配置，增强工作力量。以人员转隶和机构调整为契机，市纪委市监委机关实现了监督检查和审查调查分设，并结合首都工作实际和直辖市的特点，合理配置内设机构，通过科学配比，极大地增强了监督工作的力量。

二是完善工作体系，形成工作合力。明确由党风政风监督室、案件监督管理室分别统筹协调监督工作和审查工作，并在两个部门间形成了运转顺畅、便捷高效、协作共享的工作机制。党风政风监督室按照市纪委常委会要求，制定工作方案，提出工作要求，统筹日常监督，并加强对问责工作和查处违反中央八项规定精神问题的管理。监督室负责对所联系地区和部门领导班子及市管干部进行重点监督，派驻纪检监察组对监督单位领导班子及其成员和处级干部进行日常监督，市级党政机关纪委负责监督管理本单位科级及以下党员干部。通过层级负责、各有侧重的工作体系，形成监督工作合力，实现日常监督的全覆盖。

三是明确监督内容，突出关键少数。坚持党内监督和国家监察相结合，明确了对党组织、党员领导干部和国家公职人员进行监督的具体内容。同时突出监督工作的政治性，将党组织和党员领导干部，特别是领导班子及成员等关键少数坚持党的领导、加强党的建设、推进全面从严治党等情况和国家公职人员依法履职、秉公用权、廉洁从政及道德操守情况作为监督检查的重点内容，保证党的组织充分履行职能、发挥核心作用，保证全体党员发挥先锋模范作用，党的领导干部忠诚干净担当，保证国家公职人员正确行使国家

公权力。

四是创新监督方式，规范工作程序。坚持依规治党和依法治国相结合的原则，结合国家监察体制改革试点工作实践，探索创新监督工作的方式方法。明确了监督部门可采取的谈话函询、参加会议、专项检查、参加巡视巡察、监督巡视巡察整改、督促履行主体责任、参与线索处置、专题调研、信息化监督、信访舆情研判等日常监督方式，对监督发现的问题明确了抓早抓小、实施问责、提出建议、移送转办、出具党风廉政意见、通报曝光、建立监督档案、监督情况报告与通报八种处置方式，对监督工作可使用的手段、权限及程序进行了规范，并在实践中不断完善。通过大胆创新和系统规范，初步形成了覆盖更广、监督更深、触角更灵的监督网络，为加强党内监督和国家监察，实现日常监督常态化奠定了坚实的基础。

（二）把握好监督工作重点，切实履行监督专责

监督工作实践中，市纪委市监委始终坚持首善标准，不断提高政治站位，把维护习近平总书记核心地位、维护党中央权威和集中统一领导作为监督工作的根本政治任务，通过日常监督、专项检查、专项治理等方式，加强对党的十九大精神、党中央大政方针贯彻落实和党章党规执行情况的监督检查，督促监督对象从“四个意识”上找差距，确保在思想和行动上同党中央保持高度一致。

一是坚持监督工作的政治定位，强化对政治纪律和政治规矩执行情况的监督检查。忠诚履行党章赋予的职责，把党的十九大精神贯彻落实情况，习近平新时代中国特色社会主义思想以及习近平总书记两次视察北京重要讲话精神贯彻情况作为监督检查的重点，开展专项检查，督促全市各级党组织紧紧围绕市第十二次党代会确定的目标任务，逐项分解落实、精心组织实施。不断净化党内政治生态，结合“两学一做”学习教育常态化制度化，强化对党内政治生活准则和党内监督条例等党内法规贯彻执行情况的监督检查。严肃换届纪律，当好“啄木鸟”，加强对党的十九大代表、市第十二次党代会代表和市“两委”委员推荐选举工作的监督检查，

把好政治关、廉洁关，完成廉政意见回复1024人，发现存在问题人选15人。加强对市第十二次党代会期间会风会纪监督，对4起违规问题当事人批评教育、诫勉谈话。紧盯“四风”加强监督检查，对全市私人会所、高档餐饮的关停转型情况进行“回头看”，组织特约监察员开展常态化明察暗访，针对“天价烟”“高档白酒”等群众反映强烈的问题开展专项检查。2017年国庆中秋期间，利用信息化手段对全市公务用车使用情况进行专项监督检查，发现8个单位存在违规使用公车问题，节后第一天就通报了检查情况，并将按照程序严肃处理相关责任人员。2017年全市共查处违反中央八项规定精神问题586人，给予党纪政务处分514人，组织处理等72人；通报曝光199起335人。

二是立足于加强党的领导，突出对党中央路线方针政策及重大决策部署落实情况的监督检查。按照中央和市委市政府的要求，加强对推动京津冀协同发展、有序疏解北京非首都功能、建设高水平城市副中心、冬奥会冬残奥会筹办及对口援建、精准救助、扫黑除恶、文物保护、环境整治、“疏解整治促提升”专项行动等重大决策部署的监督检查，紧扣党组织和党员领导干部在党的事业中的职责，重点监督检查在各项工作中发挥党的领导作用、不折不扣推进落实上的差距。各级监督部门以深化“为官不为”、“为官乱为”、严肃查处群众身边的不正之风和腐败问题“两个专项”工作为抓手，深入工作一线、走进田间地头，不断拓宽监督工作的深度和广度，及时发现不作为、乱作为及损害群众利益等问题。2017年，约谈函询1528人次，组织处理1038人，给予党纪政务处分2128人，切实发挥了警示震慑作用，确保党的路线方针政策在北京落地生根。

三是坚持问题导向，加强对巡视巡察、环保督查等反馈问题整改落实情况的监督检查。将中央巡视“回头看”、中央环保督查及国务院大督查等方面反馈的问题作为监督的重点，督促22家牵头单位党委（党组）认真落实中央巡视“回头看”整改意见涉及的38个问题，对整改工作不力，整改不到位的，严格责任追究。加强对落实中央环境保护督察组反馈意见整改落实情况的监督检查，针对整改任务清单中的4大类14方面75项问题，逐一督促整改。突出对46项重点问责事项的直查和督办，强化党政领导干部生态环境和资源保护职责意识，确保整改任务有效落实。同时，拓宽监督视野，监督部门主动关注巡视巡察工作报告、财政预决算执行情况报告、领导干部经济责任审计报告、市政府绩效考评等专项检查中发现的问题，有针对性地开展监督检查和执纪问责，确保问题整改落实到位。

四是紧紧围绕全面从严治党要求，加强对主体责任落实情况的监督检查。结合北京实际，将已经连续开展了十九年的党风廉政建设责任制检查考核深化为全面从严治党主体责任检查考核，将其作为加强日常监督的有效载体做深做细做实。重新设计检查考核方案和指标体系，突出对重点内容和关键少数的监督，改变年底一次检查定排名的方式，强化日常监督检查，通过统一标准、归口考核的形式，实现监督检查考核全覆盖，层层传导管党治党压力、层层压实从严治党责任。

（三）立足当下改、着眼长久立，充分发挥标本兼治的战略作用

发现问题是前提，整改落实才是目的，才能体现监督工作的成效。对监督发现的问题，市纪委市监委坚持综合运用监督执纪“四种形态”分类处置、督促整改，并举一反三、完善制度，努力做到既有当下改的举措，又有长久立的机制，将治标之举和治本之策同步推进，真正发挥监督工作的战略作用。

一是建立问题线索处置综合运用机制，在强化日常监督上下功夫，体现监督的严肃性。监督部门加大问题线索的处置力度，让第一种形态成为常态，对反映的一般性问题及时同本人见面，谈话提醒、约谈函询。2017年，共运用第一种形态处置9188人次，增长74.5%，占处置总人次的73.5%。对处置情况持续跟进监督，切实督促整改。监督领导干部在领导班子民主生活会上把群众反映、巡视反馈、组织约谈函询的问题说清楚、谈透彻，建议被问责或受到党纪政务处分人员所在单位党组织召开专题民主生活会或组织生活会开展对照检查，对被处分人员改正错误情况进行考察了解，开展回访谈话，监督检查整改措施落实情况。通过对问题线索处置情况的综合运用，

体现监督的严肃性。

二是建立整改情况跟踪督查机制，在强化责任落实上下功夫，突出监督的实效性。监督部门建立监督检查工作台账，对问题整改情况进行跟踪督查，对落实不力、失职渎职的严肃处理，追究问责。对需要修订完善制度机制的，提出意见建议并督促落实。2017 年，共问责党员领导干部 811 人、党组织 53 个，制发纪律检查建议或监察建议 505 份。通过问责一批突出问题，处理一批违纪干部，通报一批典型案件，形成一批有价值高质量的监察建议，激发担当精神，推动责任落实。

三是建立监督工作情况综合研判机制，为准确判断政治生态及科学决策提供参考。党风政风监督部门切实发挥统筹协调作用，及时汇总分析全市监督工作情况、作风建设情况和问责工作情况，着力发现共性和规律性的问题，形成专题报告和专项反馈，为准确判断形势，科学制定政策提供依据和参考。针对“疏解整治促提升”专项行动中“为官不为”“为官乱为”的突出表现以及发生在群众身边的不正之风和腐败问题开展民意调查，结合工作推进情况，形成专题报告报送中央纪委和市委市政府。针对责任制检查考核情况，形成专项工作反馈，报市委市政府领导，并发各单位限时整改。针对典型的“四风”问题和问责案件印发通报，透过现象看本质，指出问题背后存在的“四个意识”方面的差距，推动各级党组织切实加强全面从严治党。各监督部门加强对谈话函询线索及监督工作情况的综合分析，分领域进行研究梳理，形成专项报告，摸清政治生态情况，明确需要重点监督的突出问题，制定有针对性的措施加强监督工作。

（四）及时梳理归纳提炼总结，不断提高监督工作的制度化和科学化水平

作为试点地区，北京市纪委市监委按照积极实践、及时总结的思路，不断提炼实践中的好做法好经验，不断思考存在的问题及应对的策略，让制度建设与实践探索紧密相随、与时俱进，为国家监察体制改革提供北京经验。

一是构建制度体系，提高监督的针对性。改革试点之初，就制定了

《北京市纪委市监委机关执纪监督工作暂行办法》，为即将成立的监督部门开展工作提供了思路指导和方法指引。随着监督工作的深入，又结合实际分别制定了针对区、市级党和国家机关、市属国有企业、市属高等院校四个领域开展监督工作的实施细则，对各领域的监督工作进行了细化和深化，切实增强了监督的针对性。2018 年，在总结提炼的基础上，深入研究监督工作规律，制定了《北京市纪委市监委机关监督工作办法》，进一步健全完善了监督工作的工作机制、职责任务、方式方法等内容，为加强监督工作奠定了坚实的基础。

二是完善各项工作的程序性规定，增强监督的规范性。随着改革试点工作的推进，针对机构调整后相关工作程序的建立健全和优化调整问题，按照顺畅高效、严谨规范的原则，结合中央的新要求，先后对问责、述责述廉、谈话函询、诫勉、移送涉嫌违纪违法问题线索等工作制定了相关的规定，为监督工作的顺利开展提供了制度保障。

三是探索建设信息化工作平台，提高监督的科学化水平。监督工作的深入推进离不开信息化的支持，党风政风监督室会同新成立的信息技术保障室，加强对监督工作信息化的研究，设计研发监督信息化工作平台，将日常监督、检查考核、线索处置及整改落实等情况纳入系统，形成监督工作台账，将相关的经验成果和制度规定固化为程序，并探索采取信息化手段拓宽监督渠道，丰富监督手段，为监督工作插上信息化的翅膀。

强化监督是国家监察体制改革试点工作和纪律检查体制改革的重点，更是难点。目前，监督工作在实践中还存在一些亟需研究解决的问题。一是监督方面的制度规定还需要进一步健全，相对执纪审查工作而言，监督工作在职责定位、权限手段、方式方法等方面都需要更加深入地研究和明确。二是监督工作的机制体制还需要进一步完善，纪委监委机关各监督部门之间，纪委监委同政府职能部门之间，党内监督、国家监察同民主监督、社会监督、舆论监督之间协调配合的机制和体制还需要进一步磨合。三是监督工作的能力和水平还需要进一步提高，在强化监督工作的政治定位、提高监督的主动性实效性等方面还需要加强，等等。对这些问题必须高度重视，在纪律检查体制改革和监察体制改革过程中，边实践边总结，切实加以解决。

三 加强和改进监督工作的对策与建议

新形势和中央的新要求需要纪检监察机关切实加强和改进监督工作，纪律检查体制和国家监察体制的改革为更好地开展监督奠定了坚实的基础，监督工作要适应新形势新任务新要求，充分发挥合署体制的优势，必须牢固树立“四个意识”，坚持把纪律挺在前面，把监督挺在前面，在实践中不断探索更加有效管用的方式方法。

（一）把“两个维护”作为根本政治任务，进一步聚焦主责主业

做好监督工作，首先要更加自觉地学习贯彻习近平新时代中国特色社会主义思想，更加自觉地把“两个维护”落实到每一项工作之中，更加自觉地把工作放在党和国家工作大局中谋划部署。要善于从政治上观察和处理问题，监督任务的确定，监督计划的实施，监督成果的运用，都要考虑政治要求、政治规矩、政治影响和政治效果，要从坚持“四个意识”出发，讲政治顾大局，决不能就监督说监督。要坚持聚焦纪检监察机关的主责主业，切实履行党内监督专责机关职责，围绕全面从严治党，把落实“两个维护”、严明政治纪律和政治规矩作为监督工作的重中之重。一要突出对主体责任落实情况的监督检查。加强对党组织、党员领导干部落实全面从严治党主体责任情况的监督，把日常监督和专项检查、考核评估相结合，推动管党治党责任落实到位。二要坚守“监督的监督”定位，严格按照《党内监督条例》的规定和“三转”的要求，不越位，不缺位，不错位。对主责部门和责任人员履职开展监督检查，督促部门发现查处职责范围内的违纪违法行为，及时向纪检监察机关移送问题线索。三要以问责为抓手促进履责。强化有权必有责、有责要担当、失责必追究的意识，坚持有责必问、问责必严。通过问责，唤醒责任意识、激发担当精神，推动党组织和党的领导干部切实扛起责任。

（二）把纪律挺在前面，当好政治生态“护林员”

做好监督工作要坚持发现问题和纠正偏差相结合，突出问题导向，综合运用监督执纪“四种形态”，建立真正的带电高压线，实现“惩前毖后、治病救人”的目的。要加大对党内政治生活准则和《党内监督条例》等党内法规贯彻执行情况的监督检查，坚决当好政治生态“护林员”。一要分析研判情况。定期汇总分析信访举报、线索处置、监督检查等方面的信息，摸清各地区、各单位的“树木”和“森林”的关系，充分了解掌握情况，坚持问题导向，把发现问题作为监督的出发点。二要加强日常监督。针对问题易发多发的领域和环节，加强日常监督检查和专项监督。要锲而不舍监督落实中央八项规定精神，越往后执纪越严，持续释放正风肃纪强烈信号。三要坚持把纪律挺在前面。针对发现的问题，运用好监督执纪“四种形态”，特别是第一种形态，通过批评教育、谈话函询、通报诫勉等方式，抓早抓小、防微杜渐，让红脸出汗成为常态。通过有效的监督执纪，纠正存在的问题，修正执行落实中的偏差，确保党规党纪及国家法律法规落细落实，为实现政治上的绿水青山保驾护航。

（三）突出实效性和创新性，不断探索实践更科学更有效的监督机制

加强和改进监督工作，一方面，要深入研究监督工作的规律和特点，全面总结长期以来开展监督执纪、行政监察及党风廉政建设等工作中形成的有效经验和成功做法，不断提升监督的实效性。另一方面，要结合纪律检查体制改革和国家监察体制改革新的形势任务和实践要求，丰富监督的方法和手段，不断创新监督工作机制体制。一要围绕监督执纪问责和监督调查处置的关键环节，继续完善相关配套制度和保障措施，为构建多点发力、多元同步的强大监督体系提供制度和机制保障。二要研究建立监督主动发现问题线索机制，突出监督重点，丰富监督手段，为监督执纪问责拓宽问题线索来源。三要充分利用信息化技术提升监督的能力和水平，通过大数据等方法拓展监督的深度和广度，拓展监督的领域和范围，提高监督的效能。四要及时跟进

各项制度规定执行中存在的问题，及时总结监督工作中的新探索新尝试，科学评估、全面总结后，形成可推广、可复制、针对性强、操作性强的经验做法，为监察体制改革提供经过实践检验后的有益借鉴。

（四）突出忠诚干净担当，切实加强监督队伍的建设

“打铁还需自身硬”，做好监督工作，必须要建设一支让党放心、人民信赖的纪检监察干部队伍。从事监督工作的同志，要牢固树立执纪者带头遵守纪律、监督者带头接受监督的意识，践行忠诚干净担当，树起严格自律的标杆。一要对党忠诚，在思想上坚守、在政治上坚定、在行动上坚决，服从组织的决定，并经得起实践的检验。二要干净做人，严格自律、慎交慎独，心存敬畏，手握戒尺，增强政治定力、纪律定力、道德定力、抵腐定力，始终不放纵、不越轨、不逾矩。三要坚守责任担当，不断深化“三转”，勇于负起责任，做到立说立行、真抓实干，在从严监督执纪问责，推动全面从严治党上见成效。同时，在监督的工作程序上，要坚持信任不能代替监督的原则，严格审批程序和内控制度，制定规范严谨、运转高效、责任明确、环环相扣的工作程序，落实问题线索统一管理的要求，加强请示报告，强化对各环节的监督制约，并主动接受社会监督和民主监督。

参考文献

1. 习近平：《决胜全面建成小康社会　夺取新时代中国特色社会主义伟大胜利》，人民出版社，2017。
2. 《习近平谈治国理政》第二卷，外文出版社，2017。
3. 中共中央宣传部：《习近平新时代中国特色社会主义思想三十讲》，学习出版社，2018。
4. 《党的十九大报告辅导读本》，人民出版社，2017。
5. 中央纪委国家监委法规室：《中华人民共和国监察法释义》，中国方正出版社，2018。

地 区 报 告

Regional Report

B.9

加强东城区非公经济组织和社会组织党建工作有效性研究报告

北京市东城区委课题组*

摘　要： 本研究在深入总结东城区近年来开展“两新”组织党建工作成绩和经验的基础上，结合日常了解和问卷调查结果，从“两个覆盖”情况、思想观念和工作基础三个方面分析了当前东城区“两新”组织党建工作存在的主要问题和不足。针对这些薄弱环节，提出增强“两新”组织党建工作有效性，就是要实现建设“双强六好”型党组织的目标，并提出五个

* 课题组组长：王清旺，北京市东城区委常委、组织部部长、区直机关工委书记（兼）。
课题组成员：严岩，北京市东城区委社会工委书记、东城区社会办主任；刘贤才，北京市东城区委组织部副部长；王辉耀，北京市东城区委组织部副部长；韩玉川，北京市东城区委组织部调研信息组（新闻办公室）组长；周洁兰，北京市东城区委组织部组织组组长；朱艳秋，北京市东城区委组织部调研信息组副主任科员。

方面的具体对策：一是凝聚各方共识，着力夯实“两新”党建有效性的思想基础；二是深化“两个覆盖”，加强“两新”党建有效性的组织保障；三是强化作用发挥，扩大“两新”党建有效性的整体功能；四是加强源头建设，强化“两新”党建有效性的人才支撑；五是打牢工作基础，完善“两新”党建有效性的保障体系。

关键词： “两新”组织　党的建设　有形覆盖　有效覆盖

非公有制经济组织和社会组织（以下简称“两新”组织）党的建设是党的基层组织建设的重要内容，是城市基层党建的重要组成部分。东城区作为核心区，是首都建设“四个中心”的重要承载区，必须找准“两新”党建与服务核心区改革发展的切合点，着力提升“两新”组织党建工作的有效性，为加快建设国际一流的和谐宜居之区提供坚强保证。

党的十九大对党章进行了修订，明确指出：非公有制经济组织中党的基层组织，贯彻党的方针政策，引导和监督企业遵守国家的法律法规，领导工会、共青团等群团组织，团结凝聚职工群众，维护各方的合法权益，促进企业健康发展；社会组织中党的基层组织，宣传和执行党的路线、方针、政策，领导工会、共青团等群团组织，教育管理党员，引领服务群众，推动事业发展。这是增强“两新”组织党建工作有效性的根本遵循，也是本课题研究的根本落脚点和着力点。

一　近年来东城区“两新”组织党建工作取得积极成效

截至目前，东城区共有非公企业 6015 家，其中建立党组织 837 个，党员 6886 人，非公企业党组织覆盖率达到 84.4%。全区共有社会组织 557 家，其中建立实体党组织 125 个、“功能型”党组织 72 个，党员 1398 人，社会组织党组织覆盖率达到 80%。对不具备建立党组织条件的非公企业和社会组织，选派 2356 名党建工作指导员进驻开展党的工作，实现了工作全覆盖。

（一）健全组织领导体系，在“重统筹”上取得新进展

成立区“两新”组织党建工作协调小组，建立联席会议制度，构建起区委统一领导、组织部牵头抓总、社会工委具体指导、相关部门和街道工委协同推进的工作格局。将“两新”组织党建纳入东城区落实党建工作主体责任考核评价体系，作为基层党建述职评议考核和处级班子年度考核的重要内容，层层压实责任。按照“条块结合，属地为主”原则，健全运转顺畅、务实管用的非公党建领导体制和工作机制，完善了“分级负责、分类管理、条块结合、区域兜底”的社会组织党建管理体系，推动“两新”党建责任向基层延伸。

（二）创新多种组建方式，在“全覆盖”上取得新突破

按照有利于教育管理、有利于参加活动、有利于发挥作用的原则，结合实际、因地制宜、因势利导，研究探索了网格建、市场建、园区建、行业建、商会建、工商联建、楼宇建、挂靠建等多种组建方式：对安利、中文在线、红墙花园酒店等规模以上非公企业实现单独建；对分散在社区的小型非公企业，通过网格建的方式将每名非公党员都纳入网格管理；对行业较为集中的社会组织，成立典当行业协会党支部、律师协会党委，实现同行业党员横向联合；交道口街道结合南锣鼓巷商业街特点，建立南锣鼓巷商会党组织；景山街道针对地区餐饮业、文化产业、社会服务行业聚集的特点，成立工商联分会联合党委，为“两新”组织搭建学习交流平台，推动健康发展；在摊群商贩比较集中的地区采取市场建方式，由市场管理方成立党支部，采取党企联席会的形式，引导党员摊主发挥示范作用；采取楼宇建的方式在全区建立了 60 个商务楼宇工作站党组织。

（三）加强基层基础投入，在“强保障”上取得新成效

加强队伍建设，争取党员法人、出资人或高级管理人员担任“两新”

党组织书记，选聘退休党员干部进驻“两新”组织担任党建工作指导员。把“两新”党组织书记纳入全区党员干部教育培训总体规划，提升非公企业党组织书记能力水平。建立健全以“推荐党员进入企业就业，推荐优秀党员进入企业管理层，把业务骨干培养成党员，把党员培养成业务骨干”为主要内容的“双推双培”机制。落实经费保障，建立新建非公企业党组织经费补贴机制、基层党组织工作和活动经费标准动态调整机制、园区非公企业党组织书记和党务工作者岗位补贴机制，并在全区实现了非公企业党员缴纳党费全额返还。

（四）创新党建工作载体，在“优服务”上取得新提升

结合“两新”党组织特点，将“互联网 +”理念引入其中，开通“东城基层党建”微信公众号，统筹推进“红云东城”非公党建信息化平台建设工作，推动非公经济组织中的党员在线学习，实现“模块式设置、信息化管理、多元化参与、积分制激励”。探索实行党费网上缴纳、党组织关系网络接转，实现党组织对党员的在线管理和党组织、党员线上线下联动，提高了党组织在企业职工中的影响力，实现了“有形覆盖”到“有效覆盖”的迈进。

（五）拓宽作用发挥渠道，在“求实效”上取得新成果

充分把握“两新”党组织职能定位，突出政治功能，坚持做到“四个结合”：一是把“两新”党建与服务全区中心工作结合起来，积极引导“两新”组织参与疏解整治促提升等重点工程、重点工作中。广大“两新”组织积极履行社会责任，南锣商会党支部在南锣鼓巷主街整治提升工作中带头做好广大商户工作，起到了很好的示范带动作用；部分“两新”组织主动到望坛棚改项目处慰问一线干部，积极开展法律咨询等志愿服务活动，取得良好社会效应。二是与解决企业发展难题结合起来，积极探索建立党组织与决策管理层共谋发展工作机制。红墙花园饭店党支部在企业面临转型的关键时刻，围绕“强班子、抓机遇、谋发展”的主题，帮助企业理清发展思路，

推动企业成功实现向高端服务的转型。三是与创建学习型企业结合起来。举办知识讲座和技能培训等活动，提高员工队伍整体素质。安利北京分公司党委通过“每天一刻钟”学习法，利用开业前15分钟时间，以小组集中的方式组织理论学习，通过青年党员带动积极分子、团员以及店铺全体员工。四是与建设企业文化结合起来，使党组织真正成为广大员工和睦相处的大家庭。锦辉控股公司党支部在员工中推行“亲情服务计划”工作法，着力关心关爱员工，维护职工权益，营造团结凝聚的和谐氛围。

二　东城区“两新”组织党建工作面临的主要问题

经过不断探索，东城区“两新”组织党建工作取得了积极成效，但就整体而言，“两新”组织党建工作在各领域党建工作中仍属于相对薄弱环节，特别是按照“有效性”的要求，还存在一些制约其长远发展的问题。课题组通过深入走访、座谈交流，并向100余家“两新”组织发放528份调查问卷，认为当前东城区“两新”组织党建工作主要存在以下三个方面问题。

（一）从“两个覆盖”情况来看，党在“两新”组织中的覆盖还存在一定的不平衡不充分的问题

一是在有形覆盖方面，经过这几年的强力推动，基本已经实现应建尽建，但是在中小企业，特别是在孵化企业中覆盖率仍然较低，受到党员少、流动快等因素影响，进一步提高覆盖率存在较大难度。二是在有效覆盖方面，已经覆盖的党组织发挥作用参差不齐，特别是联合党组织发挥作用受到制约，党组织在“两新”组织职工群众中的政治核心作用和在企业发展中的政治引领作用还有待进一步提升。问卷调查结果显示，58.8%的党组织和党员能够很好地发挥作用，但仍然有近20%的党组织作用发挥一般甚至不好。三是由于“两新”组织党员流动性大，组织关系往往都是分散挂靠，企业党组织或地区党组织无法对没有隶属关系的党员提出要求，居住地等党

组织也会因为隶属的党员难以联系或见面，使教育管理工作显得鞭长莫及，党的影响和覆盖在一定程度上受到影响。四是在典型引领方面，近年来，涌现了安利、中文在线、红墙花园酒店等一批“两新”组织党建工作典型，有的还在全国产生了较高知名度和较大影响力，但全区“两新”组织党建工作水平仍然不平衡，党建品牌辐射带动力还有待进一步增强。

（二）从思想观念来看，“两新”组织各类群体对党建工作认识参差不齐，使党组织发挥作用的必要条件受到影响

一是部分业主对党建工作的实际支持力度不够。虽然在问卷调查中，80% 以上的“两新”组织出资人对党建工作表示支持或比较支持，但企业作为追求利益最大化的市场主体，实际工作中对“两新”党建工作仍然存在“两张皮”等认识不到位的问题。在调查中，有 10% 左右的中高层管理人员认为党组织开展活动对生产经营没有促进作用，甚至还有个别人认为党组织开展活动会影响生产经营。受访者认为影响出资人支持的最主要三方面因素分别是：“两新”党建与企业管理理念、治理制度存在差异（25. 1%）；没有感受到党建工作给企业发展带来的好处（21. 7%）；有思想顾虑，担心影响生产经营（20%）。这揭示了党组织自身作用发挥的问题，也说明“两新”组织出资人在一定程度上对“两新”党建工作还存在认识误区，对党组织在活动时间、经费、人力等方面的支持不够，党建工作在“两新”组织内部往往缺乏制度安排，限制党组织作用的有效发挥。二是受工作压力、现实利益等影响，“两新”组织从业人员多数存在经济观念强、政治意识弱，雇佣工观念浓、主人翁意识淡，政治进步虚、工作就业实等倾向，一些党员也因为“怕麻烦”“怕吃亏”“利益少”等对党员身份认同感偏差，对党的活动参与积极性不够，有的甚至不愿表露政治身份，成为“口袋党员”。问卷调查显示，党员不愿意亮明身份的主要原因是：38. 89% 的受访党员认为组织关系接转烦琐，23. 3% 的受访党员担心亮明身份带来麻烦以及工作流动性大，20. 37% 的受访者认为党组织活动没有吸引力以及党员意识、党性观念淡薄。

（三）从工作基础来看，党的领导方式和工作手段缺乏创新，规范化程度不够高，党员教育管理和服务发展的实际效果受到影响

一是“两新”组织与社区党组织不同，传统的“行政化”“指令性”的工作理念和方式在“两新”党建中面临挑战。部分“两新”党组织活动缺少特色，党组织落实规定动作多，创新开展活动少，在一定程度上影响了党组织的凝聚力。21.5%的受访党员认为当前单位党组织开展活动“单调枯燥、没有新意”，36.8%的党员职工认为党组织开展的活动“与实际工作、党员需求结合不紧，吸引力不强”。二是“两新”组织党员流动快、出差多、工作地分散，工作时间又相对不固定，传统的“支部建在连上”的单位制组织设立方式和“面对面、人到人”的集中式教育管理模式在增强时效性和影响力方面难以奏效。在问卷调查中，有40.8%的党员职工认为党组织开展的各类活动对自身的帮助和提高一般，还有极少数认为对自身帮助很小。三是“两新”党组织规范化程度还有待提高，部分党组织的工作基础还比较薄弱，有的党组织活动混同于工会活动，缺乏严肃的组织生活，党组织政治功能弱化。问卷调查结果显示，有近20%的受访党员认为，由于缺乏制度规范，“三会一课”等党组织活动执行情况不理想，甚至个别党组织基本不召开会议或开展教育活动。四是“两新”组织人员变动快、工作兼职多，基层党组织书记队伍缺乏稳定性，一些党组织书记党务工作经验不足，业务知识和实践操作也相对欠缺，结合企业实际进行党建创新探索的能力不足。在问卷调查中，受访党员认为近两成的“两新”党组织书记在企业中的影响力一般甚至没有影响力，影响其作用发挥的因素集中于主观工作动力不足、上升空间不畅和引领示范带动作用发挥不够等。

三　不断提升“两新”组织党建工作有效性的对策建议

增强“两新”组织党建工作有效性，就是要按照中央提出的要求，结合“两新”组织发展实际，以党建强、发展强为目标，以生产经营好、企

业文化好、劳动关系好、党组织班子好、党员队伍好、社会反映好为评价标准，建设“双强六好”型党组织。按照这一要求，针对“两新”党建工作中存在的问题，需要从以下几个方面加大工作探索。

（一）凝聚各方共识，着力夯实“两新”党建有效性的思想基础

（1）明确“共促共进”，落实共同推进“两新”党建的政治责任。依托区党建工作领导小组和“区－街道－社区－网格”四级区域化党建工作格局，完善与相关部门联席会议和日常沟通机制，形成组织部门抓总，社会工委及统战、工商、商务、产促与群团组织各负其责的良好运行体系，促进各方提高政治站位，明确职责，形成合力。加强督查考核，提高“两新”党建成效在落实党建主体责任综合考核中的比重，定期开展“两新”党建推进情况督查督导，确保把“两新”党建抓在手上、久久为功。

（2）立足“发展共赢”，争取“两新”组织负责人的理解与支持。增强工作主动性，组织“两新”组织负责人参加形势政策报告会、集中教育培训、外出考察学习以及管理论坛、创新研讨等活动，加强教育服务，增强思想认同。建立直接联系出资人（合伙人）制度，通过上门走访、定期联谊、邀请参加区域相关活动等，与企业管理层有效沟通，注重听取其对经济社会发展和党建工作的意见建议。探索开展“双强”先进“两新”组织评选，将“两新”组织负责人纳入各类政治性安排和评先评优工作，注重把符合条件的优秀分子逐步培育发展入党。

（3）倡导“有为有位”，提升“两新”组织党务工作者抓党建的思想水平和行动自觉。80.26%的受访党员表示，所在基层党组织书记开展工作、发挥作用的情况较为理想。要以此为示范带动，通过培训、座谈、调研、工作交流、日常访谈等形式，向基层党务工作者潜移默化地灌输党建工作理念，引导他们与“两新”组织沟通进退有度、有礼有节，指导和帮助他们紧密结合企业发展开展党建活动，以有效作为争取有利地位。

（4）鼓励“先进表率”，激发广大“两新”组织党员的党性意识。问卷结果显示，有70.86%的“两新”组织党员职工能够较好发挥党员作用。

要在此基础上，探索“一方隶属、多方管理”的模式，从搭建党员展示平台、参与党员职业规划、帮助党员业务进步等入手，深化党内学习教育实践活动，引导党员亮出身份、参加党组织活动。注重对“两新”组织党员的表彰激励、关爱帮扶，不断增强党员的责任感、荣誉感和归属感。

（二）深化“两个覆盖”，加强“两新”党建有效性的组织保障

(1) 打通组织覆盖的“最后一公里”。着力提升组织覆盖质量，创新党组织设置，在保持党组织覆盖率80%以上的基础上，逐步提升单独组建率。针对规模较小“两新”组织党的组织覆盖不高的情况，整合工作力量，进一步摸清辖区内“两新”组织发展规模、职工情况、党组织和党员情况等并完善台账。以园区党建为龙头，立足中关村东城园“高精尖”企业聚集优势，着力在高新技术、文化创意、孵化器等重点行业建立党组织。加强社会领域党组织体系建设和“枢纽型”社会组织体系建设，支持街道成立社区社会组织联合会，开展小微企业党建社区化试点。探索成立商务楼宇联合党组织，努力实现商务楼宇党的组织全覆盖。发挥工商联组织作用，建立街道工商联商会联合党委，在会员单位中推动建设一批非公党组织。发挥区总工会职能优势，推进非公党组织组建工作。

(2) 以创新推动党的工作全覆盖。坚持党建带群建、群建促党建，在“两新”组织中充分发挥群团组织作用，为进一步扩大有效覆盖打好基础。提升商务楼宇党建服务站建设水平，大力选派党建工作指导员，划片定责、责任到人，推动党的政策进企业、政府服务进企业、先进文化进企业。实施动态跟进，坚持向新增非公企业1个月内选派党建指导员。创新工作方式和内容，针对“两新”组织党员工作分散、外出多、信息技术娴熟的特点，运用信息化手段推进党的工作覆盖，依托“红云东城”非公党建信息化平台，推动党组织关系网上转接、党员网上管理等功能的普及，积极运用微博、微信等新媒体开展学习交流、支部管理，逐渐形成“两新”党组织学习资料网络化、组织生活在线化、信息发布即时化、意见征询论坛化，实现党组织和党员线上线下联动，扩大党在“两新”组织中的影响力和凝聚力。

（三）强化作用发挥，扩大“两新”党建有效性的整体功能

（1）强化政治引领。加强对“两新”组织负责人的政治引领，保证正确政治方向，引导和监督“两新”组织合法经营。推动“两新”党组织书记参加或列席有关会议，健全党组织与企业管理层沟通协商制度。加强对职工群众和党外人士的引导，建设先进企业文化，增强政治认同。引导“两新”组织自觉履行社会责任，主动承接政府职能转移，开展社会公益服务，创建品牌化、有影响的公益项目。突出政治功能，在从“两新”组织中推荐“两代表一委员”和劳动模范等人选时，注重征求所在党支部和上一级“两新”党组织意见，发挥党组织政治把关作用。

（2）注重服务凝聚。围绕服务企业生产经营，通过建立党员示范岗、党员责任区，争创“工人先锋号”“青年文明号”，组织开展“我为企业发展献一策”等活动，引导党员立足岗位创先争优，为企业发展作贡献。围绕服务党员群众，依法维护职工群众合法权益，帮助解决实际困难，支持和保障各类人才创新创业，把广大职工群众团结凝聚在党的周围。围绕增强服务凝聚力，积极开展民主恳谈会、党员议事会，推行党群活动一体化，建立重大决策讨论和党群一体的参与协调机制，促进民主管理。围绕服务社会建设，以区域化党建为抓手，广泛开展结对共建活动，实现双方党组织需求和优势对接。深入开展“党员先锋日”等品牌活动，鼓励有条件的“两新”党组织发挥自身资源优势，组织业务骨干、热心人士组建专业志愿服务团队，服务社区建设、服务区域发展，实现共建共享。注重非公经济组织和社会组织之间的互联互动，由党组织搭台，推动社会组织专业人才为非公企业发展服务，促进“两新”组织间互促双赢。

（3）加强从严教育管理。发挥党支部主体作用，推进“两学一做”学习教育常态化制度化，抓好“三会一课”、组织生活会、民主评议党员等制度落实，推动学习教育融入日常、抓在经常。加强和改进思想政治教育，结合实际和行业特点，探索开展创意党组织活动，采取党员微心愿、自主党小组、活动我做主等形式，组织党员认真学习党章党规，特别是习近平新时代

中国特色社会主义思想，突出党性锻炼，强化党员意识，发挥先锋模范作用，引导“两新”组织党员坚定理想信念，努力践行“四讲四有”、做到“四个合格”。

（4）坚持典型引路。充分发挥先进典型的示范引领作用，在非公有制企业开展“双强六好”党组织创建活动，培育社会组织先进基层党组织，每年选树一批“两新”组织党建工作典型，加大经验总结和宣传报道力度，营造推进“两新”党建的浓厚氛围。组织开展“两新”组织与街道社区、机关党组织共学共建活动，相互学习党建工作经验，互相促进、共同进步。

（四）加强源头建设，强化“两新”党建有效性的人才支撑

（1）培养一批高素质的党组织负责人。将“两新”党组织书记选拔培养工作纳入全区“领头雁工程”，注重从“两新”组织中层以上管理人员中选择党性强、有威信、肯奉献、热爱党务工作的党员担任党组织书记。加强教育培训，用好党校、行政学院等阵地分级分类开展业务培训，探索选派“两新”党组织书记到街道、社区挂职锻炼，提高党建工作本领。强化管理激励，推荐符合条件的党组织书记作为“两代表一委员”和劳动模范等人选。

（2）培育一批能奉献的党员骨干队伍。充分发挥党组织的培育和孵化作用，广泛发现、培养党员骨干。主动融入“两新”组织发展、形成良好互动，从招录新员工时就积极发挥作用，通过发送欢迎信、指导帮助转接组织关系、开展聊天谈心等方式，在第一时间把党员新员工紧紧团结在党组织周围。通过活动吸引、工作物色、党组织推荐等形式，培育党务工作骨干，储备后备力量，推动“两新”党组织持续健康发展。

（3）凝聚一批求进步的先进员工队伍。党的十九大报告强调，注重在非公有制经济组织、社会组织中发展党员。要投入足够精力指导“两新”党组织制定、实施企业培育发展党员计划，加强与未建党组织的“两新”组织的沟通，让其意识到培养党员也是帮助企业培养人才，进而主动向党组织推荐优秀员工。要牢牢坚持“一线、一流”的发展标准，牢固树立质量

意识，重点在优秀员工和经营管理层中发展党员，还要特别重视对刚刚踏上社会的青年的关心和引导，第一时间给予关心指导，第一时间凝聚这批“两新”组织的未来精英。

（五）打牢工作基础，完善“两新”党建有效性的保障体系

（1）加大资源整合力度。要从巩固党的执政基础出发，推动其他领域党建的组织优势、工作优势、人才优势、资源优势、资金优势向“两新”党建辐射聚焦。特别是街道社区党组织，更要成为推进“两新”党建的坚强后盾，依托区域化工作平台，有效整合辖区内各类资源，主动为“两新”组织党建提供工作指导和支持。

（2）加强“两新”党支部规范化建设。结合“两新”组织特点，坚持“抓两头、带中间”，有针对性地编制符合“两新”组织特点的《党支部工作规范》和《党支部工作手册》，建立完善“两新”党组织工作和党员台账，总结梳理党支部各项业务流程，加大党务工作者业务培训，让每个“两新”党组织都知道干什么、怎么干、干到什么程度，以建强党支部这个“细胞”激发“两新”党建“肌体”的整体活力。

（3）加强“两新”党建的基础保障。建立健全“两新”党建经费保障机制，落实“两新”组织党员年人均400元的基层党组织工作和活动经费标准，完善“两新”党组织经费补贴机制，推动实施更加灵活的经费使用办法，便于基层操作。加强党建阵地规范化建设，注重发挥好党群活动服务中心辐射作用，打造更多具有东城特色的基层党建示范点，全部免费向“两新”党组织和党员开放，为“两新”党组织开展活动提供高质量的服务保障。

B.10

朝阳区基层党组织在城市基层治理中发挥作用问题研究报告

北京市朝阳区党建研究会课题组*

摘　要： 探索党建引领城市基层治理有效路径，切实发挥基层党组织在城市基层治理中的重要作用，对于筑牢党的执政根基和加强党的战斗力具有重要理论与实践意义。本报告以朝阳区为例，分析基层党组织在城市基层治理中面临的形势任务，梳理朝阳区以“一轴四网”区域化党建工作体系推进城市基层治理的探索实践，研究总结基层党组织在推进基层社会治理中存在的引领作用发挥不充分、统筹协调功能较弱、工作力量不足及运用信息技术水平不高等问题，并从坚持和强化党的领导、加强利益协调和资源整合功能、建设高素质专业化基层党组织干部队伍及推动“互联网＋党建”等方面提出对策建议，以期对超大型城市基层治理工作提供有益借鉴。

关键词： 党建引领　城市基层治理　“一轴四网”区域化党建

通过新时代党的建设这一伟大工程来提升国家治理能力现代化水平

---

* 课题组组长：何明，北京市朝阳区委常委、组织部部长。

课题组成员：张中华，北京市朝阳区委组织部常务副部长；李彦斌，时任北京市朝阳区委组织部组织科科长；苏永恒，北京市朝阳区委组织部党建研究中心主任、组织科副科长；王晶晶，北京市朝阳区委组织部党建研究中心副主任；吴双娜，北京市朝阳区委组织部干部；李森，北京市朝阳区委组织部研究室原主任；胡宝娣，北京市朝阳区委党校培训科原主任。

是党的十九大的明确要求。作为城市基层治理的领导核心，基层党组织肩负着宣传党的主张、贯彻党的决定、领导基层治理、团结动员群众、推动改革发展的职责使命，这就要求基层党组织始终保持战斗力、时刻发挥战斗堡垒作用，积极探索党建引领基层治理的有效路径，把巩固基层党的建设作为贯穿基层治理的红线，把党的政治优势和组织优势转化为领导、推动城市基层治理优势，不断巩固和扩大党在基层社会的执政基础。朝阳区作为首善之都的城区之一，也是全市最大的城乡接合部地区，区域组织类型多，工作对象情况复杂，深层次问题与新矛盾交织，治理压力与难度大。以朝阳区为例围绕基层党组织在城市基层治理中发挥作用问题开展研究，对筑牢党的执政根基和加强党的战斗力具有重要理论和现实意义。

为此，朝阳区委组织部成立专项调研课题组，系统总结梳理中央、市委、区委关于城市基层治理的相关指示精神及相关理论研究材料，实地走访调研朝阳区街道系统、农村系统、机关系统、CBD 和电子城功能区、非公经济组织等不同领域的 25 家单位，组织召开座谈会 30 余次、深入访谈街乡党（工）委书记、功能区党（工）委及非公经济工委书记、组织科长、社区（村）党组织书记、专兼职党务工作者等 75 人次，召开课题研讨小组会 15 余次，在充分调研、反复研讨、认真分析的基础上，形成此调研报告。

一　朝阳区基层党组织在城市基层治理中面临的形势任务

朝阳区是北京面积最大、人口最多的城区。近年来，朝阳区经济实力不断增强，国际化水平不断提高，民生投入不断增多，但随着朝阳区进入经济社会发展的转型期和调整期，基层党组织做好城市基层治理也面临一系列新机遇新挑战。

（一）打造共建共治共享的社会治理格局对朝阳区基层党建工作提出新要求

加强社会治理制度建设，完善党委领导、政府负责、社会协同、公众参与、法治保障的社会治理体制①是党的十九大提出的加强和创新社会治理的总方向，也是中央和市委对社会治理工作的具体要求。作为首善之都的城区，朝阳区面临健全城市管理体制、提高城市精细化管理水平、推进城市管理目标和方式现代化的现实问题。坚持党的领导是城市基层治理工作的根本政治保证，也是工作的根本遵循，在这个不断发展变化的区域中如何有效强化党组织在城市基层治理中的引领作用，提升城市管理效能，如何发挥党组织统筹资源、力量、服务的优势，更加精准地服务和管理基层社会，如何通过基层党组织的协调，切实解决群众切身利益问题，进一步提升人民群众的获得感，是摆在朝阳各级党组织面前的新课题。

（二）社会结构深刻变化，民生诉求日益多元，群众对区委的治理水平提出新期待

当前，朝阳区城市发展面临深刻转型，正在由城市发展向首都发展、由聚集资源求增长向疏解功能谋发展发生重大转变，城市社会架构和社会群体结构正在发生重大变化。朝阳区聚集了 392 万名常住人口（其中外来人口 150 多万），面对社会主体多元化带来的利益诉求、思想观念和文化价值差异，以及各类组织和党员群众的常态化流动，基层党建工作必须突破传统单位党建和行业系统党建的局限，把街道社区、驻区单位、各行业和各领域党组织的力量统筹整合起来，实现组织优势、服务资源、服务功能最大化，才能使群众对城市美好生活的向往变成现实②。

---

① 习近平：《决胜全面建成小康社会　夺取新时代中国特色社会主义伟大胜利——在中国共产党第十九次全国代表大会上的报告（2017 年 10 月 18 日）》，人民出版社，2017，第 49 页。

② 《深刻把握城市基层党建面临的新情况新变化新要求——谈学习贯彻全国城市基层党建工作经验交流座谈会精神》，《中国组织人事报》2017 年 7 月 21 日。

（三）“城市病”问题依然存在，对城市基层治理能力提出更高要求

朝阳区在城市建设突飞猛进发展的同时，城市管理依然存在许多短板。比如，一些城市建设盲目追求规模扩张，节约集约程度不高，依法治理城市力度不够，违法建设问题突出，公共产品和服务供给不足，环境污染、交通拥堵等“城市病”已成为城市顽疾。这些问题解决起来难度很大，需要各方面努力，尤其需要各级党组织上下衔接、左右联动，发挥党的政治优势和组织优势，最大限度地凝聚城市建设的正能量①。

（四）朝阳区有城有乡，社会开放度极高，对社会治理的方式提出了更多要求

朝阳区是城区也是典型的城乡接合部地区，截至2016年底，全区街道社区共有236个，农村社区共有197个，社区中有外区整建制拆迁转入的，有保障房（经济适用房、公租房、棚改房、限价房）社区，有农村地区原地上楼社区，有政府征收项目在本区指定区域腾退安置社区，有高端商品房社区，还有老旧社区等，这些社区类型繁多、群体复杂、利益交叠，基层党组织每天的工作就是和居民群众直接打交道，一旦处理不得体，引发的可能就是社会群体性矛盾。同时，朝阳区也具有国际化程度高、社会活跃度高等特点，朝阳区聚集了全市70.0%的世界500强企业地区总部、80.0%的国际组织和国际商会等重要国际化资源，聚集了1000多家中央和市区属单位，以及24万多家非公有制经济组织和5000多家登记备案的社会组织。② 这些单位和群体，有不少是无上级主管的组织、无固定单位的个人，成分复杂，有的社会影响力很大，党组织不

① 赵乐际：《在全国城市基层党建工作经验交流座谈会上的讲话》，《党建研究》2017年第8期。

② 中共北京市朝阳区委组织部：《转型与治理——朝阳区“一轴四网”区域化党建创新报告》，光明日报出版社，2016，第2页。

去引领，其他势力就会乘虚而入，做好他们的工作，是新的历史条件下党建工作的重要任务。

二　朝阳区基层党组织在城市基层治理中的实践与探索

近年来，朝阳区以全国社区治理和服务创新实验区建设为契机，在推动社会治理体系和治理能力现代化方面，积极探索有效路径、不断创新管理方式，取得显著成效，初步探索出了一条符合超大型城市特点规律、具有朝阳特色的城市基层党建引领城市基层治理创新的新路径。

（一）突出核心引领，区域化党建格局逐步完善

第一，加强党建工作的总体设计。2015 年，朝阳区正式提出构建“一轴四网”区域化党建体系的总体思路（见图 1），并将其作为推动全区基层党建引领城市基层治理创新的总抓手[①]。“一轴四网”是对区、街道（地区）、社区（村）和网格（片区）四个层面党建工作的总体设计。“一轴”，是指通过发挥区委、街道工委（乡党委也称地区党委）、社区（村）党组织、网格（片区）党支部这些区域性党组织的领导核心作用，四级上下联动形成核心“轴”。“四网”，是指在区、街道（地区）、社区（村）、网格（片区）层面，分别搭建以区域性党组织为核心，由组织体系、工作体系、服务体系和保障体系组成的区域化党建协商议事平台，将不同层面的主体、资源、力量统筹凝聚起来，分层协商解决问题。“一轴带四网”，就是通过党政群共商共治机制、机关企事业单位党组织和在职党员回社区报到机制、区域化党建统领枢纽型社会组织建设机制等，实现一轴带动四网的有效运转。

① 中共北京市朝阳区委组织部：《转型与治理——朝阳区“一轴四网”区域化党建创新报告》，光明日报出版社，2016，第 4 页。

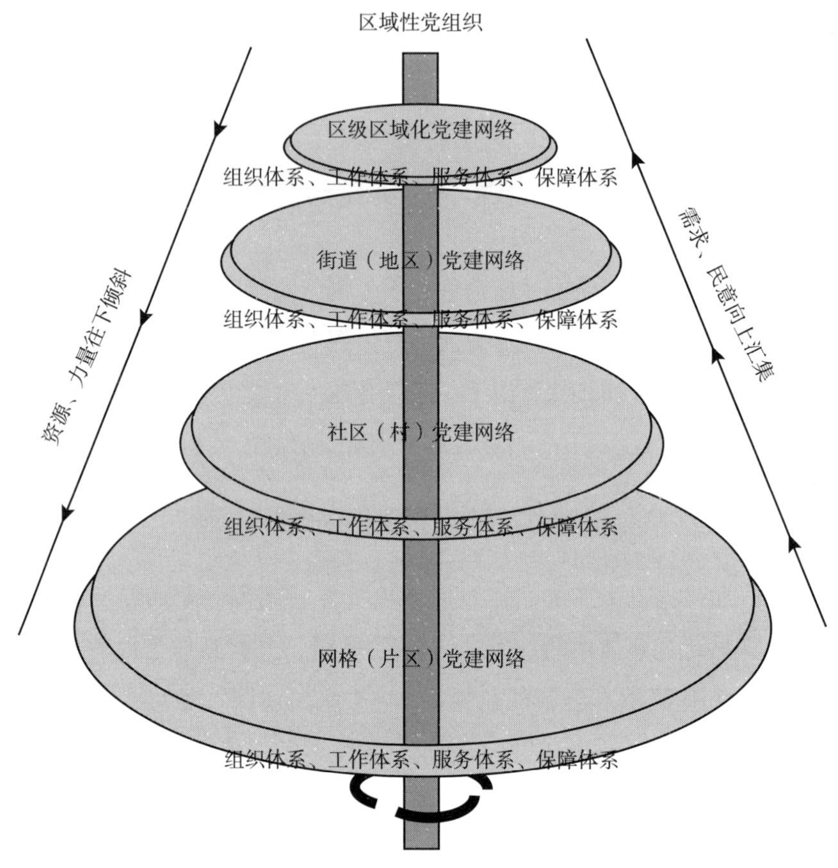

图1　朝阳区“一轴四网”区域化党建运转

资料来源：中共北京市朝阳区委组织部《转型与治理——朝阳区“一轴四网”区域化党建创新报告》，光明日报出版社，2016，第4页。

第二，强化区域性党组织的领导。加强街道（地区）、社区（村）、网格（片区）党组织等区域性党组织对属地的领导。健全以街道（地区）、社区（村）、网格（片区）党组织等区域性党组织为核心的组织架构，把驻区单位、社会组织、非公经济组织等各类基层组织有效凝聚到区域性党组织周围，实现了对新兴领域2.6万多名党员的有效组织。打造以街道（地区）、社区（村）、网格（片区）党组织等区域性党组织为核心的工作平台，通过健全区委党建工作领导小组、建立街道（地区）党建工作协调委员会、社区（村）党建工作协调委员分会和片区（网格）党建工作协作组四级统筹协调机构，进一步实现区域统筹、逐级指导和分层治理。从 2013 年至 2016 年，全区协商解决各级各类群众关心的问题 5261 项，全区共有各级议事代表 19729 人，群众参与率达到 57.4%，满意度普遍超过 95%[①]。相关街道（地区）还在此基础上形成了符合各种发展特点的典型经验，如呼家楼街道形成了由党组织和党员带动、地区成员（居民和社会单位）提议、多方商议、工委决议和群众评议，调动各方力量共同参与的“一带四议多方联动”社会治理机制等。

第三，确保党组织和党员联系服务社会长效化。激发社会的广泛参与是区域化党建的内在要求，也是实现区域健康发展和有效治理的基础。一是坚持走群众路线摸需求。以党政群共商共治为常态化问需机制，朝阳区形成了奥运村街道南沙滩社区的“走动式”（走、看、听、问、记、办）工作法，崔各庄地区党委的“三进三民”实践活动，通过组织乡村党员干部和“两代表一委员”开展“进村子、进社区、进住户，知民情、解民困、聚民心”，与村民居民同住交朋友，与企业结对子，及时了解和关注群众所急所需[②]。二是坚持整合各类力量回馈社会需求。朝阳区把城乡基层党组织服务群众经费、党组织工作和活动经费、自身经费使用与回馈社会需求紧密结合，把建立党员责任岗、党员承诺制等作为基本要求，将整合区域内各类专业组织形成“服务联盟”作为基本方式，把推进政府购买服务作为回馈社区需求的有效补充，实现了基层党组织不仅能依靠自身资源直接提供服务，又能够整合各类基层组织资源，集成各方优势开展社会化服务回馈社会需求的良好局面。自 2011 年以来，

① 中共北京市朝阳区委组织部：《转型与治理——朝阳区“一轴四网”区域化党建创新报告》，光明日报出版社，2016，第 7 页。

② 中共北京市朝阳区委组织部：《转型与治理——朝阳区“一轴四网”区域化党建创新报告》，光明日报出版社，2016，第 8 页。

朝阳区累计投入社会建设资金 1.4 亿元，整合社会资金 9000 多万，围绕群众需要的 21 类服务，购买了 1023 个服务项目，直接受益人次达到 580 万①。

（二）突出基层民主，上下联通的四级党政群协商体系逐步建立

第一，完善党组织领导下的四级协商制度。为进一步优化党政群共商共治模式，推进党政群共商共治工作，朝阳区先后出台《关于统筹推进党政群共商共治工作的指导意见（试行）》《关于建立发现问题与解决问题统筹联动工作机制暂行办法》《党政群共商共治项目民主协商会议方案》，制定《党政群共商共治工程操作手册》，并研究编制《推进社区民主协商的工作意见》，提升基层党组织在基层治理和民主协商工作中的规范化水平②。

第二，构建党组织参与的四级协商体系。在区级层面，成立由区委领导牵头的朝阳区党政群共商共治工程协调办理工作领导小组，针对需要市、区协调解决的议事项目，通过区委、区政府相关会议研究决策，形成区级办理事项。在街道层面，由街道党工委建立"问政于民"常态化议事平台，针对社区上报的议事协商事项以及辖区社会单位、人大代表、政协委员的意见建议和本街道民生项目等，组织召开街道议事协商会，按照一事一案的原则，上报区委相关部门。在社区（村）层面，建立居民议事厅，按照"集、议、决、督"四个环节开展协商。由社区党组织牵头，在广泛征集议事事项的基础上，组织召开楼院议事会、社区议事协商会，形成《社区议事报告》，提请居民代表会议讨论，形成关于社区议事协商事项的决议，并在本社区公布。在小区（楼院）层面，充分利用好小区（楼院）议事会平台，由网格党组织召集，针对小区（楼院）居民群众反映的新问题，每月召开一次议事协商会议，通过民

① 中共北京市朝阳区委组织部：《转型与治理——朝阳区"一轴四网"区域化党建创新报告》，光明日报出版社，2016，第 9 页。

② 连玉明主编《中国社会管理创新报告 No. 4》，社会科学文献出版社，2016，第 6 页。

主协商的方式提升社区治理水平。调研中，广大基层干部普遍感觉，现在民主协商已经逐步成为大家解决社区问题的一个共识、一种方式、一种习惯。

第三，优化党组织监督的四级办事流程。对于社区能够解决的问题，社区党组织明确责任人尽快研究解决，并及时反馈给居民；对于不能解决的问题，由街道党政群共商共治议事平台统筹研究解决；对于重大复杂的民生问题，如通过街道党政群共商共治议事平台仍不能解决的，由街道党工委汇总后上报区党政群共商共治工程协调办理工作领导小组帮助协调解决，并将解决措施和结果及时反馈给居民。当前，四级协商体系在朝阳区已经实现了常态化、制度化和规范化，居民的参与意识不断增强、参与能力不断提高，社区事务真正从“要我参与”转变为“我要参与”，执政理念从“大包大揽”转变为“协商共治”，原来“条块分割”的管理体制也实现了向“条块结合”的转变，工作作风建设方面“务实高效”取代了“眼高手低”，基层协商民主水平不断提升，通过民主协商切实为社区居民解决停车、出行、文化、养老、环境等方面的身边难题。

（三）突出问题导向，精准有效的社区党建引领分类治理模式逐步构建

第一，老旧小区准物业管理模式。针对老旧小区管理主体缺失、自治能力和水平较低的问题，基层党组织将居民自治与硬件改造相结合，对管理缺失、秩序混乱的小区实施了准物业管理模式，形成居民互助与市场机制相结合、居民自管与政府扶持相结合、依托非营利性物业服务机构提供专业化物业服务三种小区管理模式，实现了老旧小区有治安防范、有维护维修、有绿化保洁、有停车管理的“四有”标准和自治组织建设好、自我管理机制好、自我服务效果好、驻区单位协同好、突出问题解决好的“五好”目标①。2014 年，围绕居民自治深化，进一步将准物业拓展延伸为小区“家园计

① 连玉明主编《中国社会管理创新报告 No. 4》，社会科学文献出版社，2016，第 6 页。

划”，先后制定了《朝阳区老旧小区准物业管理工作指导手册》和《小区家园计划常见问题解答及典型案例汇编》，进一步调动了社区居民的主人翁意识和参与热情，促进了社区自治体系的有效运行。如，潘家园街道按照“党委引领、政府搭台、百姓唱戏”的思路，坚持以党组织领导为核心，结合小区“家园计划”，打造能实现自我运转、可复制推广的“1+1+N”自我服务管理模式，形成了常态化、可持续发展的服务管理体系，较好地解决了老旧小区“停车乱、环境脏、治安差、出行难”等问题。

第二，商品房小区五方共治模式。针对商品房小区业主、物业以及社区关系协调难的问题，在区级层面出台了《关于加强和完善业主大会、业主委员会建设的意见》和《加强物业公司管理的工作办法》，强调加强党组织领导核心地位，在法律框架下，完善和细化工作规范，促进业委会和物业管理企业的健康发展；建立区级联席会议制度和应急处理机制，定期研究和解决物业管理中存在的重点、难点问题，在矛盾纠纷突出时，启动区级应急处理机制，维护社会稳定；建立五方议事管理平台（由社区党组织、物业服务企业、业主委员会、政府派出人员和相关社区单位组成），以协商方式进行民主决策和管理，及时有效解决小区管理问题。

第三，保障房小区三社联动模式。针对保障房小区居住群体多样、需求多元的特点，街道党工委将搭建“三社联动”平台作为切入点，以社区党组织为核心，实现三社（社工、社区和社会组织）有序对接与良性互动，探索出优化基层社会治理结构、凝聚社会治理合力的有效路径。一是搭建联动平台，夯实基层社会治理基础，建立区级层面社会组织综合服务中心和街乡社会组织综合服务基地，引导社区建立公益空间，努力构建“一中心、多基地、N空间”的社会组织培育发展体系。二是建立保障机制，凝聚基层社会治理力量，建立社区统筹机制、购买服务机制以及项目对接机制，逐步提升社区服务管理的整体效益。三是规范联动方法，提升基层社会治理水平，坚持服务联做、活动联搞、难题联解、队伍联建以及资源联享，进一步规范联动内容。调研中，基层普遍认为，在社区服务管理中“三社联动”平台真正发挥了综合效益，完善了社区服务体系，进一步提高了社工专业能力，促进了社会组织的发展①。

第四，农村社区三社一体化模式。针对农村社区居民归属感弱、管理无序等情况，在党组织统筹下，建立起“社区、社会组织、专业社工”三者相互联动、相互支持的社会治理体系，由专业社工运用现代社会工作的专业理念和方式方法，大力培育社区社会组织，实现各方协同治理的新模式。一是建立支持体系，以社区为基础提供各项服务；二是创新工作体系，以社工和社会组织推动社区建设；三是完善评估体系，建立事前、事中、事后全流程的项目评估机制。

（四）突出社会参与，专业高效的社会组织领域党建服务网络逐步形成

第一，加强社会组织党建服务体系建设。按照“一中心、多基地、N 空间”的思路，近年来，朝阳区出台《关于进一步加强社会组织体系建设的意见》《朝阳区社会动员工作指导意见》，加强区、街乡、社区三级社会组织党建服务平台建设。在强化社会组织“两个覆盖”工作的基础上，在区级层面建立朝阳区社会组织综合服务中心，为社会组织提供从培育孵化到项目落地“一条龙”服务；建立街乡社会组织综合服务基地，充分发挥政策支持、社会组织培育、社会动员等积极作用；建立社区公益空间，为社会组织搭建更便于联系和服务居民的平台②。

第二，加大政府购买社会组织服务力度。按照“创新社会体制、激发社会活力、凝聚社会力量”的要求，朝阳区先后制定《政府购买社会组织服务项目管理办法》《政府购买社会组织服务项目监测评估细则》等工作制度，开发朝阳区政府购买社会力量服务管理平台，购买服务的项目管理体系不断健全。调研中，基层群众普遍反映，街道社区针对群众需求，购买的安

---

① 李金清：《朝阳区“三社联动”提升基层社会治理水平》，《中国社会组织》2015 年第 5 期。

② 中共北京市朝阳区委组织部：《转型与治理——朝阳区“一轴四网”区域化党建创新报告》，光明日报出版社，2016，第 12 页。

全应急服务、特殊人群服务、环境保护等方面的社区治理和民生服务项目，更加贴近百姓生活，对提升群众生活质量，解决群众生活困难起到了重要作用。

第三，全面深化社会志愿服务。朝阳区在不断深化在职党员回社区报到工作的基础上，建成朝阳区社会志愿者公益储蓄中心，加强对社会志愿服务力量的管理和服务。实施“万星万家公益家庭”等系列服务项目，开展志愿服务“金葵朝阳”评选展示活动。完善和推广志愿服务回馈机制，与社会单位确定合作意向，各种社会力量参与社会基层治理的积极性不断提高。

三　朝阳区基层党组织在城市基层治理中不适应新时代要求的问题

调研发现，在推进城市基层治理过程中，朝阳区基层党组织适应经济社会转型的意识和觉悟较高，但面对日益碎片化、分散化的基层社会治理严峻形势，各基层党组织在功能发挥和能力建设等方面还存在一些困惑与难点，主要表现在以下三方面。

（一）基层党组织引领作用发挥不够充分

党的十九大明确提出“党政军民学，东西南北中，党是领导一切的”[①]，党章第三十三条规定：“街道、乡、镇党的基层委员会和村、社区党组织，领导本地区的工作和基层社会治理”[②]。调研发现，部分基层党组织的引领作用发挥不到位，影响了基层党组织战斗堡垒作用的发挥。

第一，政治引领功能发挥不充分。调研发现，部分基层党组织的政治引领作用发挥不足，宣传党的主张、教育引导党员干部和群众增强对中国特色社会主义的政治认同不够；有的基层党组织和党员干部党性意识不够强，不重视政治理论学习，贯彻党的决定不够坚决彻底；有的基层党组织思想政治

① 习近平：《决胜全面建成小康社会　夺取新时代中国特色社会主义伟大胜利——在中国共产党第十九次全国代表大会上的报告（2017 年 10 月 18 日）》，人民出版社，2017，第 20 页。

② 《中国共产党章程》，人民出版社，2017，第 46 页。

建设与中心任务及群众关心关切的问题结合不紧，对社会上出现的损害党的形象的恶意炒作不能及时批评制止，很大程度上影响了基层党组织的政治引领功能发挥，削弱了基层党组织的政治领导力、凝聚力和号召力。

第二，组织引领功能发挥不充分。座谈发现，随着朝阳区城市社会结构转型发展所带来的社会主体多样化，一些基层党组织在社会治理和基层协商中，角色转换较慢，传统办法不管用，新办法不会用，组织和凝聚基层各类组织能力弱化，社会治理工作依赖行政部门，基层党组织在基层治理中出现“弱化”“虚化”“边缘化”等倾向，在引领各类组织做好服务群众工作中，党组织作用发挥不明显，主动权和话语权缺失。

第三，重点难点领域领导核心作用发挥有限。新经济组织、新社会组织以及涉农社区①是城市基层治理的重要领域，也是朝阳区基层党建工作的重点难点地区。接受访谈的部分党组织负责人表示，面对城市“两新”组织从业人员文化水平和素质较高的现状，基层党组织的能力和服务手段跟不上，特别在商务楼宇、各类园区、商圈市场和网络媒体中，党组织领导核心作用难以有效发挥。在涉农社区，基层党组织引领“上楼农民”思想转变的能力不足、找不准党建工作与群众需求的连接点、解决复杂社会问题的方式方法较少，应对转居社区的治理水平有限。

（二）基层党组织统筹协调功能较弱

第一，基层治理协调体制机制尚不健全。从城市基层党组织管理体制看，一种是块块管理，一种是条条管理。往往是块块管不了条条，条条融不进块块。访谈中，部分党组织负责人表示在个别基层社会治理领域，一些关系群众切身利益的突出问题责任主体清楚，职责权限边界交叉或模糊，极易造成部门之间推诿扯皮，导致相关问题得不到及时有效地化解。特别是垂直

① 涉农社区是指随着北京城镇化进程的推进，城市中心城区的外延扩展，由因乡、村通过拆迁改造等方式变为中心城区而失去土地的农民以某种居住形式组成的社区。中共北京市朝阳区委组织部：《转型与治理——朝阳区“一轴四网”区域化党建创新报告》，光明日报出版社，2016，第14页。

管理的行业系统，块上管不了、条上抓不透，导致条块之间缺乏协调性、协同性，有时甚至互相矛盾、互相掣肘。尤其面对垂直体系外的一些高于街道工委且业务垂直管理的单位和部门，基层党组织在处理社会治理问题时“协调不动、说话没人听”的现象常有发生，影响了社会治理工作的顺利开展。

第二，统筹协调各类资源水平不高。调研发现，朝阳区的一些基层党组织在适应经济社会转型发展过程中，面对新的社会组织类型，整合区域资源“拧成一股绳儿”共同协作、充分发挥资源整合力推动社会基层治理的合作方式和方法较少，依靠辖区内级别高、有影响的大单位以单独合作的方式开展工作多，统筹调动众多小型社会组织参与社会治理的数量和次数有限。

第三，统筹协调的主动性不够。调研发现，在城市基层治理中部分基层党组织观念意识陈旧，主动协调辖区内楼宇、商圈、社会组织等各基层组织破解群众关注问题的意识较弱。部分基层党组织开展基层治理工作仅仅停留在“完成上级布置的基本目标和任务”层面，上级不布置的不主动攻破或者有选择性地避开。面对群众反映的难点热点问题，尤其是涉及多家社会单位、利益关系复杂且沟通不畅的问题时存在畏难情绪，缺少主动攻破的积极性和责任心。

（三）基层党组织工作力量不足

第一，党员干部参与城市基层治理能力不强。调研发现，面对基层工作任务和工作对象量大且复杂的新情况，部分基层的党员干部不适应城市基层治理工作新要求，仍用传统模式做基层党建工作。访谈中，还有党员群众表示，城市基层治理中的一些难题成因复杂、涉及面广、处理起来非常棘手，很多党员干部在治理工作中，缺乏智慧和技巧，工作不够细致，方式方法比较粗放，工作效果不佳。

第二，基层党组织后备干部队伍力量较弱。调研发现，城市基层党组织尤其是涉农社区的基层党组织中，由于资源少、待遇低、任务重、发展有限等原因，其从事党建工作的人员流失较为严重，后备干部队伍力量更是薄弱，数量少、流动快、素质不高等问题较为明显，严重影响基层党组织工作的延续性，制约城市基层党组织在城市基层治理中的作用发挥。

第三，专职党务工作者队伍力量薄弱。通过对朝阳区农村地区、街道系统、非公系统、机关系统等领域的实际调研发现，村、社区和机关的专职党务工作者配备相对较好，队伍比较稳定，管理考核及教育培训等制度相对健全。而“两新”组织的专职党务工作者队伍力量十分薄弱，人员数量极少，素质参差不齐，流动性强，人员配备、管理考核及教育培训尚无统一标准。

（四）运用信息网络技术推动城市基层治理水平不高

第一，适应信息化过程较慢。参与调研的大部分党员干部表示，面对飞速发展的信息化进程，自身适应信息化的过程较慢，对信息化的认识有限，在实际工作中习惯于采用传统方法开展党建工作。有些受访的党员干部过于看重信息化的负面效应，不敢在基层党组织自身建设和社会治理中放手使用信息化手段。

第二，运用信息化技术水平不高。调研发现，基层党组织在城市基层治理工作中运用信息技术手段的范围和程度有限。大部分基层党组织虽然建立了微信公众号、QQ 群等网络平台作为党建宣传阵地，但与社会治理的衔接不紧密，且多采取向社会力量购买服务的方式来运作网络信息平台，没有建立起一支专业的、能够熟练运用信息化技术手段的基层党务工作者队伍。在部分老旧小区和涉农社区，党员干部年龄偏大、文化素质偏低，难以利用信息化手段解决城市基层治理问题。

第三，治理网络空间的能力不足。互联网正加速传导渗透到经济社会发展各领域各方面，许多问题因网而生、因网而增、因网而变①。访谈发现，部分基层党组织对网络世界的两面性认识不足，对网络世界的舆论和意识形态的引导力度不够，通过网络回应群众关切问题的工作不到位，对网络中一些敌对势力的恶意攻击、教唆暴力恐怖活动等问题的政治敏锐性不够高，对

① 《深刻把握城市基层党建面临的新情况新变化新要求——谈学习贯彻全国城市基层党建工作经验交流座谈会精神》，《中国组织人事报》2017 年 7 月 21 日。

网络资源的管理水平有限，基层党组织在虚拟世界中的正面声音不响亮、获得的政治认同不高。

四 对基层党组织在城市基层治理中更好发挥作用的建议

新时代基层党组织在城市基层治理中要有效落实习近平新时代中国特色社会主义思想、党的十九大精神及城市基层党建工作会精神，不断增强基层党建和城市治理体系的深度融合，激发各级党组织和全体党员的战斗力。

（一）坚持和强化基层党组织的领导核心地位和作用

第一，坚持政治引领。党的政治建设是党的根本性建设，党的十九大报告明确提出，要把党的政治建设摆在首位，要增强政治领导本领，坚持战略思维、创新思维、辩证思维、法治思维、底线思维，科学制定和坚决执行党的路线方针政策，把党总揽全局、协调各方落到实处。一是要提高基层党组织的政治引领力，坚持党中央权威和集中统一领导，引领基层党员群众和辖区内的各类组织坚定不移地维护以习近平同志为核心的党中央，坚定不移地走中国特色社会主义道路。二是要广泛宣传习近平新时代中国特色社会主义思想，引领各类组织在中国特色社会主义旗帜下行动，使城市基层治理沿着正确的方向健康发展①。三是要注重加强党员干部的思想建设工作，基层党组织班子成员以身作则、率先垂范，通过人格力量感召群众，及时引导和纠正干部群众思想上存在的模糊、片面和错误认识，把党的政治优势转化为引领基层治理优势，把全社会力量吸引到党组织周围。

第二，坚持组织引领。基层党组织是城市基层治理的领导核心，是凝聚基层群众和各类组织的核心。党的十九大提出，要以提升组织力为重点加强

① 《积极探索党建引领基层治理的有效路径——三谈学习贯彻全国城市基层党建工作经验交流座谈会精神》，《中国组织人事报》2017 年 7 月 26 日。

基层党组织建设，把基层党组织建设成坚强战斗堡垒。加强和提升基层党组织的组织能力，要善于把党组织的意图变为各类组织参与治理的措施，要善于把党组织推荐的人选通过一定的程序明确为各类组织的负责人，要善于引领各类组织做好服务群众工作并在服务中凸显党组织的地位，要善于把党组织的主张转化为群众的自觉行动。① 城市基层治理必须要充分发挥党组织引领作用，由党组织牵头，引领各类组织共同参与城市基层治理。

第三，着力解决当前城市基层党建重点难点问题。在商务楼宇、各类园区、商圈市场等“两新”组织聚集区，有针对性地在现有党建工作基础上，分层次分类别分领域地推进党建工作延伸，依托物业、产权单位、各类协会商会等组织把所有党员和党组织联结成一个整体，实现党的组织、活动、作用全覆盖；加强对“两新”组织党务工作者的培训，引导新的社会力量参与社会治理。针对涉农社区的基本特征，发挥好党组织领导核心作用，解决转居群众“思想上楼”的问题，在提升思想素质的同时引导涉农社区的党员干部及群众有序有效地参与社会治理。

（二）强化基层党组织利益协调和资源整合功能

第一，完善统筹协调机制。基层党组织是联结辖区内各领域党组织的“轴心”，只有党组织坚强有力、协调机制完善畅通，其才能更好地发挥统筹协调作用。要引导基层党组织尤其是街道党组织聚焦主责主业，集中精力抓党的建设、统筹社会发展、动员社会参与。要赋予基层党组织相应职责职权，如上级职能部门派驻街道机构负责人的人事考核、选拔任用，须征得街道党组织同意，涉及街道公共事务的街道党组织有综合管理和考核督办权等，要为基层党组织提供工作平台和抓手，让党建引领社会治理好操作、能持久。

第二，提高统筹协调水平。党的十九大提出，“要打造共建共治共享的社会治理格局，完善党委领导、政府负责、社会协同、公众参与、法治保障

① 《积极探索党建引领基层治理的有效路径——三谈学习贯彻全国城市基层党建工作经验交流座谈会精神》，《中国组织人事报》2017 年 7 月 26 日。

的社会治理体制，提高社会治理社会化、法治化、智能化、专业化水平”①。城市基层治理，既涉及体制内又涉及体制外，既涉及传统领域又涉及新兴领域。要加强顶层设计、注重提高协调体制内各职能部门的能力，破解不同单位、不同领域、不同系统之间沟通协作的界限壁垒，提高党组织整合凝聚各类基层组织的水平。要协调好各类社会利益关系，引导各类社会力量发挥自我调节、自我完善、自我管理、自我教育的积极作用，拓宽其在社会基层治理中的参与途径和范围，增强多主体助力城市基层治理的合力。

第三，增强沟通协调的主动性。要加强凝聚力建设，坚持“立党为公、执政为民”的要求，促进各基层党组织在城市基层治理中主动作为，就要自觉处理好与各类组织的关系，让各类社会组织成为党引领城市基层治理的重要力量。一是要强化担当精神，在群众关心的热点难点问题上守土有责、守土尽责，积极沟通协调各类社会主体共同参与。二是要引领各类组织充分发挥各自联系不同群众的优势，把问题和矛盾化解在萌芽之中。三是要加强党性教育，提高党员发挥先锋模范作用的热情，让党员干部成为党组织和其他社会主体沟通交流的桥梁、成为党组织与人民群众及其他社会组织互相联系的纽带。

（三）建设适应新时代要求的高素质专业化基层党组织干部队伍

第一，加强基层党组织带头人队伍建设。“基层党组织决定着联系服务群众‘最后一公里’是否畅通，而基层党组织带头人的素质能力如何，直接影响党组织的战斗力和基层组织工作成效。”② 认真落实习近平总书记在十九大报告中提出的“加强基层党组织带头人队伍建设”，是解决基层组织建设问题的总抓手。一是坚持标准、拓宽渠道，配齐“火车头”。二是加强基层党组织带头人队伍的教育培训，针对城市基层治理的工作特征，给基层

① 习近平：《决胜全面建成小康社会　夺取新时代中国特色社会主义伟大胜利——在中国共产党第十九次全国代表大会上的报告（2017 年 10 月 18 日）》，人民出版社，2017，第 49 页。

② 李红卫：《加强基层党组织带头人队伍建设》，宣讲家网，http：//www. 71. cn/2017/1124/975050. shtml。

党组织带头人“吃小灶”，重点加强基层事务管理、群众服务管理和法治素养教育，提升他们引领治理和发展、做好群众工作、依法办事的能力水平。三是积极搭建平台，加强带头人之间的交流沟通，把实践中的好做法及时有效地推广开。四是做好保障激励，积极创造条件解决带头人队伍的后顾之忧，使其放心大胆全身心地投入到引领城市基层治理的工作中。

第二，建设高素质能力强的基层党组织干部队伍。党的十九大报告指出：“注重培养专业能力、专业精神，增强干部队伍适应新时代中国特色社会主义发展要求的能力”①。一是要从基层实际抓起，鼓励基层干部发扬爱岗敬业、脚踏实地的专业精神，满足基层党员干部积极参与和提高基层治理能力的内在要求。二是要加强学习培训，聚焦和提升基层党员干部的专业素养，提高其管理城市基层事务的能力和工作的科学化、精细化、智能化水平，增强治理的精准性和有效性。三是要继续巩固“千名干部下基层”活动的成果，选派优秀机关干部、缺少基层工作经历的干部到基层一线挂职锻炼，发挥自身优势，为基层社会治理创新提供帮助，为解决群众实际困难提供服务。

第三，大力发现储备年轻基层党员干部。党的十九大报告提出：“大力发现储备年轻干部，注重在基层一线和困难艰苦的地方培养锻炼年轻干部，源源不断选拔使用经过实践考验的优秀年轻干部”②。一是按照党的十九大要求，注重选人渠道，在基层社会治理一线培养锻炼年轻干部，注意建立后备人才信息库，长期跟踪观察并及时调整充实，根据不同领域基层党组织的特点不断改善和优化后备队伍结构。二是强化培训锻炼，坚持专题理论培训与实践工作锻炼相结合的培养方式，探索轮岗锻炼机制，激发后备干部应对复杂、突发问题的综合处理能力。三是加强党内激励关怀帮扶，“建立激励机制和容错纠错机制，旗帜鲜明为那些敢于担当、踏实做事、不谋私利的干

① 习近平：《决胜全面建成小康社会　夺取新时代中国特色社会主义伟大胜利——在中国共产党第十九次全国代表大会上的报告（2017 年 10 月 18 日）》，人民出版社，2017，第 64 页。

② 习近平：《决胜全面建成小康社会　夺取新时代中国特色社会主义伟大胜利——在中国共产党第十九次全国代表大会上的报告（2017 年 10 月 18 日）》，人民出版社，2017，第 64 页。

部撑腰鼓劲”①。四是注重合理提拔使用，坚持备用结合，积极创造条件，适时选拔成熟的后备干部进入领导岗位，激发基层党组织的活力。

第四，做好新兴领域专职党务工作者队伍建设。城市基层治理除社区外，还包括城市中的商务楼宇、商圈、社会组织等多个主体，这些领域专职党务工作者建设队伍对城市基层治理也起着至关重要的作用。一是按照科学合理的比例配好新兴领域的专职党务工作者队伍，扩大选拔范围，推荐或选派离退休老干部、返聘退休老党员等到基层党组织中工作，充分发挥其政治性强、经验丰富等优势。二是注重从非公有制经济组织和社会组织中发展党员，充分发挥其先锋模范作用，在本领域内选拔优秀党员从事党务党建工作，促进党建与业务工作结合。三是做好专职党务工作者的管理及教育培训工作，完善其考核评价机制，建立激励机制和容错纠错机制。四是做好专职党务工作者的待遇保障，促进其更好地发挥作用。

（四）推动“互联网 + 党建”在城市基层治理中的广泛运用

第一，加快适应信息化发展的趋势要求。党的十九大报告明确提出：“增强改革创新本领，保持锐意进取的精神风貌，善于结合实际创造性推动工作，善于运用互联网技术和信息化手段开展工作。”② 因此，“要尽快转变基层党组织和党员干部观念，解决部分基层党组织对网络信息技术的认识误区”③，提高对互联网信息技术的重视程度，抢占信息化网络阵地。要认识到推进“互联网 + 党建”对基层社会治理的重大作用，同时也要注意互联网技术在基层社会治理中的应用是一项复杂的系统工程，需要长期不懈地努力，不是一蹴而就的。

第二，创新“互联网 + 党建”引领城市基层治理的方式方法。一是把行业管理和党建工作统一起来、同步推进，各基层党组织担负起党建兜底管

① 习近平：《决胜全面建成小康社会　夺取新时代中国特色社会主义伟大胜利——在中国共产党第十九次全国代表大会上的报告（2017 年 10 月 18 日）》，人民出版社，第 64 页。

② 习近平：《决胜全面建成小康社会　夺取新时代中国特色社会主义伟大胜利——在中国共产党第十九次全国代表大会上的报告（2017 年 10 月 18 日）》，人民出版社，第 68 页。

③《习近平作十九大报告　八次提到互联网》，人民网，http：//media. people. com. cn/n1/2017/1018/c120837 – 29594814. html。

理工作，“网信办、新闻办及工商、税务等相关部门应担负起业务监管和党建指导双重责任”①。二是利用“互联网 +”技术打通上下联动的信息渠道，把信息管理服务平台终端延伸到社会最基层的社区，把基层党建、社会治理、公共服务等内容由上到下整合在一起，建立和完善基层党建线上线下的联动机制、立体化的工作运行体系和规范化办事流程，让城市基层治理可视化。

第三，扩大党在虚拟社会中的影响力和引领力②。要充分认识到网络空间的两面性，增强政治敏锐性，运用信息化手段，做好网络空间党的工作，在技术运用中不断提高基层党组织对虚拟社会的治理能力和引导力，营造风清气正的网络环境。打破传统的行政命令式的工作方法，善于通过网络了解社情民意，及时回应群众关切、做好群众工作，更加注重网络世界的协商对话、思想引导、统筹服务与密切联系群众，推进互联网与城市基层治理的深度融合，使城市基层治理工作由封闭向开放转变，由单一指导向多方互动转变，由自上而下的管理向共建共享的服务转变，不断增强虚拟社会中党的执政认同，在虚拟社会中巩固党的执政地位。

参考文献

1. 习近平：《决胜全面建成小康社会　夺取新时代中国特色社会主义伟大胜利——在中国共产党第十九次全国代表大会上的报告（2017 年 10 月 18 日）》，人民出版社，2017。
2. 《中国共产党章程》，人民出版社，2017。
3. 连玉明主编《中国社会管理创新报告 No. 4》，社会科学文献出版社，2016。
4. 中共北京市朝阳区委组织部：《转型与治理——朝阳区“一轴四网”区域化党建创新报告》，光明日报出版社，2016。
5. 赵乐际：《在全国城市基层党建工作经验交流座谈会上的讲话》，《党建研究》

① 《着力解决当前城市基层党建重点难点问题——四谈学习贯彻全国城市基层党建工作经验交流座谈会精神》，《中国组织人事报》2017 年 7 月 28 日。

② 中共北京市朝阳区委组织部：《转型与治理——朝阳区“一轴四网”区域化党建创新报告》，光明日报出版社，2016，第 111 页。

2017 年第 8 期。
6. 陈辉：《新中国成立 60 年来城市基层治理的结构与变迁》，《政治学研究》2010 年第 1 期。
7. 李金清：《朝阳区“三社联动”提升基层社会治理水平》，《中国社会组织》2015 年第 5 期。
8. 罗晶：《我国城市基层治理研究文献分析——以中国知网篇名为“城市基层治理”的文献为参考对象》，《世纪桥》2015 年第 8 期。
9. 虞云耀：《发挥好基层党组织在基层治理中作用》，《中国组织人事报》2014 年 11 月 7 日。
10. 黄晓春：《党建引领基层自治共治：实践与理论思考》，《党政论坛》2017 年第 3 期。
11. 焦亦民：《当前中国城市基层治理问题及对策研究》，《中国行政管理》2013 年第 3 期。
12. 杨君、纪晓岚：《当代中国基层治理的变迁历史与理论建构——基于城市基层治理的实践与反思》，《毛泽东邓小平理论研究》2017 年第 2 期。
13. 上海市浦东新区陆家嘴街道党工委：《积极构建城市基层党建工作新格局——“金色纽带”党建模式的探索实践》，《上海党史与党建》2016 年第 12 期。
14. 赵琼：《浅论城市社区党建与传统城市基层党建的差异性》，《广州社会主义学院学报》2011 年第 4 期。
15. 《深刻把握城市基层党建面临的新情况新变化新要求——一谈学习贯彻全国城市基层党建工作经验交流座谈会精神》，《中国组织人事报》2017 年 7 月 21 日。
16. 《积极探索党建引领基层治理的有效路径——三谈学习贯彻全国城市基层党建工作经验交流座谈会精神》，《中国组织人事报》2017 年 7 月 26 日。
17. 《着力解决当前城市基层党建重点难点问题——四谈学习贯彻全国城市基层党建工作经验交流座谈会精神》，《中国组织人事报》2017 年 7 月 28 日。
18. 《习近平作十九大报告 八次提到互联网》，人民网，http：//media. people. com. cn/n1/2017/1018/c120837 - 29594814. html。
19. 新华社通讯：《全面从严治党向基层延伸——以习近平同志为核心的党中央抓基层强基础纪实》，共产党员网，http：//www. 12371. cn/2017/06/28/ARTI1498641729708401. shtml。
20. 阙天舒：《提升城市基层治理精细化水平》，人民网，http：//theory. people. com. cn/n1/2017/0519/c40531 - 29285660. html。
21. 李红卫：《加强基层党组织带头人队伍建设》，宣讲家网，http：//www. 71. cn/2017/1124/975050. shtml。

B.11
海淀驻区高校院所科研人才参与区域科技成果转化有关问题及对策研究报告

北京市海淀区委组织部课题组*

摘　要： 科技是第一生产力，人才是第一资源。党的十八大以来，我国科技事业发生历史性变革，从中央到地方各级部门大力支持和促进科技成果转化，推动原始创新和自主创新取得历史性成就。海淀区科技资源禀赋在全国首屈一指，开展海淀驻区高校院所科研人才进行科技成果转化的研究很有现实意义和代表性。本文通过调查研究，发现存在科技成果转移转化政策配套不完善、高校院所对科技成果转化重视程度不够、中介服务市场发育不成熟，以及营商环境、引才品质有待提升等问题，并从六个方面提出政策建议：一是深化落实人才科研体制机制改革，二是努力确保与海淀区域发展战略深度融合，三是积极促进与驻区高校院所的发展定位有机契合，四是合理搭建有利于科技成果转化的集成平台，五是不断提升海淀区域创新创业的环境品质，六是面向高校院所和科研人才强化宣传引导。

关键词： 高校院所　科研人才　成果转化

---

* 课题组组长：周志军，北京市海淀区委常委、组织部部长、统战部部长。
课题组成员：张密，北京市海淀区委组织部副部长；王怿，北京市海淀区委组织部副处级组织员、人才组组长；王文彦，北京市海淀区委组织部人才组干部；刘慧，北京市海淀区委组织部人才组干部；王春雨，北京市海淀区委组织部人才组挂职干部。

党的十九大指出，创新是引领发展的第一动力，是建设现代化经济体系的战略支撑。我国到21世纪中叶要建成世界科技强国，北京2030年要建成具有全球影响力的全国科技创新中心，都必须依靠实施创新驱动发展战略，瞄准科技前沿加强基础研究和应用研究，加速对科技成果的转化和运用，使科技进步和经济发展良性互动。

一　问题提出

海淀区是中关村国家自主创新示范区核心区、全国科技创新中心核心区，具有得天独厚的科技、教育和人才资源。区域内有央属、市属高校33所、国家级科研机构144家、国家工程研究中心23家、国家重点实验室50家。据北京市教委统计数据，2016～2017年，驻区高校教师7.4万人，约占全市53.7%，在校大学生总数为45.4万，约占全市52.7%。据教育部2016年数据，驻区部属高校科技成果转移转化收入约为37.9亿元。高校、院所作为首都科技创新“主力军”，为区域人才培养、技术创新和成果转化都做出了积极贡献，成为海淀进一步实现区域创新发展、经济质量跃升的重要资源和禀赋。

与此同时，海淀在推进央地协同发展、建设科创中心核心区过程中也发现，区域科技成果转化率偏低，转化水平不高，转化成效也有待提升。诸如科研主体参与区域创新的主观意识、科研人员参与科技成果转化的环境政策吸引力等方面存在的瓶颈问题，制约了高校院所发挥社会影响力，同时也制约了高校的“双一流”建设，不利于海淀聚焦原始创新策源地、自主创新主阵地的功能定位。摸清工作现状，找准根本问题，突破制约瓶颈，有针对性地提出并采取有效举措，大力推动驻区高校院所人才参与区域创新尤其是科技成果转化，对海淀建设全国科技创新中心核心区具有很强的战略重要性和现实紧迫性。

二 研究基础和当前形势

（一）相关概念及范围界定

本研究中的“驻区高校院所科研人才”是指海淀行政区域内的高等院校、科研院所专职或兼职从事科学技术研究工作的人员，包含教师、研究员以及大学生。高等院校指按照国家规定的设置标准和审批程序批准举办的，通过全国普通高等学校统一招生考试，招收高中毕业生为主要培养对象，实施高等教育的全日制大学、独立设置的学院和高等专科学校、职业技术学院，[①] 在海淀范围内有北京大学、清华大学、北京理工大学、首都师范大学等 33 所中央及北京市属的高等院校。科研机构是指有明确的研究方向和任务，具有开展研究工作的人员和基本条件，能长期有组织地从事研究、开发活动的机构[②]，在海淀范围内主要有中国科学院、中国农业科学院、钢铁研究总院、中国测绘科学研究院等 144 家国家级科研机构，以及北京科学技术研究院等一批北京市属科研机构。

科技成果转化是指为提高生产力而对科技成果进行的后续试验、开发、应用、推广直至形成新技术、新工艺、新材料、新产品，发展新产业等活动[③]，包括科技成果应用推广、工艺化、产品化、商业化和产业化等内容。科技成果转化分为直接转化和间接转化，直接转化主要是由高校、科研机构或科技人员自己完成的，主要分为科技人员自己创办企业，高校、科研机构与企业开展合作或合同研究等；间接转化主要是通过专门机构、高校设立的科技成果转化机构、委托科技咨询公司等实施。

① 相关情况引自百度百科。

② 相关情况引自百度百科。

③ 《中华人民共和国促进科技成果转化法》（2015 年修订）。

（二）对科技成果转化相关问题的研究综述

国内学界对高校院所实施科技成果转化都有较为深入的研究，关于存在的问题主要有以下观点：一是高校和科研机构的科研评价不面向市场需求，科研方向与市场需求脱钩，导致了科技成果可转化度低。二是现行科技成果处置权与所得收益分配权不明确，给科技成果转化实际操作带来了阻力，部分法律规定之间存在交叉重复冲突。三是高校及科研机构对科技成果转化缺乏相应工作评价措施以及激励机制，教师评价还停留在以高水平项目数、论文数、奖项数等作为标准，导致大多数科研人员更关心自己发表论文和拥有专利的数量。四是科技中介服务机构发展比较缓慢，缺乏高效的转化平台和技术市场中介服务，无法为科技成果转化起到牵线搭桥的作用。五是科技成果的资本市场不够完善，导致科技成果转化资本投入不足。

此外，还有相关领域研究者认为，国家层面缺乏顶层制度设计，科技成果评价机制不完善，高校院所缺乏成果转化的科学管理机制，科研转化专业人员配备比较薄弱，知识产权比较分散，企业承接科技成果的能力不足等问题都将影响科技成果转化。

（三）当前我国促进科技成果转化的政策体系

我国在科技成果转化领域从中央到地方，已形成了法律、法规和部门政策相配合的政策体系。

在国家法律层面，《中华人民共和国促进科技成果转化法》（2015 年修订）中规定，国家设立的研究开发机构、高等院校对其持有的科技成果，可以自主决定转让、许可或者作价投资；所取得的职务科技成果，在完成人和参与人不变更权属前提下，可与单位协议进行该项成果转化处置。转化科技成果所获得收入全部归单位，单位对完成转化该项成果作出贡献的人员进行奖励和给予报酬。转让、许可他人实施的或作价投资的，不低于净收入、股份或者出资比例的 50.0%；自行实施或合作实施并成功投产的，每年从营业利润中提取不低于 5.0%。这一文件为高校院所科研人员进行科技成果转化提供了法律依据。

在法规和规章层面，国务院发布的《实施〈中华人民共和国促进科技成果转化法〉若干规定》（国发〔2016〕16 号），从工作机制、支持措施以及环境营造等方面推进科技成果转化工作，对科研人员离岗创业、具有领导职务的科研人员奖励等问题做了明确规定。国务院办公厅印发的《促进科技成果转移转化行动方案》（国办发〔2016〕28 号），设定了产学研协同、创新创业、产业化载体、市场服务、人才队伍、资金投入等 8 个方面 26 项重点任务。教育部科技部《关于加强高等学校科技成果转移转化工作的若干意见》（教技〔2016〕3 号），要求高校进一步简政放权，加强工作机制、转化能力建设，推动学生创新创业、设备设施开放，完善收益分配、人事管理、年度报告和绩效评价等制度。教育部办公厅印发的《促进高等学校科技成果转移转化行动计划》，设定了工作制度、服务体系、平台建设、专项计划、融资渠道、评价体系等 9 方面 23 项具体任务。

在北京市层面，市政府办 2014 年出台了《关于推进高等学校科技成果转化和科技协同创新的若干意见（试行）》（以下简称“京校十条”）、《加快推进科研机构科技成果转化和产业化的若干意见（试行）》（以下简称“京科九条”），赋予高等学校、科研机构自主处置权，可按不少于 70.0% 的比例奖励科技成果完成人和对转化有重大贡献人员，并对设立转化专业岗位、开放实验室资源、建设协同创新中心、搭建转化平台、提供资金支持、深化资产、经费管理改革等内容进行了规定，为北京市内高校院所参与科技成果转化提供依据。

在海淀区层面，为促进驻区高校院所科研人才参与区域协同发展，陆续出台《关于进一步促进海淀区央地人才协同发展的实施意见》（京海发〔2014〕14 号）、《关于进一步加强创新创业人才队伍建设的若干措施》（京海发〔2016〕11 号），搭建海淀区技术研发项目公开招标平台，成立“央地人才交流合作俱乐部”，设立企业院士专家工作站、博士后工作站、博士后（青年英才）创新实践基地，推动高校院所与企业一起建立联合实验室、协同创新中心以及联合研发团队，支持协同创新研究院、石墨烯研究院、大数据研究院等一批新型科研机构建设，支持高校院所人才“带技创业”“带土移植”，使得一大批科技成果在海淀实现转化。

三　驻区高校院所科研人才参与海淀区域科技成果转化情况分析

（一）走访调研基本情况和主要结论

为了了解一个时期内高校院所科研人才参与海淀区域科技成果转化的情况，我们查阅相关文献，针对高校院所理工类的教师、研究员以及研究生进行了问卷调查，走访了部分有代表性的高校院所。问卷选取了北大、清华、北师大、北科大、中国农大、北邮、北航、北理工、北京信息科大、首师大10所央属、市属高校，中科院、铁科院、北科院、北农科院4所央属、市属科研机构理工类的在职教师、研究员及在学研究生参与调查。共发放电子问卷357份，回收357份，有效357份。通过统计，受访者中男性占比72%；35岁以下的青年约占58%；央属高校、央属院所、市属高校、市属院所分别占比36.1%、35.9%、21.3%和6.7%；学生和在职研究人员分别占比24.9%和75.1%。如图1所示，近6成受访人员的最高学历是博士研究生，约2成是硕士研究生学历；如图2所示，约5成受访人员是高级职称，约2成是中级职称，还有4.48%是初级职称。进行交叉分析可发现，近1/4无职称的人基本是学生，近1/3的受访者有过1年以上的出国或交流经历，而且主要是央属高校和院所的科研人员，这说明样本具有较好的代表性。

据教育部科技司统计数据[①]，2016年，驻海淀区的15所教育部所属高校科技成果转化收入达37.9亿元。其中，以转让、许可、作价投资方式转化科技成果收入为4.9亿元，以技术开发、咨询、服务项目合同收入为33

---

① 参见教育部科技司《2016年高等学校科技统计资料汇编》，高等教育出版社，2017。

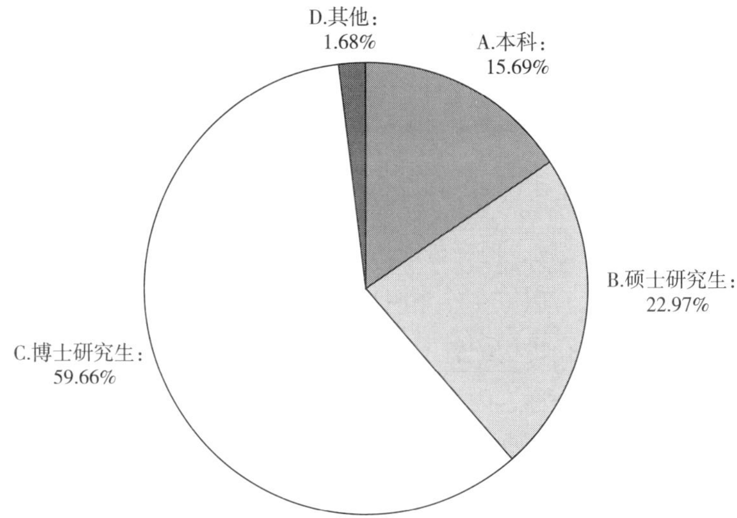

图 1　受访人员学历结构

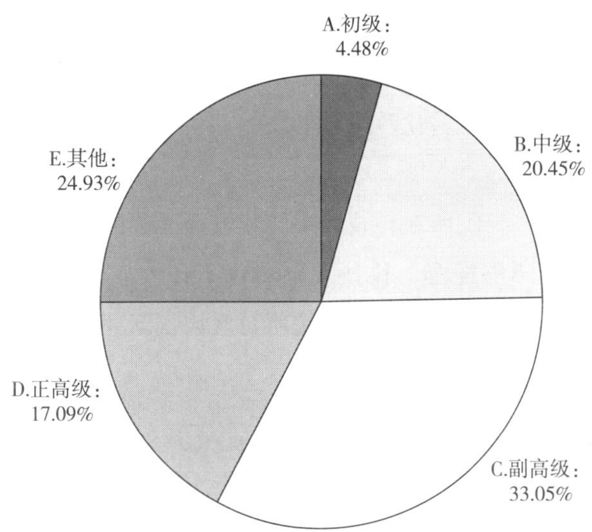

图 2　受访人员职称结构

亿元，与企业共建转化机构和服务平台 97 个，创设或参股新公司 31 家。为进一步了解高校院所科技成果转化的具体情况，选取清华大学、北师大、北科大以及中科院北京分院等单位进行走访，与科技成果转化工作负责人进行半结构式访谈。

调研发现，在完善政策体系上，所走访的高校院所都制定了科技成果转化内部规定，比如北科大制定了知识产权管理办法、国有资产管理办法、科技成果转化的改革试点方案等。在落实转化政策上，都给予成果转化完成人（团队）70.0%以上奖励，但在分配所留用的30.0%的费用、担任领导职务的科研人员参与转化、职工在外兼职从事转化或离岗创业等方面执行程度、尺度上有差异。在转化机构配置上，都设置了专门部门和专门人员开展科技成果转化，但在机构名称、内部机构设置、人员配备上表现有很大差别。比如北师大产业处无内设机构、配备3人，而清华大学科研院有9个内设机构，配备80余人。在科技成果转化成效上，学科类型和发展定位影响科技成果转化成效，理工类高校明显优于师范、文法、财经类学校。清华大学表现得一枝独秀，2016年转化收入约为20亿元，是收入最少高校的近150倍。北师大作为师范类综合院校，2016年科技成果转化收入为0.8亿元。总之，学科类型和发展定位影响科技成果转化成效，领导层面对科技成果转化越重视，落实科技成果转化政策越彻底，在科技成果转化效率上表现得越好，转化成效越为明显。

调研还发现，高校院所在科技成果转化方面面临的问题比较有共性，如科技成果转化政策不够配套，科技成果转化不计入教师绩效评价、职称评审，科技中介市场发育不健全，高校院所对区域创新环境不了解，驻区人力成本高、产业承载空间有限等。

（二）科技成果转化相关情况及因素分析

第一，驻区高校院所科研人才对科技成果转化政策了解程度有限，依次是本单位政策、国家法律法规、教育部和北京市部门规章。

问及对“科技成果转化方面的政策了解多少”时，44.54%的受访人员表示“了解一些”，分别有24.1%的人表示“了解一点”和“完全不了解”，仅有7.3%的人表示“完全了解”。在对国家各层面科技成果转化政策内容的知晓程度中，如图3所示，了解程度最高的是本单位制定的政策，约达到1/3；然后是国务院《实施〈中华人民共和国促进科技成果转化法〉若干规定》、全国人大新修订的《中华人民共和国促进科技成果转化法》和国办印发的《促进科技成果转移转化行动方案》，占比在25%左右；对教育部发布的部门规章、北京市发布的"京校十条""京科九条"的政策知晓程度基本为10.0%略多一点。当然，还有近4成受访人员表示对上述政策"都不知道"。

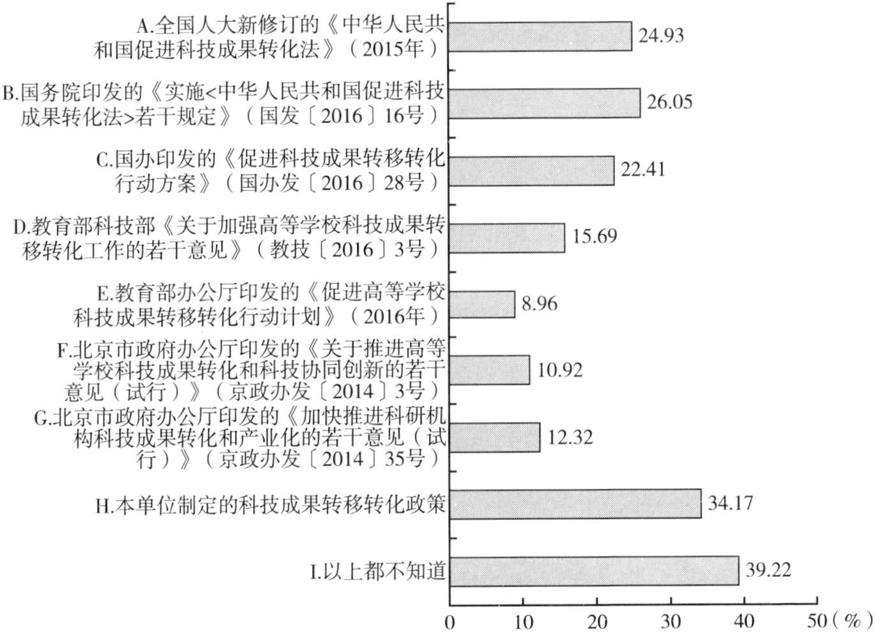

图3　对国家各层面科技成果转化政策的知晓程度

第二，驻区高校院所科研人才更倾向于以技术转让、合同研究和技术服务等方式进行转化，创办企业、通过专门机构转化以及与企业开展人才合作培养等方式是次优选择。

如图4所示，问及"已通过或将通过何种方式参与科技成果转移转化"时，选择最多的三种方式是"与企业开展合作或合同研究""与企业开展技术转移或科研成果转让""为企业提供科技咨询服务"，而紧随其后的是

“个人创办企业或与他人联合创办企业”“借助政府、高校等设立的专门机构或科技服务中介实施转化”“与企业开展科技专门人才合作培养”。当然也有超过 1/3 的人表示暂无科技成果转移转化的相关计划。

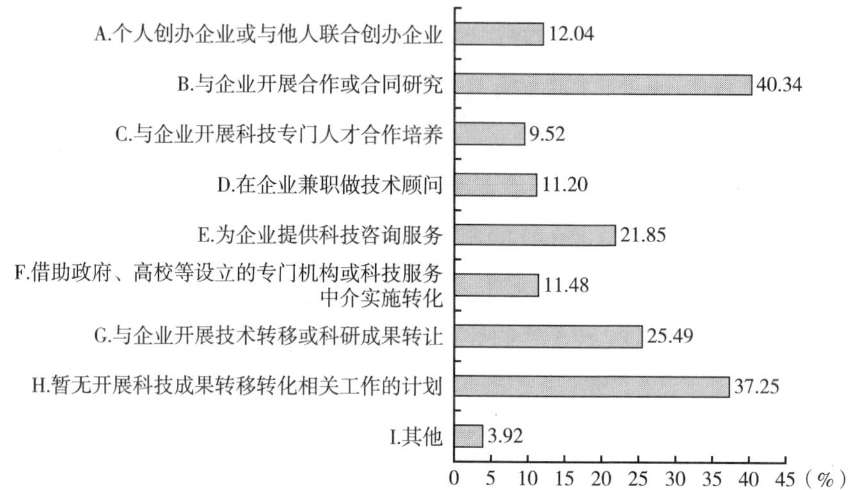

图 4　参与科技成果转移转化的方式选择情况

第三，驻区高校院所科研人才选择科技成果转化地域以“注重转化效益”为主，但实际落实中就近区域具有更大优势。

问及未来开展科技成果转化的地域偏好时，如图 5 所示，近 4 成的科研人员选择“注重成果转化的效益，对地点无所谓”，其他选择最多的地域依次是北京市、京津冀以及长三角、珠三角。排在第 4 位是在住所和单位附近，仅有 1 成的人选择在海淀区范围内。这说明科研人才进行科技成果转化选择面很广，不单纯追求与驻区合作。

但是在已开展或将开展的科技成果转移转化中，如图 6 所示，有超过 1/3 的科研人员选择了“在海淀区范围内”，近 1/3 的人选择在其他省市，约 1/4 选择在北京市其他区，1/5 分别选择京津冀地区以及长三角、珠三角地区。

第四，驻区高校院所科研人才参与科技成果转化意识较强，但呈现出不同单位类型、不同职业群体之间的差异性。

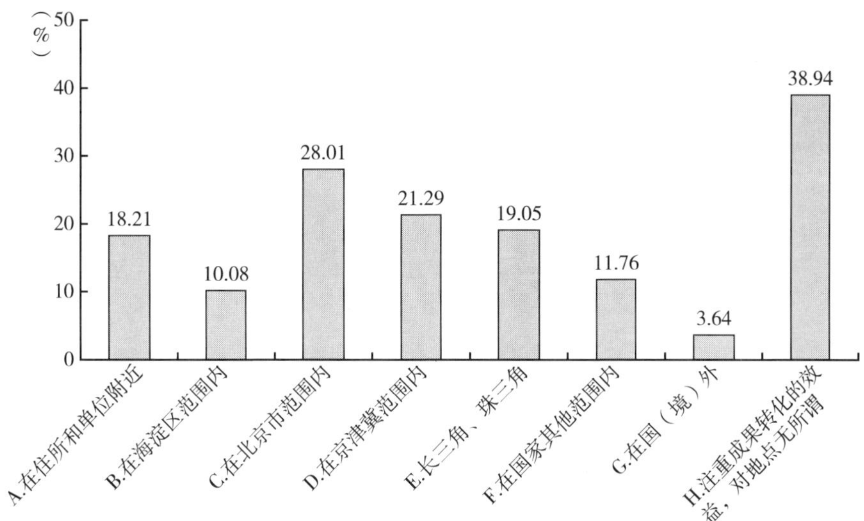

图 5　科研人才开展科技成果转化地域偏好

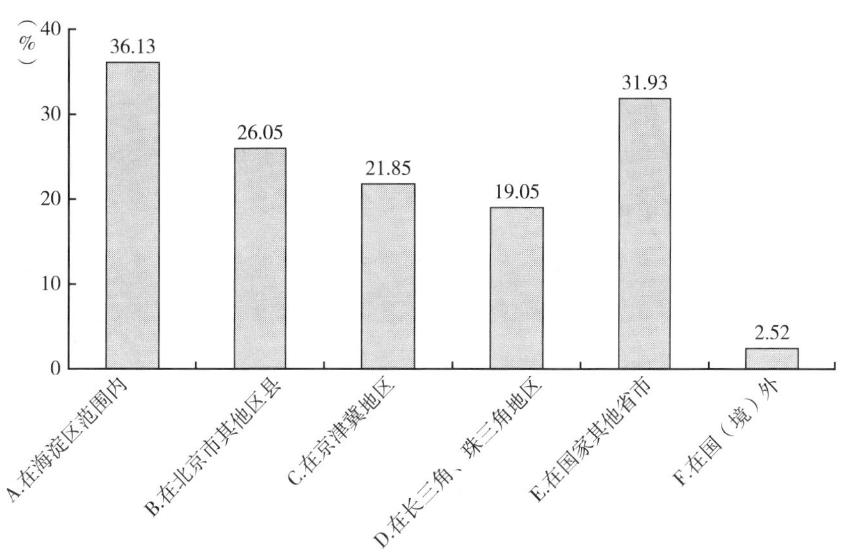

图 6　科研人员开展过成果转化合作的区域

问及“是否成功申报过相关技术领域的发明专利”时，有 55.5% 的科研人员选择了“是”。对于“是否有意愿将发明专利、项目研究成果进行转化或技术转移”，如图 7 所示，87. 11% 的人选择“有”转化意愿，其中有强烈意愿的比例达到了 55. 18%；只有 12. 89% 的人选择“没有意愿”。

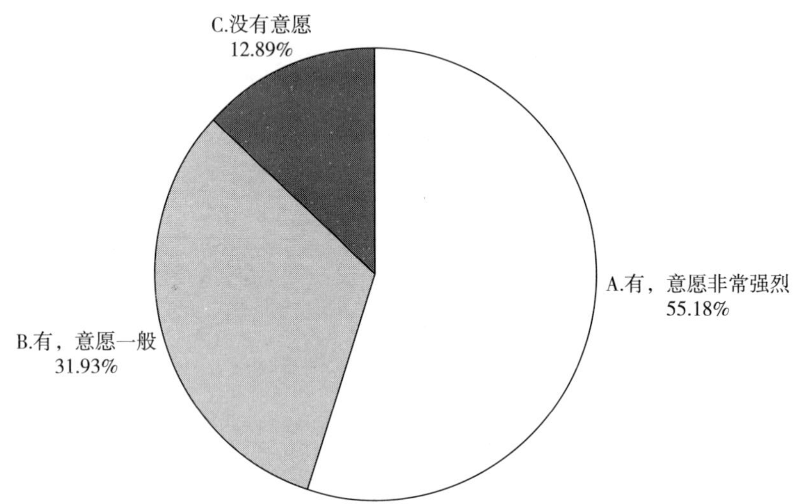

图 7　科研人员参与科技成果转化的意愿统计

如图 8 所示，在有科技成果转化意愿的科研人员中，进一步做交叉分析时，发现央属院校、央属科研机构具有转化意愿的人员比例，要明显高于市属院校、市属科研机构。

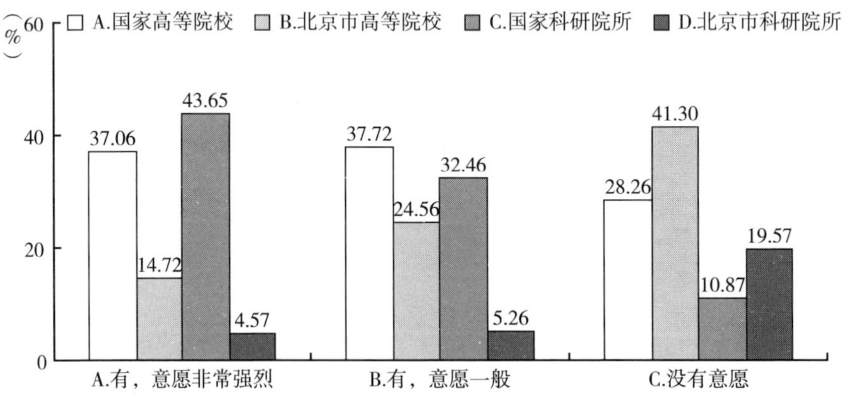

图 8　具有科技成果转化意愿科研人员单位类型分布

如图 9 所示，对科技成果转化表现出“意愿非常强烈”的科研人员中，所占比例从高到低依次是研究员、教师和学生；选择“无”转化意愿的科研人员中，所占比例数依次是学生、教师和研究员。这说明科研机构的研究员转化意愿，要强于高校在职教师的转化意愿。

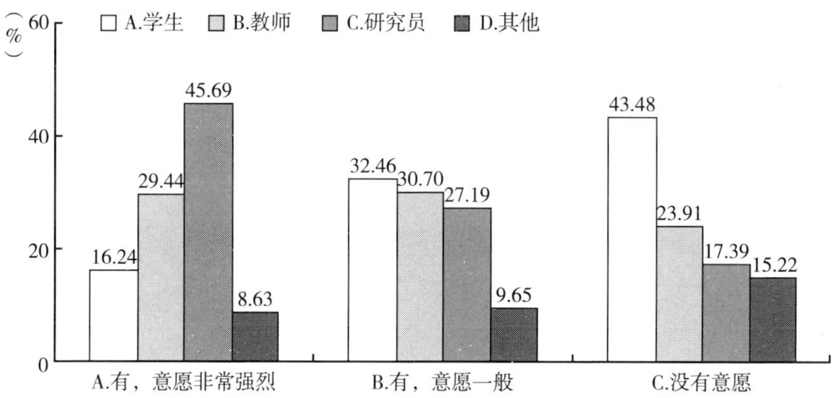

图 9　具有科技成果转化意愿科研人员的职业分布

第五，驻区高校院所科研人才认为本单位的科技成果转化率较低，阻碍科技成果转化的原因主要集中在对市场需求把握不准、缺乏转化意识、产权不明晰以及无考核激励。

如图 10 所示，42.02% 的受访人员认为本单位的科技成果转化率低于 20.0%，超过 1 成的人认为大概在 21% ~50%，仅 5.88% 的人认为超过了 50.0%，近 4 成的受访者表示“不清楚”。

如图 11 所示，问及影响科研人员进行科技成果转化的因素中，排名第 1 位的是“对市场需求把握不准确”，占比 45.94%，选择“缺乏转移转化意识”“产权不明晰，利益分配不合理”“考核机制对成果转化不做要求”的均超过 1/3，选择“技术市场发育不成熟”“缺乏相关资金支持”的占比超过 3 成。排在最后三位的是“服务机构不够完善”“政策法规不健全”“对科技成果转化重视程度不够”。

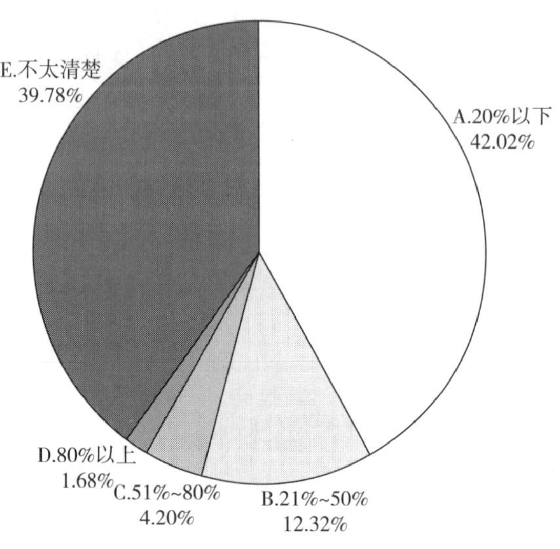

图 10　科研人员对本单位科技成果转化率的认识

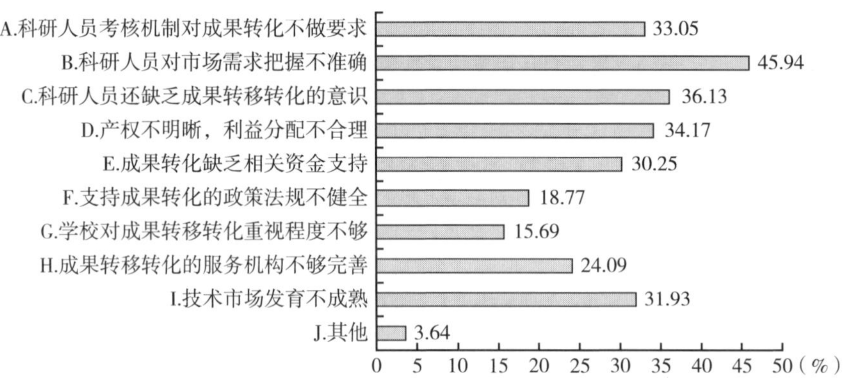

图 11　科研人员对阻碍科技成果转移转化因素的看法

第六，驻区高校院所科研人才对海淀创新环境知之甚少，认为到海淀创新创业最大的难题是不了解环境、新技术新产品不适应市场以及办公成本高，最希望获得专业化、集成化和便利化的科技服务支持。

问及“对海淀创新创业环境或政策的了解程度”时，受访人员对海淀的创新创业环境或政策“完全不了解”的占 45.4%，“了解一点”的占

37.0%，“了解一些”的占17.4%，“完全了解的”占0.3%。问及通过何种途径了解海淀创新创业环境和政策时，如图12所示，选择最多的是“各类媒体、网站”，占比51.82%；其次是“朋友、同事介绍推荐”，占比36.41%；再者是“企业、孵化机构及高校科技园组织的活动”“政府及其引才机构举办的宣传推介活动”，分别占比18.77%。

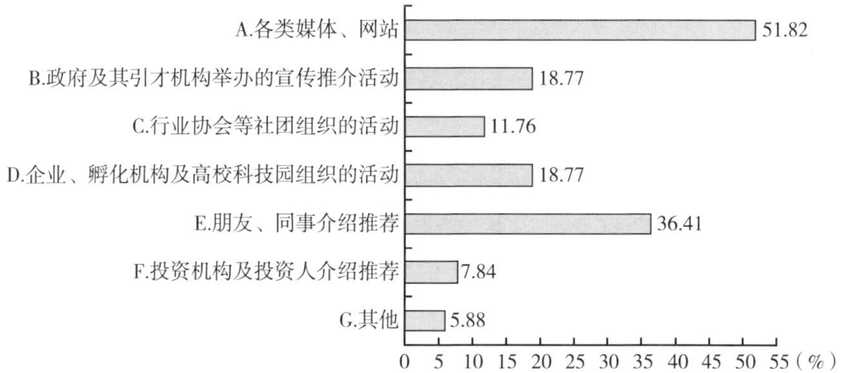

图12　了解海淀创新创业政策和环境的主要途径

如图13所示，认为到海淀开展科技成果转移转化，面临的最大难题是“对创业政策和行业市场环境不了解”，占比43.14%；其次是“新技术新产品难以打开市场”，占比33.61%；再者是“办公空间成本过高”“项目融资难、融资贵”“人工等成本过高”，都略高于30.0%。“缺少朋友圈和人脉关系”占比27.17%，“组建、扩大团队招人难”“项目落地的产业空间难于满足要求”“拥堵、雾霾等大城市病过于严重”“市民待遇问题没有得到解决”“公共服务有待改善”占比介于10%~20%，“营商环境有待改善”占比接近10.0%。

如图14所示，海淀吸引高校院所科研人才到区域开展科技成果转化等创新活动，最需要做的是“打通科技成果转移转化渠道，为区域创新提供专业化、集成化、便利化的科技服务，提高科技创新的效率”，第二是“完善支持科技成果转化落地的法规体系、评价体系、激励体系等”，第三是

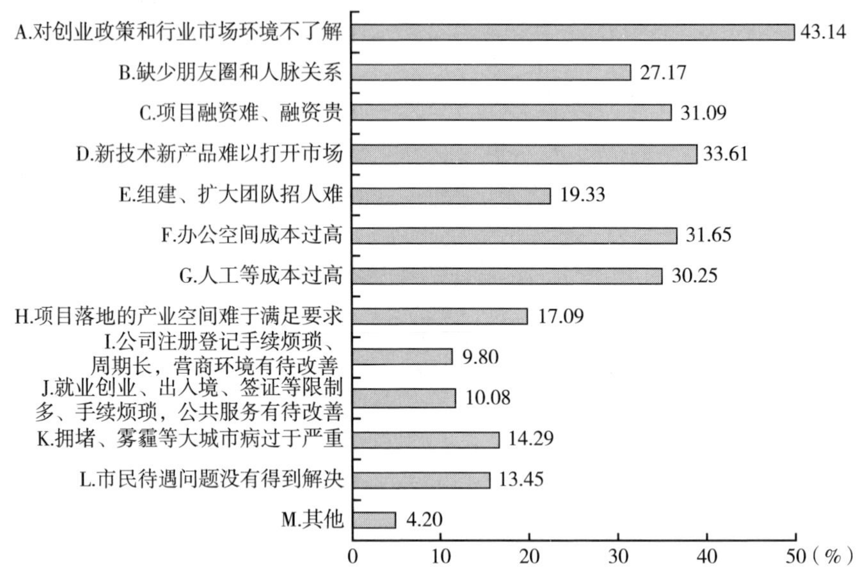

图 13　研究人员参与海淀科技成果转化所面临的难题

"优化区域创业的整体环境，降低成果转化的成本"，第四是"建设金融支撑平台，推进科技金融紧密结合"，第五是"完善知识产权、技术交易等服务机构、中介机构"，第六是"加强中关村创新创业政策的宣讲"。

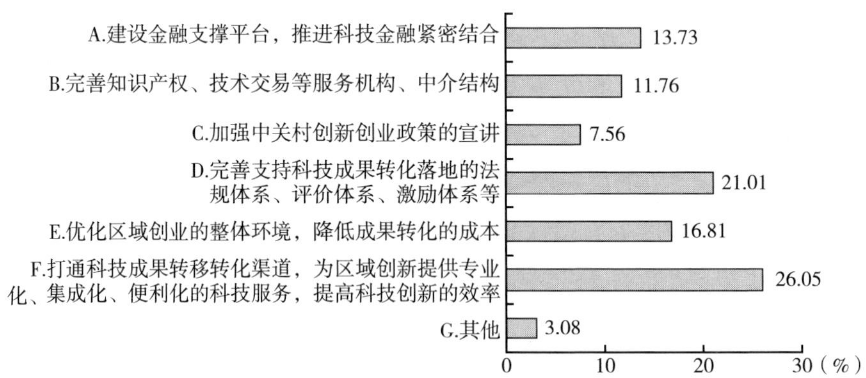

图 14　海淀吸引科研人才参与区域创新应做事项

四 制约驻区高校院所科研人才参与科技成果转化的主要问题

通过问卷调查和实地走访调研发现，科研人才开展科技成果转化需求很高，高校院所科技成果转化效率整体偏低，经过对主客观两方面进行比对研究，我们认为，制约高校院所科研人才参与科技成果转化的，主要是政策制度、人才机制、创新环境等方面关键性问题。

一是科技成果转移转化政策配套不完善。近年，中央、市区都出台了一系列科技成果转移转化政策，但政策配套程度不够。据反映，按政策对完成成果转化的教师或团队可奖励总收益的70.0%，但在实际执行时，税务方面给高校院所确定的收入标准只有工资和劳务两类，奖励资金只能纳入工资或劳务，并按个人所得税累加税率，纳税有时高达45.0%，没有发挥激励教师参与科研成果转化的作用。

二是高校院所对科技成果转化重视程度不够。具体体现在：科技成果转化的效果还没有纳入职工绩效考核、职称评审指标中去，教师参与转化的积极性还不高。横向课题经费管理参考了纵向课题经费的管理模式，管理过于严格，不利于激发科研人才参与转化的积极性。高校更重视教学和研究工作，从维护教学秩序角度，对科技成果转移转化一般持不鼓励不反对态度。

三是中介服务市场发育不成熟。科研人才不了解成果转化中间环节，在涉及合同签订、公司章程、股权结构等问题上，缺乏法律、知识产权、税务等专业机构提供指导和服务，降低了科研人员进行科技成果转化的意愿。完成科技成果转化涉及大量资金支持，专门针对科研人才转化科技成果的融资渠道不够通畅。

四是营商环境、引才品质有待提升。驻区高校院所有开展区域协同创新强烈意愿，但对海淀的政策和环境了解有限，存在“灯下黑”的问题。海淀物理空间有限，人力资源成本较高，不利于具有潜力的初创企业、小企业

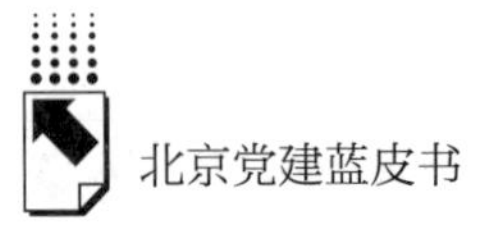

成长，不利于承接具有产业化需求的企业。科研人才在教育、医疗、住房等方面还存在后顾之忧。

五　促进驻区高校院所科研人才参与海淀区域科技成果转化的建议

为进一步吸引驻区高校院所科研人才积极参与到海淀区域建设发展中，共同为建设具有全球影响力的科技创新中心核心区贡献力量，针对上述科研人才参与区域科技成果转化方面的问题，就相关工作提出如下对策建议。

一是深化落实人才科研体制机制改革。加强与中央和市级部门的沟通联系，积极反映科技成果转化政策不配套的问题，进一步深化改革，增强科研人员参与成果转化的积极性。探索在“海英人才”评选中，设立科研人才系列，明确认定标准，创新支持措施。向有关部门申报国家科技成果转移转化示范区试点，推动科技成果转化政策先行先试。与高校院所建立联合创业实践基地，在大学生创新创业、科研人员“带技创业”、“带土移植”、科技成果转化收益分配等方面进行试点，建立体制内外人才“旋转门”，激励科研人才向创业企业柔性流动。

二是努力确保与海淀区域发展战略深度融合。建立健全产学研用协同创新体系，打造各类专业化协同创新平台，培育各类创新型产业组织模式，围绕产业链部署创新链，围绕创新链完善资金链，促进科技与经济深度融合。支持建立集技术研发、人才培养、项目培育、市场转化等功能于一体的新型研发机构，探索从基础研究到应用研究、技术研发无缝衔接的科技成果培育、转化、产业化的新机制。强化央地融合创新，充分发挥驻区央属高校、研究院所等在创新人才、科研设施、技术成果、市场推广等创新资源上的优势，服务对接好总部经济，引入社会创客、海外顶尖创新人才及团队。

三是积极促进与驻区高校院所的发展定位有机契合。主动加强与各高校院所的联系对接，了解其发展定位和方向，支持高校开展“双一流”建设，支持高校院所承接国家重大项目、重大任务，凝神聚力将区域打造成原始创新聚集地和自主创新主阵地。探索定期召开驻区高校院所联席会议，建立产学研联动发展的机制，搭建科研人员、高校导师、企业家和投资人之间的合作交流桥梁，主动做好“主力军”的服务保障，定期跟踪前沿科技发展动态，制定针对性产业政策，争取原创性、颠覆性的科技成果优先落地海淀区。

四是合理搭建有利于科技成果转化的集成平台。建立科研人才信息库和科研成果信息库，该信息库对海淀区企业和机构公开，便于开展合作。加强技术项目招标平台建设，深入驻区高校院所进行技术跟踪，扩大成果收集、发布和对接。培育科技服务中介，建立由技术专家、法律专家、财务专家等组成的专业技术转化服务团队，为各领域研究人员提供技术孵化、法律咨询、财务辅导等全链条的服务。成立科技成果转化引导基金、校企合作项目基金，对在库科研人才及科研成果与海淀企业、机构签约合作的，给予一定的经济补贴或跟投。支持建立一批以北京协同创新研究院、北京石墨烯研究院等为代表的科研成果综合转化平台。

五是不断提升海淀区域创新创业的环境品质。以降低驻区高校院所科研人才创业成本为主要目的，从人才、产业政策上为科研人才提供有效支撑。将科研人才所创企业纳入协同创新券政策，提供研发、孵化和成果落地空间支撑，降低创业成本。探索“投贷联动”科技型企业融资新模式，设立科技担保扶持基金，缓解科研人才所创企业融资难题。将科研人才纳入人才住房保障体系，多渠道为科研人才协调解决子女入学入托问题，开辟重点科研人才就医绿色通道，切实解决他们的后顾之忧。

六是面向高校院所和科研人才强化宣传引导。利用新旧媒体加强政策宣传攻势，提高科研人才对海淀创新创业、科技成果转化政策的知晓程度。重点依托各级网站、微信公众号等，将科技成果转化政策、海淀创新创业政策、各类孵化器等信息，精准推送给科研人才阅读。积极“走出去”，到高校院所做人才、产业以及科技成果转化政策的巡回主题宣讲；邀请科研人才“走进来”，到园区、企业、孵化器等访问考察，增进对海淀创新创业环境的切身体验。

B.12
丰台区基层党建述职评议考核工作实践与思考

北京市丰台区委组织部课题组*

摘　要： 本报告从基层党建述职评议考核工作入手，对丰台区2014年以来全区各级基层党组织书记抓党建工作述职评议考核工作的考核做法及成效进行梳理分析总结，研究当前基层党建述职评议考核工作在考核指标设置、考核对象认识、考核程序设计、考核结果运用等方面存在的问题及表现。最后，针对新形势下强化基层党建主体责任落实、改进基层党建述职评议考核工作，提出对策建议：一是明确“谁来考核”，在评价主体方面坚持上评下议，提高群众参与力度；二是明确“考核什么”，突出基层党建重点工作，规范细化述职内容；三是明确“如何考核”，强化问题导向，优化考核方式，对考核指标进行量化；四是明确“如何运用”，加强考核结果公开，将其作为领导班子和干部考核评价的依据，加强问题整改。

关键词： 从严治党　基层党建　党建主体责任　述职评议考核

---

* 课题组组长：张巨明，北京市丰台区委常委、组织部部长。
课题组成员：邹凌，北京市丰台区委组织部副部长、正处级组织员；纪福平，北京市丰台区委组织部副部长；杜建波，北京市丰台区委组织部组织组组长、副处级组织员；赵培，北京市丰台区委组织部办公室主任；王红义，北京市丰台区委组织部组织组副组长；张腾华，北京市丰台区委组织部办公室副主任科员；毕书勤，北京市丰台区委组织部组织组副主任科员。

党的十九大立足党和国家事业发展全局，提出了习近平新时代中国特色社会主义思想，明确了新时代党的建设总要求，对推进全面从严治党做出重大部署，为做好基层党建工作指明了努力方向、提供了根本遵循。落实从严治党责任，关键在于党建工作责任的落实，重点在于严格党建责任考核，发挥党建考核“指挥棒”和“风向标”作用，强化考核结果运用，加大追究问责力度，确保各级党委（党组）主体责任落实，激励党组织书记守好主业，种好责任田。

2014 年来，丰台区委坚持从党建工作述职考评入手，推动党建责任层层传导，特别是向社区、村等基层党组织传导，推进从严治党向基层延伸。为进一步改进和优化基层党组织书记述职考核评议工作，丰台区委组织部采取文献研究、问卷调查、座谈征询、个别访谈等多种方式开展调研。在全区 21 个街道、乡镇和部分社区、村发放调查问卷 675 份，收回 651 份，问卷回收率为 96.4%。在此基础上总结经验，分析不足，提出优化基层党建述职评议考核、推进基层党建责任落实的对策建议。

一 丰台区基层党建述职评议考核做法及成效

丰台区坚持区委示范引领，不断深化基层党建述职评议考核工作。连续 3 年组织全区各级党组织扎实开展党组织书记抓党建工作述职等，加强管党治党压力传导，引领各基层党组织书记强化党建主业意识、落实主体责任，进一步压紧压实管党治党政治责任。

（一）坚持逐步推进，考核规范性进一步提升

丰台区结合中组部、市委组织部工作要求，制定述职评议考核工作方案，明确考核范围、考评重点、方法步骤、结果运用等内容，述职评议考核工作逐步规范。建立试点机制，在 2014 年街道乡镇全面述职的基础上，选取系统党工委部分单位试点进行述职评议考核工作，逐步明确各领域党组织书记作为考核主体，推动各领域党组织书记自觉成为抓基层党建工作的

“第一责任人”。强化逐级指导，指导区直机关工委、国资委党委、教育工委、卫计委党委建立所属基层党组织书记抓基层党建工作述职评议考核制度，指导街道乡镇党（工）委完善和深化社区、村党组织书记述职评议考核制度。坚持目标导向，在全区试行基层党建工作目标责任制，分类设定共性目标、个性目标、创新目标、整改目标，由各处级单位党（工）委、党组书记分别签订责任书。

（二）坚持一述到底，考核覆盖面进一步扩大

丰台区坚持试点－推广－铺开机制，坚持以区委开展街道乡镇党（工）委书记述职评议考核为示范，引领述职评议考核工作横向上向各系统党（工）委、主要行业领域拓展，纵向上向社区（村）延伸，做到“自上而下，一述到底”。2016 年，区直机关工委所属 80 个机关基层党组织书记、卫计委党委 22 个公立医疗机构基层党组织书记、319 个社区和 64 个村党组织书记实现述职全覆盖，部分街道乡镇 232 个非公党组织书记和 28 个社会组织党组织书记试点开展述职，科技园区工委 164 个、工商联与会员单位党委 19 个和私营个体经济协会党委 14 个非公党组织书记进行了述职，同时试点开展了律师行业党组织书记述职，4 个律师事务所（联合）党支部书记进行了现场述职。

（三）坚持明确内容，考核针对性进一步清晰

丰台区将基层党建述职内容分为七大方面共 35 项，将基层党建创新实绩案例作为特色工作纳入评议内容，要求基层党组织书记围绕工作成效、存在问题以及下一步思路措施，突出履行基层党建工作主体责任情况。此外，将落实意识形态、群团统战、党风廉政建设和反腐败工作情况纳入述职评议考核内容，在全区述职评议考核工作大会上由区委组织部部长、区委宣传部部长、区纪委书记分别对基层党建、意识形态责任制、党风廉政建设落实情况作集中点评，逐步构建起“大党建”工作一体化格局。

（四）坚持问题导向，考核实效性进一步增强

为开展好年度基层党建述职评议考核工作，丰台区委组织部牵头联合社工委、农工委，对全区21个街道、乡镇和6个区委主管部委、系统党（工）委落实基层党建重点任务情况进行调研督查。通过集中座谈、查阅资料、实地走访的方式，了解各地区、各领域推进“两学一做”学习教育、推进基层党建7项重点任务等情况，掌握基层一手材料，挖掘亮点、发现问题，为后续述职评议考核工作做足准备、打好基础。述职结束后，要求各述职单位党组织书记针对自查发现的问题和领导点评、群众评议提出的问题，列清单、定措施、限时间、抓落实。

（五）坚持优化方式，考核科学性进一步提高

构建以明确责任、落实责任、责任追究为目标的考核体系，重新梳理考核标准和内容，广泛征求党员群众意见，既强调“测分”，也着重“测意”，将“民评”融入“官评”，并把述职评议考核纳入领导干部的年度考核中，将评议考核工作与年度考核测评一并进行，保证测评结果更加客观全面。此外，针对设有党（工）委、党组的区属处级单位书记，单独制作基层党建工作考核测评表，推动党建工作测评专项化精细化。

二　当前基层党建述职评议考核存在的问题及分析

调研发现，84.3%的调查对象对开展基层党建述职评议考核工作表示认可，3.8%的调查对象认为述职评议形式意义较强。在基层党建述职评议考核工作中仍然存在薄弱环节，主要表现在以下方面。

（一）考核指标缺乏量化标准，受主观化因素影响比较明显

（1）考核标准量化不够。问卷显示，37.3%的对象认为当前述职评议考核缺乏量化标准。由于党建工作任务量化指标较为笼统，在实际考核评价

中难以定位，无法精准客观地反映基层党组织书记完成工作任务的真实成效。

（2）实地考察运用不多。调查问卷显示，绝大多数单位都会采取听取汇报的形式来开展考核，使用比例达到96.3%，座谈评议达到了76.2%，而实地考察仅占53.6%。重材料轻落实，偏重于看文字材料、数据报表，以临场发挥论英雄的倾向突出，导致在述职材料上下狠功夫，只求“述得好”，不问“做得好”，聚焦工作落实不够，考核结果与实际情况有出入。

（3）评价受主观因素制约。在调查中，有22.9%的调查对象反映存在“外行考内行”的现象，缺乏专业性和权威性。有18.3%的调查对象认为考评者凭印象、关系评分，考核过程中掺杂主观因素。一些街道反映当前群众评议由各社区自行开展，打分标准不一，也会导致评价偏差。

（二）考核对象概念把握不准，理解偏差化现象较为突出

（1）主责主业不够突出。一些基层党组织书记依然存在“行政工作实，党务工作虚”“重行政、轻党建”的惯性认识和思想观念，对“抓好党建是最大政绩”的认识不够到位，没能直接关注党建工作的实际成效，而是以业务工作成绩反证党建工作成效。这种思想观念导致述职中说党建工作少、说业务工作多，有31.6%的调查对象反映本单位述职评议考核存在这种问题。

（2）述职内容不够全面。部分基层党组织书记认为贯彻落实党风廉政责任制是上级党组织的任务，基层党组织只是做好党员的发展工作和日常管理就行了。反映到述职上，忽视“组织建设”的达10%，忽视“思想政治建设”的达6.4%，0.5%的调查对象表示“不清楚”述职考核指标，13.5%的受访者认为“由于认识不到位，对如何述职、述职内容了解不足”，直接影响了述职考核的实效。

（3）角度把握不够准确。部分基层党组织书记述职没有把自己摆进去，以基层党委工作总结代替书记述职，或是从领导班子的角度进行述职，没有体现“第一责任人”的责任。在调查中，有街道反映在社区、村述职评议

考核工作中存在不够规范的问题，部分社区书记查找问题偏社区化，主要查找社区党组织中存在的问题，从个人落实主体责任上查找不够到位。

（三）考核程序设计不够优化，述职科学性有待提升

（1）述职覆盖面不够宽。在座谈中，一些单位和党组织书记反映当前述职的主体较为单一，述职对象大部分为党组织书记。党组织副书记、班子成员开展述职的比例分别为 34.4%、29.3%。容易陷入一个思想误区，即把责任过多集中到党组织书记一人身上，对班子成员“一岗双责”的履行则缺乏监督考核，造成“抓不抓无所谓”的局面。

（2）考核频率不够高。14.8% 的调查对象认为考核还不够常态，只是一年考一次，没有结合平时实际工作定期开展。“重年终评议、轻日常考核”现象突出，对各级党组织书记全年工作落实情况的追踪考核重视不足，不利于增强考核的系统性，也不利于及时发现整改工作中存在的问题。

（3）评分权重不够合理。在调查中，有 65.1% 的人认为上一级党委在考核评价中的权重较大，16.7% 的调查对象认为考评工作存在“重上不重下”的问题，57.8% 的人认为“普通党员群众参与度不高”，导致“上级喜欢什么，基层就做什么，上级关注什么，基层就述什么”的误区。此外，同级党组织参加考核评价的仅有 43.1%，考核缺乏横向比较和评价，缺少“两代表一委员”和普通党员群众代表共同评议部分，也未增设基层代表现场提问环节。

（四）考核问责机制不够健全，结果运用力度尚需加强

（1）考核结果公开不够。13.2% 的调查对象认为考核主要是完成程序走个过场、考核结果运用不足。考评结果仅作为内部参考，如何运用没有制度规范，存在随意性和选择适用性，且与年度考核结合不紧密，亦未作为干部奖惩依据。因此，36.7% 的调查对象认为述职评议考核应该增加“考核结果公示”环节，提升考核压力、增加工作动力，避免考核虎头蛇尾。

（2）考核结果运用力度不够。一些单位反映基层党建述职评议考评结果的奖惩作用不明显，真正发挥考核“指挥棒”作用不明显。还有一些单位反映，由于时间安排不合理，述职评议的结果并不跟年度考核挂钩。此外，由于目前缺乏有效的能上能下机制，一定程度上降低了工作水平。因此，尽管有84.3%的调查对象认为述职评议考核能够推动基层党组织书记履职尽责，但仍有11.8%的人认为效果一般，只是让党组织书记“知责”而不能做到“尽责”。

三　改进基层党建述职评议考核的思考和建议

述职是手段和方法，要使考核结果科学公正，述职书记服气认可，述职工作起到“述出压力，述出动力”的效果，需进一步优化完善述职评议考核工作体系，抓住关键要素，确保考准考实。

（一）明确“谁来考核”

在评价主体方面，坚持上评下议，在由上级党组织参会领导、党建领导小组成员单位主要负责人、业务主管部门负责人参与的基础上，广泛邀请“两代表一委员”、基层党员干部和群众代表参加，增大党员群众代表的评分权重，加大群众参与力度；坚持横向考评，在考核的过程中注重邀请同级党组织（党组）参加，实现同级党组织互看互评互比，专门设置同级评价测评表，增强考核的可比性。拓展述职对象范围，按照班子成员履行“一岗双责”的职责，探索开展党建分管负责人的“直接责任”和班子成员的“一岗双责”两类责任主体述职会。

（二）明确“考核什么”

规范细化述职内容，探索上级党组织与述职党组织签订目标责任书，建立基层党建工作目标责任制，分类设定共性目标、个性目标、创新目标、整改目标，由各处级单位党（工）委、党组书记分别签订责任书，明确基层党建重点工作，明确述职各项具体内容，形成年度党建述职内容清单，确保述职重点内容全部涵盖；突出特色重点工作，在注重党建工作全面性的基础上突出区域疏解、环境整治、环境保护等重点工作的针对性，引导基层党组织立足基础、结合实际，突出党建引领取得的工作成效，将运用党建完成基层特色工作和重点工作纳入考核述职之中。

（三）明确“如何考核”

强化问题导向，述职工作启动前制作述职问题清单，评议环节强化随机提问的频率，把个人述、代表问、领导点结合起来，确保述得认真、问得实在、点得透彻；优化考核方式，加大实地考核的力度，纳入“两代表一委员”实地调研现场打分环节，鼓励基层党组织创新述职形式，充分利用微博、微信、直播 APP 软件等新媒体平台，引入第三方机构参与、暗访等方式，进一步提高基层党员群众的参与度和公正度；量化考核指标，制定履行党建工作责任评价标准和考核评价体系，推动基层党组织书记开展党建工作有导向、有目标，保障评议代表进行民主测评时有依据、有标准。

（四）明确“如何运用”

推进结果公开，按“好、较好、一般、差”四个等级作出总体评价，充分运用报纸、网络、微信等新闻媒介，分层次分类别公开公示党组织书记述职评议结果，接受基层党组织和党员群众评判监督；加强考核结果运用，把基层党建工作专项述职评议情况纳入党组织领导班子实绩考核的总成绩，作为考核评价党委书记和领导班子、选拔使用干部的重要依据，作为干部评先评优的重要依据；做好述后跟踪问效，建立问题整改销账制，对自查发现的问题、群众提出的问题、点评点出的问题如实进行反馈，列出问题清单、责任清单、整改清单，明确目标责任，并由上级党组织进行挂账督办、季度跟进，通报整改落实情况，并将整改落实情况纳入各单位下一年度基层党建考核工作任务清单。

参考文献

1. 习近平：《决胜全面建成小康社会　夺取新时代中国特色社会主义伟大胜利——在中国共产党第十九次全国代表大会上的报告（2017 年 10 月 18 日）》，人民出版社，2017。
2. 中共西安市委组织部课题组：《落实党建工作责任制存在的问题及对策——基于党的基层组织建设工作视角》，《中国井冈山干部学院学报》2016 年 7 月第 9 卷第 4 期。
3. 孙棋、俞磊、叶鑫：《基层党建工作述职评议考核机制研究》，《学校党建与思想教育》2016 年第 24 期。

B.13

石景山区落实全面从严治党方针不断提高党的建设水平研究报告

北京市石景山区委课题组*

摘　要： 本报告以习近平新时代中国特色社会主义思想为指导，深入学习贯彻党的十九大精神，紧紧围绕全面从严治党这个主题，从石景山区推进全面从严治党的具体实践出发，对党的十八大以来石景山区全面从严治党的思路、做法和成效进行全面调研和系统梳理，归纳提炼了石景山区全面从严治党的经验与体会。对照党的十九大关于推动全面从严治党向纵深发展的新要求，分析了石景山区在全面从严治党工作中存在的不足与差距。在此基础上，提出了新时代深入推进全面从严治党的思路与对策；指出必须始终坚持把党建统领作为最大法宝、最大战略、最大政绩和最迫切任务，着力构建“六位一体”的工作格局；提出了加强党的政治建设、思想建设、组织建设、作风建设、纪律建设和制度建设的对策，全面提高党的建设水平。

关键词： 石景山区　全面从严治党　提高党建水平

---

* 课题组组长：牛青山，北京市政协副主席（时任石景山区委书记）；

课题组副组长：田利跃，北京市石景山区委副书记、常务副区长；郭鹏，北京市石景山区委常委、纪委书记、监察委主任；晋秋红，北京市石景山区委常委、组织部部长；姚茂文，北京市石景山区委常委、统战部部长。

课题组成员：侯宝华，北京市石景山区委党校常务副校长；迟志禹，北京市石景山区委区政府研究室主任；刘吉新，北京市石景山区委组织部副部长；王铁峰，北京市石景山区委宣传部常务副部长；仲长军，北京市石景山区纪委副书记、监察委副主任；苏文颖，北京市石景山区委统战部常务副部长；方南火，北京市石景山区委党校校委。

党的十八大以来，以习近平同志为核心的党中央带领我们在新的历史条件下，进行伟大斗争、建设伟大工程、推进伟大事业、实现伟大梦想，开创了中国特色社会主义事业和全面从严治党的新时代。党的十九大把习近平新时代中国特色社会主义思想确立为我们党必须长期坚持的指导思想，强调要坚定不移全面从严治党，不断提高党的执政能力和领导水平。深入贯彻党的十九大精神，坚持问题导向，保持战略定力，推动全面从严治党向纵深发展，是当前我们面临的紧迫而又重大的政治任务。

一　石景山区落实全面从严治党方针的主要做法与成效

石景山区委以党的十八大和十九大精神为灵魂指引，以高度的政治自觉和责任担当，深入贯彻习近平新时代中国特色社会主义思想这一当代马克思主义，坚持把党建统领作为最大法宝、最大战略、最大政绩和最迫切任务，围绕政治、思想、组织、作风、纪律、制度建设“六位一体”全面发力，努力建设风清气正的政治生态。

一是把政治建设作为核心和统帅，推进全面从严治党。深入贯彻“看北京首先从政治上看”的要求，牢固树立“四个意识”，坚决维护习近平总书记的领导核心地位，坚决维护党中央权威和集中统一领导，始终在思想上政治上行动上同以习近平同志为核心的党中央保持高度一致。加强和规范党内政治生活，严格落实民主集中制，制定完善区委工作规则、常委会工作和议事规则、常委会及常委班子成员职责清单，不断完善“三会一课”、民主生活会、民主评议党员、谈心谈话等制度，严格落实主要领导末位表态制度、党内通报制度、重大决策征求意见等工作制度，党内政治生活的政治性、时代性、原则性、战斗性进一步增强。强化区委总揽全局、协调各方的领导核心作用，明确“四套班子都是一线”，人大、政协、各民主党派、各群团组织都是民主政治建设的主力军、主渠道，按照“党委有大格局，政府有大作为，人大、政协、各民主党派、群团组织都有大担当”的要求，不断推进民主政治建设，党对全区各项事业的领导力显著增强。

二是把思想建设作为灵魂和前提，加强精神家园建设。牢牢扭住思想建党这个根本，树立“思想力是第一领导力”的导向，不断加强思想武装。组织开展学习宣传党的十八大和十九大精神各类讲座报告200多场次、宣讲活动上千场。扎实开展党的群众路线教育实践活动、“三严三实”专题教育和“两学一做”学习教育，紧紧围绕精神家园建设“六大要素”，把握红色基因“十个方面内容”，大力加强“精神家园”建设。狠抓一把手做表率工程，主要领导带头抓党建、带头讲党课、带头发表文章、带头承诺签责，形成了以上率下的良好势头。认真落实意识形态工作领导责任，牢牢把握主导权，广泛深入开展宣传引导工作，新闻舆论的传播力、引导力、影响力、公信力显著提升，讲好石景山故事、唱响石景山声音、展现石景山风采，有力地助推了各项事业发展。

三是把组织建设作为决定性环节，加强干部队伍管理。牢固树立“事业导向”，落实好干部“五条标准”，以最坚决的态度彻底取代“四唯导向”，深化干部实绩档案制度，探索实施“90分充分”的干部考核标准。明确“各年龄段的干部都是党的宝贵财富”，注重在基层一线和急难险重工作中培养选拔干部。明确青年干部在一线、在实践中锻炼是成长成才唯一正确道路的“石景山路径”，积极选派青年干部到基层进行实践锻炼。制定了干部选任民主集中“三步曲”流程，明确了“八个坚决防止”工作纪律，进一步提高了选人用人的公信度。按照“全面进步、全面过硬”要求强化基层党组织建设，以“八有”标准推进基层党建工作，开展党支部规范化建设试点工作，创新为党员过“政治生日”等基层党组织日常运行制度，推广“一呼百应”党员综合服务系统、组织生活路线图、社区党校等优秀党建项目，举办基层书记论坛，加强“两新”组织党建。每年拨付每个街道1000万元和每个社区50万元的服务群众经费，推动基层党组织全面进步、全面过硬。

四是把作风建设作为基本要求，持之以恒正风肃纪。始终坚持“永远和人民在一起、同呼吸、共命运”的根本政治立场，做到干部的作风比钢铁还要硬，为民服务的情怀比春水还要柔。创新多元参与的社会治理模式，

成立了区、街两级社会治理委员会，社区全部建立了“老街坊”议事厅，畅通“社情民意直通车”和“老干部建言献策直通车”，协商共治迈出坚实步伐。坚决落实中央“八项规定”精神，盯紧重要节点，持续发力加压，制定了“十要十不准”纪律，提出了“六严六必”要求，有效防止“四风”问题反弹回潮。严格遵守中央“五个必须”、市委“十个严禁”，驰而不息纠正“四风”。

五是把纪律建设作为“生命线”，严明党的纪律规矩。在全市率先将区反腐倡廉建设领导小组办公室由区纪委调整至区委办公室，在63个处级单位设立主体责任办。区主要领导带头在全区开展“一承诺两签责”工作，率先实行主体责任和监督责任纪实制度，述责述廉、党风廉政建设责任制检查等工作成为常态。积极推进监察体制改革试点工作，按照“坚决贯彻、走在前面”的工作标准，同步加力推进监察体制、派驻机构、巡察制度三项改革，在全市第二家完成了派驻机构全覆盖，搭建起了新时期纪检监察体制的“四梁八柱”。明确了纪检监察干部“4 +4 +5”的职责使命，着力打造反腐倡廉的“主力军”和“特殊部队”。率先在全市建成首个集声、光、电技术效果于一体的全数字反腐倡廉教育基地，开通了“方圆石景山”“四风随手拍”微信公众号。严明党的纪律规矩，运用好监督执纪“四种形态”，对权力集中、资金密集、资源富集的部门和岗位开展经常性“纪律作风体检”。聚焦不担当、不负责、不作为、乱作为问题，实施强有力的问责。以“严是爱、宽是害”“惩办少数就是爱护多数”的态度，坚决查处领导干部违纪违法案件。

六是把制度建设作为根本保障，切实强化刚性约束。始终把制度建设贯穿全面从严治党的始终，坚决扛起全面从严治党主体责任，建立了区委党建工作办公会、主体责任专题会、班子及成员履职全程纪实、意识形态工作责任制等制度，打出了落实主体责任的组合拳。构建理论中心组学习机制，创新了“单元式”学习方式，理论的学习制度保障不断完善。不断建立健全和完善领导干部人事制度，印发了《关于加强实践锻炼促进年轻干部成长成才的意见》等，干部队伍和人才管理机制进一步健全。建立了关于进一步改进工作作风、密切联系群众有关规定的实施办法，实行了处级以上领导干部与特困家庭结对帮扶制度、区级领导蹲点办公等制度，密切了同群众联系。建立了纪律作风巡察制度，实行《关于落实党风廉政建设主体责任的若干制度规定》，不断完善反腐倡廉方面的各项具体制度，形成落实“两个责任”的制度体系，全面从严治党制度化、民主化、科学化水平显著提升。

通过几年来始终坚持党建统领，不断强化全面从严治党，打造了一支“工作作风比钢铁还要硬、为民服务情怀比春水还要柔”的干部队伍，营造了风清气正的政治生态，为高端绿色发展提供了坚强保障，推进区域各项事业取得了长足发展，转型升级取得了历史性的重要成绩。

率先建成了无违法建设城区。围绕疏解非首都功能，2015 年起，直面“大城市病”，先后发起了三次“亮剑行动”，取得了“三大战役”胜利。第一战役，2016 年底提前一年基本建成了全市第三个“无煤区”，2013 年正式启动“无煤区”建设，在前期首钢涉钢产业全部停产压减燃煤 325 万吨的基础上，再次压减燃煤 551.76 万吨，占同期全市压煤总量的 42.7%。第二战役，截至 2017 年 6 月底历时一年零八个月超额完成了 528 个“大杂院”整治任务，实际完成 547 个，占地总面积 179 万平方米，建筑面积 100 万平方米，疏解人口 5 万多名。第三战役，2017 年底基本实现无违法建设区目标。以 2006 版规划航拍为基础，摸排全部违建 400 多万平方米，举全区之力打响了石景山有史以来规模最大的拆违歼灭战，共拆除违法建设点位 11000 个、面积 390.8 万平方米，占违法建设存量的 95.6%，超过全区前 20 年拆违面积的总和，率先实现了“基本无违法建设城区”目标，达到了“经得起航拍检验、经得起群众举报、经得起市里验收”的超高标准。

有力助推了高端绿色发展。围绕“国际一流的和谐宜居之都”目标，始终坚持把首善标准作为唯一标准，坚持“五个典范”和新建住宅二星级、公建三星级的绿色建筑标准，京西商务中心成为北京首个、全国最大的绿色三星建筑群，全区 16 个项目已取得绿色设计标识，建筑面积 179.8 万平方米。着力打造“高精尖”经济结构，发挥中关村石景山园主阵地、主战场作用，加快“长安金轴”和北京保险产业园、新首钢高端产业综合服务区建设，集中力量做好“白菜心”，建设首都经济新的增长极，过去五年，全区财政收入实现总量翻番，增幅全市第一，万元 GDP 能耗下降 68%，降幅全市第一。现代金融、高新技术、文化创意等优势产业呈现高端融合发展态势，成为拉动经济增长的排头兵，第三产业比重突破 70%，获得国务院“老工业基地调整改造真抓实干成效明显城市”称号。

改革创新成为鲜明特色。坚持问题导向，积极探索创新，承担了国家级和市级层面的多项改革任务，取得了一批引领改革前沿的重要成果，改革创新已经成为石景山区鲜明特色。国家层面有：全国综合行政执法改革试点、国家服务业综合改革试点区、全国居家和社区养老服务改革试点等。干部人事制度改革、信访代理制改革、城市管理体制改革、民主政治领域改革、商事审批制度改革、目标督查考核制度改革、监察体制改革、司法体制改革、区属国资国企改革等一大批改革事项深入推进。其中，综合行政执法改革成果被纳入全国和北京市城市工作会议有关文件；信访代理制被写入了《党中央国务院关于正确处理新时期人民内部矛盾的 20 条意见》。率先开展政策性长期护理保险试点工作，社区和居家养老服务改革纳入国家级试点。率先成立区级社会治理委员会，创立“石景山老街坊”社会治理品牌，151 个社区全部建立了“老街坊”议事厅、消防队，成立了 1100 多支“老街坊”劝导队、治安巡逻队、精准帮扶队、调解队等群众组织，“人民城市人民建、人民城市人民管”成为生动实践。

二　石景山区落实全面从严治党方针的经验与体会

几年来，石景山区坚持党建统领，全面深度转型、高端绿色发展进入历史新阶段，两大生态建设取得了历史性的重要成果，归纳起来有以下四点。

——必须强化四个意识、对标看齐。只有旗帜鲜明、坚定不移地把习近平新时代中国特色社会主义思想作为灵魂，作为全面从严治党的行动指南，用以武装头脑、指导实践，切实把思想统一起来，把任务落实下去，才能不断开创石景山区全面从严治党的新局面。

——必须坚持党建统领、从严治党。只有把党建统领作为最大法宝、最大战略、最大政绩和最迫切任务，不断强化党的领导力，打造忠诚干净担当的干部队伍，营造风清气正的政治生态，才能为高端绿色发展提供根本保证。

——必须坚持问题导向、改革创新。只有把改革创新作为推进工作的制胜法宝和破解难题的“金钥匙”，坚持问题导向，以改革创新的理念不断破解工作中的瓶颈制约，敢闯敢试、迎难而上，才能推动全面从严治党不断取得新突破。

——必须坚持落实责任、层层推进。只有牢牢把握全面从严治党的关键，进一步健全落实主体责任的制度机制，构建主体明晰、责任明确、有机衔接的责任链条，打出落实主体责任的组合拳，才能深入推进全面从严治党。

虽然在全面从严治党的道路上我们积极探索，取得了显著成绩，但全面从严治党任重道远，面对新时代的新要求，还存在着一些不足之处。一是抓从严治党不够深入，责任落实存在层层递减问题；二是抓作风建设还不彻底，经过群众路线教育实践活动，享乐主义与奢靡之风有所好转，但形式主义和官僚主义仍然树倒根存；三是抓基层打基础的力度不够，基层党建还存在薄弱环节；四是制度建设还不完善，没有形成一整套实用易行、于法周延、于事简便的制度体系。针对这些问题，需要认真分析、深入研究，进一步明确理念、路径与方法，坚定不移把全面从严治党引向深入。

三　新时代深入推进全面从严治党的思路与对策

党的十九大报告指出，新时代党的建设总要求是：坚持和加强党的全面领导，坚持党要管党、全面从严治党，以加强党的长期执政能力建设、先进性和纯洁性建设为主线，以党的政治建设为统领，以坚定理想信念宗旨为根基，以调动全党积极性、主动性、创造性为着力点，全面推进党的政治建设、思想建设、组织建设、作风建设、纪律建设，把制度建设贯穿其中，深入推进反腐败斗争，不断提高党的建设质量，把党建设成为始终走在时代前列、人民衷心拥护、勇于自我革命、经得起各种风浪考验、朝气蓬勃的马克思主义执政党。新形势下深入推进全面从严治党，必须始终坚持党建统领，把党建统领作为最大法宝、最大战略、最大政绩和最迫切任务，全面加强党的政治建设、思想建设、组织建设、作风建设、纪律建设和制度建设，着力构建“六位一体”的工作格局，以深入凸显全面从严治党的实际成效，为石景山区高端绿色发展提供坚强保障。

（一）坚持把政治建设作为全面从严治党的核心和统帅，不断提高政治建设水平

一要严守党的政治纪律。领导干部必须旗帜鲜明讲政治，进一步增强政治意识、大局意识、核心意识、看齐意识。要把严守政治纪律政治规矩摆在更加重要位置，教育引导各级领导干部带头学纪律、懂规矩，带头守纪律、遵规矩。要坚持党中央的集中统一领导这一根本的政治规矩，严守对党绝对忠诚这一最重要的政治纪律，全面贯彻执行党的基本路线，旗帜鲜明、坚定不移地把习近平新时代中国特色社会主义思想这一当代马克思主义作为灵魂，坚决维护以习近平同志为核心的党中央权威，坚决贯彻党中央的一系列战略部署，始终在思想上政治上行动上同党中央保持高度一致。要保持政治定力，扩大政治胸襟、提升政治风度、提振政治士气，坚守政治规则“不回避”、遵守政治纪律“不打折”、坚守政治底线“不走样”，做到党中央提倡的坚决响应、党中央决定的坚决执行、党中央禁止的坚决不做，统一意志、统一行动，保证党内团结统一，步调一致向前进。

二要规范党内政治生活。严格落实《关于新形势下党内政治生活的若干准则》，切实加强和规范党内政治生活，扎实开展民主生活会、领导干部双重组织生活、谈心谈话、民主评议党员等工作。针对存在的苗头性和倾向性问题、发生的违规违纪问题，适时增加并及时召开专题民主生活会。大胆

使用、经常使用批评与自我批评武器，坚决防止丧失原则的“一团和气”，达到团结——批评——团结的目的。采取警示教育、现身说法、诫勉谈话等形式强化党风党纪教育，打造符合党员实际、吸引党员兴趣、方便党员落实的党内生活方式方法，激发党员参与党内政治生活的主观能动性，使党员真正成为政治生活的主体，推动党的组织生活制度化、经常化、规范化，增强党内政治生活的政治性、时代性、原则性、战斗性。

三要着力提升政治能力。讲政治要靠提高政治能力来支撑，在重大问题上，在原则问题上，在战略性的问题上，必须有所遵循，有所准绳，有所定力。要使全区党员干部加强政治历练，在政治历练中积累政治经验，不断提高把握方向、把握大势、把握全局的能力，不断提高驾驭政治局面、防范政治风险的能力。要增强干部的担当能力，教育党员干部自觉把讲政治贯穿党性锻炼全过程，在构建“两大生态”建设的过程中，发现和重用那些能够“挑最重的担子”“啃最硬的骨头”“接最烫的山芋”的领导干部，促使全区干部的政治能力与担当的领导职责相匹配。要修养官德人品，倡导和弘扬忠诚老实、光明坦荡、公道正派、实事求是、艰苦奋斗、清正廉洁等价值观，旗帜鲜明抵制和反对关系学、厚黑学、官场术、潜规则等庸俗腐朽的政治文化，促进干部政治能力提升和健康成长。

（二）坚持把思想建设作为全面从严治党的灵魂和前提，不断提高思想建设水平

一要坚定理想信念。要牢牢扭住思想建党这个根本，牢固树立思想力是第一领导力的理念，把习近平新时代中国特色社会主义思想这一当代马克思主义作为思想武器和行动指南，全面提升全区党员领导干部的政治理论素养。要加强马克思主义理论教育，把深入学习贯彻党的十九大和习近平新时代中国特色社会主义思想作为中心组学习的重中之重，精心制定中心组学习计划，认真贯彻落实《中国共产党党委（党组）理论学习中心组学习规则》，把习近平新时代中国特色社会主义思想作为区委党校主体班学习的核心内容。不断创新学习形式，通过辅导报告、交流研讨、重点发言、观看演

出、考察调研等碰撞式、互动式的学习，切实学深悟透。坚持单元式专题学习，每一个季度集中围绕一个主题，学深学透，把大家的思想引导到党的十九大精神、习近平新时代中国特色社会主义思想和党中央决策部署上来，为推进全区两大生态建设营造良好的理论氛围。

二要传承红色基因。充分发挥石景山区红色文化、军营文化的区域优势，加强红色基因宣传教育，始终保持坚强的党性。加强历史理论学习和历史意识养成，大力开展党的红色基因的教育传承。广泛开展党史、军史、革命史的宣传，编写红色基因系列读物，把党校作为开展红色基因教育的培训基地，通过现场教学和异地培训相结合，不断扩大培训规模。挖掘区域红色文化资源，建设石景山区红色基因教育基地，新命名一批区级爱国主义教育基地。组建石景山“红色基因宣讲团”，在全区广泛开展宣讲。组织开展红色基因挖掘整理工作，创作一大批艺术化、故事化、形象化的文艺作品。

三要筑牢精神家园。以推进“两学一做”学习教育常态化制度化为龙头，以精神家园建设“六要素”为主要内容，认真落实“全覆盖、常态化、重创新、求实效”的工作要求，持续加强精神家园建设。加大组织培训力度。开展党员干部轮训培训，深化主体班次专题调研活动，积极推进领导干部上讲台，继续培育壮大离退休老干部讲师团，办好在京高校专题班，持续推进异地办学。强化理论宣传学习教育活动，继续承办好理论家走基层、周末社区大讲堂、社科普及周活动，深入开展中国特色社会主义“中国梦·我的梦”主题实践活动、形势政策宣传教育活动。

（三）坚持把组织建设作为全面从严治党的决定性环节，不断提高组织建设水平

一要抓班子带队伍。深入贯彻习近平总书记选人用人思想，坚持精准科学选人用人。严格落实民主集中制“三步曲”工作流程和“八个坚决防止”工作纪律，进一步提高选人用人的公信度。探索建立更加科学的干部发现选拔机制，着眼于更加精准地识人用人，解决干部不能为的问题，统筹利用各

方面资源，树立在实践中培养干部、发现干部、识别干部的导向，坚持“打什么仗用什么兵”，积极推进干部职位分类管理，努力做到以岗择人、人岗相适。坚持注重在基层一线和急难险重工作中培养选拔干部，坚持选派青年干部到基层进行实践锻炼，着力加强好班长、好班子、好梯队建设，以事论人、以事择人，依岗选人、人岗相适，让优秀干部用当其所、各展其长。着眼于解决干部不敢为的问题，实施“90 分充分”的干部考核标准，突出重点但不求全责备，鼓励干部担当作为。

二要抓基层强基础。加强基层党组织建设，切实发挥基层党组织的政治功能和服务功能，落实“八有”建设体系，创新党建工作模式，不断扩大党的组织和工作覆盖面，推动基层党组织全面进步、全面过硬。强化党建主体责任落实，探索推行“党建责任清单 + 即时管理”模式，进一步夯实全面从严治党主体责任；通过定期举办“基层书记论党建”主题论坛，持续深化“三述三评”述职考评机制，督促落实基层党建 5 项基本制度，不断增强基层党组织书记抓党建主业的政治自觉、思想自觉和行动自觉。强化街道社区党组织的核心地位和统领作用，推广“1 + 3 + 3”区域化党建工作体系，健全区域性组织网络，以党建统领城市基层社会治理创新。持续打造精品党建品牌，推广“社区党校”“红色基因工程”等优质党建项目。

三要抓制度建规范。加强民主集中制理论学习，区委领导班子带头开展民主集中制学习活动，提高新形势下贯彻民主集中制的理论水平和实际运用能力。健全领导班子决策机制。明确决策程序、会议机制和沟通机制，保证决策的民主化、科学化。强化“正面清单”“负面清单”“专项清单”三位一体的组织建设，继续坚持区领导领衔办理人大建议和政协提案，对办理工作实行闭环式管理，实现人大、政协向区委提出书面建议常态化。找准落实民主集中制的着力点。落实党内民主，充分保障党员民主权利的运行，鼓励大家讲真话、报实情，营造民主氛围。加强党内外民主监督，全方位为民主集中制提供“防腐剂”，切实改进民主集中制的生存环境。

（四）坚持把作风建设作为全面从严治党的基本要求，不断提高作风建设水平

一要持之以恒反对“四风”。巩固落实八项规定成果，不断推进作风建设取得新成效。加强学习《中国共产党廉洁自律准则》和《中国共产党纪律处分条例》，严守“八项规定”“六项禁令”，明确广大党员和各级领导干部的道德“高线”与纪律“底线”，守住思想和行动的“总开关”“总闸门”。认真总结党的十八大以来改进作风的好经验、好措施，认真贯彻《中国共产党党内监督条例》要求，健全完善个人重大事项报告、作风状况经常性分析研判等制度。坚持从严从重查处，持续释放执纪必严的强烈信号。狠抓典型案件，推动作风转变。注意发现和纠正以形式主义、官僚主义方式对待党中央决策部署，把同党中央保持一致仅仅当作口号，“为官不为”“为官乱为”等突出问题，坚决防止“四风”问题反弹回潮。对违纪违法问题坚持零容忍，努力构建风清气正、干事创业的良好政治生态。

二要密切同人民群众血肉联系。要始终把“永远和人民在一起、同呼吸、共命运”作为每一名共产党员的根本政治立场，始终把保障和改善民生、增进人民福祉作为我们一切工作的出发点、“导航仪”和落脚点，千方百计为群众排忧解难。始终坚持以人民为中心的发展思想和工作导向，深入贯彻落实党的群众路线。大兴领导干部下基层联系群众之风、调查研究之风、现场办公之风、听取社情民意之风，坚持工作重心下移，班子成员每年下基层调研时间不少于60天；改进调研方式，以问题研讨、听取意见取代一般性工作汇报，更多采取不打招呼、明察暗访等方式直接深入群众掌握真实情况。坚持问题导向，重点解决突出问题。坚持以大多数群众的呼声和意愿为切入点，广泛集中民智，充分调动广大群众的积极性和创造性。统筹推进一批棚户区改造项目，完成便民工程和济困工程。落实好结对帮扶制度，开展精准帮扶，从根本上解决群众困难。

三要牢固树立优良作风。形成“纪委组织 + 部门协助 + 派驻组参与”的明察暗访机制，紧盯无视中央八项规定精神、坚持从严从重查处，持续释

放执纪必严的强烈信号。讲究工作方法，健全评价机制。领导作为“关键少数”，要带头落实主体责任，弘扬担当精神，真正把心思用在干事业上、把精力用在抓工作上，提高综合素质和工作能力，充分相信和依靠群众，严格依法依规办事，坚持科学、民主决策。建立健全科学合理的改革评价机制，发挥改革督察作用；通过群众参与、公开监督、规范流程、激励引导，增强广大党员干部的责任感和使命感。

（五）坚持把纪律建设作为全面从严治党的生命线，不断提高纪律建设水平

一要强化党内监督。坚持以制约权力为核心，突出监督主体责任，完善党内监督体系，发挥监督整体效能作用。督促各级党组织扛起主体责任。对照《石景山区建设风清气正政治生态任务清单》，深入落实主体责任全程纪实制度，推动权力运行公开透明，强化对“一把手”的监督，深入开展“一承诺两签责”，形成权力规范运行和及时纠错机制。推动巡察整改公开，充分发挥通报曝光的震慑作用，营造党内民主监督环境，形成监督合力。充分发挥纪检监察部门“治病救人为大爱、纪在法前行大道、聚焦主业大担当、修枝剪叶大作为”的执纪理念，以“严是爱、宽是害”“惩办少数就是爱护多数”的态度，保持惩治腐败无禁区、全覆盖、零容忍的高压态势，打赢反腐败这场输不起也决不能输的战争。要大力推行监察体制改革，继续深化纪检派驻改革，规范区纪委、派驻纪检组、被监督单位之间的关系，形成科学高效的运转机制。

二要加强监督执纪。筑牢纪律和规矩的坚强防线，提高运用“第四种形态”的思想政治水准和把握政策能力，切实增强运用“四种形态”政治效果。体现纪严于法，“治病救人”，防止小毛病发展为大错误。坚持抓早抓小，对党员干部的苗头性、倾向性问题早发现、早处置；对轻微违纪行为，及时纠正、及时处理，体现纪严于法、动辄则咎。把纪律和规矩挺在前面，严格干部日常监督管理。坚持关口前移，强化党性、纪律教育，促使党员干部自觉追求高标准、守住纪律底线，树立严管就是厚爱的意识，从严要

求党员干部。运用监督执纪“四种形态”，特别是第一、第二种形态。探索将巡察反馈结果、组织谈话函询的问题列入民主生活会内容，让批评和自我批评更有效，使红脸出汗成为常态；丝毫不放松对第三、第四种形态的把握运用，继续把执纪审查重点放在不收敛不收手方面，加大查处力度，坚决做到发现问题“零暂存”。

三要落实问责制度。用好问责条例这个管党治党利器。强化党委问责主体意识，明确纪委和工作部门职责权限，加强对权力集中、资金密集、资源富集的重点部门和关键岗位及“一把手”的监督。抓住“关键少数”，牢固树立领导干部责任意识。重点对党的领导弱化、党的建设缺失、从严治党责任落实不到位，以及维护党的政治纪律和政治规矩失责、贯彻中央八项规定精神不力、选人用人问题突出、腐败问题严重、不作为乱作为问题进行问责。定期报告问责情况、曝光典型问题。要敢于碰硬，敢于问责，加大纪委对同级党委的监督力度，开展党内问责情况专项检查。深化廉政教育基地建设。以廉政文化墙、廉政主题公园，尤其是反腐倡廉警示教育基地为基础，聚焦主题，突出特色，打造石景山特色的高水平廉政教育基地。深化“方圆石景山”“四风随手拍”两个微信公众号建设，深入开展党风廉政宣传教育月品牌活动，培育和树立先进典型。

（六）坚持把制度建设作为全面从严治党的根本保障，不断提高制度建设水平

一要深入推进党内制度建设。深刻领会党的制度建设要义，大力加强党内法规制度建设，全方位扎紧制度笼子，使制度真正成为硬约束，提高党建统领的民主化、科学化、程序化水平。深入学习党的各项制度。持续深入学习上级机关制定、修订的各项制度，如中央八项规定、《中国共产党巡视工作条例》、《中国共产党廉洁自律准则》、《中国共产党纪律处分条例》、《中国共产党问责条例》等，明确管党治党的新理念新思想。严格贯彻党的制度规定。努力做好配套制度建设，从区情实际出发细化落地措施，重点强化十八届六中全会决议的落实，保证中央和市委制度能够发挥现实效力。着力

完善制度执行机制建设，加强领导体制和工作机制建设，领导干部要以身作则，带头自觉执行制度，维护制度权威性，营造法律面前人人平等、制度面前没有特权、制度约束没有例外的良好运行机制。

二要建立健全党内法规制度体系。建立自上而下的制度实施体系。组织开展新一轮党内法规和规范性文件的集中清理，统筹做好立改废释工作，顺通石景山区制度体制机制。强化党内法规制度建设的领导责任，把党内法规制度建设纳入党的建设总体安排，全面落实党建责任清单制度，健全主体明晰、责任明确、有机衔接的责任体系，完善组织领导、压力传导、检查指导、谈话提醒、考核测评、督察追责等各环节责任链条，进一步推动管党治党从“宽松软”走向“严实硬”。各级领导干部要以上率下、示范带动，纪检部门要加强监督检查和追责问责，不断增强党的建设的制度意识。对照“六位一体”的党建工作格局，建立全覆盖、广效力的党内制度体系。明晰制度定位，加强党内重点问题和突出问题的制度建设，系统推进党的思想建设法规、党的组织建设法规、党的队伍建设法规、党的作风建设法规、党内工作程序法规建设，构建内容科学、程序严密、配套完备、有效管用的制度体系。

三要全面提升制度执行力。加强制度宣传和学习，培育制度文化和制度意识。充分利用网络媒体、社区讲堂、广播电视以及公益广告等形式，营造守制度、讲奉献的社会氛围。抓住领导班子和领导干部这一“关键少数”，着力提升广大党员干部的执行力，率先垂范，发挥示范作用和导向作用。抓好重点工作，强化落实措施。明确制度执行抓手和层级落实机制，确保制度与工作实践的顺畅衔接；细化制度落地举措，加强针对性和专业性指导，推动制度落实在“最后一公里”取得预期实效。借助信息技术等大数据手段，打造全过程管理信息平台，尽早发现制度执行中的问题，及时对制度执行情况进行评估和更正；落实制度主体责任，履行监督责任，对违反制度的人和事，敢揭露敢较真，一查到底，确保制度不流于形式，保证制度真正落在实处。加大对制度执行不力的问责力度，对有令不行、有禁不止的，要严肃查处直接责任人，严肃追究相关领导人员的责任，切实维护党内法规制度的严肃性和权威性，确保各项制度规定成为必须遵守的刚性约束。

参考文献

1. 中共中央宣传部理论局：《全面从严治党面对面》，学习出版社，2017。
2. 戴焰军：《严肃党内政治生活十二讲》，广东人民出版社，2017。
3. 吴兴智：《党的制度建设实践：成就、经验与启示》，经济科学出版社，2017。
4. 郭玉良：《核心力量：基层党组织的动力、能力、魅力建设》，北京出版社，2014。

B.14

农村基层党组织抓党建促增收作用发挥情况的现状分析与对策研究

——以北京市门头沟区为例

北京市门头沟区委组织部课题组*

摘　要： 本报告紧紧围绕北京市委提出的“打好精准脱贫攻坚战”战略部署要求，立足门头沟区农村基层党组织引领低收入增收工作实际，选取全区8个镇45个低收入村作为调研对象，分析农村基层党组织抓党建促增收作用发挥情况的现状，总结经验做法、查找短板不足，深挖问题根源。最后，立足精准扶贫、精准脱贫，从率先全面建成小康社会出发，统筹提出强化农村基层党组织抓党建促增收作用发挥的对策建议：一是强化责任担当，激活引领带动的主动能；二是强化支部建设，筑牢一线战斗的主阵地；三是强化骨干作用，建强帮扶攻坚的主力军；四是强化统筹协调，畅通各方帮扶主渠道。

关键词： 门头沟区　基层党组织　抓党建促增收

---

* 课题组组长：陆晓光，北京市门头沟区委常委、组织部部长，区委党的建设工作领导小组副组长、办公室主任。

课题组成员：夏名君，北京市门头沟区委组织部副部长、区委党的建设工作领导小组办公室副主任；翟凤磊，北京市门头沟区委组织部调研信息科科长、区委党的建设工作领导小组办公室秘书科科长；孙思，北京市门头沟区委组织部调研信息科副主任科员；王翠华，北京市门头沟区委组织部调研信息科副主任科员。

党的十九大报告提出："让贫困人口和贫困地区同全国一道进入全面小康社会是我们党的庄严承诺。"打赢脱贫攻坚战，具体到北京市，就是要抓好低收入精准帮扶工作。

农村基层党组织是党在农村全部工作和战斗力的基础，是贯彻落实党的扶贫开发工作部署的战斗堡垒。本文以门头沟区为例，选取全区 8 个镇、45 个低收入村为调研对象（覆盖全部有低收入户的镇和所有低收入村），共发放问卷 135 份，召开座谈会 8 场，走访基层党员干部群众 120 余人，根据调研情况撰写形成调研报告，力争为抓党建促增收工作提供理论依据和实践参考。

一　门头沟区农村基层党组织抓党建促增收作用发挥情况的现状分析

门头沟区属于革命老区，山区面积占 98.5%。按照 2016 年北京市低收入村统计标准，全区 178 个行政村中有低收入村 45 个，低收入农户 5725 户、10790 人，涉及 8 个镇、124 个村，抓党建促增收任务十分艰巨，不仅需要国家战略支持，更需要基层党组织切实发挥好战斗堡垒作用。在市委和区委的坚强领导下，全区农村基层党组织严格落实抓党建促增收工作要求，发挥了积极作用，取得了一定成效。

（一）夯实组织基础，强化基层党组织领导和战斗堡垒职能

全区农村基层党组织牢牢把握组织群众、宣传群众、凝聚群众、服务群众的职责作用，切实发挥领导作用，打造增收致富的坚强战斗堡垒。

第一，突出党建引领，压实精准帮扶责任。区委制定《关于进一步推进低收入农户增收及低收入村发展的实施方案》，并把抓党建促增收作为各级党组织落实党建工作责任制和党组织书记党建述职的重要内容；8 个镇党委全部出台了精准帮扶实施方案并完善了相关制度，45 个村党组织全部制定了低收入户帮扶方案、建立了帮扶工作台账。斋堂镇白虎头村制作的"精准帮扶台账"被市农委作为模板在全市范围内推广。

第二，加强学习实践，提升自我造血能力。45 个低收入村党组织全都将精准帮扶相关内容列入“三会一课”，并结合理论研讨、技能培训等活动，积极探索新的经济增长点。妙峰山镇陇驾庄村党支部充分发挥满族村优势，打造满族文化玫瑰园；斋堂镇东胡林村党支部深挖西山永定河文化带的历史文脉，形成了以古人类文化、地质遗迹、生态旅游等为核心的村庄发展布局。

第三，坚持问题导向，补齐增收致富短板。强化支部主体作用，在全区 267 个支部开展规范化建设试点，其中低收入村 12 个；加强软弱涣散党组织整顿工作，通过选派第一书记、选配基层党建助理员等多种途径，夯实基层基础。对连续三年未发展党员的村开展专项调研，通过“点名”发展机制，增强基层党组织战斗力。

（二）加强队伍建设，发挥党员干部先锋模范作用，提升引领带富能力

坚持把践行“四个合格”贯穿精准帮扶工作始终，引导党员干部先行一步、带动一片，努力成为增收致富的“领头雁”。

第一，加强“带头人”建设，强化“主心骨”作用。区委制定全区基层党组织书记轮训工作方案，加强对村干部的系统培训。2016 年以来，先后组织村“两委”班子培训 4 班次，培训村“两委”主要干部 1000 余人次、第一书记 224 人次，实现了全覆盖。各镇党委加强对村书记、主任尤其是低收入村干部的教育培训，开展各类专题培训 40 余班次、1100 人次。各村党组织通过“三会一课”、参观学习等形式，组织“两委”班子成员学习培训 180 余次。

第二，加强“主力军”建设，突出“先锋队”作用。深入开展“共产党员先锋行”、党员设岗定责、承诺践诺、在职党员到村报到服务工作等活动，引导党员当表率、做示范。潭柘寺镇鲁家滩村党总支结合拆迁工作实际，将党员划分为评估岗、入户岗、确权岗、纠纷调解岗等岗位，有效发挥党员的示范带动作用。

第三，加强“后备军”建设，发挥“蓄水池”作用。注重在本地优秀

青年、回乡大学生、退伍军人、致富能人中选拔后备干部，探索开展“双向提名、三级培养”后备干部培育机制，在4个镇试点选配57名村级党建助理员，保障农村各项事业健康有序发展。

（三）强化制度保障，优化增收致富的环境氛围

把制度建设作为推进抓党建促增收工作的重要保障，不断完善工作机制，创新工作载体，增强工作合力，确保精准帮扶工作落到实处、取得实效。

第一，夯实组织保障“基本面”。建立“六个一”帮扶机制，即实现每个镇都有1～2名区级领导干部挂帅，每个低收入村都有1名正处级领导具体联系、1个区级帮扶单位和1个团支部对口帮扶、1名第一书记和1名大学生村官参与帮扶、1名全科农林技术员参与帮扶、1个企业结对帮扶。调研显示，45个低收入村共匹配结对单位和人员400余个，8个镇全部成立低收入帮扶工作组，并坚持每月例会，有效推进精准帮扶工作。

第二，念好第一书记“外来经”。区委积极统筹市、区第一书记资源，对市派第一书记加强协调指导，用好用活市级各项帮扶政策；累计从全区各单位选派50名第一书记，并严格落实“第一书记管理办法”，加强驻村帮扶工作考核。各镇、村党组织加强对第一书记的日常教育管理，充分发挥第一书记引领、帮扶、指导作用。

第三，强化基础保障“硬投入”。区委探索建立以城乡基层党组织服务群众经费为主体、区级各项服务经费为补充的基层党组织服务群众专项经费体系，制定“关于进一步加强村干部待遇保障的意见”，建立第一书记帮扶项目奖励资金；各镇党委充分落实区委要求，加大项目、政策、资金对低收入村的倾斜力度；各村党支部充分利用外部扶持，挖掘本地资源优势，打造主导产业。

门头沟区农村基层党组织在全区各级党组织的领导、指导、支持、帮助下，抓党建促增收取得了积极成效。2016年，全区5725户低收入农户中，有1337户家庭人均可支配收入高于低收入农户标准11160元，占全部低收

入农户的23.5%；全区低收入农户家庭人均可支配收入9062元，高于全市低收入农户平均水平。

二　农村基层党组织抓党建促增收作用发挥存在的问题

门头沟区农村基层党组织抓党建促增收工作的实践证明，农村实现增收致富的核心就是农村基层党组织。调研发现，部分农村基层党组织在抓党建促增收工作中还存在一些问题和不足。主要表现在三个方面。

（一）思想认识不到位，支部整体功能发挥不够充分

一些农村基层党组织和党员干部对新形势下如何发挥村党组织服务保障作用的认识不到位，抓党建工作的意识不强、能力不足，影响了党组织整体功能的发挥。

第一，抓党建促增收的本领不强。有的村党组织对于抓党建促增收工作找不到合适的结合点，26.3%的村党组织书记认为“农村党建就是党员活动”，对抓党建与增收致富的关系认识不清。

第二，抓党建促增收的动力不够。有的村党组织还存在“等政策、靠项目、要资金”的思想观念，15.8%的村党组织书记认为谋发展、定方向是上级党委政府的事，村级层面只要抓好执行就可以了。

第三，抓党建促增收的信心不足。有的村党组织习惯按部就班，缺乏开拓创新的信心和决心，17.1%的村党组织书记不愿打破现状，表示“众口难调，只要保持村庄稳定就行了”。

（二）组织建设有短板，党员先锋模范作用不够突出

随着地区经济社会转型发展，党员结构和思想观念都发生了变化，而低收入村大多位于地理位置偏远、基础设施相对落后的深山区，队伍建设和工作方式与新形势新要求还不相适应，党员带领群众增收致富的先锋模范作用

有待加强。

第一，党员队伍“青黄不接”，示范带动“后劲不足”。全区45个低收入村党员平均年龄57.2岁，45岁以下占16.2%，60岁以上占50.6%，大专以上学历占7.4%，返乡务工创业人数不足2.8%，青壮年党员培养后劲不足，带领群众增收致富能力不强。

第二，作用发挥“载体有限”，示范带动“活力不足”。有的党组织满足于“党员联系户”等既有做法，缺少对党员有效发挥作用的精准谋划，33.2%的党员表示“很愿意带领村民致富，但不知道怎么办”。

第三，长效机制“尚未建立”，示范带动“常态不足”。22.4%的村党组织没有建立在低收入精准帮扶工作中有效发挥党员作用的常态化长效化机制，党员帮扶大多是“各自为战”，效果不佳。

（三）统筹协调不科学，外部资源整合运用不够有效

中央、市委和区委的惠农政策和活动总量很多，为农民增收致富提供了助力，但具体到基层，有的村党组织没有发挥好一线调度作用，不善于合理统筹运用各类帮扶力量，资源最大化效应没有发挥出来。

第一，沟通对接不精准，帮扶措施“简单化”。有的村党组织缺乏与帮扶主体的深度沟通联系，没有找准共同发展的最佳结合点，35.5%的村党组织对帮扶主体提供技术、产业、项目还是资金等没有明确要求，帮扶措施停留在走访、慰问等低端方式上。

第二，指挥火力不集中，帮扶力量“碎片化”。22.4%的村干部反映疲于应付各帮扶主体的扎堆调研；17.1%的受访者认为存在“帮扶力量分散、多头推进，资金和项目落实效率不高”的问题。

三 强化农村基层党组织抓党建促增收作用发挥的对策建议

党的十九大强调，要坚持精准扶贫、精准脱贫，做到脱真贫、真脱贫。

从基层实际来看，帮扶攻坚越往后难度越大，必须持续跟进、不断深入，建强一线战斗堡垒，为打赢低收入精准帮扶攻坚战提供坚强组织保证。

（一）强化责任担当，激活引领带动的主动能

习近平总书记强调："摆脱贫困首要意义并不是物质上的脱贫，而是在于摆脱意识和思路的贫困"。因此，推进低收入精准帮扶要坚持"扶志"与"扶智"并重，激发内生动力。

第一，突出增智提能，提高党员干部能力素质。以"两学一做"学习教育常态化制度化为抓手，围绕十九大精神和习近平总书记关于脱贫攻坚的指示精神，区级层面依托党建大培训体系，坚持每年对农村党员干部开展分类轮训；镇级层面，依托"基层党建论坛"等交流平台，提升干部履职能力；村级层面，以"三会一课"、党员固定活动日等为抓手，使党员通过"富脑袋"促进"富口袋"。

第二，深挖发展潜能，增强基层内生造血能力。围绕落实生态涵养区功能定位和"西山永定河文化带"建设，充分发挥基层党组织主观能动性，盘活生态山水、红色历史、古村古道等闲置资源，推动土地流转起来、资产经营起来、农民组织起来，提高增收致富的内生动力。

第三，加强考核问效，压实帮扶攻坚政治责任。坚持把精准帮扶作为党员干部转变作风的硬要求和考核管理的硬杠杆，在基层党建述职评议考核中聚焦抓党建促增收，在处级班子和领导干部考核中突出帮扶攻坚实效，推动各级党组织和党员干部精准帮扶责任落地落实。

（二）强化支部建设，筑牢一线战斗的主阵地

中央明确提出党支部建设是最重要的基本建设，这就要求我们把低收入精准帮扶同基层组织建设有机结合起来，建强战斗堡垒。

第一，推进组织设置科学化。摸清班子状况，对低收入村"两委"班子进行全面摸底，及时调整配备，切实增强党组织的战斗力。优化党组织设置，围绕旅游文化休闲健康产业培育，探索组建产业链党组织等更加务实管

用有效的组织设置方式，增强基层党组织引领农民增收致富的整体效能。

第二，推进组织运行规范化。全面推进党支部规范化建设，解决农村党组织“干什么”“怎么干”“何时干”“干成什么样”等基本问题，切实增强党支部把握方向的政治定力和引领发展的服务功能。

第三，推进组织生活正常化。重点抓好农村“三会一课”、组织生活会、民主评议党员等基本制度落实，并主动适应时代特征和山区特点，围绕抓党建促增收工作，鼓励镇、村探索推行“党建 APP”“党建 E 家人”等“互联网 +”党建模式，使组织活动形式更好地为增收致富的内容服务。

（三）强化骨干作用，建强帮扶攻坚的主力军

打赢帮扶攻坚战，干部人才是重要支撑。要抓住“两委”班子、第一书记、党员队伍这三支骨干队伍，打造强村富民的主力军。

第一，强化村党组织“带头作用”。要选优配强低收入村党组织书记，为每个低收入村储备 1 至 2 名后备干部，并建立动态调整机制，对在重点工作、重大任务中执行不力、担当不够的村党组织书记及时进行调整，营造干事创业的鲜明导向。

第二，发挥第一书记“尖兵助力”。对市派第一书记进一步加强协调指导，用好用活市级各项帮扶政策；对区派第一书记坚持“严选精兵、训帮结合”原则，严格落实“管理办法”，加强帮扶实效考核，努力实现下派一人、带动一片、致富一方的聚集效应。

第三，激活农村党员“先锋效应”。优化党员队伍结构，对 3 年未发展党员的低收入村严格落实“点名”发展机制；抓好党员致富带头人队伍建设，通过强化项目、资金、政策等扶持，形成聚点成片、以点带面的示范辐射效应；拓宽联系服务群众渠道，研究制定“党组织党员在低收入村（户）增收帮扶和美丽乡村建设工作中发挥作用的意见”，推动党员作用发挥常态化制度化。

（四）强化统筹协调，畅通各方帮扶主渠道

低收入村党组织要进一步理清思路，加强对各类帮扶资源的统筹谋划，

切实发挥“最大效能”。

第一，进一步理清发展思路，强化精准对接。新时代低收入精准帮扶工作，贵在精准、重在精准。农村基层党组织要加强调查摸底，主动对接“在职党员到社区（村）报到”“五进农村”、结对共建等活动，找准本地区与帮扶主体共同发展的切入点，实现经济起步腾飞。

第二，进一步完善工作机制，强化协调联动。农村基层党组织上连天线、下接地气，要发挥好领导作用，探索建立低收入精准帮扶工作联席会等协调机制，强化各方面帮扶主体的聚合效应。要在“统筹”上下功夫，积极整合各类帮扶资源，严格民主决策，用好“党组织服务群众专项经费、党组织和党员活动经费”等资金，既防止“大水漫灌”“撒胡椒面”，又防止“垒大户”“造盆景”，切实让帮扶成效真正获得群众认可、经得起实践和历史检验。

参考文献

1.《党的十九大报告辅导读本》，人民出版社，2017。
2.《习近平谈治国理政》，外文出版社，2014。
3.《习近平：更好推进精准扶贫精准脱贫　确保如期实现脱贫攻坚目标》，新华网，http：//www. xinhuanet. com/politics/2017 - 02/22/c_ 1120512040. htm。
4.《习近平谈扶贫》，中国共产党新闻网，http：//theory. people. com. cn/n1/2016/0901/c49150 - 28682345 - 2. html。

B.15
北京城市副中心建设背景下组织工作的形势、问题与对策

北京市通州区委组织部课题组*

摘 要： 本报告围绕贯彻习近平新时代中国特色社会主义思想，推动京津冀协同发展，立足北京城市副中心建设和组织工作实际，通过发放问卷1516份，实地走访处级单位20余家、党支部60多个，深入分析了推进城市副中心建设中，组织工作面临的新形势，查找出当前组织工作存在的优秀干部储备不够、基层党建工作规范化水平提升不够、人才集聚效应显现不充分等问题，重点强化政治特征，围绕干部工作、基层党建工作、人才工作三个方面，研究提出了当前和未来一段时间内，进一步为城市副中心建设提供组织保障的思路和举措。

关键词： 北京城市副中心建设 基层党建 人才工作

党的十九大把习近平新时代中国特色社会主义思想确立为全党的指导思想，首次将政治建设纳入党的建设总布局，给组织工作提出了明确要求，提供了基本遵循。北京城市副中心与雄安新区作为疏解非首都功能的集中承载

---

* 课题组组长：韦江，北京市通州区委常委、组织部部长。
课题组成员：赵志刚，北京市通州区委组织部常务副部长；汪维，北京市通州区委组织部副部长；王鑫，北京市通州区委组织部副部长。

地，将形成首都北京新两翼。组织路线服务政治路线，新时代，组织工作和组织部门要敢于应对新挑战，破解新问题，为服务好城市副中心建设提供坚强组织保障。

一　在全力推进城市副中心建设中组织工作面临的新形势

习近平总书记深入副中心视察并作重要指示，中央、市委提出了明确要求。在市级机关即将入驻的关键时期，组织工作服务保障副中心建设面临着新的形势任务。

（一）党的十九大对新时代组织工作提出了新要求

站在新的历史起点，回答好“建设一个什么样的首都，怎样建设首都”的时代课题，需要准确把握全市组织工作的时代坐标，以首善标准推进政治建设、思想建设、组织建设和作风建设，展现新气象，实现新作为。

其一，要更加突出提高站位，模范践行“看北京首先从政治上看”的要求，带头抓好政治建设。党的政治建设是党的根本性建设。新时代，全市组织工作的重要使命就是要为建设一个从站起来、富起来向强起来飞跃的伟大社会主义祖国的首都、一个迈向中华民族伟大复兴的大国首都提供坚强的组织保证；为京津冀协同发展中抓住疏解北京非首都功能这个“牛鼻子”，建设国际一流的和谐宜居之都提供坚强组织保证。这要求我们必须带头提高政治站位，以政治建设统领组织工作，突出政治标准选人用人，突出政治功能固本强基，突出政治吸纳集聚人才，突出政治属性建设模范部门，以首善标准推动形成风清气正的良好政治生态。

其二，要更加突出思想引领，以习近平新时代中国特色社会主义思想为行动指南，带头抓好思想建设。“思想建设是党的基础性建设”，新时代新任务新实践需要新的思想来指引。组织部门必须在推动习近平新时代中国特色社会主义思想在京华大地形成生动实践上当先锋、做表率，教育引导首都

党员干部深入理解和把握贯穿其中的科学体系、精神实质、实践要求，结合推进“两学一做”学习教育常态化制度化、“不忘初心、牢记使命”主题教育，在学思践悟、知行合一上发挥首都示范效应，以思想自觉引领行动自觉，形成万众一心建设国际一流的和谐宜居之都的磅礴力量。

其三，要更加突出聚焦主业，建设与首都“四个中心”功能定位相匹配的高素质专业化的干部人才队伍，提升超大城市治理中基层党组织的组织力，带头抓好组织建设。政治路线确定之后，干部就是决定因素。北京拥有普通高等院校 89 所，各类科研院所 412 家，数量位居全国首位。在京两院院士 766 人，占全国的 1/2，这是建设高素质专业化干部人才队伍的独特优势。组织部门要把政治过硬作为“高素质”的第一位要求，培养选拔具有专业能力、专业精神的干部。要树立落实到基层、落实靠基层的理念，破解超大城市基层党建难题，探索党建引领首都基层治理的有效路径，打造共建共治共享的首都社会治理格局。

其四，要更加突出宗旨观念，把以人民为中心的发展理念落实到组织工作的全过程和各方面，带头抓好作风建设。党的十九大报告全文 200 多次提到“人民”，新时代，党的任务更加关注人民对美好生活新的多样化需求。组织工作和组织部门要坚持实践实干实效，带头整治形式主义、官僚主义新表现，带头践行以人民为中心的发展思想，在干部选任、干部管理监督、基层党建、发展党员等重要工作中注意倾听群众意见，不断提高群众对组织工作的参与度、认可度、满意度。要深入基层一线开展调查研究，切实提高谋划工作、制定政策、推进落实的质量。继承发扬组织部门优良传统和作风，持之以恒建设“讲政治、重公道、业务精、作风好”的模范部门。

（二）高标准建设城市副中心对组织工作提出了新挑战

建设北京城市副中心是千年大计、国家大事。新时代组织工作更好地服务保障副中心建设，面临着新的挑战。

其一，城市功能定位升级带来了新挑战。中央政治局“5·27”会议提出要坚持“世界眼光、国际标准、中国特色、高点定位”规划建设北京城市副中心。习近平总书记视察城市副中心，再次强调了规划、建设、管理都要坚持高起点、高标准、高水平。北京城市总体规划（2016～2035年）提出构建“一核一主一副、两轴多点一区”的城市框架结构，城市副中心成为单列的空间布局。这既对全区各项工作提出了新要求，也为组织工作带来了新挑战。组织部门要坚持首善标准，发扬工匠精神，探索出一条服务保障“三个示范区”建设的新路子，以更加开放的思想、更加前瞻的认识，提升组织工作整体水平。

其二，市级机关入驻副中心带来了新挑战。2018年，以市级机关入驻为标志，通州将进入一个新的发展阶段。从现在到2020年，是城市副中心确立格局，打牢进一步全面发展根基的机遇期。三年时间，城市副中心主要基础设施建设框架将基本形成，承接中心城区功能疏解将取得明显成效，各种服务保障职能会相应增加，这些对组织工作将产生深远影响，对党员干部人才队伍和各级党组织提出更高要求。组织部门要充分认识和把握新阶段的特征，适应新变化，采取新举措，为承接好中心城区非首都功能疏解做出新的贡献。

其三，城镇化进程加速推进带来了新挑战。目前全区常住人口城镇化率为65%，2个乡镇基本实现城镇化，3个新型城镇化综合试点乡镇正在快速推进，还将有部分乡镇改制成多个街道，470个村中已有110多个村完成拆迁，城镇人口规模和比例不断提高。人口向城市集聚，给城市社会带来深刻变化，原有单一紧密的社会结构日益松散，跨产业、跨城乡、跨区域统筹情况增加，非公企业和社会组织蓬勃发展，这些都对组织工作带来了新挑战。组织部门要更加适应城乡格局变化，更加创新体制机制，以应对这些挑战。

其四，基层组织形态新变化给组织工作带来了新挑战。随着城市副中心建设的不断深入，基层组织工作的内涵和外延发生了较大变化。其领导方式由自上而下的行政管理模式，逐步向协调指导服务转变；组织方式从条块分割、以条为主，朝条块结合、以块为主的区域化方向转变。以单位为载体的思想教育模式、服务管理模式、组织动员模式，不适应现代社会党员的流动性、利益主体的多元性、党员思想的活跃性，这就要求组织工作因势而变、不断创新。

（三）新形势下党员干部群众对组织工作有了新期待

从整体来看，全区广大党员干部群众对组织工作是高度认可的，超过90%的受访者对组织工作服务保障副中心建设方面的评分在85分以上。随着功能定位的提升，全区各项工作向中心城区看齐，让广大党员干部群众有了新的憧憬，也对组织工作有了新的期待。

其一，对营造更加风清气正的政治生态有了新期待。近80%的受访者认为应更加聚焦城市副中心建设需要选拔任用干部，超过50%的受访者希望加强干部日常考察，58.4%的受访者认为应将从严监督贯穿选人用人的全过程。调研座谈中，大家普遍表示“两学一做”学习教育常态化制度化是推进全面从严治党向基层延伸的有效途径，65.9%的人认为应更加严肃党内政治生活。组织部门必须顺应新期待，树立鲜明的选人用人导向，不断改进选人用人方式，强化日常管理监督，进一步严肃党内政治生活，营造更加风清气正的政治生态。

其二，对建设引领发展、为民服务的基层党组织有了新期待。座谈中了解到，随着社会主要矛盾的转变，群众对未来美好生活有了更多期待，对身边的基层党组织和党员干部寄予厚望，这些都依赖组织工作提供更加坚强的保障。要强化党组织政治功能和服务功能，推动解决通州南北不均衡、城乡不协调、产业发展少支撑、公共服务有短板等不平衡不充分问题，提高群众的满意度和获得感。

其三，对区域人才发展环境和人才作用发挥有了新期待。近年来，通州区以建设城市副中心人才高地为目标，积极推进高层次人才引进培养，强化精准服务，营造了人才发展良好环境。调研显示，88%的受访者对2017年全区人才工作取得成效表示十分认可，75.3%的受访者希望进一步推动人才队伍高端化，社会各界和各类人才对区域人才发展环境的优化提升，对人才在副中心建设中的作用发挥充满期待。面对新期待，组织部门要实行更加积极、开放、有效的人才政策，更好发挥人才对副中心建设的支撑引领作用。

二　城市副中心建设中组织工作面临的突出问题

在组织工作服务保障城市副中心建设过程中，解决了一批建设初期存在的如认识不到位、站位不够高等问题，但仍然有一些问题尚未完全解决。随着新时代新发展带来的新要求，以及副中心建设的不断深入，也产生了一些新的问题。主要表现在以下三个方面。

（一）干部队伍建设与城市副中心建设的需要有差距

其一，优秀的干部人才储备不够。区委组织部始终注重畅通干部人才选拔培养的渠道，坚持内部挖潜，科学选拔，优化了干部队伍结构。但随着副中心建设的飞速发展，目前的干部人才储备，无论是数量还是质量，对照蔡奇同志提出“培养一支能干30年的队伍”的要求，特别是对照具有战略眼光、专业素养的要求等方面还有一定差距。

其二，干部管理信息化水平仍有待提升。虽然建立了区管干部信息数据库，为领导提供手持设备查询等功能，但还存在单一化、孤立化等问题，与区属各单位的数据共享渠道还有待开发建设，对相关单位涉及领导干部的专项考核评价结果，还需加强收集整合和分析应用。

（二）基层党建与全面提升、全面过硬的要求有差距

其一，面上统筹和点上推进协调不够。虽然已经意识到要将基层党建工作重心逐渐转移到街道社区、新兴领域，但有效举措还不系统，基层抓传统领域党建用力多，新兴领域“两个覆盖”力度不够。41.4%的受访者认为，各领域基层党建用力不均，对一些新兴领域党组织重建轻管。在党建工作品牌创建方面，基层涌现出了“双向积分”“四有四服务”“五微工作法”等党建品牌，但区级层面整体特色不够鲜明，需要加强总结提升和探索创新。

其二，基层党建工作规范化水平提升不够。60.2%的受访者比较关注加强党支部规范化建设。50.1%的受访者认为一些党支部主体作用发挥不力，

党建工作与城市副中心建设融合不够。一些党支部党组织生活方式陈旧，落实工作“偷工减料”。抓基层党建“上面千条线、下面一根针”的压力凸显，57.6%的受访者觉得基层党务工作力量不足。一些“一肩挑”的党支部书记重业务轻党务情况仍然存在。一些党员参与组织生活主动性不强，40.6%的受访者认为一些党员执行组织生活制度不严格，64.3%的人认为部分党员存在党员意识弱化的问题。

其三，责任和压力在基层一以贯之不够。43.9%的受访者认为基层党建责任体系不完善。基层党建责任压力传导存在层层衰减的现象，通过深入一线“看、查、问、走”发现，一些基层党支部书记抓党建责任落实不到位，有的工作任务不能责任到人、落地生根，从严治党向基层延伸的“最后一公里”没有完全打通。工作“算盘式”，拨一拨，动一动。区级层面建立了基层党建考核评价指标体系，但有的基层党组织存在“过关”心理，有突击搞活动、应对检查的现象，没有把指标体系真正融入日常工作。

（三）人才集聚效应显现不充分，对城市副中心建设的支撑作用发挥不充分

其一，数量与质量的全面提升需要进一步加快。通州区人才资源总量占全市总量不足3%。全市共有国家“千人计划”入选者1658人，北京市“海聚工程”入选者916人，通州地区入选以上两项工程的专家仅7人，人才高端化、市场化、一体化、国际化程度比较低。70.6%的受访者认为当前与城市副中心相适应的高层次人才缺乏，人才的数量和质量需要快速全面提升。

其二，人才与产业的融合发展需要进一步加强。通州经济发展底子薄、支撑弱，整体水平相对滞后，产业对人才的竞争力和吸附力不强，经济发展水平直接影响了产业和人才的集聚。规模以上工业企业研发强度不足2%，技术合同成交额仅占全市的2%，科技创新方面还有很大提升空间。60.8%的受访者认为人才市场化和专业化程度比较低，57%的受访者认为应加大区域人才与产业融合发展的力度，推动形成以业聚人、以人促产的集聚效应。

其三，留人与用人的综合环境需要进一步改善。留住人才的综合配套环

境还有较大提升空间，为人才提供“定制化”服务的体系还不健全，区域人才吸引力不强。调研中64.8%的受访者认为应加强人才保障，解决人才后顾之忧。由于人才资源短缺，抓人才工作的精力投入到引进和培养环节多，投入到使用、管理和服务环节少。人才参与副中心建设的平台搭建得不够完善，人才价值的体现还不够充分。

三　为城市副中心建设提供好组织保障的对策建议

总体思考是，抓住一条主线：全面贯彻党的十九大精神。把握一个灵魂：以习近平新时代中国特色社会主义思想为指导。强化一个统领：以党的政治建设为统领。突出一个焦点：紧紧围绕城市副中心建设。抓实一个载体：开展“不忘初心、牢记使命”主题教育。树立四个理念：坚持对标首善的工作理念，优化顶层设计，规范基层基础；坚持党建引领的工作理念，突出政治功能，聚焦服务发展；坚持提质增效的工作理念，立足解决问题，精准科学施策；坚持以人民为中心的工作理念，强化宗旨意识，走好群众路线。实现一个目标：不断提高新时代组织工作质量和水平，努力打造与城市副中心建设相匹配的高素质干部队伍、相适应的基层党建示范区、相融合的高层次人才聚集地，切实增强党组织的政治领导力、思想引领力、群众组织力、社会号召力，以一流的组织工作保障城市副中心建设。

具体是强化政治特征，统筹推进三大任务。

（一）突出政治标准，坚持事业为上，打造与城市副中心建设相匹配的高素质干部队伍

截至2017年底，全区共有处级领导干部654人，平均年龄48岁，其中，39岁以下的占13.3%，40~50岁的占45.3%，51岁以上的占41.4%。全日制大学及以上学历干部占33.2%。近年来，干部队伍结构逐步优化，能力素质不断提升。要按照党的十九大提出的建设高素质专业化的干部队伍要求，积极打造与首都“四个中心”定位相适应、与城市副中心建设相匹

配的高素质干部队伍。重点抓好“五大建设”。

1. 加强选人用人环境建设，树立正确导向

一是明确选人用人“风向标”。调研中，73.7%的受访者希望更加注重“树立正确的选人用人导向”（见图1）。要认真落实中央、市委提出的选人用人标准和要求，立足副中心建设大局，树立“看状态、看作为、看担当”的鲜明导向。第一，政治要强。注重选拔对党忠诚、信念坚定，“四个意识”牢固，在关键时刻经得住考验，在重大原则问题上立场坚定，服从组织安排，忠于职责使命的干部。第二，能力要强。注重选拔谋发展、善改革，工作有思路、有办法，在城市副中心建设中取得有目共睹的成绩，在急难险重岗位上经受历练、实绩突出的干部。第三，担当要强。注重选拔积极进取、干事创业，敢闯敢试、敢于担当的干部。对在推进城市副中心建设中勇于承担风险，主动承担责任，工作成效显著的干部，及时予以提拔重用。第四，作风要强。注重选拔清正廉洁、大公无私，不跑不要、勤政务实，扎根基层、埋头苦干，作风扎实稳重、一贯忠诚老实，以及遵章守纪意识强、为民服务态度好的干部，以选人用人的风清气正之态营造干事创业的良好氛围。

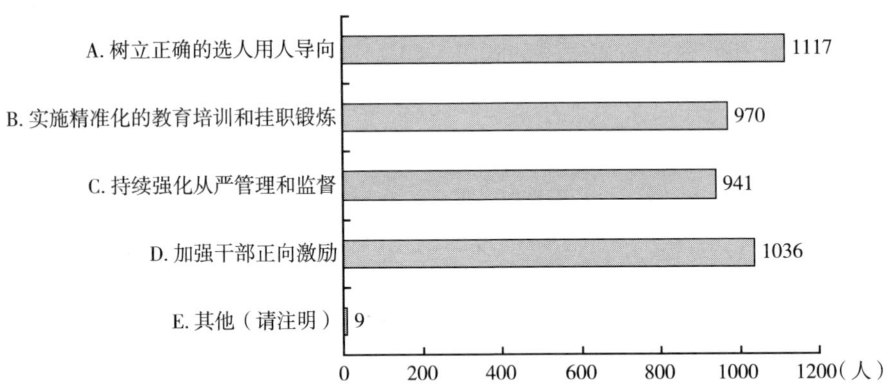

图1 “您认为城市副中心建设背景下，干部队伍建设方面迫切需要进一步加大力度的举措有”（可多选）问卷结果

二是突出知人善任。调研显示，“对通州区选人用人在知人善任方面的评价”为“较好”以上的占86%（见图2），而50%的受访者认为“统筹

干部资源视野不宽”。由此可见，在知人善任方面总体情况是好的，但还有改进空间。要健全“多维选才”干部选拔机制，最大化统筹干部资源，加强和改进推荐提名机制，近距离、多侧面、全方位考察了解干部，通过“听其言、观其行、察其绩”，精准化地评价干部。要坚持人岗相适，注重将熟悉基层党建、意识形态、村镇规划、生态环境建设等方面的干部选拔到乡镇工作；将熟悉城市建设管理、战略性新兴产业及社会治理等方面工作的干部选拔到街道工作；将既懂专业又懂管理、具有战略思维和国际视野的干部选拔到区直部门工作。通过扩大视野、科学选配，不断提升高素质干部增量。

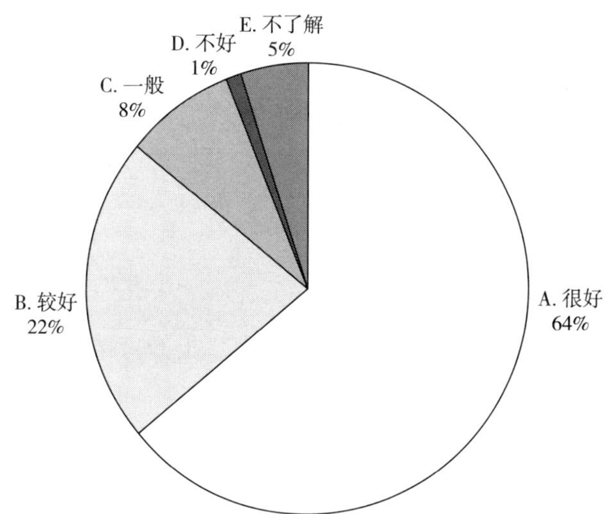

图 2　“对通州区选人用人在知人善任方面的评价”问卷结果

三是从严把好选人用人关。始终把《党政领导干部选拔任用工作条例》作为基本遵循，严把入口关、程序关、审核关。健全完善干部选任工作流程和全程纪实制度，把从严规范操作贯穿动议、民主推荐、考察、讨论决定、任职等各个环节。前移审核关口，做到动议即审，并对人选廉洁自律情况实行廉政把关制度。要增加任前考察深度，避免为了“赶会”去搞“印证式”考察。要拓宽发现问题渠道，注重延伸考察，拓展评价主体。

2. 加强干部思想理论建设，突出政治坚定

一是用党的十九大精神武装党员干部头脑。坚持把学习贯彻落实党的十九大精神作为首要政治任务，在“学懂、弄通、做实”上下功夫。以处级以上领导干部为重点，在全区开展“不忘初心、牢记使命”主题教育。教育引导党员干部用习近平新时代中国特色社会主义思想武装头脑、指导实践。在区委主体班次中安排十九大精神学习专题，统筹指导全区各单位抓好十九大精神学习贯彻，实现教育培训全覆盖，推动十九大精神在通州形成生动实践。

二是增强干部投身副中心建设的行动自觉。要教育引导干部把“四个意识”落实到具体工作中，坚决贯彻中央和市委对城市副中心建设提出的各项要求。调研显示，73.8%的受访者认为，副中心建设对全区领导干部的新挑战是“担当精神需要增强”。要围绕激发干部干事创业热情，开展“强党性、促凝聚”系列专题培训，组织干部到井冈山、延安、兰考、红旗渠等教育基地学习，增强政治担当、责任担当和历史担当，推动形成“以拼搏为美、向行动致敬”的干事创业氛围。

3. 加强能力素质建设，练就过硬本领

一是健全高素质干部培养机制。在围绕“提升全区干部队伍整体素质的主要途径”进行问卷调研时，69.9%的人选择“轮岗交流”，64.8%的人选择“教育培训”，52%的人选择“挂职锻炼”。要以制定实施《2018～2022年通州区干部教育培训规划》为抓手，健全完善干部培训、挂职锻炼、实践锻炼等培养机制，提升干部队伍整体素质。注重以精准培训提升素质，举办副中心建设“补短板、促能力”系列异地专题研修班。注重以挂职锻炼提升素质，推进区直部门与市属单位“双向挂职”常态化，选派干部到中央、市级机关和发达地区挂职，加大专业型干部到区内重点部门挂职力度。注重以基层历练提升素质，选派区直部门和街乡干部到拆迁一线、建设前沿历练，在推进副中心建设中练就过硬本领。

二是健全高素质干部引进机制。调研中，68.2%的人认为要“引进高素质干部”（见图3）。要有针对性地从市级部门、国有大中型企业、高等院

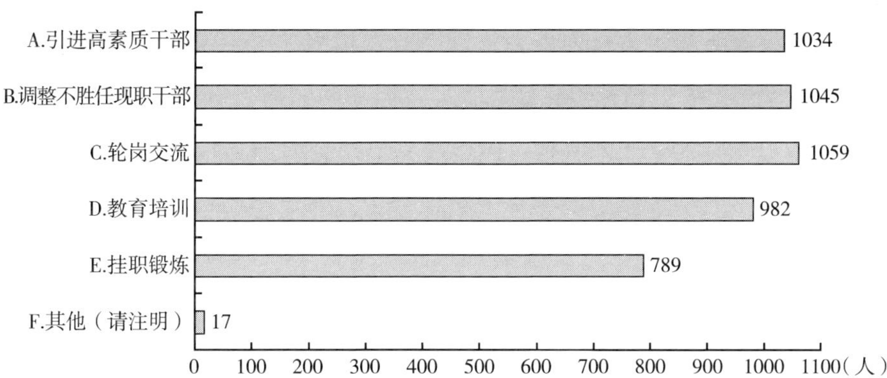

图3　“您认为提升全区干部队伍整体素质的主要途径有”问卷结果

校、科研院所，选拔熟悉城市规划建设管理、社会治理、生态建设、金融管理、高端商务等领域优秀干部人才。加大从区属事业单位考录干部力度，积极开展选调生工作，优化干部队伍专业结构。

三是健全高素质干部储备机制。着眼于未来30年副中心建设需要，分层分类研究制定科级干部，特别是“90”后科级干部选拔、培养、交流的有效机制。创新“定单式”培养模式，综合年轻干部成长经历、个人意愿、发展潜质等因素，定制成长计划，促进年轻干部尽快成长成才。全面加强年轻干部和后备干部储备，蓄足源头活水。

4. 加强干部队伍作风建设，推进从严管理和正向激励双轮驱动

一是从严管理监督干部。调研显示，62%的人认为需要“持续强化从严管理和监督”。要坚持用制度管权管事管人，修订完善通州区干部监督工作意见。运用大数据共享机制，加强对全区领导干部的日常管理监督。突出抓好对一把手和关键岗位干部的管理监督，运用好提醒函询诫勉等措施，做好“咬耳扯袖”的工作。加大对干部个人有关事项报告抽查核实力度，强化问责处理。持续推进干部能上能下，加大调整不适宜担任现职，特别是在副中心建设中履职不力干部的力度，强化组织处理震慑效应。

二是加强干部正向激励。调研显示，68.3%的人认为需要“加强干部

正向激励”。要以事业发展激励干部，加大好干部的选拔力度，研究“容错”机制，旗帜鲜明为在副中心建设中敢于担当、踏实做事、不谋私利的干部撑腰鼓劲。要以精神感召鼓舞干部，倡导和弘扬忠诚老实、公道正派、实事求是、清正廉洁等价值观，加大身边典型选树和宣传力度，用“春风化雨”的政治文化塑造风清气正的政治生态。要以人文关怀凝聚干部，时刻关注干部工作生活和成长进步，常态化开展干部谈心谈话，落实好健康体检、定期休假等关爱机制。

三是强化干部宗旨意识。坚持全心全意为人民服务的根本宗旨，把人民拥护不拥护、赞成不赞成、高兴不高兴、答应不答应作为衡量一切工作得失的根本标准。巩固和深化党的群众路线教育实践活动、“三严三实”专题教育、“两学一做”学习教育常态化制度化成果，推动党群干群关系更加密切。

5. 加强处级领导班子建设，优化结构，增强功能

一是加强领导班子精准研判。推进领导班子分析研判精准化、常态化、信息化、全覆盖。规划建设干部管理业务一体化工作平台，打造领导班子和领导干部“全信息资源库”，通过一体化管理、大数据分析，精准描绘形成干部画像，增强班子建设的计划性和针对性。

二是优化领导班子配备。分步实施领导班子知识结构、专业结构、年龄结构升级计划，推动领导班子功能整体提升。更加注重党政正职的选配，有计划地将经受住考验的年轻干部安排进入领导班子。既保证班子中有年富力强、勇于开拓的闯将，又注重搭配经验丰富、见多识广的稳将；既注重选派“飞鸽牌”干部激活班子“一池春水”，又注重发挥“永久牌”干部情况熟的优势，最大化发挥出“集体智慧”的力量。

三是健全领导班子运行机制。落实《2016～2018年通州区处级领导班子建设意见》，强化领导班子思想政治建设，严肃党内政治生活，加强民主集中制建设。通过安排专人列席民主生活会、专项检查、专题调研等方式，加强处级领导班子建设，不断提升领导班子科学决策、民主决策、依法决策水平。

（二）突出政治功能，坚持系统推进，打造与城市副中心建设相适应的基层党建示范区

截至2017年底，全区共有2367个基层党组织，61708名党员。要主动适应“三个示范区”要求，坚持党建引领、融入和服务理念，以提升组织力为重点，着眼全面提升、全面进步，研究制定《通州区2019～2021年党的基层组织建设工作规划》，打造与副中心建设相适应的基层党建示范区。重点推进“四个体系”建设。

1. 强化政治引领、服务凝聚的组织体系

一是强化政治功能。抓好《通州区党建引领城市副中心建设行动方案》落实。强化组织引领、机制引领、能力引领，健全基层党组织领导下的多方议事机制和多主体参与的基层治理机制，把基层党组织建设成为宣传党的主张、贯彻党的决定、领导基层治理、团结动员群众、推动改革发展的坚强战斗堡垒。坚持把党的一切工作落到支部，使党支部担负好直接教育管理监督党员和组织群众、宣传群众、凝聚群众、服务群众职责，充分调动“通州百姓”等社会力量，服务保障副中心建设。

二是强化服务功能。主动将党组织设置模式转向“区域化”、党建工作方式转向“服务型”。总结提升“双向积分”“五单一体”等党建服务模式，全面推行“五星级基层服务型党组织创建”工作。精准对接群众需求，与群众的关心关切结合起来，与解决群众的实际问题结合起来，因地制宜、因时制宜服务群众，增强群众“获得感”。

2. 健全规范有效、系统协调的运行体系

一是促进基层党建规范化运行。在全区推广“一规两册一表一网一体系”① 工作载体，推动党支部规范化建设向常态化、制度化、全覆盖深化拓

① “一规”即《党支部工作规范》，“两册”即《党支部工作手册》和通州自主研究制定的党员手册，“一表”即《党支部学习活动年度安排表》，“一网”即以北京长城网、“党员E先锋”微信公众号为重点的网络平台，“一体系”即通州自主打造的《通州区基层党建工作考核评价指标体系》。

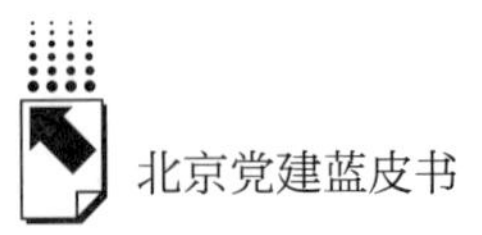

展。分领域细化完善《通州区基层党建工作考核评价指标体系》，把抓党建的责任压力传导到基层、落实到日常。强化明责、履责、考责、督责“四位一体”闭环责任体系，让党建责任一抓到底，直达末梢。注重基层党建考核结果运用，与干部工作有机结合，推动“抓好党建是最大政绩”的要求落到实处。

二是增强基层党建工作合力。调研显示，61.3%的受访者认为迫切需要“进一步健全完善基层党建工作机制，增强工作合力”。要加强区级统筹，探索实施区委和区政府领导定期指导督促分管联系部门单位党委（党工委、党组）抓党建工作制度。充分发挥区委党建领导小组办公室职能，推动完善纵向贯通、横向联动的协调运行体系，强化区委各大工委和街乡党工委抓党建作用，形成区委统一领导、组织部门牵头抓总、各部门协调配合的工作格局。

三是创新城乡一体化基层党建工作机制。坚持城乡统筹、重心下移、以城带乡，搭建城乡党组织共建载体。持续开展“百家单位联百村、千家支部进农户”结对帮扶工作，从“帮扶队长”中选拔第一书记，发挥好对口单位的职能优势，提升乡村治理水平。落实好市委《关于加强和改进城市基层党建工作的意见》，厘清街道工委和社区党组织职能任务，坚持以区域化党建为统领，推进基层组织设置和活动方式创新，分类研究搬迁村、村转居社区、新建小区、非公企业和社会组织等党组织运行机制，打造组织共建、资源共享、难题共解的“党建同心圆”。

3. 建设坚强有力、奋发有为的队伍体系

一是抓住基层书记这个“头雁”。着眼于村、社区“两委”换届，推进“梧桐”“青苗”工程，强化后备力量。推进全区120名社区党组织书记、主任到中心城区先进社区交流挂职。通过异地学习、专题培训、挂职锻炼等机制，提升基层干部引领发展、服务群众、组织动员方面的能力水平，确保在关键时刻能够带领群众顶得上、打得赢。

二是抓住党员队伍这个“先锋”。加强党员发展、教育、管理和监督，抓好组织生活“双向备案”、党支部风采展示等制度落实。创新党员活动载体，持续推动党员大轮训，健全“党员固定活动日”“三区一门”“双报到、双积分”等机制，让每一名党员成为一面旗帜，高高飘扬在副中心建设的各个领域。抓好“党员 E 先锋”信息系统运行，全面实现党员“线上 + 线下”管理服务，以大数据分析党组织活动和党员参加情况，提高基层党建信息化水平。

三是抓住党务工作者这个“骨干”。注重力量配置，坚持定编定岗，补齐配强党组织班子；注重素质提升，坚持普遍轮训、专项培训、实践锻炼相结合，提升履职能力；注重管理激励，增强内生动力，逐步改变党务工作队伍“年龄老化、能力弱化、工作边缘化和兼职化”倾向。探索向社会公开招考党建指导员，选拔、储备一批非公党建业务骨干，通过“非公党建拉练”等创新活动，提升非公党建队伍整体素质。

4. 打造务实管用、持续有效的保障体系

一是树立大抓基层的鲜明导向。从各级党委书记抓起，既提出目标任务，又研究具体措施，加强跟踪指导，定期分析研判，替基层支招，为基层减负，及时破解基层困难和问题。努力营造拴心留人的工作环境，完善基层干部晋升渠道，使基层成为年轻干部争相参与、建功立业的主战场。

二是强化基层党建经费和阵地保障。持续实施区委每年投入的 3000 万元党建专项扶持资金计划，用于基层党组织引领发展、软弱涣散党组织整顿、党群服务中心建设等，落实好 1 亿元左右的基层党组织工作和活动经费、服务群众专项经费。加强基层党建阵地建设，完善配套设施，谋划建设一批规模较大、功能齐全、辐射广泛、有代表性的现代化党群活动服务中心，提升副中心基层党建保障水平。

（三）突出政治吸纳，坚持高端集聚，加快建设城市副中心人才高地

功以才成、业由才广。要立足落实《通州区加强高层次人才队伍建设五年行动计划》，以识才的慧眼、爱才的诚意、用才的胆识、容才的雅量、聚才的良方，引领高层次人才集聚，打造副中心人才高地，建设新时代人才

强区。重点强化“三个导向”。

1. 强化政策导向，构建更加有效的人才制度体系

一是优化顶层设计。实行更加积极、开放、有效的人才政策，打造以五年行动计划为主，配套实施人才和团队引进、发展扶持、服务保障等全方位系统化人才政策体系，形成“通州人才政策导图”。坚持以“政策梧桐”引“创业金凤”，加快“海外高层次人才创新创业团队”引进，切实把党内党外、国内国外各方优秀人才集聚到副中心。

二是加强统筹管理。充分发挥人才工作领导小组职能，打通各单位、各部门之间的沟通障碍，实现上情下达，互通有无，形成全区人才工作“一盘棋”。建立健全人才工作考评体系，深化人才工作目标责任制，用制度约束保障人才工作开展。加强人才管理，研究制定通州区“两高”人才培养管理实施方案，专业化、精细化、精准化施策。

三是突出区域协同。立足京津冀协同发展，扎实推动《通武廊人才合作框架协议》落实，推进通武廊人才一体化发展示范区建设，实现人才引进互融互通、人才培养共育共培、人才评价互认互准、创新平台共建共享，构建人才发展共同体，打造区域协同发展的样板。

2. 强化市场导向，促进人才与产业融合发展

一是以产业促人才集聚。以中国北京人力资源服务产业园区通州园建设为契机，吸引人力资源行业龙头企业入驻。大力发展人力资源服务业这一高端业态，积极培育各类专业社会组织和人才服务机构，有序承接人才培养、评价、流动、激励等职能。结合副中心功能定位，充分利用环球影城等项目优势，发挥科技引领发展、带动产业的作用，吸引全球相关领域顶尖科技人才集聚副中心。

二是以人才助产业发展。建立副中心人才资源交流平台，充分发挥教育、卫生、科技创新、媒体传播管理、文化创意和青年创业等领域的高层次人才集聚效应、人才专业优势和驱动作用，促进产业结构转型升级，以“人才高地”建设促进“产业硅谷”的形成。

三是推动产才深度融合。推进城市副中心建设，必须走人才与产业融合

的发展道路。要遵循市场规律、激活市场主体、壮大市场力量，围绕副中心建设重点产业、龙头企业集聚人才，以人才引领产业发展，大力培育具有鲜明特色的产业集群，实现产业集聚与人才荟萃的积极互动、深度融合。

3. 强化服务导向，为人才发展营造良好环境

一是完善奖励和激励机制。对接中央“千人计划”、“万人计划”和北京市“海聚工程”、“高创计划”，实施“通州区海外高层次人才引进计划”（“灯塔计划”）和“通州区高层次人才发展支持计划”（“运河计划”），设立“通州杰出人才奖、青年英才奖、科技创新人才奖”等奖励激励项目，对入选者进行奖励、支持。

二是搭建事业和成长平台。建立健全高端产学研基地、院士专家工作站、博士后工作站、青年创业园等创新创业平台，发挥专家顾问团、人才工作室、人才协会等人才组织作用，形成在事业中发现人才、培养人才、凝聚人才的良好局面。通过制定权力清单、简政放权，更好激发用人主体活力，为人才成长提供更大更广阔的空间。

三是实施人才精准化服务。针对市级机关搬迁入驻，主动适应公共服务水平快速提升的需要，提前做好为各类人才服务的准备。探索国际人才社区建设模式，建设集居住、工作、教育、医疗、养老、休闲等多功能为一体的社区综合体，全方位营造国际人才宜居宜业的“类海外”环境。建好“人才 e 站”，打造高端人才商务洽谈、头脑创意的理想场所，为人才提供优质舒适的“定制化”服务。

参考文献

1.《中国共产党第十九次全国代表大会文件汇编》，人民出版社，2017。

2.《毛泽东选集》第 2 卷，人民出版社，1991。

3. 栗战书：《全面把握中国特色社会主义进入新时代》，《人民日报》2017 年 11 月 9 日。

4. 陈希：《为新时代中国特色社会主义伟大事业提供坚强组织保证》，《人民日报》

2017 年 12 月 23 日。

5. 北京市规划和国土资源管理委员会：《落实北京城市总体规划　推进京津冀协同发展》，《前线》2018 年第 1 期。
6. 《突出加强党的政治建设——二谈组织部门学习贯彻十九大精神》，《中国组织人事报》2017 年 11 月 13 日。
7. 黄建发：《新时代组织工作要有新气象新作为》，《中国组织人事报》2017 年 11 月 20 日。
8. 《全面提升基层党组织的组织力——四谈组织部门学习贯彻十九大精神》，《中国组织人事报》2017 年 11 月 24 日。
9. 莫怀学：《提升组织工作质量》，《中国组织人事报》2017 年 11 月 24 日。
10. 《不断提高组织工作质量——五谈组织部门学习贯彻十九大精神》，《中国组织人事报》2017 年 12 月 11 日。
11. 王任刚：《围绕增强“四力”做好新时代组织工作》，求是网，http：//www. qstheory. cn/zhuanqu/bkjx/2017 - 12/15/c_ 1122118466. htm。
12. 申晓勇：《让组织工作搭上“时代快车”》，求是网，http：//www. qstheory. cn/wp/2017 - 11/30/c_ 1122038742. htm。
13. 盛荣华：《把准组织工作的新时代坐标》，共产党员网，http：//news. 12371. cn/2017/12/08/ARTI1512701735107179. shtml。
14. 冯俊：《为何反复强调“不忘初心，牢记使命”》，共产党员网，http：//www. qstheory. cn/zhuanqu/bkjx/2017 - 12/12/c_ 1122100255. htm。

B.16 顺义区关于构建“大党建”工作闭环机制的实践与思考

于庆丰*

摘　要： 党的十八大以来，党中央围绕全面从严治党作出了一系列部署，顺义区对标对表党中央、市委关于深入推进党的建设伟大工程的有关要求，从自身查摆出来的一系列问题入手，提出了构建“大党建”工作格局的总思路。本报告着重分析顺义区在加强党建工作组织领导、建立健全党建工作制度体系、考准考实党建工作实绩三个方面的实践做法，并结合全区经济社会发展实际，深入总结“大党建”工作取得的实际成效。通过对全区推进全面从严治党、着力构建“大党建”工作格局的创新举措、探索实践的研究，为深入探索新时代新形势下基层党建工作特点规律，进一步提供了更多可借鉴、可推广的基层典型经验。

关键词： 大党建　闭环机制　绩效考核

党的十九大提出要深入推进党的建设新的伟大工程，坚持和加强党的全面领导，坚持党要管党、全面从严治党，加强党的政治建设、思想建设、组织建设、作风建设、纪律建设，把制度建设贯穿其中，为新时期加强党的建

* 于庆丰，北京市顺义区委副书记、区委改革办主任、区委党校校长。

设指明了方向，提供了根本遵循①。顺义区委坚决贯彻落实党的十九大精神，坚持把党的政治建设放在首位，坚定党性原则，勇于直面党的建设中存在的问题，按照市第十二次党代会报告中提出的“要坚定不移地推进全面从严治党，增强各级党组织的创造力、凝聚力、战斗力”② 的工作要求，以党建工作绩效考核为抓手，构建“大党建”制度闭环，发扬钉钉子精神，把党的建设新的伟大工程做实做细做好。

一 坚持问题导向，坚定不移全面从严治党

顺义区委对照党的十九大与中央巡视组对北京巡视“回头看”反馈的意见，认真梳理全区党建专项督导检查以及区委巡察中发现的问题，概括起来主要表现在“六有六缺”。

（1）有统筹，缺工作合力。区委党的建设工作领导小组在研究部署全区党建工作，推动各项工作任务落实上发挥了重要作用。但在调动和发挥各成员单位的积极性、主动性，统筹协调各成员单位形成党建工作合力上，还缺乏“系统抓、抓系统”的方法和手段，在深入推进全面从严治党上力度不够，部分基层党组织存在弱化、虚化现象。

（2）有制度，缺刚性约束。党的建设各部门根据自身职能职责，出台了一系列制度，形成了抓党的建设制度体系。但在执行过程中，因条块分割、独立为战，各项制度之间缺乏有机衔接，一定程度上影响了制度的约束力，导致制度执行的刚性不强。

（3）有部署，缺科学考核。在全面推进党的政治建设、思想建设、组织建设、作风建设、纪律建设过程中，工作有部署，但总体上较为宏观，没有做到对每项党建工作进行细化和量化，导致考核缺乏硬性标准，影响了考

① 《十九大报告全文》，人民网，http：//sh. people. com. cn/n2/2018/0313/c134768 - 31338145. html。

② 《中国共产党北京市第十二次代表大会报告全文》，千龙网，http：//beijing. qianlong. com/2017/0627/1803682. shtml。

核的权威和“风向标”作用的发挥。

（4）有覆盖，缺深度融合。区委积极推进基层党组织的“两个覆盖”工作，取得了较好成绩，但党建与业务两张皮的现象依然比较突出，没有真正形成围绕发展抓党建、抓好党建促发展的良性发展态势，从覆盖到深度融合、从有形到有效的转型压力依然较大。

（5）有创新，缺复制推广。在党建工作中，各级党委贯彻落实中央、市委精神，结合地区实际，积极开展党建工作创新，形成了一批好的做法和经验，但总结提炼不够，没有得到有效复制和推广，很多创新做法和经验只是昙花一现，生命周期短，影响了党建工作的可持续发展。

（6）有基础，缺优质均衡。党建工作不均衡、不充分现象依然明显，表现在机关、农村党建抓得比较好，社区、“两新”党组织抓得不够；一些较好的党建工作做法与创新工作还比较多得停留在点上，离形成整体优势还有距离。

二　构建大党建工作格局，形成党建工作“一盘棋”

顺义区委针对党建过程中，各部门重视程度不均衡、工作节奏不统一、条块分割、工作合力不强等问题，通过构建“大党建”工作格局，推动形成了全区党建工作各部门齐抓共管、各项工作齐头并进的良好局面。

（1）强化领导小组作用，形成党建工作集体领导。发挥区委党建工作领导小组在谋划、研究、部署和推进党建工作中的重要作用，2017 年领导小组成员单位由 22 家增至 29 家，党建工作合力进一步增强。制定《党建工作领导小组内部运行流程图》，明确了区委书记、区委副书记、党建工作领导小组办公室、党建工作相关部门和各成员单位的工作职责与运行模式。建立“专题会－督查分析会－领导小组会－区委常委会”会议机制，坚持固定人员、固定周期，统筹全年会议安排，2017 年召开党建工作领导小组会、专题会等 29 次。

（2）加强任务顶层设计，实现党建工作科学统筹。坚持“整体、整齐，联系、联动”① 原则，制定《关于建设顺义区党建工作指标体系的实施意见》，按照“纵向分级、横向分类”的原则，搭建系统性、规范性和可评价的指标体系，把党建工作分解为党的领导、党的建设、党的工作3个方面和党的政治建设、思想建设、组织建设、作风建设、纪律建设和制度建设6大领域，包括组织工作、宣传工作、纪检工作、群众工作、群团工作、中心工作等16项党建指标，2017年细化分解出218项党建任务，使党建工作由软指标变成硬任务。

（3）坚持全过程问题导向，确保党建工作有的放矢。创新“四上四下”工作法，将区、镇（街道）、村（社区）三级党建工作连成一体：“一上一下”指加强调查研究，问题上得来，部署下得去。“二上二下”指对工作进展情况明、底数清，进展反馈上得来，任务督导下得去。“三上三下”指督查考核成果上得来、上得准，考核结果运用下去、压力传导下去。“四上四下”指经验典型总结上来，工作模式推广下去。通过“四上四下”工作法，实现党建工作在不同层面上下贯通、有效衔接。

三　建立制度闭环，压紧压实党建责任

顺义区委对标全面从严治党的总要求，准确把握党建工作规律，建立健全从前期部署、过程推动，到绩效考评、结果运用等重要节点工作制度，形成制度闭环，实现各项工作无缝对接。

（1）着力解决党建工作“有得抓、抓得住”的问题，做到工作要点纲举目张。按照“在提高政治站位上坚持更高标准、在解决突出问题上下定更大决心、在把握关键环节上突出更实成效”的原则，认真梳理全区党建

① “整体”，即全区党建工作是一个有机的整体，不能碎片化、部门化，要强化“党建一盘棋”意识；“整齐”，即按照“木桶理论”将党建工作视为一只木桶，组宣纪、政法、统战等各项工作都要整齐协调，不能有短有长；“联系”，即党建工作各方面是普遍联系、互相融合的，不能断章取义；“联动”，即党建各个部门不光要强调本部门工作的合理性，更要考虑党建的整体功能，使各部门工作互为依存、互为支撑。

工作重点，研究制定《顺义区委党的建设工作领导小组 2017 年工作要点》，包括 7 大部分、30 项具体内容。按照倒排工期，制定 104 项党建工作折子工程，经区委常委会和区委全会审议通过，在全区印发实施。工作要点和折子工程为各单位抓好党建工作提供了“任务单”“参照表”“路线图”。

（2）着力解决党建工作中存在的懒政、效率不高等问题，做到督导督查精准到位。制定《顺义区委党建工作督导办法》，抽调熟悉党建工作的处级领导干部和年轻后备干部，组成“区 - 处”两级督导组，对全区各级党组织党建工作开展情况进行督导。制定《顺义区委党建工作督查办法》，对全区党建工作进行全口径督办，确保各项党建工作任务按照既定时间节点保质保量推进。明确督查结果运用，增强了各级党组织和党员干部抓党建工作的责任感和紧迫感。

（3）着力解决党建工作中“干与不干一个样、干好干坏一个样”的病灶，做到绩效考核注重实绩。坚持瞄准问题精准施策，制定《顺义区委党建工作指标任务绩效考评办法（试行）》。强化正向引导和反向约束，制定《顺义区委党建工作考核结果应用暂行办法》，将考核结果与干部选拔任用、奖惩问责挂钩，与经济社会等领域相关政策结合，作为政府类支持奖励的重要依据，有效提高了成果使用效率。

（4）着力解决党建工作中存在的不作为、乱作为等问题，做到责任追究不留死角。亮明“戒律尺”，在全市范围内率先制定《顺义区委党建工作责任追究办法》。追究对象包括各级领导小组、领导小组负责人及成员单位、各级领导班子主要负责人等。追究内容包括党的领导弱化、党内政治生活不正常等 10 大类 44 项抓党建工作不力的行为。按照权责对等、失责必问、问责必严、惩前毖后、治病救人、逐级追究的原则，给予诫勉谈话、停职检查、调整职务等责任惩罚，确保层层传导压力、落实责任。

（5）着力解决党建工作创新力不足的问题，做到党建研究学思践悟。为确保党建工作出经验、留痕迹、有高度、见实效，研究制定《顺义区委党建创新案例库建设办法》，按照“解剖一个案例，解决一类问题，形成一套机制”的原则，坚持成熟一个，纳入一个，推广一个，为提升全区党建工作科学化水平提供鲜活案例和数据支撑。为进一步优化党建工作环境，制定出台《顺义区委2017年党建工作宣传方案》，大力宣传全区党建工作特点、亮点和典型，营造浓郁的党建工作氛围。

四 强化绩效考核，牢固树立抓好党建是最大政绩的意识

顺义区委扭住党建绩效考评这个“牛鼻子”，研究开发区委党建绩效考评系统①。通过绩效考评系统，实现全面系统部署、评价和推动工作。

（1）围绕“考什么”，做到考核内容全覆盖。根据党建工作指标类型和级别，将党建工作指标分为规定指标、自选指标和即时指标。规定指标是各级党组织年度必须完成的规定动作，自选指标是各级党组织自行申报的创新性工作，即时指标是基层随时反映上来的突出问题或上级党组织临时交办的党建工作任务。系统对全区各领域、各系统、各单位的党建工作内容进行全口径统计，全面反映全区党建工作任务，确保考核内容全面具体、务实可操作。

（2）围绕“怎么考”，注重评价主体多元化。科学设置指标权重分值。采取定点计分法，将每一项党建指标任务分解为优、良、中、差四个档次，“优”是创新完成年度工作任务，为100分；“良”是超额完成年度工作任务，为85分；“中”是按期完成年度工作任务，为70分；“差”是仅制订计划未按期完成，为40分。实行单位自评、组织评估和社会评价。单位自

① 顺义区“大党建”绩效考评系统是由顺义区委自主设计、专门用于党建绩效考核工作的数据平台。该系统重点突出统筹部署、实时监控、统计分析三大功能，能够通过系统派发任务指标，并利用信息化手段对每一项指标进行“账单式”管理，实现随时监测、随时调度。系统还可以分层分类开展数据交互分析，采用“大数据”方式，清晰展现对各单位、各领域、各系统党建工作总体情况。

评是基础，各单位对涉及本单位的考核指标逐项进行评价。组织评估是监督，分为专家评审和督导认定两部分。专家评审由专家组对各单位完成核心职能与履职中心工作情况进行研判；督导认定是指对每项任务的工作内容、工作标准和时间节点一致性进行认定评分。社会评价是保障，分为第三方评价和运行评价。第三方评价是指对各单位每项工作任务涉及的人员数量、工作时长进行测算；运行评价主要包括提出建设性意见、派发任务准确性两项内容。通过明确考评标准、考评主体，全方位、多角度考准考实党建工作绩效。

（3）围绕“考出什么”，实现诊断结果有权威。综合单位自评、组织评估及社会评价三方成绩，得出各单位党建工作绩效考评分数，通过排名统计、数据分析，多维度展示党建工作实际成果。在排名上，既有全区党建工作绩效大排名，呈现全区党建工作总体情况，又按照委办局、中心、人民团体、经济功能区、镇、街等分类排名，增强排名的准确性、科学性。同时，突出“抓系统、系统抓”的理念，针对领导小组成员单位派发指标完成情况，进行分领域排名，直观反映各领域抓党建工作的实际成效。在共性分析之外，还为各单位形成个性化数据分析报告、开具“诊断书”，帮助基层单位查短板、找不足。

五　以党建为引领，切实发挥党组织的战斗堡垒作用

顺义区委严格落实全面从严治党主体责任，通过构建“大党建”工作格局，提升基层党组织创造力、凝聚力和战斗力，充分发挥党建在区域经济社会发展各项工作中的引领作用。

（1）基层党组织的创造力显著增强，为推动中心工作、重点工作扎实有序开展注入内生动力。坚持把党建工作与中心工作紧密结合起来，形成了“党的组织前置、党的资源下沉、党的队伍先行、党的制度兜底”等党建工作机制，有力推动了中心工作、重点任务落地落实。比如，充分发挥党建在转方式、调结构、促转型等方面的引领保障作用，督促各级党组织进一步加

强项目调度、提高行政效能，全区发展的质量和效益稳步提升，全区 2017 年一般公共预算收入等关键性指标实现稳步增长。再如，在顺义区棚改等重大项目中，本着“哪里有棚改，哪里就有党组织”，按照棚改项目组织框架，同步建立党组织，成立棚改工程临时党委，下设临时党支部。通过把党的组织嵌入项目，压实棚改责任，创造了“临河速度”“幸福模式”① 等一批可复制可推广的成功经验。

（2）基层党组织的凝聚力显著增强，进一步夯实党的执政基础、巩固党的执政地位。聚焦群众日益增长的美好生活需要，着力打造共建共治共享的社会治理格局。在构建“大党建”工作格局过程中，把强化党组织的政治功能、提升组织力与基层治理结合起来，以村（居）规民约和岗位文明公约为抓手，通过党员亮身份、党员户挂牌、党员模范遵守村（居）规民约、党员模范践行岗位公约，进一步提升了基层党组织的凝聚力。比如，顺义区高丽营一村党支部带领村民把共同维护村内环境、道路设施等写入村规民约，动员全体村民将沉积多年的臭沟改成暗沟，并共同推进了路面整治、村庄绿化等多项工作，村容村貌发生了翻天覆地的变化，高丽营一村被评为北京最美乡村。

（3）基层党组织的战斗力显著增强，有效推动了历史遗留问题的解决。通过构建“大党建”工作格局，全区上下、各部门间形成工作合力，有效推动解决发展过程中积累的一些困难和问题。比如，区委以“大党建”工作格局为契机，重启仁和镇前进、太平两村回迁工作，针对单个部门协调推进不力等瓶颈问题，成立由区委副书记和常务副区长任组长的专项工作领导

① 顺义区仁和镇临河村棚改项目是顺义区面积最大、涉及人口最多的棚改项目，还承担着东城区 10000 套定向安置房建设任务。区委按照棚改项目的组织框架，成立棚改工程临时党委，依托 A、B、C 三个片区建立 3 个临时党支部，在临时党支部下分别设立 13 个临时党小组，推动项目顺利实施，仅用 16 天就实现住宅部分 1201 户全部签约，创下了“临河速度”。幸福西街棚改项目启动的同时，成立临时党支部，将职能部门、社区业主、管理方等方面的 41 名党员纳入临时党支部，统一领导、统筹调度，依托“街道社区 – 职能部门 – 管理方 – 居民”四位一体的工作模式，有序开展入户调查、宣传发动、政策咨询、资料审核、手续办理等各方面工作，用党组织的精细化服务为项目推进提供了有力保障。

小组，坚持党委政府协调联动，充分发挥统筹调度作用，短短 2 个月时间，571 户认购房源 633 套，回迁手续办理和滞留户腾退工作全面有序推进，村民多年的期盼和诉求得到了满意解决。再如，顺义区委把推动河东、河西均衡发展纳入“大党建”工作格局，通过抓党建、强绩效，有力保障了河东地区等重点项目的顺利实施。

B.17

城市化进程中农村党组织的职责任务和工作方式研究报告

——以北京市大兴区拆迁村的城市化进程为例

北京市大兴区党建研究会课题组*

摘　要： 本报告首先从大兴区城市化进程的现状和形势出发，分析了拆迁村党组织在履职尽责中面临的新问题、新困境以及“社区化”治理提出的新要求。从工作方法、制度设计、组织设置三个方面介绍了大兴区在完善拆迁村党组织职责任务和工作方式中的实践和探索。最后，依据本地区党组织工作经验和取得的成效，为进一步完善拆迁村党组织职责任务和工作方式提出政策建议：一是强化政治引领功能，打造坚强领导核心；二是强化经济主导功能，构建稳固利益保障；三是强化社会治理功能，实现有序过渡转型；四是强化文化凝聚功能，树立和谐文明新风。

关键词： 城市化　拆迁村　党组织建设

* 课题组组长：喻华锋，北京市大兴区委常委、组织部部长。
课题组成员：苏平，北京市大兴区编办主任、区委组织部副部长（兼）；徐曙光，北京市大兴区委党校党委书记、常务副校长、行政学院副院长；佟秀全，时任北京市大兴区编办调研员；王中汝，中共中央党校马克思主义学院马克思主义基本原理教研室主任、教授、博士生导师；梅赐琪，清华大学公共管理学院副教授；张博，时任北京市大兴区委组织部副部长；缑泽鹏，北京市大兴区委组织部副部长；蒋帮奎，时任北京市大兴区委组织部党管科科长；贾聪毅，时任北京市大兴区委组织部调研科副主任科员；张华义，时任北京市大兴区试点办副主任，新媒体基地管委会党委委员、副主任；张秀娟，北京市大兴区委党校副教授；谢振生，北京市大兴区委研究室副主任；陈红，时任北京市大兴区榆垡镇党委委员、组织部长；李小凯，时任北京市大兴区瀛海镇副镇长；段小燕，北京市大兴区长子营镇党委委员、宣传部长（正科级）；谭彬彬，时任北京市大兴区观音寺街道组织人事科科长。

城市化是一个由农业为主的传统乡村型社会向非农业为主的现代城市型社会转变的历史过程。在这个过程中，党建工作自身也面临着由农村党建模式向城市社区党建模式转变的挑战，只有继承和发扬党的优良传统，变革工作理念，创新工作方法，才能担当起历史赋予的重任，推进城市化进程的快速健康发展。

北京市是全国城市化的前沿，大兴区作为全市五个城市发展新区之一，是首都战略发展的新空间和推进新型城市化的重要着力区。在近10年中先后经历了开发区扩区、城乡接合部改造、新机场征地拆迁、农村集体经营性建设用地入市试点改革等历史阶段和重大项目建设，全区14个镇中有11个镇涉及拆迁，147个村、12万农民实现“和谐无震荡”搬迁，具有历史跨度长、利益关系复杂、样本量大、搬迁效率高等特点。为进一步明确城市化进程中农村党组织职责任务和工作方式，对今后工作提供经验借鉴，大兴区以拆迁村为研究对象，深入全区11个镇的48个拆迁村进行实地调研，走访座谈近200名镇、村干部及群众，发放并回收1100份调查问卷，在认真总结研究的基础上，形成了调研报告。

一　城市化进程中拆迁村党组织职责任务和工作方式面临的问题和困境

（一）“突进式”的拆迁进程对拆迁村党组织履职尽责带来新问题

其一，拆迁政策不完善造成工作推进难。当前的拆迁政策在房屋、地上物的征收补偿等方面的标准比较明确，但对拆迁工作中的一些具体情况规定不明确、覆盖不到位。如对“抢栽抢种”的限制、“抢建抢盖”的管控等，如果没有合理的政策疏导，拆迁村党组织很难做好工作，不但会增加拆迁成本，而且会激化矛盾，甚至引发群体性事件。

其二，群众认知有偏差造成动员引导难。当前拆迁工作被称为“天下第一难”。有的群众相信“扛的时间越长就得的越多”“一闹就多给，一拖就多得”；有的怕政策“前紧后松”，担心先签吃亏，观望情绪浓；等等。这在不同程度上给拆迁村党组织动员群众快拆稳拆增加了难度。

其三，周转居住分散化造成联系服务难。在拆迁周转期，村民居住分散。从大兴近年的情况看，搬迁后党员、群众租住在不同区域，有的甚至临时居住到外省市，联系党员、群众的难度较大（见图1）。因此，拆迁过渡期，如何加强联系服务，保证“人散心不散”，是拆迁村党组织必须面对的一个现实难题。

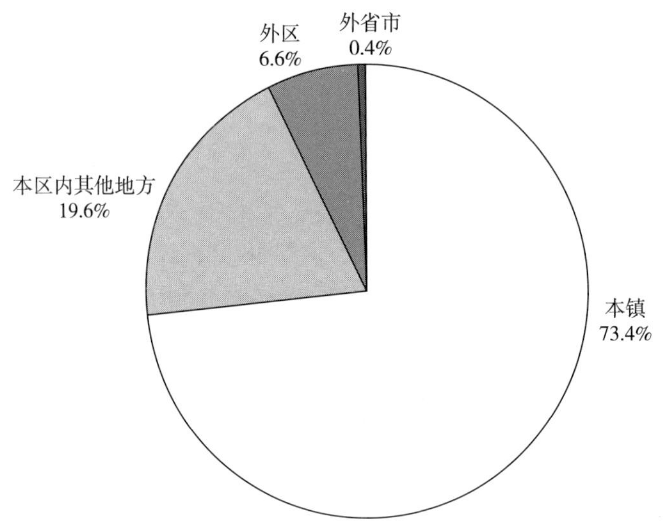

图1　搬迁过渡期村民居住区域情况

（二）“爆发式”的利益诉求使拆迁村党组织履职尽责面临新困境

拆迁，最根本的是利益保证。面对突如其来的巨大利益，拆迁村民表现出不适应，需要党组织采取有效的方式来实现、维护和发展好广大拆迁村民的现实利益和长远利益。

其一，维护现实利益缺乏有效手段。拆迁工作直接涉及群众切身利益，各种矛盾问题“集中爆发”。一方面，历史遗留问题难以厘清。另一方面，长期管控限制了群众短期利益。

其二，保证长远利益缺乏制度支撑。一方面，拆迁村党组织在转变村民“待业守财”观念方面效果不好。数据显示，拆迁村民一般具有较为稳定的分红、租金等收入，很想找工作的不到四成，仅占38.4%，其余或者根本不想找工作，或者无所谓、有合适的就干，就业意愿并不强烈（见图2）。另一方面，拆迁村干部多是“经营土地”的“专家”，“经营资本”的能力先天不足，在实现资产的保值增值方面一筹莫展。

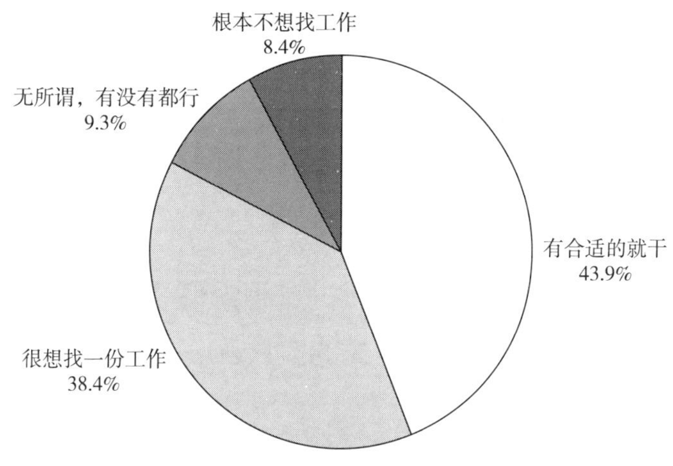

图2　搬迁村村民的就业态度

（三）“社区化”的治理方式对拆迁村党组织履职尽责提出新要求

“社区化”是拆迁村在居住形态和管理模式上的必然选择。拆迁村党组织必须积极转变运行模式、管理理念和工作方式，以适应“社区化”治理的新要求。

其一，在运行模式上要实现“三驾马车”向“多元共治”转变。农村的组织体系中主要呈现“三驾马车”的格局，即村级党组织、村民委员会和村集体经济组织。在回迁后，一个村回迁到几个社区或者几个村回迁到一个社区的现象普遍存在，形成了同一回迁社区在一定时期内农村党组织、村民委员会、社区党组织、居民委员会以及物业公司等多种组织并存的局面。

其二，在管理理念上要实现“农村管理”向“社区服务”转变。回迁后，由于部分党组织沿用“原班人马”，工作理念依旧沿用农村套路，没有及时将工作重心向社区公共服务、资源整合和社区治理等职能上转移，导致针对回迁社区居民需求的服务不到位，很多问题得不到有效解决，在一定程度上造成了矛盾对立。

其三，在工作方式上要实现“人情管理”向“制度管理”转变。在回迁社区中，原来农村党组织“大包大揽”的管理方式无法维系，“靠资源、靠威望、靠关系”的工作方式已经不适应服务对象多元化的现实需求，需要逐渐向“靠制度、靠规定、靠法治”的工作方式转变。拆迁村党组织需要管早、管小，注重思想教育，及时建立社区管理规范，逐步引导回迁村民向城市居民转变。

二　大兴区完善拆迁村党组织职责任务和工作方式的实践和探索

抓好党建是最大的政绩。大兴区始终以加强基层组织建设为龙头，把保障群众利益作为出发点和落脚点，坚持问题导向，创新方式方法，调整组织设置，促进职责对应，探索出了一条符合大兴实际的发展路径。

（一）用科学有效的工作方法，推进和谐搬迁

其一，研制好拆迁政策的“定心丸”。公平定策，制定政策时，坚持保护农民合法利益。在北京新机场拆迁中，反复论证后出台的《住宅房屋拆迁补偿实施方案》等政策，成为签约率实现100%和没有出现大规模的离婚潮、诉讼潮的重要基础。公正施策，坚持政策执行“一把尺子量到底”，保障群众利益最大化、最优化。科学管控，坚持“两条腿走路”。一方面，修订“村民自治章程”，规范人口调控、房屋出租和治安管理，严控低端业态等不稳定因素进村。另一方面，转变管控思路，激发群众内生动力。区委郑重做出“多建不多得、少建不少得”和“不让老实人吃亏”的承诺，出台

“资源节约奖”① “工程配合奖”等政策，对不加盖房屋的群众予以奖励，使违建“费力不讨好”，既保障了群众利益又减少了拆迁成本。

其二，运用好动员群众的“基本功”。做表率，重提“村看村、户看户、群众看干部”，党员干部带头签约，打消群众“怕吃亏”的疑虑。动真情，动员过程中，党员干部坚持换位思考，站在群众的立场看问题，不厌其烦地为群众讲解拆迁政策和补偿细则，赢得群众的理解。帮实困，拆迁村党组织积极解决拆迁后农民生产生活中实际问题，推动拆迁村民平稳回迁。树正气，拆迁村党组织是村民的“主心骨”，坚决做到“一碗水端平”。区委向全区党员干部包括离退休干部明确了拆迁中“三报告”“八不准”② 纪律要求，明令各级干部不准为家人、亲友在拆迁中打招呼。

其三，建设好关爱群众的“连心桥”。结对帮扶，开展拆迁村与保留村、拆迁村与社区结对共建工作，积极帮助拆迁群众联系周转房源、协调安排子女上学，解决现实困难。建好阵地，拆迁村党组织通过就近租借、集中办公等形式，确保有固定办公场所为村民提供不间断的服务。如在新机场征地搬迁中，榆垡镇11个村建立联合办公场所，让党员群众随时找得到党组织。畅通渠道，针对居住分散的实际，拆迁村党组织积极探索联系服务群众的有效方式。如黄村镇实行“群众事项党员代理”机制并被全市推广。调查显示，周转期拆迁村党组织与群众普遍保持了联系，每周一次的达到20.1%，每月一次的达到59.3%（见图3）。

其四，演奏好服务群众的“大合唱”。提供法律援助，开展拆迁村与区律协党总支结对共建，每村派驻1名律师，义务开展入户法律咨询，帮助调

---

① 资源节约奖：对不在宅基地上抢盖抢建的村民进行适当奖励，确立“不抢盖者获益更多”的利益导向。

② “三报告”：党员干部要如实上报亲友、家属等有关人员要求承揽新机场工程建设的请托事项；如实上报配偶、子女及亲属在承建新机场工程建设企业中兼职、任职、投资和参与工程建设等情况；如实上报在新机场建设中其他需要报告的有关事项。

“八不准”：不利用职务之便充当中介人；不插手新机场工程建设招标采购等经济活动；不打招呼、批条子、求关照、请托说情；不参加企业组织的宴请等活动；不搞权力寻租、不作为、乱作为；不通过兼职、挂名等方式获取利益；不妨碍相关案件的调查处理；不顶风违纪或从事有损新区形象和利益的行为。

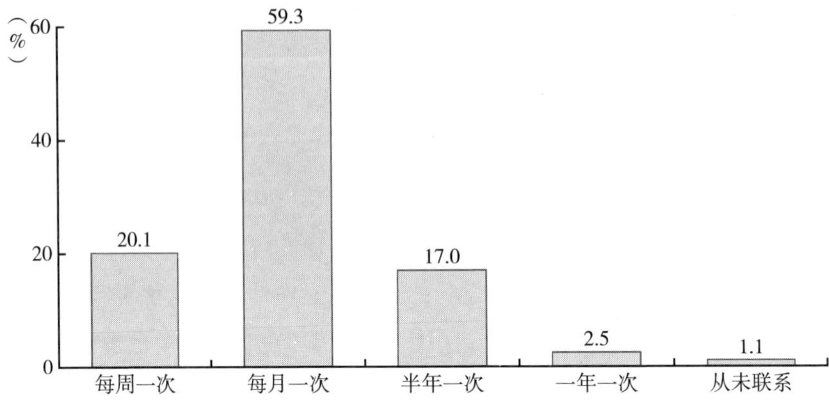

图3　周转期拆迁村党组织与村民联系的频率

解各类矛盾纠纷。组织定向招聘，每月举办农村劳动力专场招聘会，组织拆迁村民参加，针对“4050”人员，提供技能要求低的岗位，确保有就业意愿的拆迁群众能够有份工作，获得固定收入。引导转变观念，通过培训、文化活动等方式，引导回迁村民参与社区建设，实现转观念、易风俗。

（二）用超前合理的制度设计，切实保障好群众长远利益

2010年，大兴区围绕群众日益多样化的利益诉求，积极拓展群众利益的实现途经，出台了《关于建立搬迁村农民长远利益保障机制的意见》，建立了“四有”机制，并成立“四有”工作办公室协调政策落实，实现了农民工资收入、房租收入、生活补贴、年终分配、社会保障“五合一”的利益保障，为“搬得走、拆得动”打下了坚实基础。

其一，安置就业“有岗位”。顺应失地农民向二三产业转移的趋势，建立多元化的就业安置体系，按照“高科技产业带动、相关产业联动，重大项目与就业安置充分对接”的思路，形成“七种就业安置模式”①，使搬迁

① 七种就业安置模式：本地企业“腾”岗位、公益性组织“买”岗位、开发区企业“要”岗位、自主创业“带”岗位、区外企业“找”岗位、灵活就业“创”岗位、一产就业“留”岗位。

村劳动力就业率达到98.1%，每年至少解决8000人次的劳动力就业问题。

其二，经营增收“有资产”。推进集体经济产权制度改革，采取集中理财、成立联合股份公司、委托理财经营、集体积累购置商业设施等经营模式，实现“资产变股权、村民当股东”。如旧宫镇成立联村公司，将存量资产以股份形式入股，提高农民分红收益。

其三，稳定生活“有保障”。健全城乡覆盖、有效衔接的养老和医疗保障体系。建立超转人员①基本养老金制度，完善转非劳动力社会保险制度，建立托底安置机制，做好困难群体就业安置，自谋职业人员可获得安置补偿和奖励。如瀛海镇参照企业退休工资标准，给予超转人员每人每月900元生活补贴。

其四，管理服务“有组织”。发挥拆迁村党组织的领导核心作用，加强对党员群众的服务管理。如拆迁过程中，村级党组织积极协调解决村民遇到的就学、就医等诸多问题；回迁过程中，在原村党组织指导下及时成立社区居民自治组织；回迁人员入住后，由新成立的社区居民委员会提供各类服务，实现社区化管理。

（三）用与时俱进的组织设置，适应社区治理新要求

大兴区坚持“强化党组织的领导核心作用、在集体经济组织上建党组织、便于党员组织管理、便于各类组织的协调运作”四个原则，结合实际探索了三种拆迁村党组织设置模式，主动适应回迁形态多样和利益矛盾复杂的现实需求。

其一，“村转社区”模式。针对“撤村撤制，全征全转”② 的情况，实行“村转社区”模式（见图4）。通过成立“社区党委”专门领导回迁社区

① 超转人员：国家建设征地农民户转为居民户的原农村劳动力中年龄超过转工安置年限（男满60周岁，女满50周岁及其以上）人员，含无人赡养的孤寡老人以及相关完全丧失劳动能力且不能进入社会保险体系的病残人员。

② “撤村撤制，全征全转”：完成集体经济产权制度改革和撤村转制，土地完全被征占，村庄整体搬迁，村民全部转居。

建设工作，下设社区党支部、物业党支部和原集体经济组织党支部三类党支部，分别负责社区党员教育管理、物业服务和集体资产经营管理，建立了“一网双向”服务管理体系，实现了“农村转社区、农民转居民、管理转服务、增产转增收”。

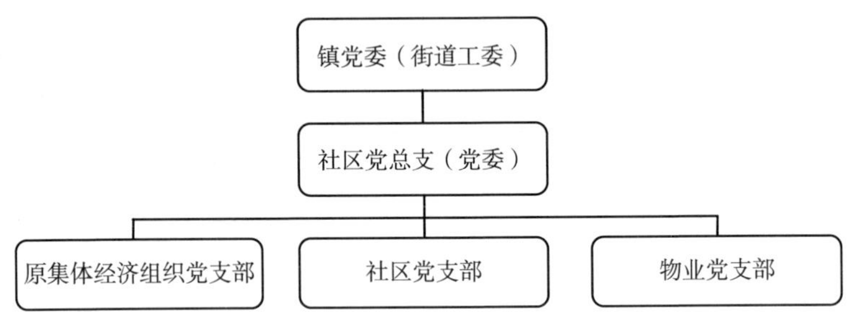

图 4 “村转社区”模式

其二，“村居并行”模式。针对“只征不撤，只占不转”[①] 的情况，实行“村居并行”模式（见图 5）。村党组织和社区党组织相互独立，形成“双轨制”架构。对拆迁村党员实施双重管理，即“生活居住在社区，发挥作用在社区，学习教育在社区，关系保障在农村”。

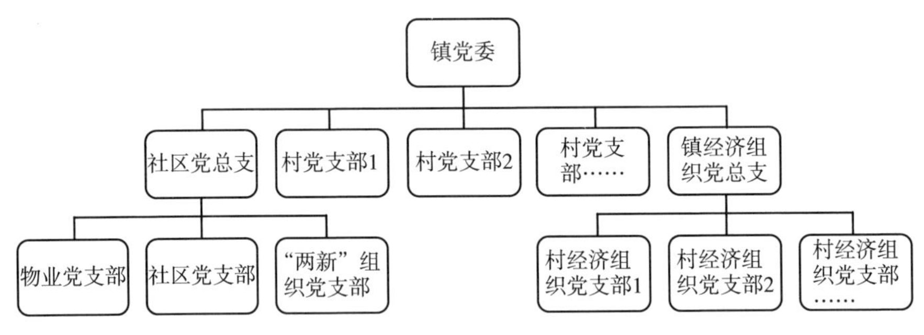

图 5 “村居并行”模式

① “只征不撤，只占不转”，主要指村庄土地没有完全征占，村庄已整体搬迁，村民回迁进入社区，但没有转居，原有村级组织设置不变的情况。

其三，“农村社区化”模式。针对“村庄被拆、生产不变”① 的情况，实行“农村社区化”模式（见图6）。采取村村联建方式，保留村党支部，建立联村党总支，协调社区事务，对小区实行社区化管理。

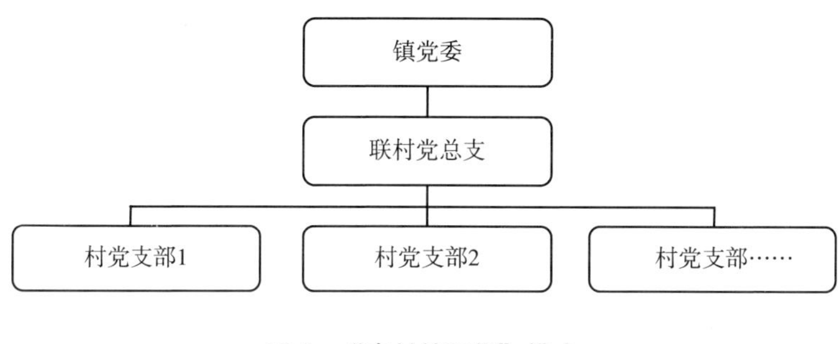

图6 “农村社区化”模式

三 进一步完善拆迁村党组织职责任务和工作方式的对策和建议

拆迁村党组织的职责任务和工作方式是密切联系的，不能割裂开来，应系统地分析。同时，拆迁村党组织的职责任务和工作方式也是发展的，在不同时期有不同侧重。新形势下，拆迁村党组织应及时改进工作方式，突出政治引领、经济主导、社会治理和文化凝聚四方面功能，站在全面建成小康社会的高度，为实现健康城镇化提供坚强的组织保证。

（一）强化政治引领功能，打造坚强领导核心

其一，以学习凝聚思想共识。思想是行动的先导。拆迁村党组织要加强理论学习，准确把握习近平新时代中国特色社会主义思想、党的十九大精神以及中央城镇化工作会议等新理论、新要求，在思想上政治上行动上同以习

① “村庄被拆、生产不变”主要指村庄整体搬迁上楼，但农民身份不变，生产方式不变，只是居住形态发生变化的情况。

近平同志为核心的党中央保持高度一致。要严肃党内政治生活，严格落实“三会一课”、组织生活会、民主评议党员等制度，加强党员日常教育，使党员群众在城市化进程中同心同向。

其二，以动员厚植群众基础。群众工作是党的传家宝。拆迁村党组织要熟练掌握群众工作方法，既讲道理，又讲感情，全心全意为拆迁村民服务。要宣传到位，善于运用电视、广播等传统媒体和微信等新媒体宣传政策，借助党员会、民主日、入户走访等形式，面对面答疑解惑。要真情动员，以“坚持为亲人工作”的态度，不怕困难，不怕反复，用实际行动打消群众顾虑。要总结经验，用好党员干部联系户、“干部－党员－群众”次序动员等工作方法，使组织动员工作事半功倍。

其三，以服务赢得民心民意。新形势下，拆迁村党组织要主动转变工作理念和方式，寓领导和管理于服务之中，通过服务贴近群众、团结群众、引导群众、赢得群众。创新服务载体，通过开展“群众事项党员代理”“在职党员进社区”等活动，使资源向回迁社区倾斜。要注重统筹，调动各类主体服务社区建设的积极性，统筹回迁居民、物业公司、辖区单位、社会组织等资源，凝聚多方共建的合力。

（二）强化经济主导功能，构建稳固利益保障

其一，创新资源利用方式，转业态增效益。土地是最重要的资源。拆迁村党组织要主导土地有序流转，发展一产与三产高度融合的都市型现代农业，提高土地产出率。在有条件的地方探索集体土地改革，壮大集体经济，如目前大兴区探索的农村集体经营性建设用地入市改革，通过统筹集体土地集约利用，打破城乡接合部发展瓶颈，既疏解了非首都核心功能，又做强了集体经济，实现了保障村民长远利益。

其二，挖掘资产潜在价值，向市场要利益。当前，拆迁村民收入主要来源于集体资产分红，需要深入探索集中理财、留地安置、购买底商、产业经营、联村入股等多模式、多层面的有效经营方式，确保集体资产保值增值。建立富余回迁房委托代管机制，按照政府主导、群众自愿、市场运作、服务

为先的原则，保障搬迁村民获得稳定的租金收益。成立公司托管集体资产，推动同一社区内多村村民股权均一量化，扩大资产规模，实现统一经营，促进村民增收。

其三，引导资金合理使用，借平台创收益。拆迁给村集体和农民个体带来了大量的补偿金。对于集体补偿，拆迁村党组织要指导集体经济组织优先用于村民转非安置，暂时不能转非的，绝不能“分光吃净”，要通过资金运作变为集体“固定”资产，保障农民长远利益。对于个人补偿资金，要加强宣传教育，引导拆迁村民合理理财、正确理财。

（三）强化社会治理功能，实现有序过渡转型

其一，主导民主自治。农村党组织要充分发挥贴近群众优势，不断健全社区自治机制，以村集体经济分红和居委会选举为重点，全面推进重要信息的公开工作，引导居民关心、参与社区公共事务，切实增强认同感和归属感，变“同一村的人”或“不同村的人”为“同一社区的人”。

其二，引导多元共治。拆迁村党组织作为基层社会治理的领导核心，必须主动打破条块不顺畅、壁垒难突破的既有状态，通过推进区域化党建、建立党建协调委员会等多种形式，领导社区居委会与物业、驻区单位及其他经济社会组织，组建社区建设联盟，形成多方携手、共驻共建的良好局面。

其三，领导公平法治。在城市化进程中，拆迁村党组织要树立“法治思维”，一方面要及时调整传统农村重“人治”轻“法治”的工作方式，积极做好协调利益关系、化解重大矛盾纠纷等工作；另一方面，要通过法律援助等形式帮助群众解决征地安置补偿、劳资纠纷、邻里矛盾等个体问题，确保辖区社会稳定。

（四）强化文化凝聚功能，树立和谐文明新风

其一，建好文化阵地。文化阵地是社区文化建设的基础和保障。要推进以社区文化中心、广场、活动室等为主体的社区公共文化设施建设，构建结构合理、功能健全、实用高效的社区文化设施体系。倡导辖区内的机关企事

业单位向社区居民开放文化设施和场所，实现资源共享。

其二，培养文化队伍。提升社区文化服务水平的关键在人才。要建强文化指导员队伍，培养社区文化骨干，深入实际、深入生活、深入群众开展文化服务。结合回迁社区的居民需求，建立形式多样的文化队伍，通过开展各类文化活动，凝聚各层次居民和驻区单位参与社区建设。

其三，培育文化品牌。社区文化的根本任务是提高居民生活质量。要创新文化活动形式，融合思想观念、社会风尚、行为规范、价值取向等诸多层面，打造“一社一品”，建立“社区邻里节”“特色楼门”等社区文化品牌，提升社区文化的影响力和亲和力。要把社会主义核心价值观融入回迁社区文化生活，通过活动载体实现乡村优秀传统和城市文明有机结合，形成回迁社区共同价值追求，稳步树立和谐文明新风。

B.18 平谷区增强农村基层党组织政治功能的调查研究报告

北京市平谷区党建研究会课题组*

摘　要： 本报告从平谷区实际出发，通过走访、座谈、调查问卷等形式，对本区农村基层党组织政治功能的发挥情况进行了专题调研。介绍了平谷区加强党建工作的实际做法，特别是针对增强农村基层党组织政治功能进行的一系列探索与实践。分析了农村基层党组织的政治功能建设方面存在的问题。最后，对发挥农村基层党组织的战斗堡垒作用，增强农村基层党组织的政治功能提出了对策建议：一是落实主体责任，将政治功能建设作为第一要义；二是规范组织建设，将凸显政治属性作为第一要求；三是建设战斗队伍，将政治过硬作为第一标准。

关键词： 基层党组织　政治功能　乡村治理

党的十九大报告明确提出，加强基层组织建设，要以提升组织力为重点，突出政治功能。平谷区作为首都的农业大区，抓好农村基层党组织政治功能建设，增强农村基层党组织战斗堡垒作用，既是实现区域功能定位、引

---

* 课题组组长：白云兵，北京市平谷区委党校常务副校长。
课题组成员：白如冰，北京市平谷区委党校副校长；吴迪，北京市平谷区党的建设研究中心干部；李相姬，北京市平谷区党的建设研究中心干部；贾炅婧，北京市平谷区党的建设研究中心干部。

领农村地区发展的根本保证，更是落实“看北京首先要从政治上看”工作要求的重要方面。为此，平谷区党建研究会课题组通过走访、座谈、调查问卷等形式，对本区农村基层党组织政治功能的发挥情况进行了专题调研。

一 平谷区增强农村基层党组织政治功能的基本情况

近年来，平谷区委切实加强党建工作的顶层设计，成立了“平谷区党的建设工作领导小组”和“落实从严治党主体责任领导小组”，完善全面从严治党的体制机制，特别针对增强农村基层党组织政治功能进行了一系列探索与实践。

（一）突出思想建党，注重发挥引领功能

坚持把政治建设放在首位，教育引导农村基层党组织切实增强执政意识，牢记党的宗旨，树立“四个意识”，不断巩固支部引领党员、党员带动群众的堡垒基础。一是把牢思想建设主线，扎实推进“两学一做”学习教育，坚持教育引导农村党员干部深入学习掌握马克思列宁主义、毛泽东思想、邓小平理论、“三个代表”重要思想、科学发展观及习近平新时代中国特色社会主义思想，把学党章党规、学系列讲话作为经常性教育的基本内容。二是筑牢思想建设阵地，创新“走出党校办党校，全区一个大党校”工作思路，形成“1+23+N”① 党员教育培训新格局，促进教育培训范围既凸显“关键少数”又涵盖“绝大多数”，实现全年对全区党员干部轮训一至两次。切实发挥好区委党校和各乡镇分校阵地作用，面向18个乡镇、街道的1万多名农村和社区党员，广泛开展党章党规党纪教育，增强党员的党员意识、规矩意识和先锋意识。三是创新思想建设载体，各农村党支部建立学习计划机制，深入开展“读写讲”和“七一”系列学习实践活动，制作

① “1+23+N”：1是区委党校主阵地，23是在18个乡镇、街道和5大工委系统建立党校分校，N是在基层党支部建立党员教育培训基地，形成“1+23+N”的党员教育培训新格局，建立横向到边、纵向到底的组织管理体系。

《手绘新党章》，编印《支部规范化建设通俗教材》，组织党员干部网上答题学习，打造流动党员“行走的支部课堂”，扩大学习覆盖面，增强学习效果。例如，大华山镇积极探索“互联网+党建”模式，创建“大华山党建”微信公众号平台，实现传统党建与互联网有效结合。

（二）加强组织建设，着力筑牢基层阵地

一是推进村党组织规范化建设，制定《支部工作规范册》和《支部工作记录册》，规范“三会一课”“组织动员”“志愿服务”“党费收缴”“发展党员”等16项具体工作的要点和21项配套流程，强化基层支部主体作用。二是创新实行“支部吹哨、党员报到”，以党支部为主体，明确“学习传达召集、中心工作响应、支部建设自转”三项支部“吹哨”内容，提出“主动参加学习、带头攻坚克难、自觉遵规守纪”三个党员“报到”要求，农村党组织凝聚力不断增强。三是推广党员积分管理，实行“正反双向”计分模式，一人一卡、一事一计、公开公示，晒出党员“成绩单”，有效激发了党员参加组织生活、带头攻坚克难、主动服务群众的内生动力。四是选派第一书记，制定落实《持续推动第一书记干事创业六项措施》，在第一、二批选派42名第一书记的基础上，以软弱涣散村为主，继续选派22名干部，加大帮扶力度。五是搭建共建平台，组织82家区直机关单位和128个农村试点支部开展结对共建，积极帮助共建村抓好党建工作和精神文明建设，帮助共建村办实事、解难题，有效推进了软弱涣散基层党组织的整顿转化和全面升级。

（三）切实增强能力，深入推进乡村治理

一是加强创业带富，各农村基层党组织切实围绕发展集体经济、促进农民增收等开展工作。例如，峪口镇西营村探索建立了“党支部+专业合作社+果农”的三位一体运行机制，发展高端果品产业。西柏店村“党支部+合作社+农户”模式，引领了西柏店食用菊花产业发展。二是维护和谐稳定，面对重大改革发展任务，坚持以人民安全为宗旨、政治安全为根

本，切实消除信访矛盾隐患，平谷区连续多年“群众安全感指数”位居全市前列。三是推进生态建设，积极落实全区域、全要素、全时段、全主体的生态文明建设格局，推进建设美丽乡村。例如，全区推广“生态桥”[①] 治理工程与乡村治理有机结合起来，创新了基层治理模式。四是树立文明乡风，深入培育和践行社会主义核心价值观，促进农村长治久安。例如，行宫村开展“诚信村、厚德果、幸福人”创建工作，使大桃产业与乡风民俗融合发展。南宅庄户村党支部深入挖掘传统文化内涵，积极推进“孝心长寿村”建设。西太平庄村建设了二十四孝文化墙，既美化了村域环境，又为百姓创建了休闲娱乐场所。五是推行“乡镇吹哨、部门报到”机制，聚焦解决农村违法建设、环境污染、安全生产等重难点问题，推行“乡镇吹哨、部门报到”“一门主责、其他配合”“部门布置、乡镇落实”三协同联合执法机制，助力乡村治理。2017 年全市行政执法监督考核六项指标中，我区五项在生态涵养区方面排名第一。

（四）倡导勇于担当，全力完成政治任务

一是专题教育凝聚共识，深入开展“勇于担当”主题实践活动，深化农村党员干部“三明”（明责、明权、明法），围绕担当大讨论，厘清“职责目标清单”，制定干部党员“十带头十严禁”要求，使农村党员干部作风明显好转，勇于担当、干事创业形成广泛共识。二是敢于碰硬攻坚克难，按照全市统一部署，切实增强农村党组织推进“疏整促”专项行动的自觉性。比如，王辛庄镇及时把疏解整治纳入“五好”支部考评办法，形成“全面抓、常态抓”的工作局面。2017 年平谷区“疏整促”各项工作进度均居全

---

① “生态桥”：平谷区有果园 38 万亩，每年产生的树枝、树叶等废弃物能达到 20 万吨以上，农户种植的蔬菜等农作物残体、秸秆每年产生 17 万余吨，养殖禽畜产生的粪便污水 60 余万吨，聚焦解决农业垃圾产生的环境污染和社会问题，推行生态桥治理工程，平谷区委区政府将农业生产中的枝、叶、桩、杈等 9 大农业废弃物，经过一系列技术加工处理，制成有机肥还田。

市前列。三是强化监督执纪问责，围绕“疏整促”、“双安双打”①、打击“四抢”② 环境综合整治等重点工作，制定并印发了《关于在打击违法用地违法建设专项行动中严明纪律的通知》，要求全区干部党员“担当起来”。

二　存在问题

课题组随机抽取深山区、浅山区、平原区各 2 个乡镇为样本，共向 6 个乡镇党委、83 个村党组织发放问卷 300 份，收回 290 份，有效问卷 289 份。参与答卷的乡镇机关工作人员 42 名，“两代表一委员” 17 名，村干部 125 名，农村普通党员群众 105 名。通过调查，发现农村基层党组织的政治功能建设存在的问题主要有以下几个方面。

其一，认识偏差带来的以服务功能代替政治功能的问题。主要表现为一些农村基层党组织没有把握好服务功能和政治功能的辩证关系，认为服务是群众看得见、摸得着的政绩，对党务满足于过得去，忽略了发挥政治功能，动员群众、教育群众缺乏有效手段，一些基层党组织存在政治功能弱化、虚化、边缘化问题。

其二，制度失效带来的组织管理不规范的问题。从基层反映的数据来看，68.3% 的党员干部群众认为在组织管理方面缺乏机制创新，32.5% 的问卷参与者认为农村基层党组织在组织管理过程中重业务轻管理，16.7% 的党员干部群众认为一些农村基层党组织不敢与党内违法乱纪行为作斗争。一些农村基层党组织不能很好地利用信息时代的便利，始终在自己的一亩三分地内总结经验、探索方法，缺乏机制创新的手段。

其三，新生力量不足带来的队伍建设不持续的问题。党员干部群众普遍认为现阶段党员队伍建设过程中党员队伍老化、负责人年纪偏大、退出机制

① “双安双打”是指平谷区委区政府组织开展的“全力确保安全生产、全力确保安全稳定、打击金矿及砂石盗采、打击其他违法犯罪活动”专项行动。

② “四抢”：是指在依法征地拆迁补偿过程中的抢栽、抢种、抢养、抢建行为，2016 年以来平谷区委、区政府开展了连续打击“四抢”行为专项治理工作。

不畅等问题较为突出，比例分别达到 79.7%、27.7%、21.5%。当前农村年轻人多外出求学、上班，基层党员队伍老龄化较为严重；一些党组织带头人已经连任多届，即将退休，或是由工作岗位退休后回到村中成为带头人，干事创业的动力略显不足；一些不合格党员不能得到妥善处置，也在一定程度上影响了队伍的发展。

其四，四风残余带来的脱离群众的问题。主要表现在走访群众工作少、在群众中缺乏号召力、不愿意做群众工作等，分别占比为 77.0%、27.9%、7.4%。虽然在开展党的群众路线教育实践活动以后，更多领导干部走进群众、服务群众，但也有因为业务工作、时间安排等因素，不能想群众所想、急群众所急，存在害怕做群众工作的现象。

三　对策建议

农村基层党组织的政治功能建设是巩固党的执政基础和执政地位的现实需要，建设农村基层党组织的战斗堡垒，重点是坚持“三个第一”。

（一）落实主体责任，将政治功能建设作为第一要义

强党兴党的最终落脚点是长期执政、全心全意为人民服务，增强基层党组织政治功能是落实管党治党主体责任的应有之义。一是提高农村党组织的执政意识，以落实主体责任为重点，明确班子的政治职责，强化党组织的功能和作用。坚持抓关键少数，发挥村支部（总支）书记在落实主体责任中的标杆作用，制定“五带头”工作要求。二是强化“上对下”的政治督导，区、乡镇级党委和党委书记坚持党的一切工作落到支部，依托区级层面组建的 18 个支部规范化建设督导组，在系统、乡镇街道党（工）委成立指导组，指导党支部担起主体责任、发挥主体作用、增强政治功能，通过建立学习教育、考核评价、巡视督导等工作机制，促进农村基层党组织牢牢把握政治方向，在重大政治原则和大是大非问题上始终保持紧跟党中央的强大政治定力和战略定力。三是完善农村两委领导机制，不断探索村党支部通过村委

会管理村级事务的领导机制，加强村党组织决策村级重要事项上的领导地位，针对农村工作实际，明确“两委”工作职责，码好农村两委换届的组织梯次，厘清农村两委分工配合的责任，划定各自的职责范围，强化公平高效的权力运行机制。四是开展政治功能“体检”，对农村党组织发挥政治功能情况设立指标体系，建立发挥政治功能评价机制，切实解决农村基层党组织对政治功能认识偏差、制度失效、新生力量不足和“四风”残余问题，对不落实主体责任的农村基层党组织进行纠正，并适时启动问责程序。

（二）规范组织建设，将凸显政治属性作为第一要求

农村基层党组织作为党的末梢神经，承担着党的路线、方针、政策落地生根的职责，必须凸显政治属性。一是全力推进党支部规范化建设，深化“支部吹哨、党员报到”工作机制，完善“一规一表一册一网”，以工作制度保障发挥政治功能的稳定性和可靠性。制定《平谷区关于在党支部规范化建设中加强党小组设置及工作的方案（试行）》，对党小组定位、职责、设置、党小组长选配等作进一步规范，推动党组织工作的实化、细化、小单元化。根据当前工作任务和农村发展重心，建立灵活机动的基层党组织，着力解决一些基层党组织弱化、虚化、边缘化问题。二是推进政治生活正常化，全面贯彻落实《关于新形势下党内政治生活的若干准则》等党内法规，坚持“三会一课”制度，健全组织生活制度，丰富组织活动内容，以提高党员的责任意识为目标，造就“又有集中又有民主，又有纪律又有自由，又有统一意志又有个人心情舒畅”的政治生活“新常态”，增强党内政治生活的严肃性和吸引力。三是加强农村干部队伍建设，提高村干部报酬，探索从优秀村书记中选拔行政事业人员，增强岗位吸引力，激励干事创业。对机关干部回村任职、部分书记新任职、党建基础相对较差的村给予资金支持。不断提高党支部、村委会和经济合作社干部交叉任职比例，合理布局农村基层党组织班子成员年龄梯次，抓紧储备年轻农村干部，把经过实践考验的农村干部选拔到上级党组织任职。四是加强工作保障，将发展农村事业相应的权力和资源下放给基层，实行“权随责走、费随事转”，通过建立与考核、

经济发展相匹配的基本经费保障，合理划分村级发展基金中党建工作所占比重，强调村级支出经济效益与政治效益的统一，不断巩固党组织正常开展党的活动的经费保障。

（三）建设战斗队伍，将政治过硬作为第一标准

党员干部队伍的政治素质关系到制度、政策、举措的落实程度，直接影响农村基层党组织政治功能的发挥。一是培养拥护党领导的政治自觉，切实加强农村党组织成员的党性教育与锤炼，以政治纪律和政治规矩整饬农村党员干部队伍，严厉杜绝不守纪律，搞上有政策、下有对策，对抗中央的行为；严厉杜绝不守规矩，“吃共产党的饭、砸共产党的锅”的言论，将农村具体工作实践作为锤炼政治能力的大熔炉、检验能力的大考场，把“在党言党、在党忧党、在党为党”的要求转化为一种行动自觉。二是站稳人民为中心的政治立场，增强宗旨意识，克服与群众的距离感，把进群众家门、听群众心声作为工作的必要内容，实现帮到家、暖到心。转变工作作风，借助信息手段缩短党组织与党员、党组织与群众、党员与群众的直线距离；借助市场经济规则增强党组织与党员、党组织与群众、党员与群众工作生活的黏合度；借助基层组织优势增强与农业协会、“两新”组织、群团组织的协作；要求村干部特别是书记撰写“驻村日记”，记录每天在村里的服务群众情况，不断丰富联系服务群众的工作载体。三是锤炼农村工作的政治能力，积极探索新形势下党组织对农村事务的有效领导方式，创新群众工作方法、思想政治工作方法，戒除以会议落实会议、“喇叭”落实文件的不良风气。继续推广普通党员包片、包户、包任务工作机制，继续推行党员干部行业带头、技术领军、服务创先等评比表彰工作机制。继续深化“勇于担当”主题实践活动，面对重大政治任务建立“勇于担当”奖惩两套工作机制，将区镇两级相关部门力量下沉到支部，继续深化“乡镇吹哨、部门报到”工作，增强农村基层党组织堡垒作用。

B.19

怀柔区农村基层党组织在低收入村发展中作用发挥问题研究报告

北京市怀柔区党建研究会课题组*

摘　要： 农村基层党组织是党在农村全部工作和战斗力的基础。农村基层党组织要以强化组织功能为统领，把组织建设与村级发展紧密融合，将低收入村转变为发展先进村。本报告对怀柔区低收入村发展现状、存在问题、制约因素进行调研分析，总结出农村基层党组织在带领低收入村脱贫致富方面的一些好的经验和存在的不足，并提出了如下对策建议：提升农村基层党组织的组织力，锻造高素质农村党员干部队伍；搭建平台，调动各方社会力量形成精准帮扶合力；强化考核激励，发挥制度体系的保障作用等。

关键词： 基层党组织　低收入村　精准帮扶

习近平总书记强调："要把扶贫开发同基层组织建设有机结合起来，真

---

* 课题组组长：姜泽廷，北京市怀柔区委副书记、区委党校校长。

课题组副组长：迟行刚，北京市怀柔区委常委、组织部部长、统战部部长、区社会主义学院院长。

课题组成员：金文领，北京市怀柔区委组织部副部长、区党史办主任；王保军，北京市怀柔区委党校党委书记、常务副校长；张瑞红，北京市怀柔区委党校副调研员；耿钢，北京市怀柔区委党校区情研究室主任；程永峰，北京市怀柔区委组织部组织科副主任科员；李广栋，北京市怀柔区委党校区情研究室副主任科员。

正把基层党组织建设成带领群众脱贫致富的坚强战斗堡垒。”发挥农村基层党组织的政治优势和组织作用，突破制约低收入村发展的瓶颈和短板，促进低收入村加速发展，是当前摆在农村基层党组织面前的重大政治任务。

一直以来，怀柔区都把“三农”作为重要的基础性工作，到“十二五”末，人均地区生产总值已经突破1万美元，区域发展整体上已经达到了小康水平。但是，由于受区位条件限制和生态涵养区产业发展的特殊要求，再加上自然禀赋不足，部分村发展相对滞后。按照全市统一的以户人均年收入11160元为认定标准，目前全区还有45个村为低收入村。根据中央全面建成小康社会战略部署，怀柔将以村级党组织为核心，通过发挥基层党组织在低收入村发展中的作用，实现精准施策、精准帮扶。

为此，我们围绕基层党组织在低收入村发展中的作用发挥问题，结合怀柔区落实精准帮扶工作总体要求，以问卷调查、座谈会、个别访谈等形式，分别到农委、经管站、民政局、人社局、镇乡、农村进行了实地走访。根据调研结果，总结归纳出关于“基层党组织在低收入村发展中的作用发挥”的几点对策建议。

一 作用发挥现状

从2015年以来的发展结果看，怀柔区农村基层党组织在村级发展中，特别是在低收入村发展过程中，通过解放思想、更新观念，拓展思路，主动破解了发展中的一些难题，培育出多项村级产业，增加了农民收入，促进了农村社会经济平稳发展，低收入村产业稳步发展、农民持续增收效果较好。实践表明，农村基层党组织以强化组织功能为统领，使组织建设与村级发展紧密融合，在村级发展中彰显组织的先锋带动作用和服务引领功能，这是村级经济社会发展的主要推动力，特别是在低收入村发展中发挥了主力军作用。

（一）把促进集体经济发展作为党组织建设的首要任务

在调研中，有的村由乱而治、村民收入由低到高，跃入先进村，观其主要经验，就是党支部始终把党组织建设与村级发展紧密结合，把村级发展作为组织建设的重要内容。比如，喇叭沟门乡中榆树店村，地处大山深处，连条像样的通往山外的公路都没有，村民靠天吃饭，有时连温饱都成问题，是典型的穷村。为了摘掉乡亲们的“穷帽子”，村党组织通过抓班子、带队伍、强后备，注重发挥党员作用，带领村民发展民俗旅游产业，特别是近几年通过新农村建设，大力推进生态旅游业发展，实现了农民大幅度增收，村集体也摘掉了穷帽子。透过中榆树店村的发展路子，我们看到村党支部始终把村民过上好日子，富裕村民口袋当作支部工作的重要内容，并要求村干部和党员在村级发展中必须冲在前面。据统计：中榆树店村人口256人，党员36名，党员占村民比例14%。全村35户市级民俗户，一半以上是党员，村里的绿化带和环境卫生，都是党员在义务养护。通过村级发展培养干部的开拓创新能力，激发党员的先锋带动能力。这个案例表明，农村基层党组织越是把发展农村经济作为组织建设的根本点来抓，以发展为主线，用发展的办法解决发展中的矛盾，越能强化党建工作，彰显基层党组织在村级发展中的中流砥柱作用。

（二）把强化政治引领功能作为党组织建设的核心内容

在走访调研中发现：近几年，发展速度快，走上致富之路的村集体，其党组织的一个重要特点就是政治引领功能突出、组织动员力强，在村级发展中凝聚人心，形成了带动农村经济社会发展的强大合力。特别是在低收入村增收过程中，通过做群众思想政治工作，宣传党的方针、政策、惠农文件精神，使党的路线方针政策在农村落地生根，同时加强监督，保障了村民的合法权益，赢得了村民对基层党组织的信任，凸显了组织的政治引领功能和动员群众的能力。如琉璃庙镇二台子村党支部，积极发挥基层党组织、党员的引领示范作用，加强政策宣传，主动疏解群众思想困惑，激发群众发展愿望，动员群众融入村集体的发展中，促进村集体产业的发展。由支部书记领着村干部干、党员领着群众干，层层示范帮扶，示范带动促发展，逐步形成了支部引路、党员带路、产业铺路的发展途径。他们把村民拥有使用权的林地入股，统一管理，整合山场资源成立了怀柔区首个股份制家庭林场，将村民组织起来，在家庭林场下参与林地生产经营，享受按股分红，实现了农民增收致富。由此可见，党支部的政治引导和组织动员能力是村集体经济发展的重要保证。

（三）把规范村级各种制度作为党组织建设的根本保障

调查发现：发展较好的村级党组织都有一套好的健全的民主管理制度，并能在村级决策中以制度为依据，形成长效机制。例如，“八步工作法”①就是村级民主决策的一项重要制度。通过健全完善党组织生活、“三会一课”、党员教育管理、村干部“权力清单”等一系列规章制度，形成了以党建为核心，以村规民约为保障，以盘活集体资产为关键，健全的农村民主管理监督制度。如桥梓镇后桥梓村党支部创新管理制度，对党员参加活动情况实施积分制管理，完善村规民约，细化村务管理制度，强化制度执行效果，与村民福利直接挂钩。再如，渤海镇北沟村完善了村党支部领导下的村务监督机制，制定了党务、村务公开制度，修订了村民自治章程，成立了村级事务顾问组，把村务公开工作落到实处。因此，健全并严格执行村级各项管理制度是农村基层党组织健康有序发展的制度保障，是村级各项事业稳固长远发展的有力支撑。

二　存在问题及原因分析

调查发现，45 个低收入村基层党组织虽然在促进低收入村发展中发挥了示范引领和推动发展的重要作用，但与精准帮扶工作，以及实现全面建成小康社会目标要求还有一定的差距。存在的主要问题和具体原因如下。

---

① “八步工作法”全称是“村级重大事项民主议事决策八步工作法制度”。2006 年由怀柔区委针对村镇党组织提出的一种民主议事决策程序，包括提出决策议案，议定初步方案，镇乡业务主管部门审查把关，征求党员群众意见建议，党委、政府审核，村民代表会议讨论通过，群众监督实施，反馈决策落实情况八个工作步骤。

（一）思想认识不够，缺乏使命感和紧迫感

一是有依赖思想。有的低收入村干部和群众从思想上就缺乏拔穷根的内动力，自我发展意识不强，过度依赖精准帮扶政策兜底完成任务，过多关注帮扶资金项目、财政转移支付资金的争取。不少村级两委干部认为精准帮扶工作仅是阶段性工作，仅仅满足于完成任务，认为低收入村脱低过了划定的标准线即可，对待精准帮扶工作没有长远规划，缺乏脱低后如何建立长效机制保障本村持久发展的深入思考。

二是有畏难情绪。调查发现：不少低收入村干部思想保守，缺乏开拓进取意识，畏惧困难，总是从客观上找原因、找理由，认为发展上不去是资源缺乏、自然禀赋差等客观因素造成的，如地理位置偏僻、不处于公路沿线、土地山场资源有限、集体手里没底牌等。在与村干部座谈中，有村干部上来就说，村里要啥没啥，缺少能发展的能人，村里老弱病残，就业也没出路，不好发展。

三是政策学习理解不到位。部分村干部不会充分用活农村政策，对农村扶持政策、优惠政策认识不充分、理解不到位。比如，有关部门对于安排农村劳动力就业，在保险缴纳上实行补助政策，对充分就业村也有奖励支持，对于残疾人就业，政府也有很多帮扶措施，但村干部却不十分了解。调查发现：部分村干部对就业扶植、残疾人就业、低保五保政策了解不够，造成运用政策不充分，影响了工作的推进。

（二）支部核心作用不突出，服务和政治引领功能体现不充分

一是不善于做群众思想工作，缺乏组织动员能力。一些村级党员干部不善于做思想政治工作，不会不愿做群众工作，不敢教育群众、引导群众，遇事情习惯按老规矩办，对各种无理要求不会反驳、不敢反驳。教育形式简单，往往就事说事，不会讲道理，更不会从群众最关心的问题入手，对待群众提出的问题缺乏耐心，导致主观想为群众干事，却因得不到群众支持，而干不成事。

二是组织服务功能弱，缺乏经济引领能力。班子自身能力弱，缺少魄力，新点子少，发展没有思路，致富没有项目，有的党员自身成了困难户。缺乏懂经营、善管理、能争取项目、能引来资金的“经济型”村党支部书记。据统计：45 个低收入村党支部书记中仅有 2 人有过企业经营经验，普遍缺乏引领村级经济发展的必备知识和技能。有 47% 的受访者认为，农村基层党组织书记应当发挥村域发展领路人的作用。

三是缺乏担当有为的干劲。有的村干部从头脑中就认穷，满足现状，得过且过。不会和相关部门沟通协调，也不会和外界打交道，关起门过日子，不想发展。特别是处在水源保护地的低收入村，在产业选择上受制约，发展路径选择面窄，不知道往哪个方向发展，由此陷入发展瓶颈。调查显示：45 个低收入村虽然产业得到一定发展，但集体经济薄弱，2015 年村集体总利润年平均亏损 5.97 万元，且近 85% 以上的村没有长远的村级产业发展规划。

四是深入群众不够，缺乏服务的针对性。有的低收入村干部服务群众的内容跟群众实际需求对应不上，不知群众内心的真正需求是什么，对群众需求随着形势变化的情况关注较少。因此，工作不容易做到群众的心里。调查发现：大部分村干部在年底走访慰问低收入户时，都是发放点米面油等生活物资，而往往忽视了群众真正关心的医疗、就业、建房等解决难度较大的实际需求，群众容易对干部产生好事没做到位的感觉。

（三）存在惯性思维，依法办事的意识不强

一是个别干部规矩意识不强。有的村干部对财务管理制度了解不够，在一些涉农项目资金使用上，认为项目资金只要是为村里办事，没落在自己手里就没事。由于财务管理不够规范，民主监督不到位，个别村在审计中也出现财务管理不规范的情况。

二是部分党员干部缺乏依法办事的自觉性。座谈发现，部分党员干部头脑中还留有家长制作风，遇到矛盾冲突问题，不会运用政策、法律去解决，

还存在决策武断、村级重大事项拍脑门决策的情况。对于“镇不住”的，有的则无原则安抚，靠人情关系、家族关系去化解。对矛盾问题搪塞敷衍，不敢触及问题本质，一定程度上损害了村级党组织的公信力。比如，新农村建设中，由于村民之间宅基地不清，历史上邻里有矛盾，村干部推进起来就很费劲，干部只会“和稀泥”，缺乏行之有效的办法。

存在以上问题的原因主要有：

一是责任担当不够。座谈发现：有的村干部政治站位不高，把精准帮扶工作当作阶段性工作，不能放到决胜全面建成小康社会、实现“两个一百年”的奋斗目标的大局中去看待、认识精准帮扶工作，感觉这些宏伟目标距离村里发展很遥远，不如给点资金、发点福利更实惠。

二是能力素质提升慢。低收入村支部班子及成员文化偏低、年龄偏高、思想落后。“两委”干部能力素质与新时代发展要求不相适应，班子力量较为薄弱，发展思路不清晰，创新不足，办事凭老经验、走老套路。发展能力弱，不懂市场经济，视野不开阔，不会统筹盘活各种资源，办事力不从心，甚至好心办错事。“两委”任期短，干部事业发展缺乏规划，晋升渠道窄，存在“当一天和尚撞一天钟”的现象。特别是面临换届选举时，两委班子不稳定的问题影响了村干部的工作动力。

三是党员作用发挥不到位。一些低收入村年轻人少，老弱病残多，干部队伍呈现出老龄化的特点。党员队伍平均年龄偏大，缺乏活力，战斗力不足。据统计，在1.1万多名农村党员队伍中，50岁以上的党员占比60%以上，60岁以上的党员占45%以上，农村党员队伍面临着青黄不接的情况。在一些低收入村，党员本身就是低收入户，精准帮扶工作中很难发挥什么作用。

四是工作督导力度还需加强。上级部门对低收入村稳步发展指导不够细致，特别是在指导低收入村制定村级发展规划、查找制约村级发展的突出问题、厘清发展思路、增强村级组织“造血”功能方面需要加大力度。此外，精准帮扶工作的督查机制需要完善，村级重大事项的工作监督还需要加强。

三 对策建议

针对存在的问题，就农村基层党组织在低收入村发展中作用发挥问题提出以下完善措施。

（一）提升组织力，锻造一支高素质的基层党员干部队伍

其一，选好班子建好队伍。一是加强低收入村两委班子建设，选好带头人。加大对支部班子成员培训力度，提高政治素质和业务技能，培养锻造一支具有专业思维、专业素养、专业能力的高素质农村干部队伍。二是建立健全村干部生活保障机制。加强换届选举的领导，给予优秀村干部一定的晋升空间，形成相对稳定的干部队伍。三是加强农村干部储备，拓宽选人渠道。搭建农村青年返乡平台，注重农村干部专业化引进、专业化培养、专业化配备。完善党建助理员招录工作，从返乡大学毕业生中选拔优秀人才，吸引留在农村工作。四是建立后备人才党支部。针对一些低收入村党员年龄老化、发展困难等问题，由镇乡党委统筹建立后备人才党支部，发挥凝聚带动青年人才成长的作用。

其二，提高政策理解力。一是强化上级部门对基层组织，特别是党支部班子成员的政策宣传，加强相关部门对政策的解读。建议定期举办相关部门的政策讲堂，汇集各项政策精神，让基层党员干部做政策上的明白人。二是编制低收入村发展总规划和推进行动计划，合理规划村级产业发展结构布局。特别是水源保护区，要把政策优势与相关部门智力优势、资源优势相结合，解决好村级发展短板问题。三是班子成员要学会向群众讲政策、解答政策。在发展进程中要让群众清楚发展的具体目标和群众的利益所在，挖掘群众中蕴藏的智慧力量，把群众当成发展的主体，激活发展的内生动力。

其三，强化法治思维意识。一是增强低收入村党组织书记法治思维和依法办事能力。加强低收入村“两委班子”、党员干部涉农中央政策、党纪条规、国家法律等方面内容的学习。组织低收入村党员干部参观廉政警示教育

基地，让依法办事理念入脑入心。二是增强涉农法规制度的刚性约束，提高制度执行力。运用好监督执纪“四种形态”，对涉及村民切身利益，群众反映强烈的违规违纪违法问题，抓早抓小，动辄得咎，决不姑息，立起带电的“高压线”。通过强化制度、规矩意识和执行力，营造风清气正的政治生态，为低收入村健康发展保驾护航。

（二）搭建平台，让社会力量在“精准帮扶”中得到精准利用

其一，提高农民组织化水平。充分利用各类农村经济合作组织在培养农民科技意识和合作精神、提高适应市场经济能力、促进农民增收致富方面的作用。一是建立健全农村新型经济合作组织。引导合作社在产业帮扶中发挥更大的作用，让市场主体带动帮扶产业发展、能人大户带动低收入户增收。二是强化合作社培训指导。通过培训更新管理理念，不断提升合作社理事长的经营理念、销售理念、质量管理理念，提升新型农业经营主体规模、品牌和经营管理能力。三是坚持党建引领。做好合作社党组织建设指导工作，积极推行“党建强社、合作富民”工作模式，促进基层党建与产业发展深度融合，科学引导股份合作社发展、联合社组建，促进联合社健康发展。

其二，开展精准帮扶。一是制订帮扶行动计划和低收入户帮扶方案。由党组织成立帮扶小组，每名党员与低收入户开展一对一结对帮扶，确定具体帮扶措施和方法步骤，实现低收入户、党员、党组织互动。让发展成为基层组织的责任，成为党员的责任。二是广泛联合社会组织。通过行政力量、市场手段相结合，依靠市场的力量、社会的资本来撬动和引导社会力量积极参与精准帮扶，形成整体合力，让更多的企业优势资源互补，发挥各自所长，补齐短板。实现党组织和涉农企业、投资机构等各类社会组织联动，为低收入村产业发展助力。三是设立低收入村党员发展互助基金。探索由组织部门、镇乡党委、农委等部门联合金融机构设立党员发展互助基金，为党员干部创办村级产业提供金融支持。统筹使用各项涉农资金项目，注重政策集成打包，精准扶持低收入村急需发展的产业项目。

其三，扶心扶志。帮扶先扶志，致富先治心。在精准帮扶的同时，更要

从思想上、精神上进行帮扶。教育引导村民正确看待帮扶，既要心怀感激、好好珍惜，又要有进取心，摈弃“等靠要”和不富也安思想。激发村民自主发展摆脱贫困的内在愿望，让村民认识到精神价值的重要性所在，树立战胜困难的信心和斗志，培育村民自强实干精神，自力更生、奋发图强，学技术、找门路，用自己的双手摘掉贫困帽。只有如此，才能够彻底摆脱帮扶单纯依靠“输血”的困境，主动作为激发内生动力。

（三）强化督导考核，保证精准帮扶工作落到实处精准到位

其一，加强督促指导。下派驻村工作组，加强对低收入村工作的督导，实现精准对接、精准施策。在推进低收入村发展中要明确各方主体责任，明确推进工作标准要求，对推进内容、推进措施、推进时间表进行动态跟踪督促检查，把基层组织和党员干部的责任落实在时间、地点和工作内容上，确保基层党组织坚持正确目标方向，打好精准帮扶攻坚战。

其二，强化工作结果考核。加大基层党组织评星晋级管理考核力度。把低收入村发展作为对村级党组织绩效考核的重要内容。加强低收入村五星级党支部评选①，把考核结果作为低收入村“两委”班子成员年度奖惩、评先选优、考录镇乡事业单位人员和公务员等方面的重要依据，启动问责，凡连续两年无星级或连续三年评定为不称职的村党组织，其党组织书记将被劝辞或予以免职。以此激发村“两委”班子的工作活力、团结合力，促进基层党组织建设和低收入村各项事业发展融合共进。

其三，建立激励约束机制。由组织部门、镇乡党委、区农委等农村基层党建主管部门对低收入村党组织、党员干部履职情况、遵守党纪、推动发展等方面进行年度绩效考核，并与党组织、个人的奖惩结果挂钩。凡基层党组织落实低收入村发展工作不力、所联系的低收入农户不能按时“脱低”的，对低收入村党员干部、联乡帮村单位进行严格问责。通过责任传导、考核评

---

① “五星级”是以“组织领航星、服务发展星、生态环境星、民主和谐星、示范引领星”的五个星级考核内容，通过标准化评定、动态化管理，激发党组织工作的内生动力，提升基层党组织整体功能。

估、奖惩问责、约束监督、政策审核、社会联动等工作，明确工作导向。

在推进低收入村发展中，还应注意防止资金项目投向均等化的问题。防止靠外在力量形式上脱低而忽略靠内在动力实质性脱低倾向。总之，新形势下必须要把促进低收入农户增收及低收入村发展工作，作为各级党委政府以及农村基层党组织的首要政治责任。要理顺农村基层党组织运行机能，坚持绩效评价导向，提高低收入村党员干部能力和规矩意识，统筹区内外各项惠农政策，精准施策。发挥好农村基层党组织的政治核心作用，打赢这场精准帮扶攻坚战。

B.20
密云区党建网格化保水新模式的探索与思考

北京市密云区委课题组*

摘　要： 本报告介绍了密云区探索党建网格化保水新模式的背景，密云水库作为首都最重要的地表饮用水水源地，在水源保护工作中存在统筹协调机制薄弱、水源保护权责不清、基层执法不到位等问题。为破解上述问题，密云区委区政府以高度自觉的政治意识和责任意识，坚持党建统领，坚决履行保水第一责任，锐意改革，大胆创新，把党支部建在保水网格上，科学划分保水网格，明确网格管理人员职责范围，在全市率先建立了具有密云特色的“定格、定人、定责、定章”的网格化水源保护管理模式。最后，根据党建网格化保水新模式取得的成效和存在的不足，提出政策建议：一是完善网格化保水管理机制顶层设计；二是加快网格化保水信息系统升级改造；三是推进网格化保水管理队伍建设。

关键词： 党建　网格化　生态建设

* 课题组组长：夏林茂，北京市密云区委书记。

课题组成员：宇兴评，北京市密云区生态建设发展研究中心主任；张志华，北京市密云区委社会工委书记、社会办主任；周苏文，北京市密云区委研究室主任；王作兴，北京市密云区委政法委副书记、综治办主任；王江红，北京市密云区生态建设发展研究中心调研科科长；马海涛，北京市密云区社会办社区建设科科长；孔海英，北京市密云区委研究室主任科员。

密云作为首都最重要的饮用水源地和区域生态治理协作区，首都重要饮用水源——密云水库——位于密云中央，水源保护区占全区面积的3/4。多年来，区委区政府牢固树立“绿水青山就是金山银山”的发展理念，把保水作为首要政治责任，采取了一系列行之有效的保水措施，密云水库水质始终保持在国家地表水二类水体标准以上。随着南水进入密云水库，水库蓄水量逐年提升，2017 年底，水库蓄水量已超过 20 亿立方米。为保护好“这盆”净水，区委区政府坚持问题导向，以党建为统领，以密云水库一级保护区为试点，对网格化管理方式引入水源保护工作进行了初步探索。

一　基础背景

密云水库建成于 1960 年 9 月，最大库容量 43.75 亿立方米，最大水面面积 188 平方公里，是华北地区第一大水库。1985 年，北京市出台“两库一渠”水源保护管理暂行办法，密云水库成为首都重要的地表水饮用水源地，功能转为供应北京城市用水，保水成为密云的首要政治责任。2014 年，南水北调中线正式通水，密云区委区政府认真落实市政府要求，成立密云水库保水协调委员会（以下简称“保水委”），全面统筹水源保护工作。

然而，面对新形势新任务新要求，保水工作的方式方法亟需进一步改进，还需要进一步克服存在的问题。一是统筹协调机制薄弱。密云水库水源保护工作涉及市、区两级，市级有关部门与密云区政府、水库管理处与属地镇政府、区各职能部门之间统筹协调机制不健全，水库保护工作未能形成强大合力。二是水源保护权责不清。密云水库保护工作涉及面广、参与部门多，在管理过程中各部门之间职能交叉，责任不清，出现了“都相关，全无责”的状况。三是基层执法不到位。密云水库面积大、岸线长，水源保护工作涉及 10 个镇，各镇一线管护人员发现涉水违法事件早，但无处罚权，执法人员不能在第一时间赶到，执法不严格、不及时，致使垂钓、电鱼、游玩等涉水违法违规现象屡禁不止。四是存在农业、畜牧业污染。由于水位上升，库区周边的农业种植畜禽养殖等行为对水库水质产生影响。五是存在生活污染源隐患。一级保护区内43个村3.82万人日常生活产生的垃圾、污水和94个库中岛上的生产经营行为，都是污染水源的隐患，许多慕名而来的游人进入库区游玩、钓鱼、野炊也造成了不同程度的污染。

为破解保水工作中存在的问题，区委区政府以高度自觉的政治意识和责任意识，坚决履行保水第一责任，锐意改革，大胆创新，把党支部建在保水网格上，科学划分保水网格，明确网格管理人员职责范围，在全市率先建立了具有密云特色的“定格、定人、定责、定章”的网格化水源保护管理模式。

二　主要做法

（一）健全组织领导体系

构建“三级”网格化保水组织领导体系，落实党政同责。区级组建由区委书记任政委、区长任总指挥，区委副书记、政法委书记、组织部部长、纪委书记、宣传部部长任副政委，相关副区长任副总指挥，相关部门行政负责人为成员的保水总队，负责统筹协调、监督考核密云水库一级保护区内水源保护工作。镇级组建由镇党委书记任政委，镇长任大队长，主管镇长为副大队长的保水大队，镇党委在水源保护工作中“担重任”“挑大梁”，主要负责统筹协调、监督检查本镇管护区域内水源管护和执法工作。村级组建由村支部书记任队长，村主任任副队长的保水中队，主要负责本村水域的管理和看护工作，增强了水源保护工作的基层组织建设力量。区、镇、村三级保水体系的建立，将水源保护责任主体上升到党委、政府，特别是党政“一把手”同时担负保水责任，有效增强了党组织在水源保护工作中的领导核心功能，形成了主体清晰、党政同责、上下联动、齐抓共管、运转高效的水源保护管理体系。

（二）强化基层党组织建设

其一，跨部门成立联合党总支。针对密云水库联合执法大队属临时机构的性质，坚持党组织“管人、管事、管思想”三管齐下的原则，生态办

(保水办)、水库联合执法大队成立党总支，解决了跨行业、跨部门的临时单位行政指挥不灵问题，拓宽党组织工作领域和发展空间，增强了统筹管理、组织服务功能。

其二，基层党组织全覆盖。党总支下设生态建设发展研究中心、密云水库联合执法大队机关、密云水库联合执法大队水上分队三个支部，把党支部建立在保水工作第一线，更好地服务水源保护重点项目建设，助推执法工作开展。

其三，下沉党组织关系。按照“便于参加活动、便于发挥作用、便于加强管理”的原则，将派驻各镇的执法队员党组织关系转至属地镇党委。党总支和党支部的建立，增强了抽调人员的归属感和责任感，实现了执法主体下移、执法力量下沉，改变了以往各部门“单打独斗”的被动局面，有效凝聚了合力，取得了“1+1>2”的综合效应。

（三）建立保水信息平台

建立“一网建设、三级指挥、四级管理”密云水库水源保护网格化管理组织体系。“一网建设”，依托区网格化社会服务管理信息平台，将水源保护工作纳入网格化管理，增加水源保护监管职责和任务，及时发现、查处涉水违法违规问题。“三级指挥”，区网格指挥中心为全区网格化工作平台最高指挥机构，统筹网格化工作运行；在密云水库保水总队（联合执法大队）和库区周边镇保水大队，分别建立指挥中心，保水总队指挥中心主要负责水库一级保护区，保水网格系统的组织管理，制定工作责任制，并负责监督考核；镇保水大队指挥中心，负责本镇一级保护区内网格化水源保护工作。“四级管理”，在区网格中心指挥平台下，建立区级保水总队、镇级保水大队、村级保水中队三级管理平台。

（四）科学划分保水网格

其一，界定管理范围。网格管理范围为密云水库一级保护区，即：密云水库环库公路以内（荞麦峪西侧至口门子村、城子以南至黄土洼以北，前保峪岭至老爷庙背水一侧及鲶鱼沟南背水一侧划定的区域除外），以及环库公路以外的近水地带。按照“方便管理、界定清晰、责任明确”的原则，划定库区周边管护区域，将涉及水源保护的人权、财权、物权、事权下放到镇。由密云水库一级保护区范围内溪翁庄镇、穆家峪镇、太师屯镇、高岭镇、不老屯镇、冯家峪镇、石城镇负责管护本镇一级保护区及与本镇行政区接壤的155米高程以下土地及库中岛。

其二，网格划分标准。为了将水源保护工作更好地融入网格化管理体系，根据地域特点及水源保护要求，按照“方便管理，无缝对接，地域相邻”原则，将密云水库一级保护区273平方公里的管护范围划分为陆地网格和水面网格，陆地网格由各镇按行政村界限或根据实际情况进行具体划定。

其三，绘制网格地图。密云水库保水总队负责绘制一级保护区全域网格地图，库区周边镇绘制镇域水源保护网格地图，各行政村以本辖区为单位绘制水源保护网格地图，界定网格的四至范围，建立网格档案，实施网格内保水工作全员、全地域、全事务管理。

（五）网格化保水管理工作流程

依托网格化社会服务管理信息平台，实行“信息采集、源头发现、任务分派、分层解决、核实反馈、督查落实”六项闭环工作流程。

其一，信息采集。各镇以网格为单元，采集管护重点区域、重点设施、监控设备等基础信息，统筹建立辖区水源管护综合数据库。

其二，源头发现。一方面，主动巡视排查问题，保水员对所负责区域进行巡查，及时发现管护区域内的环境违法违规行为，并通过电话、手机APP等报送上一级指挥中心，形成以块为主、条块结合，全覆盖、无缝隙的排查网络。另一方面，接受群众反映问题，向社会公开区网格指挥中心热线、区网格化管理工作微信号和保水员电话等，鼓励公众举报环境违法违规行为。拓宽渠道收集问题，充分发挥媒体、舆情、视频监控系统作用，及时全面收集水源管护相关问题，汇集到各级网格指挥中心。

其三，任务分派。区网格中心负责区级网格化管理平台上报信息的处理、分派工作。区保水总队指挥中心负责一级保护区网格化管理平台上报、收集信息的处理、分派工作，及时将基层上报情况和社会监督情况分配给各镇保水大队予以解决，或由联合执法大队会同镇保水大队共同解决。镇保水大队指挥中心根据保水员上报信息的性质类型和区域，将案件派遣至相关保水中队、联合执法分队或其他部门及时处理。

其四，分层解决。对于发现的水源保护相关问题，本着“务实、快速、高效”原则，按照职责要求及时处理，在处置责任上，原则上先由村保水中队负责处理，不能解决的自下而上依次报上一级指挥中心进行解决，实现绝大部分问题解决、处理在基层。在处置时效上，受理单位按区网格办规定时限办理。

其五，核实反馈。责任单位接受上级指挥中心分派的任务后，要在规定时限内将完成情况进行反馈，如果不能解决或需延迟解决，要说明原因。事件处置结束后，将处置结果反馈给报告该事件的保水员，保水员核实后，将落实情况反馈给镇指挥中心结案，并在区网格中心和保水总队指挥中心备案。

其六，督查落实。各级指挥中心对下一级单位的任务执行情况和信息系统运转情况，以及排查各类信息是否全面、准确、及时，处置各类问题的成效与时效等情况，实行季度督查、半年检查、年终考核，平时进行不定期抽查，对未能在规定时限内完成分派任务的单位，由上一级指挥中心随时启动督查机制，督办落实。

三　几点建议

（一）完善网格化保水管理机制顶层设计

其一，加强统筹协调。在保水委统筹领导下，明确各成员单位及其职责分工。区委社会工委、区生态办负责全区网格化保水管理工作的总体研究、体系设计和指导培训。区综治办负责推进职能部门入网格，推动镇街层面网格化保水管理工作。区网格办负责网格化信息系统运行、维护，及时分派、处置上报至区级层面的网格化事件。

其二，建立联席会议制度。每季度召开领导小组会议，研究、协调网格化保水管理工作中出现的问题，依托数据分析、抽查和督导结果对各镇街及相关部门工作开展情况进行排名、点评，提出改进建议，形成督查通报，报区委区政府主管领导审阅。

（二）加快网格化保水信息系统升级改造

其一，网格化信息系统升级改造。在现有系统九项模块基础上，根据工作需求，重新整理归类，增设“水源保护”独立模块，增加信息创建、接收、复核、结案等功能，并开发独立统计分析功能。

其二，完善网格化保水管理监控系统。在全区主要水源保护区、河流、湿地、沟道及矿场、林场、社区（村）等生态管理事件发生集中地段，增设高清探头，整合全区现有视频监控系统，开发建设网格化保水管理监控系统。通过技术手段，将监控系统与网格化系统实现双向对接、互联互通、资源共享。

（三）推进网格化保水管理队伍建设

其一，加强保水队伍建设。在现有“6＋N”基础上，整合保水大队1200余名库区管护人员及护林、环卫等一线工作人员，组建网格化保水管理队伍，重新划分人员职责和工作范围。定期开展水源保护、生态建设相关知识培训，提升保水员环境保护观念，增强生态建设管护意识。

其二，制定专项考核办法。根据相关考核数据，对保水员履职情况进行考核。设立奖励补贴专项资金，根据考核结果兑现奖励，推动保水员在水资源保护、环境卫生管理等方面发挥积极作用。

其三，建立日常督查、不定期抽查、定期检查的专项监督工作体系。设立专项督导员，从现有两名专职网格化督导员中，抽调一名专职负责督导网格化保水工作。每天巡查责任区，对保水员在岗情况，上报事件真实性、及时性，事件办理等情况进行监督检查；督导过程中发现问题，及时上报区网格指挥中心，并及时反馈事件办理情况。各成员单位根据工作职责，组建专项督查组，制定专项考核指标体系，每半年开展一次全面督导检查。通过政府购买社会组织服务的方式，委托第三方社会组织，对全区各相关镇街、职能部门网格化保水工作履职情况，进行不定期暗查，并将暗查结果及时汇总反馈。

参考文献

1. 胡孝红：《社会管理模式创新的法理与实证研究——以宜昌市网格化管理等为例》，厦门大学出版社，2014。
2. 《北京市密云县网格化社会管理服务标准（岗位工作手册）》，2015。

B.21
延庆区关于强化基层党组织政治引领功能的思考

李志军 *

摘　要： 党的十九大强调，要以提升组织力为重点，突出政治功能，把企业、农村、机关、学校、科研院所、街道社区、社会组织等基层党组织建设成为宣传党的主张、贯彻党的决定、领导基层治理、团结动员群众、推动改革发展的坚强战斗堡垒。在延庆攻坚决胜冬奥会世园会筹办服务保障、加快区域绿色发展的关键阶段，更加需要进一步强化基层党组织的政治引领功能，更好地发挥基层党组织战斗堡垒作用。本文概括了近年来延庆区发挥基层党组织政治引领功能的主要做法和成效，查找了存在问题和原因，提出了压实责任强化保障、建强队伍提高能力、服务群众凝聚人心等对策建议，以进一步提升基层党组织政治引领功能，汇聚党员群众共促发展的强大正能量，全力以赴推动冬奥会世园会筹办举办服务保障工作等中心任务圆满完成。

关键词： 基层党组织　政治引领　冬奥会　世园会

党的十九大强调，要以提升组织力为重点，突出政治功能，把企业、农

* 李志军，北京市延庆区委书记。

村、机关、学校、科研院所、街道社区、社会组织等基层党组织建设成为宣传党的主张、贯彻党的决定、领导基层治理、团结动员群众、推动改革发展的坚强战斗堡垒。当前，延庆正处于冬奥会世园会筹办决战决胜期，服务保障赛会筹办举办、加快延庆绿色发展，关键在推动全面从严治党要求在基层落地生根，强化基层党组织的政治引领功能，更好地发挥基层党组织战斗堡垒作用。

一　发挥基层党组织政治引领功能的主要做法及成效

近年来，延庆区坚持以习近平新时代中国特色社会主义思想和党的十九大精神为统领，把政治引领功能建设作为基层组织建设的首要任务来抓，努力打造坚强的战斗堡垒。

（1）以增强主业主责意识为统领，严明政治引领功能建设的责任。把抓好党建作为最大的政绩，逐级压实主体责任。一是树好责任“风向标”。区委带头落实党建主体责任，坚持党建工作领导小组例会制度，使定期议党建、谋党建，持续抓党建、促党建成为常态。完善党建联系点制度，每名区级党员领导干部带头联系1～2个村（社区），向基层党组织传递抓好党建工作的强烈信号和鲜明导向。二是划好主体“责任田”。研究制定关于进一步加强和改进全区党的建设的实施意见，建立三级党建责任清单制度，深入开展党建工作“三级联述联评联考”，督促各级党组织书记以党的建设统领全局，促进党的建设和其他各方面工作有机结合。

（2）以建强基层班子队伍为重点，夯实政治引领功能建设的基础。聚焦基层队伍和阵地建设，突出问题导向，不断夯实基层党组织政治引领功能发挥的基础。一是选好用好基层党组织带头人。把政治标准放在第一位，选好配强机关事业单位、街道社区、非公有制经济组织、新社会组织等党组织书记。在村“两委”换届选举中，确定“七不能”和“六不宜”等反向排除标准，通过退职、换岗、劝退等方式，及时调整工作能力不适应、创新意识不足、责任感不强的基层党组织书记。二是从严加强基层组织队伍建设。

拓宽选人用人视野，注重对年轻党员和后备干部的选拔使用，实施党员意识提升行动，在全区党员中全面推行使用“党员手册”，扎实做好党员发展工作，注重基层党组织后备干部队伍建设，不断强化抓好基层工作的力量。三是持续整顿软弱涣散基层党组织。每年按10%左右的比例倒排一批农村软弱涣散党组织，实行区级领导挂点指导、乡镇主要领导包案和“挂销账”制度，深化“星级党建工程”，打造了一批有影响力的基层党建品牌。

（3）以强化服务带领能力为关键，增强政治引领功能建设的动力。坚持把服务作为鲜明主题，推动政治引领和服务效能的高度统一。一是强化服务意识。深入开展“机关作风年”“机关服务年”等主题实践活动，大力推进在职党员服务社区、党员志愿服务、党员“设岗定责”、党员户挂牌，引导带动党员亮身份、尽义务、做奉献、树形象。二是强化服务功能。建立36个市、区级基层服务型党组织试点，总结提炼了党建富民型、保障民生型、高效便民型、民主管理型和文化凝聚型“五种模式”，组织区直单位与村结对帮扶、与城市社区结对共建，组织在职党员回社区报到，认领服务岗位。

（4）以健全基层组织体系为抓手，扩大政治引领功能建设的覆盖。积极创新基层党组织设置形式，推动基层党组织动态延伸和全方位覆盖，强化对全区各行业的政治引领作用。一是由传统领域向新兴领域延伸。适应产业布局、行业分工等新变化，在非公有制企业和新社会组织等领域中采取单独组建、区域联建、行业统建等方式建立党组织，突出抓好“两新”组织党组织组建工作。二是由点向面延伸。按照区域统筹的理念，在农村区域推行农民专业合作社、专业协会、产业链上建立党组织，在街道社区探索构建以街道党工委为核心、社区党组织为基础、驻社区单位党组织共同参与的区域化党建格局，在日上市场、环球新意百货等商务聚集区组建了党建工作站。三是由日常工作向重大项目延伸。2022年冬奥会、世界园艺博览会筹办、世界马铃薯大会举办过程中，在相应工作机构组建正式或临时党组织。组建志愿服务型、群众文化型、带动创业型等功能型党小组，进一步扩大党的组织和工作覆盖。

（5）以健全完善工作机制为保障，完善政治引领功能建设的制度。把加强制度建设摆在重要位置，推动基层党组织建设规范化、科学化。一是健全党组织工作运行制度。加强“三务”公开制度建设，公开的质量和效果得到提升。加大党员议事会、“六议工作法”等制度执行力度，试点建设农村基层党建工作全程纪实系统，加强对基层党建工作的实时指导监测，基层党组织工作运行更加规范。二是健全基层党建激励保障机制。坚持人向基层走、钱向基层投、政策向基层倾斜，按照党员年人均不低于200元标准核定基层党组织工作和活动经费，落实在职村党组织书记养老保险缴纳和正常离任村党组织书记生活补贴制度，按村干部任职时间和职务建立工作报酬合理增长机制，按照“六有”标准推进非公企业党组织活动场所规范化建设，党组织阵地作用得到有效发挥。

二　当前基层党组织政治引领功能弱化的主要表现及原因分析

当前延庆基层党组织政治引领功能发挥还不够到位，集中表现在四个方面。

一是维护党的权威的自觉性有待进一步强化。个别基层党组织纪律松弛、组织观念淡薄，对自身责任感、使命感认识不足，组织内部不团结，带头人“说话没人听、办事没人跟”，形不成工作合力。有的基层党组织暗打小算盘，对上级决策部署拖延搪塞，导致任务落实出现“梗阻”“堵点”。

二是坚守党的阵地的战斗性有待进一步增强。个别村家族社会残留意识在村民中依然存在，宗族势力干扰村务现象时有发生。个别基层党组织中顶风违反中央八项规定精神的行为禁而未绝，党员干部违纪问题时有发生。有的基层党组织对意识形态管理复杂性、艰巨性的认识还不够深刻，对赛会筹办举办期间舆情应对工作的认识和准备还不够到位。

三是党内政治生活的严肃性有待进一步提升。有的组织党内政治生活不严肃、不认真，政治性、原则性、战斗性不强。有的不坚决执行组织原则，不严格按章办事，存在滥决策、胡作为、乱作为现象。

四是联系服务群众的紧密性有待进一步增强。有的基层党组织党建工作与中心工作“两张皮”，开展党组织活动与服务保障赛会筹办举办等中心任务、与低收入村户就业增收等群众的关心关切结合不紧，服务群众和做群众工作能力不足，推动发展和服务群众的作用发挥不力。

延庆基层党组织政治引领功能之所以发生弱化，主要原因可归结为四个方面。

一是主体责任意识不够清晰。有的基层党组织及其负责人存在重经济轻党建、重业务轻党务现象，抓党建投入精力较少。有的基层党组织在制定政策、推进工作中，片面强调群众自治和经济社会组织的自主性，基层党组织的领导核心作用有所弱化、淡化、虚化，甚至边缘化。

二是思想政治工作不够有力。有的基层党组织在开展党员教育中存在不重视思想政治教育的心态，引导党员群众自觉加强理想信念教育、自觉服务世园会冬奥会筹办举办、自觉投身延庆发展事业不到位。

三是自身建设不够过硬。党员文化水平普遍不高，存在老龄化现象，村干部选拔任用还不够规范，有前科人员数量多的问题没有得到有效遏制。青年大量外出，村干部后继乏人问题突出。在全区“两新”组织、流动党员中还存在组织建设盲点，直接影响到党组织的凝聚力。

四是体制机制创新不够到位。上级部门提要求多、政策支持少的问题还一定程度上存在，增加了基层党组织负担。基层党组织之间缺少交流渠道，不利于经验交流借鉴和形成合力。有的基层党组织在搭建平台、解疑释惑、化解矛盾等方面的办法手段跟不上形势要求，限制了党组织的影响力。

三　进一步提升基层党组织政治引领功能的对策建议

提升基层党组织政治引领功能，要坚持以首善标准落实全面从严治党要求，以基层党组织各项工作的全面进步、全面过硬，汇聚党员群众“办大事、促发展、惠民生”的强大正能量。

（一）压实责任强化保障，增强对党员干部的凝聚力

加强思想教育和理论武装，严明党的政治纪律和政治规矩，才能保证基层党组织步调一致、同心同向。一是在意识上“加码”，担当从严管党治党的政治责任。构建横到边、纵到底的主体责任网络体系，普遍建立乡镇、街道党建工作协调委员会，强化乡镇、街道抓村、社区的直接责任，推进基层党组织书记述职评议全覆盖，全面推行主体责任落实痕迹化管理，使责任履行更加规范有序。对党建具体责任分别予以明确、细化、量化，让每名基层党务工作者肩上有重担，心中有压力。二是在监督上“加压”，严格基层履职用权的执纪问责。加强对基层党组织执行重大决策部署情况的监督检查，建立执行政治纪律和政治规矩专项监督检查机制，加大对基层党组织、党组织书记及其他班子成员履行党建职责不到位、不积极、失职渎职的问责力度。继续防范和严肃查处隐形变异的“四风”问题和不严不实问题，深入开展“为官不为”“庸懒散”“小官贪腐”专项整治。充分发挥群众监督作用，让群众的监督变成从严治党的“推力”。三是在保障上“加劲”，强化基层党组织的阵地建设。深化对延庆基层党建工作特点和规律的研究，分类解决农村党组织功能弱化、机关党支部地位虚化、基层干部后继乏人等问题。按照每个乡镇（街道）不少于 5 人的标准配备专职党务工作者，充实基层抓党建的专门力量。完善村级干部工作报酬合理增长机制，继续从优秀村党组织书记中考试录用乡镇机关公务员，让基层干部有干头、有奔头。

（二）建强队伍提高能力，增强党员队伍的战斗力

不断适应形势发展变化对基层党组织自身状况做出优化调整，才能更好发挥推动发展、服务群众、凝聚人心、促进和谐的作用。一是严格党的组织生活，塑造新气象。进一步规范组织生活的标准和程序，强化指导督促，保证组织生活制度化、常态化、规范化、民主化运行。丰富组织生活内容，组织党员参与制定本单位的发展规划和讨论重大事务。创新组织生活方式方法，用好新媒体资源，让党的组织生活在基层正常起来、认真起来、严肃起

来。二是注重党员队伍建设，激发新活力。狠抓党员理想信念教育，完善三级培训体系，充分利用大庄科开放式红色体验基地等对党员进行教育。严格党员日常管理，细化“四讲四有”标准，激活广大党员参与服务保障赛会筹办举办和创建全国文明城区等中心工作的干劲。强化村（社区）干部队伍建设，建立健全基层组织后备干部人才库，继续鼓励引导优秀大学生村官党员等驻扎基层，探索建立村级党建专干，为基层组织建设发现和储备人才。三是选优配强党支部班子，管好“领头羊”。拓宽农村干部来源，重点在农业产业能手、致富能手、返乡创业人员中培养班子带头人。选好配强机关事业单位、街道社区、非公有制经济组织、新社会组织等党组织书记。深化岗位职责管理，完善基层党组织书记年度“双述双评”等制度，围绕筹办世园会冬奥会、推动京津冀协同发展等开展精准化培训，提高履职能力。四是推进基层党组织强“点”扩“面”，提高战斗力。持续开展软弱涣散党组织排查工作，采取区领导包、强力部门帮、先进支部带、优秀干部联“四位一体”方式定点定向抓整顿。继续创新基层党组织设置形式，在农村、社区、非公有制企业和新社会组织等中分类推进党的组织和工作覆盖，增强基层党组织对各个领域的引领能力。

（三）服务群众凝聚人心，增强对基层群众的号召力

提升基层党组织政治引领功能，必须以服务功能为根，把服务群众、做群众工作当作主要任务和基本职责。一是扎实回应群众关切。认真梳理群众需求，建立群众难题集中交办等机制，重点围绕帮扶低收入村户发展增收等方面开展工作。加强服务型国有企业和“两新”组织党组织建设，深入开展党员先锋岗、党员责任区等活动。在发展壮大集体经济、促进农民转移就业、落实强农惠农富农政策等方面发力施策，用扎实的服务效果推动政治引领功能的提升。二是创新群众工作方式。建立党员志愿者宣传队、服务队、调解队等，最大限度化解征地拆迁等问题多发事件中的矛盾。将基层党组织活动与服务保障绿色发展大事、与群众关心关切结合起来，请群众评判评议。进一步提升基层党组织活动场所规范化信息化建设水平，积极搭建联系

服务党员和群众的平台。三是广泛凝聚群众共识。大力选树优秀，用基层党组织和党员的模范事迹感召群众。把区情区策与群众身边小事联系起来，把思想政治宣传与全区中心任务宣传结合起来，用共同的目标鼓舞人心、凝聚力量。用社会主义核心价值观引导群众，结合全国文明城区创建等工作，促进群众自觉凝聚在社会主义核心价值观下，共同建设文明家园。

参考文献

1. 张金豹：《把抓基层打基础作为长远之计和固本之举》，《中国组织人事报》2014年11月13日。
2. 张金豹：《基层党建工作的科学指南》，《中国组织人事报》2014年11月14日。
3. 张金豹：《强化基层党组织的政治功能——学习习近平总书记关于基层党建工作重要论述札记之三》，《中国组织人事报》2014年11月17日。
4. 中共上海市虹口区委组织部：《基层党组织的政治功能与服务功能关系研究》，《上海党史与党建》2016年第4期。
5. 王海宁、纪少占：《抓住核心　增强基层党组织政治功能》，《党员天地》2015年第5期。

领域报告

Sector Report

B.22
首都互联网企业党建工作调研报告

北京市委宣传部课题组*

摘 要： 北京作为首都和世界级互联网发展高地，做好互联网企业党建工作至关重要。在市委的统一领导和部署推动下，全市各有关部门各区主动扛起这一重大政治责任，注重把握首都特点，逐步清晰并着力聚焦发挥互联网企业党建政治上的引领功能、组织上的凝聚功能和发展上的服务功能；切实落实主体责任，构建起上下贯通左右连接的党建工作体系；适时把握阶段性矛盾，有力推动工作从外延式发展向外延内涵并重

* 课题组组长：杜飞进，北京市委常委、宣传部部长。

课题组副组长：张爱军，北京市委宣传部秘书长；梁立新，北京市思想政治工作研究会常务副会长。

课题组成员：朱华东，北京市思想政治工作研究会副秘书长；冯怡，北京市委宣传部基层工作处处长；张瑞芬，北京市思想政治工作研究会研究部副主任；傅娜，北京市委宣传部基层工作处干部；尹东明，北京市思想政治工作研究会研究部干部。

发展转变。同时，首都互联网企业党建还存在不少客观的困难，工作上还存在一些薄弱环节。建议进一步摸清底数、出台意见；把定期召开首都互联网党建工作座谈会等经验做法固化为制度，形成长效机制；强化行业管理，压实属地责任；继续推进“两个覆盖”，努力消除“盲点”；健全激励机制，切实调动企业抓党建的积极性；多措并举切实打牢互联网党建基础。

关键词： 首都　互联网企业　党建

为全面深入了解当前首都互联网企业党建工作现状，总结经验，查找问题，提出加强和改进工作的对策建议，2017 年 4 ~8 月，市委宣传部成立专项联合课题组，对首都互联网企业党建工作进行集中调研。在搜集占有相关文献材料的同时，主要采取三种方式：一是组织召开专题座谈会。集中在首都互联网协会党委下辖的 34 家互联网企业范围内，分别组织召开党组织负责人、基层支部书记、普通党员、党建指导员四个层面的座谈会，全面了解互联网企业党建情况。二是进行情况统计。面向首都地区 42 家互联网企业（其中 33 家属协会党委组织覆盖，9 家属协会党委工作覆盖），发放《首都互联网企业党建工作情况调查表》，就企业的党员队伍、党务工作者、党建活动和党员基础管理工作等情况进行统计，形成统计报告。三是组织网上问卷抽样调查。共有百度、凤凰网、新浪、搜狐、网易等 39 家互联网企业的 1138 名党员员工在手机端填写并提交了《首都互联网企业党建工作调查问卷》，形成问卷分析报告。综合调研所掌握的材料，撰写形成调研报告。

一　首都互联网企业党建工作的主要经验

习近平总书记多次强调，互联网已经成为我党长期执政所要面对的

“最大变量”，如果我们过不了互联网这一关，就过不了党长期执政这一关。北京是首都，北京稳则全国稳。同时，北京已经成为世界级互联网发展高地，集聚了61万家互联网企业和全国90%以上的重点互联网企业，其中规模以上企业390家。党能不能过得了互联网这一关，北京的工作至关重要。在市委的统一领导和部署推动下，全市各有关部门各区主动扛起这一重大政治责任，理直气壮抓党建，因势利导破难题，坚定地把贯彻党管媒体原则、坚持党的领导、加强党的建设，作为互联网企业的“根”和“魂”；把抓好互联网党建作为落实“四个中心”功能、做好“四个服务”的重要内容，工作扎实有序、稳步推进，不断开创首都互联网党建工作的新局面，努力促使互联网这一“最大变量”释放出“最大的正能量”。

（一）把握首都特点，重点聚焦首都互联网党建工作三大功能

正确清晰的功能定位，是做好首都互联网党建工作的前提。以习近平新时代中国特色社会主义思想为指导，从首都功能要求出发，根据中央和市委工作部署和要求，在实践探索中，逐步清晰工作思路、突出工作重点，着力聚焦首都互联网党建工作三大功能。

1. 政治上的引领功能

按照看北京工作首先从政治上看的要求，把从政治上引领互联网企业跟党走作为首都互联网党建工作的首要功能。坚持在互联网领军人物头脑里搞建设。他们的思想倾向，是互联网企业是否接受和重视党建工作、能否真心跟党走的直接决定因素。牢牢抓住互联网领军人物，着力对他们进行思想建设，定期组织召开首都互联网党建工作座谈会，让他们敞开心扉谈认识，市领导旗帜鲜明提要求，以达到深化认识、统一思想、推动工作的目的。每年组织他们参加“北京网络媒体红色故土行”，用“红色文化”打动他们，坚定他们跟党走的决心。推动企业党组织开展党员职工政治教育。在首都互联网协会党委的统一部署下，协会所属企业党组织定期组织党员和积极分子学习培训，提高他们的政治觉悟。2017年7月，360公司党委组织召开以“用钉钉子精神落实总书记网络安全观”为主题的政治学习联席会议，党员、

民主党派人士代表等200余人参会，党委书记、联合创始人齐向东回顾党的历史，深刻分析国家安全与公司发展的密切关系，为与会人员上了一堂精彩的政治课。发挥党组织和党员对互联网企业发布内容的把关作用。在协会党委推动下，新浪微博、搜狐、网易、今日头条、优酷等多家企业党组织，联合关键业务部门建立网络内容安全和舆情研判处理等工作机制，并推荐优秀党员到关键岗位任职，强化内容把关话语权。

2. 组织上的凝聚功能

一个人的政治态度，归根结底是由他在经济政治结构中所处的位置决定的。针对大多数互联网企业的体制外特点和领军人物的海外背景，把团结凝聚工作作为推动他们真正认同党和政府的重要手段，作为党建工作的重要一环，使他们感受到党和政府跟自己就是“一家人”。在企业建立联络机制。在新浪微博、360公司等10家重点企业建立统战工作联络站。同时，要求所有互联网企业新建党组织和党组织换届改选中，必须设置统战委员。以培训等形式加强工作与情感联系、推进事业融合。先后组织多期培训班，邀请互联网企业高管参加。推荐重点互联网企业高管参加中央网信办等中央单位举办的研讨班，并作交流发言。市委宣传部、市委统战部等部门领导多次到百度、新浪微博等重点互联网企业开展工作调研。组织新浪微博等多家企业负责人参加新媒体行业党建工作课题研究座谈会。重点做好网络“大V”统战工作。微博党委将统战网络“大V”的工作贯穿到各个部门的日常管理和运营中，多次组织他们参加党委组织的主题党日活动，激发他们的爱国热情。在全国重要活动、重大事件和突发事件中，联系网络“大V”正面发声。

3. 发展上的服务功能

通过互联网企业党建工作服务互联网企业发展，是承担起建设网络强国使命的必然要求，也是促使企业支持党建工作的根本条件。推动党务业务“双进入、双促进”。研究制定《关于推动党务业务“双进入、双促进”的实施办法》，从根本上服务保障互联网党务业务良性互动、共同发展。党员发挥政治和业务的双向示范作用。在新浪、网易等重点企业，“党员先锋岗”“星火先锋岗”的工牌下，是一位位勇于奉献的基层党员，他们不仅是企业里政治上的先锋队，也是推动企业创新发展的先锋队。为企业发展凝心聚力。做好员工思想工作，是企业党组织服务企业和员工发展的重要手段。为及时把握员工思想动态，企业党组织开展谈心活动，通过谈业务、谈思想、谈生活，了解员工的思想困惑和工作生活困难，有针对性地引导教育，尽力帮助解决困难，提高组织和企业凝聚力。

（二）落实主体责任，构建上下贯通左右连接的党建工作体系

首都互联网龙头企业多、分布广，市委宣传部直接面对一个个企业抓网络意识形态安全，总感力不从心、鞭长莫及。针对这一问题，市委组织部、市委宣传部致力构建行业和属地协调并进、共同发力的党建工作体系。

1. 建立行业抓龙头的主责体系

为重点加强对规模大、意识形态影响力强的龙头企业的管理，按照“建立行业党委，实行归口管理，整合党建资源，加强专业指导，把党建工作融入行业管理服务”的行业党建工作思路，2012 年 11 月，率先成立全国首家互联网协会党委，同时将百度党委、新浪党委等 12 家龙头企业党组织关系整建制接转到协会党委；协会党委书记由市网信办党组书记、主任兼任，构建起“市委组织部、市委宣传部－市网信办－首都互联网协会党委”三级架构的互联网党建工作领导体制，以及市委组织部牵头抓总、市委宣传部联系协调、市网信办直接指导、首都互联网协会党委具体组织落实的党建工作管理体系，从根本上变以往的“九龙治水”为行业“一方主责”，不仅实现了党建工作与行业管理深度融合，而且为市委宣传部打通与互联网企业的联系提供了畅通的组织渠道和有力的工作抓手。

2. 落实属地党委兜底的主体责任

以思想内容为核心经营业务的龙头企业归行业，其他企业怎么办？由各区属地党委兜底管理。市委把互联网企业纳入全市“两新”组织党建工作总体工作格局中，一同安排、一同督查；属地党委一同落实、一同推进。摸清企业底数是落实企业党建工作责任的基础。在落实 2016 年基层党建七项重点任务和 2017 年基层党建九方面重点任务中，各区组建摸排队伍，掌握

首都互联网企业现有底数。在此基础上，建立领导干部党建联系点等制度，重点推动规模以上企业的党建工作。如，东城区新花市街道、海淀区上地街道工委书记对辖区内主要互联网企业亲自上门做工作，帮助企业在较短时间内正式建立党支部。

3. 行业与属地工作相互交融、形成合力

行业和属地责任的划分，并没有对两方工作形成机械割裂、各自为战，而是互相补充、相互贯通，形成合力。市委宣传部、市委组织部在全市层面抓整合、促推进。主要通过座谈会的形式，将市级有关行业部门、协会党委、区属地部门、龙头企业聚集一起，沟通情况、深化认识、安排部署、整体推进。2017 年 8 月 25 日，市委宣传部、市委组织部、市网信办、首都互联网协会党委牵头，组织召开首都互联网企业党建工作座谈会，参会单位既有市社工委等 9 家市级单位代表，也有朝阳区非公经济工作委员会、海淀园工委、中关村管委会、亦庄经济开发区管委会等 4 家互联网企业比较集中的地区部门负责人，以及新浪董事长兼 CEO 曹国伟、搜狐董事局主席兼 CEO 张朝阳等 45 家互联网企业领军人物。市委常委、宣传部部长杜飞进同志出席会议并讲话，对属地、行业以及企业开展党建工作提出明确要求。互联网协会党委在培训上用力，补齐属地在这方面的短板。协会党委举办培训班，把各区属地管理规模以上互联网企业纳入培训范围，同时，还多次组织推荐各区属地管理互联网企业参加中央和北京市有关部门举办的相关培训班，为属地互联网党建工作助力。

（三）着眼工作实效，从外延式发展向外延内涵并重发展推进

首都互联网党建工作，不同阶段主要矛盾不同，工作重点有异。从实际发展看，首都互联网党建工作存在外延式发展和外延内涵并重发展两个阶段。外延式发展阶段，追求组织和工作覆盖，重在量的扩大；外延内涵并重发展阶段，既扩大覆盖的面又提高覆盖的效，旨在质、量并重。在实际工作中，注重把握互联网党建工作的阶段性矛盾，适时推动工作从外延式发展向外延内涵并重发展转变。

1. 外延式发展阶段

从2012年底首都互联网协会党委成立到2013年底，首先从扩大党的组织和工作“双覆盖”入手，重点解决互联网企业党的组织和工作覆盖率低的问题。2012年，坚持抓大带小，整建制接转百度党委、新浪党委、360公司党委等12家企业党组织；2013年，集中指导推动搜狐、网易等17家重点企业成立党组织，有效地将新闻门户、社交平台、移动客户端等重点互联网企业全都纳入互联网协会党委管辖范围内。

2. 外延内涵并重发展阶段

从2014年开始，首都互联网党建工作的重心开始从抓覆盖向覆盖与质量并重推进，坚持一手抓覆盖，一手抓质量，其主要标志就是2014年4月建立实施党建指导员工作制度。抓覆盖。在前两年工作基础上，继续在重点互联网企业扩大党的组织和工作覆盖。2014～2016年，相继指导推动今日头条、新浪微博等9家企业成立党组织，整建制接转知道创宇党支部。2017年上半年，指导推动知乎、快手等多家企业筹建党组织。截至目前，协会党委下辖34家企业党组织，在册党员近6000人；并与腾讯、凤凰网、京东等重点互联网企业建立了党建工作联系。抓质量。选聘17名党建指导员，划片分组，指导推动互联网企业党建工作规范化；下发《关于加强互联网党建工作的行动计划》，有计划有步骤地推动互联网党建工作向纵深发展；印发《关于推动党务业务“双进入、双促进”的实施办法》，探索建立党组织与管理层的双向互动机制，促进互联网党建和业务发展的紧密结合、良性互动，党建工作成效发生了质的飞跃。形成一批有影响力的互联网党建工作特色品牌。新浪微博党委“一袋一表”党员考评机制、搜狐党委“三个好”、新浪党委“新浪党建大讲堂”、百度党委“智慧党建平台”等，都是响当当的党建工作特色品牌。企业党组织政治核心作用得到有力彰显。在新浪微博，党委牵头成立“舆情研判小组”，党委书记任组长，整合不同核心业务线上的资源，对每周舆情进行研判，再由业务部门对研判结果进行优先处置，为企业的健康发展保驾护航。在新浪、搜狐做重大宣传报道，党员团队冲在最前线；在爱奇艺，对大型自制节目，党员团队负责核心审核；在网易，党员团队策划出阅读量高、社会效果好的系列专题，为企业发展屡立奇功。

二 首都互联网企业党建工作存在的主要问题

从全市“两新”组织党建工作情况看，还存在着党建责任没有落实到位、工作台账内容不完整不准确、“两个覆盖”存在薄弱环节、党员和党组织作用发挥不到位等问题。同时，首都互联网企业党建工作自身还存在着不少特殊的问题，主要有以下几个方面。

（一）需要进一步加强顶层设计

近年来，北京市委先后印发《关于进一步加强和改进社会领域党建工作的意见》，出台关于加强和改进非公有制企业和社会组织党建工作的相关意见，制定社会组织党建工作三年行动计划，并在《北京市“十三五”时期社会治理规划》中单独设置“加强党的建设”章节，坚持党建创新引领和推进社会治理创新，逐步完善了“两新”组织党的建设的顶层设计和政策体系，为全市“两新”组织党的建设提供了制度保障和政策支持。但是，还缺乏针对互联网行业领域党建的顶层设计，没有形成互联网行业党建工作的战略规划。

（二）企业党组织设置不合理

互联网企业的业务形态发展快、技术涉密性强等特点，导致企业党组织的设置与调整不能随着业务部门的变化而及时进行，这就造成了党组织设置与业务部门设置的不一致性。为了解决这一问题，有的企业干脆将许多部门的党员组成一个大支部，开展活动极为不便。调研中，有企业基层党支部委员反映，支部成员由四五个部门的同志组成，召开一次支部党员大会工作协调难度非常大。有的党员反映，“我们这个组织太大了，有几百名党员，根本不知道谁是谁”。有基层党支部委员反映，在现有的党支部设置情况下，按月缴纳党费这样的基本工作都成了不可能完成的任务。

（三）企业内部党建工作还存在不少薄弱环节

一是基础管理工作不规范。组织关系接转还有混乱现象，存在着有的党员不愿接转组织关系、不知道往哪转等问题。不少党员在座谈会上提到，他们的个人档案和组织关系或在原学校，或在原单位，或在社会人才档案机构，缺乏统一的管理。二是党组织在企业中还存在边缘化、平庸化问题。在一些企业，党建工作不是互联网企业的"必选课"，可有可无；在效果上，党组织即使开展活动也不能有效地与企业的经营管理、人员的成长成才有机结合，使党组织难以形成凝聚力、战斗力。三是党组织活动缺乏特色，线上活动代替线下活动现象突出。座谈中了解到，因业务繁忙，时间无法保障，很多活动都是通过线上方式开展的，缺少线下活动的仪式感庄严感，活动质量和效果难以保证。四是党员和党组织作用发挥不到位。有的党组织政治功能弱化，缺乏严肃的组织生活，党员教育管理不严，党组织凝聚力不强。这些问题在对企业党员进行问卷调查时，他们也都有不同程度的反映（见图1）。

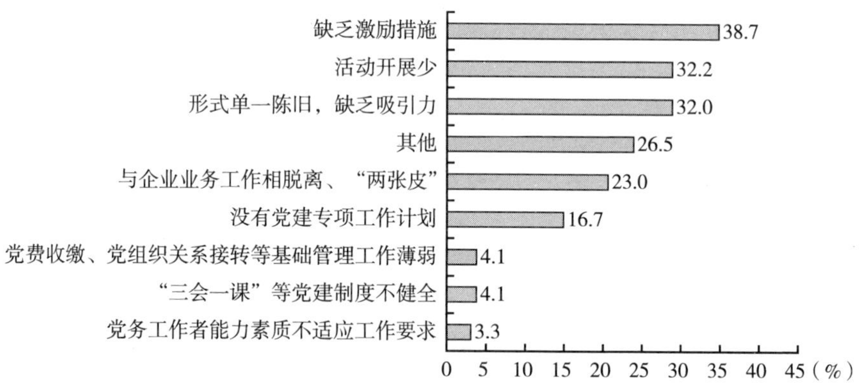

图1　被访党员对所在企业党组织党建工作存在的主要问题的选择（N＝1138）

除了这些问题外，还存在几个方面的客观困难，制约着互联网企业党建工作的发展。主要是：仍有一些高管对党建工作不支持；企业人员流动快，导致流动党员、“口袋党员”多；绝大多数党务工作者是兼职，不少人工作热情不高、能力不够；党建经费、活动场所不足。

三 进一步加强和改进首都互联网企业党建工作的对策建议

（一）进一步摸清底数，出台意见

一是下决心组织力量对互联网企业党建工作进行系统排查，全面摸清“两个覆盖”情况，建立完整准确的互联网企业党建工作台账。二是在系统摸底基础上，研究制定首都互联网企业党建工作指导性意见，对互联网行业党建提出针对性要求，做出指导性安排，重点提出阶段性目标，为今后科学开展工作提供政策指导和基本遵循。

（二）将首都互联网党建座谈会固化为制度，变为长效机制

近几年，市委宣传部、市委组织部牵头组织召开首都互联网企业党建工作座谈会，对提高认识、交流经验、明确要求、部署工作发挥了非常好的作用。建议将座谈会形式固定下来，每年定期召开一至两次，扩大参会范围，把十六区区委宣传部部长、组织部部长和重点街道党委负责人也纳入进来，扩大互联网企业高管人员的参会范围，重点把390家中涉意识形态安全的互联网企业负责人纳入会议范围。

（三）强化行业管理，压实属地责任

有计划、有步骤地将390家规模以上互联网企业中涉及意识形态安全的企业党组织尽快纳入协会党委管辖范围。重点压实各区、各街乡和有关区直单位党建工作责任，细化工作计划，制定年度、季度互联网企业党建任务清单，明确责任主体、时间进度和推进措施。市委组织部、市委宣传部牵头，对各区开展督促检查，及时反馈意见，强化工作指导、限期整改落实。

（四）继续推进“两个覆盖”，努力消除“盲点”

在覆盖对象上，重点抓好全市规模以上390家互联网企业的党组织组建工作，符合组建条件的，均要建立。在覆盖方式和途径上，通过查找党员、发展党员、动员转移组织关系，加大党员职工引进力度、探索派驻党支部等形式，进一步提升覆盖率。对于涉意识形态安全的互联网企业党组织组建工作难度大的以及市委督办的重点企业，上级组织部门和宣传部门要共同督促属地党委主要领导亲自做工作。工作基础薄弱的新建党组织，多加强党建业务指导和党务工作者培训，增强党组织内生动力、有效发挥党组织作用，在有形覆盖的基础上强化有效覆盖。

（五）健全激励机制，切实调动企业抓党建的积极性

在激励企业负责人方面，在互联网企业的各级各类优秀评选和表彰中，将企业党建情况纳入相关奖项评价体系中；将企业党建工作与企业出资人的政治待遇、经营政策挂钩，推动“两代表一委员”和各种先进模范评选名额适当向互联网行业倾斜。在激励党务工作者方面，进一步推动互联网企业将党务工作纳入互联网企业内部绩效考评奖励体系中，与其工资待遇实现关联，并作为职务晋升时的考量参照指标。

（六）多措并举，切实打牢互联网党建基础

切实落实全市基层党建工作基础保障五年规划的年度任务，补齐互联网企业党组织人员、经费、活动场所短板，整体提升基础保障水平。对于工作力量不足的，要实打实地健全机构、配齐配强工作人员。充分发挥互联网企业技术优势，运用好“北京市党建工作平台”，积极探索推进互联网党建工作信息化，通过信息网络手段强化党建业务功能。加大经费支持力度，适时全面提高互联网企业党建活动经费标准。新建或整合一批党群活动服务中心，重在管好用好，打造互联网党建的红色阵地。

参考文献

1.《习近平谈治国理政》，外文出版社，2014。
2.《中国共产党章程》，人民出版社，2017。
3. 习近平：《在网络安全和信息化工作座谈会上的讲话》（2016 年 4 月 19 日），《人民日报》2016 年 4 月 26 日。
4. 中共中央办公厅：《关于加强和改进非公有制企业党的建设工作的意见（试行）》（中办发〔2012〕11 号），2012 年 5 月 24 日。
5. 中共中央办公厅：《关于加强社会组织党的建设工作的意见（试行）》，2015 年 9 月 28 日。
6.《中共北京市委关于进一步加强和改进社会领域党建工作的意见》，2008 年 9 月 17 日。
7.《中华人民共和国网络安全法》，法律出版社，2016。
8. 中国互联网络信息中心：第 40 次《中国互联网络发展状况统计报告》，2017。
9. 中国互联网络信息中心：《2016 年中国互联网新闻市场研究报告》，2017。

B.23
关于叶青大厦楼宇统战工作的调研报告

北京市委统战部课题组*

摘　要： 本报告从深入贯彻落实中央关于加强“两新”组织党建工作和新的社会阶层人士统战工作的要求部署出发，分析叶青大厦楼宇统战工作的基本情况，研究其开展工作的组织体系、制度体系、人才培养体系和服务体系，总结提炼出共性经验。即，党建统战有机结合，以党建带统战、以统战促党建；搭建社会组织平台，把新的社会阶层人士组织起来；寓引导于服务之中，提高思想政治工作的实效性；发挥代表人士作用，共同做好统战工作。报告以问题为导向，为促进新时代“两新”组织党建工作和新的社会阶层人士统战工作创新发展，提出了进一步夯实叶青大厦楼宇统战工作基础、总结适合推广的工作模式、明确经验推广适用范围、强化各级组织支持保障等思路建议。

关键词： “两新”组织党建　商务楼宇统战工作　新的社会阶层人士

为深入贯彻落实中央关于加强“两新”组织党建工作和新的社会阶层人士统战工作的要求部署，认真总结推广叶青大厦楼宇统战工作经验做法，

---

* 课题组组长：周开让，北京市委统战部常务副部长。

课题组成员：陈勇，北京市委统战部办公室（基层指导处）主任；胡杰华，北京市朝阳区委统战部常务副部长；张萌，北京市委统战部研究室主任；曹杰，北京市委统战部工商经济处处长；李桦，北京市委统战部研究室干部。

北京市委统战部会同有关方面成立联合调研组，赴叶青大厦党委（以下简称“大厦”）开展了实地调研，形成如下报告。

一　叶青大厦楼宇统战工作基本情况

北京叶氏企业集团有限公司是以生产性服务业、金融性服务业、文化性服务业等现代服务业为主要经营领域的大型民营企业。该集团投资兴建的五星级商务写字楼——叶青大厦，是中关村电子城科技园重点功能产业园之一，被授予产业园“党建服务工作站”和“招商引资工作站”名号，吸引了鼎桥通信、东方国信、e代驾等互联网、通信技术领域的龙头企业入驻经营。该大厦有驻厦企业104家，员工4000余人。其中，非公有制企业有94家，占驻厦企业总数的90.4%。非公有制经济人士94位，新的社会阶层人士600余人。

1996年叶氏集团相继建立了党、团、工会组织。2006年9月5日叶氏集团联合叶青大厦的驻厦企业成立了北京市第一家商务楼宇党组织——叶青大厦党委。多年来，大厦党委始终秉持从“需求出发、服务入手、利益贯穿、活动凝聚、组织带动”的理念，在商务楼宇统战工作方面先行先试、大胆探索，针对新的社会阶层人士等统一战线成员向基层聚集、更加分散的特点，探索形成了一系列新思路新做法，有效扩大了工作的覆盖面和影响力。2010年8月，习近平同志对大厦所开展的商务楼宇党建工作给予了充分肯定。2011年6月，全国统一战线服务社会管理现场会在叶青大厦召开，与会同志观摩了大厦的楼宇统战工作。2015年7月，中央政治局委员、时任中央统战部部长孙春兰同志莅临大厦考察调研，要求对其楼宇党建和统战工作经验进行认真总结，向全国宣传推广。回顾近年来大厦楼宇党建和统战工作，主要有以下几个特点。

（一）从时间上看，主要有“三个阶段”

第一，从2006年9月5日大厦党委成立，到2010年8月习近平同志来大厦考察调研之前。这四年的时间可以说是党建为主、统战为辅，党建和统战都在打基础的阶段，初步奠定了民主型、服务型、创新型党组织的雏形。

第二，从2010年8月习近平同志考察调研之后，到2011年6月29日全国统一战线服务社会管理现场会召开之前。不到一年的时间，大厦的楼宇统战工作在各级党委及统战部门的关心支持和指导帮助下，有了突飞猛进的发展，形成了“以党建带统战、以统战促党建、党建与统战共融互促”的楼宇统战工作新模式，得到了广泛认可。

第三，从2011年6月29日的全国现场会之后，到2015年7月8日孙春兰同志到大厦调研之前。这段时间可以视为各领域统战工作在大厦的植入、孵化和生长期、各类党派团体组织的发展壮大期、各类优秀人才的培育成长期。主要成果是今天所呈现出来的全方位、综合性、立体式的楼宇统战工作经验。

（二）从做法上看，主要是“四个体系”

第一，健全的组织体系。在党建方面，形成了包括3个二级党委、28个党支部、570名党员，层次分明、组织严密的民主型、服务型、创新型党组织体系。在统战方面，大厦党委建立了统战工作委员会、在大厦党委和各支部中设立统战委员，专门负责统战工作，并明确了统战工作委员会和统战委员的具体职责，形成了统战工作的组织网络。同时，大厦在有关部门支持下，创造性地成立了民建支部、侨联支部、党外知识分子联谊会等组织，为楼宇统战工作提供了坚实的组织保障（见图1）。

第二，完备的制度体系。大厦党委围绕加强和改进商务楼宇统战工作，逐步制定了一系列覆盖齐全、相互配套的规章制度。比如，制定下发了《关于进一步加强统战工作的实施意见》，明确了党组织的统战职能、工作对象。在具体的工作中，逐步形成了关于非中共人士的综合评价制度、与党外人士联谊交友制度、支持党外人士参政议政制度、引导统一战线成员履行社会责任制度等，有力提升了统战工作的制度化规范化水平。

第三，特色的人才培养体系。大厦党委建立“双推”工作机制，引导

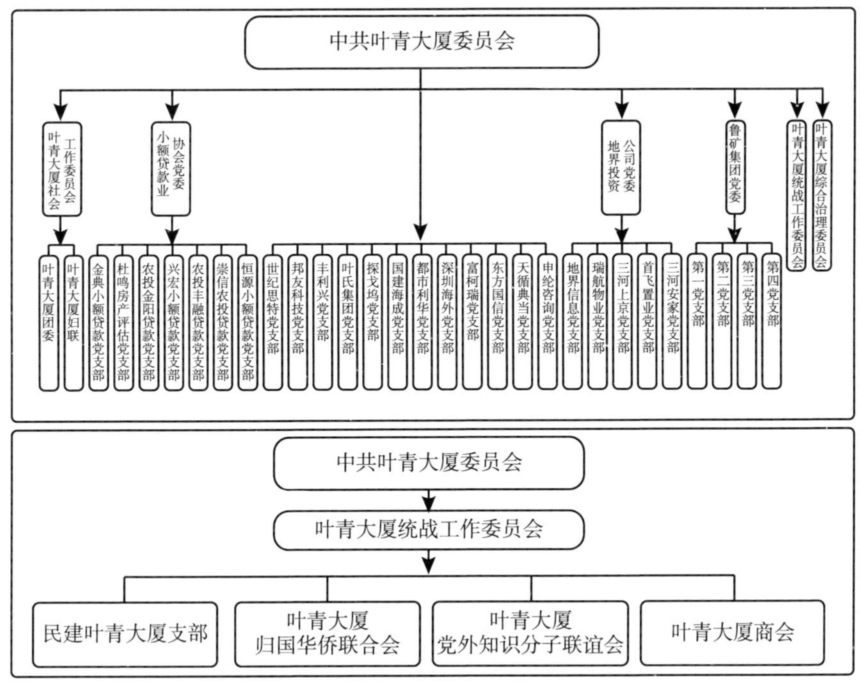

图1　叶青大厦党委组织结构

党外人士学习党的方针政策和统一战线知识，提高思想政治觉悟，择优推荐加入党组织，或加入人大、政协、工商联等统战组织，为优秀人才的成长搭建平台。同时建立综合评价机制，加强对归国留学人员、新媒体从业人员、非公有制经济人士年轻一代的发现培养，形成了158人的非中共党员人才队伍（见图2、图3），把他们团结凝聚在党组织周围。

第四，高效的服务体系。大厦党委以服务企业、服务经济、服务社会、服务员工成长为宗旨，针对不同类型的驻厦企业和员工，搭建了个性化的人才服务平台、文化服务平台、政策服务平台、合作共赢服务平台。比如，引入工商、税务、劳动、计生等公共服务，不出楼宇就能办妥20类60项服务。这些服务将党建和统战工作与企业文化建设的需要、企业高素质专业化员工队伍建设的需要以及企业规范管理经营的需要紧密结合，既帮助企业和员工及时了解政策、解决实际困难，也为开展统战工作提供了重要抓手。

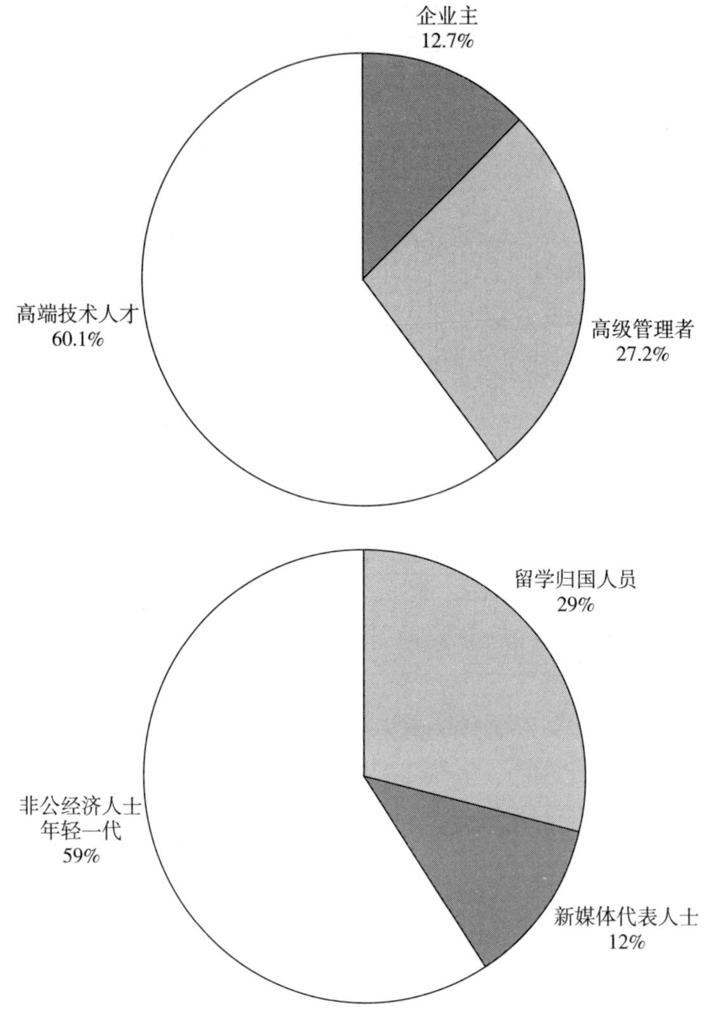

图 2　158 人非中共人才队伍构成

（三）从成果上看，主要是“三个出”

第一，出人才。近十年来，叶青大厦党委始终坚持对非中共党员优秀人士的教育引导，一方面，自觉“把最好的粮食交国库”。截至 2015 年底，共培养发展了 80 余名新的社会阶层人士加入中国共产党，培养了 300 余名

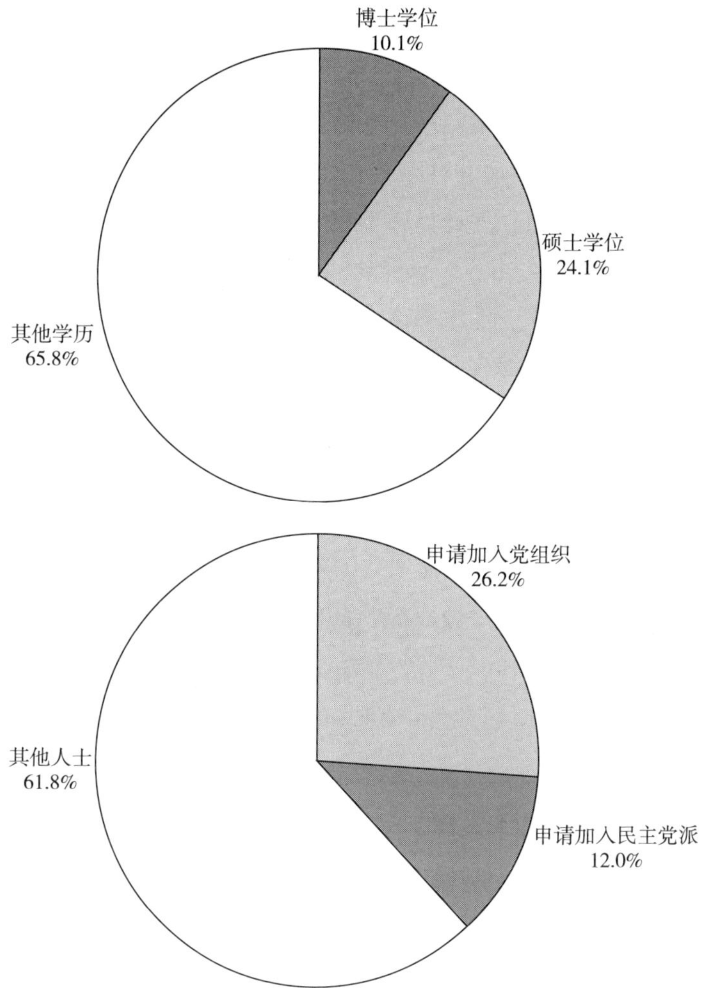

图 3　158 人非中共人才队伍学历及组织情况

入党积极分子。另一方面，在各级党委统战部的关心支持下，建立了非中共优秀人才队伍，培养推荐了全国、北京市、朝阳区等各级人大代表、政协委员 11 人，产生朝阳区工商联执常委 10 人，更有 4 人成为民建朝阳区委、朝阳区侨联、工商联领导班子的核心成员。

第二，出效益。通过开展党建与统战工作，叶青大厦确立了健康的企业文化，培养了优秀的人才队伍，搭建了综合服务平台，与驻厦企业共同实现

了可观的经济效益，每年驻厦企业的生产总值达400亿元，缴税15亿元；此外，大厦的楼宇统战工作还延伸到农村、拓展到城市功能区，在促进首都新农村建设和加强基层党建、服务地区经济社会发展等方面做出了突出贡献，产生了良好的社会效益和政治效益。

第三，出经验。叶青大厦通过多年的实践，总结提出：商务楼宇立起来是“两新”组织的集群、沉下去是党执政的群众基础和社会基础，铺开来是个人梦、企业梦与中国梦相统一的生动实践与体现。主要有五点认识：一是通过建立和运用较为全面客观的综合评价体系发现和选拔优秀非中共人士。二是通过党建和统战两个组织体系以及开展相关活动教育培养优秀非中共人士。三是依靠各级党委统战部的支持推荐安排了一批优秀非中共人士。四是通过适应驻厦企业及员工的需求搞好系列服务等有效团结凝聚了一大批非中共优秀人士。五是积极引导和支持所推荐安排的非中共优秀人士利用各类平台载体积极发挥作用、释放正能量。这些认识对做好新形势下新的社会阶层人士统战工作，特别是“两新”组织中的党外知识分子工作等，极具学习推广价值，对全国特别是城市化、现代化水平较高的地区具有十分重要的现实意义和较为普遍的借鉴价值。

二　叶青大厦楼宇统战工作主要经验

作为社会领域统战工作的典型，叶青大厦楼宇统战工作创造的经验是全方位、综合性和立体式的，体现了社会阶层日益多样的时代背景下统战工作社会化的发展趋势，对做好新形势下的统战工作有着重要的启示和借鉴。

第一，党建统战有机结合，以党建带统战、以统战促党建。统战工作是全党的工作，是党建工作的重要组成部分，在中央统战工作会议上，习近平总书记对各级党组织共同做好统战工作提出明确要求，俞正声同志也强调要把社会组织党建工作与统战工作结合起来。叶青大厦党委是非公有制企业成立的党委，统战既是党建的重要方面，也是实现党建工作全覆盖的重要手段。依托大厦党建工作，统战工作能够及时了解、反映各方面成员的思想和诉求，发现、培养各领域党外代表人士；依托大厦统战工作，党建工作更好地把各方面人才都凝聚起来，进一步增强了党组织的凝聚力。党建与统战有机结合，既是商务楼宇统战工作的根本属性，也是叶青大厦楼宇统战新模式取得成功的关键。将两者共融互促，一要全党重视统战工作，推动形成党委统一领导、统战部牵头协调、各有关方面分工负责的大统战工作格局；二要各级党组织大力支持，大厦党委是创新型党组织，做好党建、统战工作离不开各级党组织特别是属地党委及其统战部门的指导和帮助；三要讲究工作方法，要将党建、统战工作与叶青大厦及驻厦企业的经营管理和生存发展有机交融、相互融入、有效融合，才能实现共生共赢。

第二，搭建社会组织平台，把新的社会阶层人士组织起来。把各领域“体制外”人才组织起来，加强沟通联系，有针对性地开展思想引导，是提高党的执政能力的必然要求，也是扩大统一战线的团结面对的时代课题。新形势下，组织起来不仅要注重党政机关、企事业单位、人民团体等，而且要注重各类新经济组织、新社会组织。商务楼宇是高科技企业、高层次人才聚集的场所，从业人员涵盖了新的社会阶层中的党外知识分子、归国留学人员、网络人士等多个群体，具有学历高、年纪轻，思想活跃、联系广泛、流动性强、影响力大，且大多在党外、体制外的特点。叶青大厦通过搭建各类社会组织，成立楼宇基层党派组织、侨联、知联会、商会和妇联等社会组织，不断延伸工作手臂，实现组织共建、资源共享、活动联办，把这些方面的人才吸引到“组织内”。截至2015年底，吸纳了京东商城刘强东、链家地产左晖、全国三八红旗手侯慧荣等党外代表人士近200人，培养推荐了多名各级人大代表、政协委员和朝阳区工商联执常委。

第三，寓引导于服务之中，提高思想政治工作的实效性。引导统一战线成员巩固思想政治基础是统战工作的重要内容，不能只是谈思想、讲教育，空洞的说教必然不会有吸引力，难以达到预期的效果。企业追求效益，人才渴望认同，利益诉求各不相同，使党建、统战工作适应和满足驻厦企业和员工的根本需求才是将各方凝聚起来的关键。只有让企业家感受到开展党建、统战工作可以为企业经营发展带来实实在在的好处，特别是能够为企业培养优秀人才，增强企业凝聚力和员工归属感，为企业长远发展提供可靠保障，他们才会自觉成立党组织，积极支持开展党建和统战工作。同时，员工也得到了锻炼培养的机会和施展才华、发挥作用的舞台，愿意接受引导和培养，自觉团结凝聚在党组织周围。叶青大厦党建工作和统战工作之所以能取得明显的政治效益，与搭建的平台、提供的服务密不可分，叶青大厦和驻厦企业均实现了可观的经济效益，企业员工和各方面人才也得到了锻炼和提升。所以，统战工作必须围绕企业的经营、个人的困惑，有针对性地做好服务工作，在此基础上通过沟通、碰撞、教育，才能在一些重大问题上形成共识。

第四，发挥代表人士作用，共同做好统战工作。当前，基层统战工作的任务越来越重，而基层统战部门力量相对薄弱，必须调动和发挥各方面的积极作用。党外代表人士对我们党来说是统战工作对象，对所联系群众来说是统战工作者。他们既能够发挥示范带动作用，把所联系的群众团结在党的周围；也能够发挥同本领域统战成员联系密切的优势，配合统战部门做好本领域党外人士的团结引导工作。《中国共产党统一战线工作条例（试行）》（以下简称《条例》）规定，非公有制企业出资人属于非公有制经济人士，既是新形势下统战工作的重要对象，同时也可以成为统战工作的重要主体。在非公有制企业中，出资人的地位举足轻重，具有很高的权威和影响力，由他们做本企业统战成员的工作往往事半功倍，成效比统战部门更好。引导、培养、支持出资人做统战工作，既可以对其加强培养锻炼，促进非公有制经济人士健康成长，并从中选拔出代表人士进行安排使用，又可以充分发挥他们的主体作用，促进“两新”组织统战工作深入开展、取得实效，这对于加强和发展非公有制经济领域和“两新”组织统战工作都具有重大现实意义。叶青大厦统战工作就得益于董事长叶青，他经过党组织长期培养，成长为全国政协常委、全国工商联副主席、民建北京市委副主委，大厦的民主党派、工商联等统战工作都离不开他的支持和推动。

三　关于推广复制叶青大厦典型经验的几点建议

孙春兰同志在叶青大厦调研时指出，要深入研究当前大厦内新的社会阶层人士的特点、需求，在坚持传统做法的基础上创新工作思路，要按照习近平总书记在中央统战工作会议上的重要讲话要求，总结提炼先进经验，为其他地方的工作提供借鉴。其对大厦的楼宇统战工作寄予了殷切期望。建议从以下几个方面推动大厦的楼宇统战工作创新发展。

第一，夯实工作基础。一是要进一步摸清底数、明确对象。对大厦党委组织体系覆盖的所有非中共优秀人士的自然情况、归类情况、思想状况以及需求等进行全面摸底，建立动态台账。在此基础上，按不同领域、发展程度、培养方向与目标等，分别建立党外代表人士和后备人才队伍名单，进一步明确各领域工作的主要对象和培养方向。二是要进一步细分领域、调整力量。按照中央统战工作会议精神和《条例》规定，参照统战部门的工作职能与职责任务划分，细分大厦的楼宇统战工作领域，适时适当调整、补充、加强相应的工作力量。同时，依托新近成立、由大厦主要控股的“北京新经济组织发展研究院”，加强对楼宇统战工作的研究，力争形成和转化一批优秀成果，使之成为大厦楼宇统战工作的可靠智库。三是要进一步加强学习、武装头脑。在大厦党委及所辖二级党委、党支部内，分层分类组织开展中央统战工作会议和《条例》精神的学习活动，用党的统战理论政策武装党务干部的头脑，以理论上的清醒确保政治上的坚定和工作上的到位。针对各领域统战成员特点和实际，采取有针对性、时代性和创新性的教育引导方式，开展灵活多样、丰富多彩的教育实践活动，将中国特色社会主义理想信念、社会主义核心价值观等内化为思想自觉、外化为行动自觉。四是要进一步加强沟通、强化合作。加强同属地党委及其统战部门的沟通联系，加强同中央和市委统战部的沟通，加强同有关党派团体组织的沟通，加强同大厦内部各方面特别是非中共优秀人士的沟通，加强同大厦外各有关方面的沟通，强化合作，形成合力，使大厦楼宇统战工作不断创新发展，为全国其他地方提供更好借鉴。

第二，总结推广模式。叶青大厦党委以党建带统战、以统战促党建，形成的商务楼宇统战工作模式，具备以下几个要点：一是建立基层统战团体和群团组织，培育社会组织，形成专人负责、职责明确的工作体系；二是建立非中共人士动态台账，按照统战工作领域，对党外人士分类进行联系和培养；三是建立综合评价体系，根据评价结果和个人意愿，择优“双推”非中共人才；四是搭建沟通联系平台，将提供服务与教育引导相结合，支持党外人士健康成长、发挥作用。在推广过程中，统战部门要注意发挥牵头协调作用，协调相关部门共同参与，健全统战工作网络，帮助培养工作队伍，指导开展相关领域的统战工作，真正形成依托党建带统战的工作格局。

第三，明确推广范围。商务楼宇党建和统战工作是属地化管理的一种有效形式，主要是依托已建立的党组织，逐步将统战工作职能真正纳入。学习复制叶青大厦的楼宇党建和统战工作经验，关键是要有能够稳定发挥作用的责任主体、统战意识强的企业出资人和一支会做统战工作的队伍。这种形式在商务楼宇、园区开发区、社区街道等，都可以结合实际推广。比如，在一些成熟的社区、科技创业园区，有设立在街道或园区物业的基层党组织作为开展党建和统战工作的责任主体，可以通过派驻统战专员或加强教育培养等方式提高负责人的统战意识，可以在上级党组织及其统战部门的支持帮助下培养建立自己的统战工作队伍；再比如，一些较为稳定的大型非公有制企业可以成立非公企业党委（组）作为责任主体，通过教育引导提高企业出资人的统战意识，再通过调动协调各有关方面，统筹资源力量共同做好统战工作；还比如，一些大型的孵化器可以与属地街道等一同成立联合党委（组）开展统战工作；等等。

第四，强化组织保障。大厦党委之所以能够推荐优秀党外人士，成立基层党派组织、群团组织等，离不开党委和相关部门的指导和支持。借鉴叶青大厦的经验，同样离不开各级党组织和统战部门的支持帮助。建议结合贯彻落实中央统战工作会议精神和《条例》规定，切实加强和改进党委对统战工作的领导，推动“把统一战线工作作为对党委领导班子和领导干部考核的内容”这一规定的贯彻落实。要按照会议精神和《条例》对各统战领域工作的部署要求，提出帮助支持楼宇统战工作中加强民主党派基层组织建设的思路举措、加强非公有制经济领域工作的思路举措、加强新的社会阶层人士特别是“两新”组织中的党外知识分子工作的思路举措和增强归国留学人员工作热情的思路举措；要结合中央刚刚召开的首次党的群团工作会议特别是习近平总书记重要讲话精神，提出加强各类群团组织自身建设的思路举措，协调有关方面为开展统战工作提供支持、创造条件。

第五，研究解决好几个问题。一是大厦的一些非中共优秀人士存在政治安排重合现象，在一定程度上影响了社会组织工作的质量和效率。要着眼人才的发现培养和使用，有意识地加强教育引导，确定个性化培养方案和培养方向。二是中共党组织、党派团体的发展要保持一定的平衡。要按照习近平总书记在中央统战工作会议上的重要讲话精神，增强战略意识，制定人才培养规划，有针对性地将一批代表性强、影响力大、活动能力和活动热情高的优秀人才留在党外。要重视质量、控制数量，宁缺毋滥。三是要在社会组织中加强党建、统战工作。随着社会组织的快速发展，各类活动大量增加，对活动进行引导和管理的工作任务也随之加重。大厦党委和属地党组织难以承受这项工作，需要采取向社会组织派驻或帮助他们成立党组织等方式，加强对活动的引导和管理，真正使社会组织在开展基层党建和统战工作中切实发挥作用。

参考文献

1.《习近平谈治国理政》第二卷，外文出版社，2017，第303页。

2.《十八大以来重要文献选编》中册，中央文献出版社，2016，第539、556页。

3. 钱登科主编《非公有制经济企业文化与价值引领》，杭州出版社，2013。

B.24
围绕北京市城市副中心建设发挥机关党组织服务保障作用研究报告

北京市委直属机关工作委员会课题组*

摘　要： 建设北京城市副中心是以习近平同志为核心的党中央做出的重要决策，是疏解北京非首都功能、推动京津冀协同发展的重大战略举措。本文从北市城市副中心建设现状出发，选取部分与副中心建设关系较为密切的市直机关，调查研究其党员干部思想动态、顶层设计、党建规划要点、课题研究成果、市直机关与副中心工程建设有效对接途径以及宣传活动方式。通过具体调研，分析出目前市直机关在围绕副中心建设发挥机关党组织服务保障作用方面的各项成果。通过现状分析，针对机关党建服务保障体系存在的弊端，尝试提出了对策建议：一是合理确定功能定位；二是有效发挥市场机制；三是大力发展交通建设；四是提高群众满意度；五是借鉴国际先进经验。以上旨在为更好地建设北京城市副中心提供参考。

关键词： 城市副中心建设　机关党组织服务保障

---

* 课题组组长：夏树军，北京市委直属机关工作委员会副书记。

课题组成员：尹波，北京市委直属机关工作委员会组织部部长；李春雨，北京市委直属机关工作委员会组织部副部长；岳建彬，北京市委直属机关工作委员会组织部副部长；蒋杰妮，北京市委直属机关工作委员会组织部干部。

党的基层组织建设是党的生命力和战斗力的基础，必须把抓基层打基础作为长远之计和固本之举，努力使每个基层党组织都成为坚强战斗堡垒。当前北京城市副中心建设正在如火如荼有序推进，这是以习近平同志为核心的党中央做出的重要战略决策，不仅是调整北京空间格局、治理大城市病、拓展发展新空间的“历史工程”“百年大计”，也是推动京津冀协同发展、探索人口经济密集地区优化开发模式的现实需要。

为肩负起这一重大历史使命，高起点、高标准、高水平地建设好北京城市副中心，市直机关各级党组织必须把加强党的自身建设摆在更加突出位置，直面北京城市副中心建设给基层党建工作提出的新课题、新挑战，围绕发展抓党建、抓好党建促发展，全力推进全面从严治党向基层延伸，健全责任体系、强化服务功能、夯实基层基础，充分发挥党组织的服务保障作用来引领北京城市副中心建设。

一　务实有效的服务保障工作

按照中央要求和市委指示，市直机关各级党组织主动适应北京城市副中心的建设需要，针对服务对象、服务内容、服务方式的变化，进一步加强顶层设计，以党建创新为手段、以群众满意为标准，不断健全服务机制、强化服务保障，全力以赴将推进副中心建设工作做深做细做实。

（一）从党的根本宗旨出发，把握党员干部思想动态，广泛开展调查研究

2017 年伊始，为重点了解机关干部在疏解非首都功能、推进城市副中心建设以及机关搬迁至行政办公区过程中的思想动态，为有关部门和领导决策提供参考，市直机关工委开展为期三个月的“市直机关干部思想状况调研”工作，此次调研面向党组织关系在市直机关工委的 111 个单位，采取问卷调查方式，共发放问卷 4700 份，占机关干部总数 30%，回收有效问卷 4609 份，回收率为 98.1%。调研报告显示，90% 以上的干部对京津冀协同

发展战略持拥护态度，表示会在京津冀协同发展中认真履行本职工作；80%以上的干部对城市副中心表示拥护，对城市副中心的发展前景普遍看好。市直机关工委号召机关各级党组织积极开展“我与城市副中心”主题党日、“微建议、微愿景、微行动”主题宣传、“怎么看、怎么办”学习讨论、“我为北京城市总体规划编制建一言”等活动，及时掌握党员干部的思想动态，有针对性做好思想政治工作，为机关搬迁副中心行政办公区提供有力思想保障。

市政府法制办等单位党组织积极组织机关党员干部进行抽样问卷调查，将大家关心的热点、焦点问题设计成“我与城市副中心的微建议、微愿景、微行动”问卷，普遍征求党员干部的意见和建议。经综合分析，梳理出主流思想和关注焦点两个方面的思想情况，及时了解和掌握党员干部思想状况和现实需求，特别是针对办公地址搬迁通州的实际，加强宣传引导，营造良好氛围，进一步凝心聚力，统一思想。

（二）发挥党的各级领导班子核心作用，强化顶层设计，制定各类党建规划要点

着眼于强化市直机关各级党组织的政治功能和服务功能，紧紧围绕北京城市副中心建设发展需要，通过对副中心建设重点的全面梳理，按照成熟一个制度出台实施一个制度的思路，把制度建设和专项建设相结合，陆续出台一批规范性文件，确保副中心建设思想统一、步调一致。

市委教育工委、市教委结合年度工作重点及通州发展特点，制定《关于促进通州区教师素质提升支持计划（2017—2020年）》《支持通州区基础教育质量提升计划（2017—2020年）》等通州区基础教育设施专项规划，整合全市优质教育资源，面向通州区基础教育学校干部教师实施20个支持项目，统筹中心城区30多所优质学校与通州区学校精准对接，通过教师培训、课程支持、资源共享等方式，推动通州区学校快速提升质量。围绕疏解非首都功能、推动京津冀协同发展和落实《北京市“十三五”时期社会治理规划》等重点任务，市委社工委研究制定《北京市基层社会治理规范化建设

三年行动计划（2018—2020年）》和《北京城市副中心社会建设三年行动计划（2018—2020年）》，全面推动城市副中心建设。

市财政局按照习近平总书记“建立城市副中心建设管理体制机制”的指示要求，为增强财政资金使用的规范性、安全性和有效性，制定出台《北京城市副中心行政办公区工程建设相关财政资金监督管理工作实施方案》，从监督范围、监督内容、监督管理方式、保障措施等方面进行规范。

市水务局组织编制《北京城市副中心海绵城市建设技术导则》①，试点项目非工程类已完成8项，工程类已前期开展115项，在建15项，已完工14项；结合通州区工程运行维护管理实际情况，研究起草《通州区水利工程日常维护作业标准（试行）》，配合通州区政府完成《2017年防汛抗旱资料制定汇编》，并指导制定《通州区水务局2017年防汛应急预案》，建立了通州区河湖管理标识设置标准，推动自备井②置换及农村治污工作，进一步加强了水利工程日常维护养护及供水、排水和防汛管理水平。

市卫计委及市中医药管理局与通州区卫计委形成中医工作周例会制度，成立通州中医协会，完成第一个中医药区域发展专项规划《通州区中医药战略发展规划》的初稿，促进中西医并重，有效提升了副中心中医药发展实力。

市统计局等单位成立城市副中心工作专班，根据工作任务研究制定工作方案，建立相应工作机制，积极履行部门职责。

（三）发挥党组织决策参谋作用，围绕重点，形成多项课题研究

围绕全面从严治党、疏解非首都功能、城市副中心建设等专题，积极开

① 海绵城市，是新一代城市雨洪管理概念，是指城市在适应环境变化和应对雨水带来的自然灾害等方面具有良好的“弹性”，也可称之为“水弹性城市”。国际通用术语为“低影响开发雨水系统构建”。下雨时吸水、蓄水、渗水、净水，需要时将蓄存的水“释放”并加以利用。

② 自备井全称自备水源井，主要是指一些厂矿、机关和院校等开凿的、供自身生产生活用水的水源井。自20世纪70年代起，为了缓解用水紧张和市政供水管网建设滞后的问题，朝阳、海淀、丰台、石景山区的一些单位、机关、院校、小区先后开凿了一批自备井，以解决自身生产生活用水。直到现在，仍有许多单位和居民楼在依靠自备井供水。

展《北京城市副中心新型城镇化建设研究》《北京城市副中心职住平衡研究——基于通州人口、就业和居住等数据的分析》《非首都功能疏解中企业调整退出面临的困难及建议》等项目课题，其中，《进一步完善北京企业疏解转移政策的对策建议》《非首都功能疏解中企业调整退出面临的困难及建议》等得到市领导批示。

市统计局创办《城市副中心统计专刊》，及时刊发副中心统计监测数据、信息及分析报告，为相关部门及时了解副中心建设相关情况提供参考依据，并根据副中心建设监测需求，结合副中心建设区域规划，完善现行统计制度方法，明确了包括副中心155平方公里及其中的行政办公区、文化旅游区、运河商务区等重点区域在内的统计四至范围，为开展副中心重点领域统计监测奠定坚实基础。

市气象局开展通州区通风廊道规划气候可行性论证，划定了城市副中心通风廊道并提出相应的管控思路，相关成果同市规划国土委、通州区政府、市城市规划设计研究院进行了有效对接，为副中心营造绿色宜居的生态环境提供了气象科技支撑，并从通风环境营造角度为城市副中心详细规划提供建议。

（四）发挥基层党组织战斗堡垒作用，统筹资源，形成副中心工程建设有效对接

习近平总书记强调，推进全面从严治党，必须做好抓基层、打基础的工作，使每个基层党组织都成为坚强战斗堡垒。市直机关各级党组织聚焦副中心建设，对接副中心建设需要，统筹整合优势资源，跟进了解副中心建设进度。同时，市直机关工委指导副中心行政办公区工程建设办公室成立临时党委，并划拨10万元党费作为工作和活动经费。

市规划国土委牢牢把握6平方公里行政办公区规划、155平方公里副中心城市设计、906平方公里通州区总体规划和专项规划、2000平方公里通州区与北三县整合规划四个层次，通过反复与相关单位沟通协调，加强重点规划内容、核心数据间相互衔接，以及各部门间的相互对接，同时，为推进城

市副中心总体城市设计和重点地区详细设计工作，向全球顶尖设计团队发出意向邀请，组建12支中外联合设计团队，召开动员会和组织现场调研，形成较高水平的综合汇总成果。

市财政局为保障地方财力，提高财政资金使用的规范性、安全性和有效性，坚持依法征税，将“城市副中心建设项目专项资金检查”列入重点检查计划，并对北京新奥集团有限公司通州分公司“通州区潞城镇棚户区改造项目资金”的管理使用情况实施了专项检查。

北京市税务局按照《北京市地方税收征收保障办法》，加强税收征管，搭建区域税收协作平台，联合推进非首都功能疏解和京津冀区域税收协作，严格执行通州区产业禁限目录，联合工商、国税等部门开展禁限目录企业清退工作。

市交通委为实现行政办公区范围“零交通病”的目标，成立城市副中心建设交通领域推进领导小组，抽调业务骨干力量成立市交通委副中心建设前线指挥部，及时成立市交通委副中心建设前线指挥部临时党支部，主要领导带头多次深入副中心交通建设一线，既盯交通中心工作，又抓基层党组织建设，努力完善城市副中心内部交通基础设施，提高副中心的交通承载能力。交通基础设施建设以“智能交互交通体系”为工作理念，积极推进智慧交通系统建设。宋梁路①和运河东大街②作为智慧路网建设的试点项目建成后，将能够实现全路段视频监控双向覆盖、排队长度检测、渠化可变标志、交通信息发布、桥下积水状态感知等多方面的创新功能。

市水务局与北京城市副中心行政办公区工程办对接水影响评价审查工作，了解评价工作面临的诸多实际问题，提出针对性解决方案，建立务实高效的沟通协调机制；积极推进副中心市属水务工程项目规划设计前期工作。为提升通州水资源承载和供水保障能力，2015年通州水厂及通州支线开工建设，市南水北调建管中心组建了通州支线现场项目部，按照“工地在哪

① 北运河—通燕高速。

② 东六环路—宋梁路。

党在哪，一个党员一面旗”的工作标准，建管中心党总支及时成立临时党支部，为工程建设提供了坚强的战斗堡垒，通州水厂已投入运行，每天实际供水量为5万立方米。通州支线工程实现了5个月双线贯通，创造了北京地区直顶PCCP[①]458米的单管顶进长度纪录。

市卫计委根据党的十九大报告提出的加强基层医疗卫生服务体系和全科医生队伍建设要求，以基层为重点，利用中心城区资源与管理优势，促进副中心基层卫生发展，签署《东城、西城、朝阳、海淀与通州区基层卫生服务对口合作帮扶框架协议》《北京大学公共卫生学院、北京市疾控中心、通州区疾控中心北京城市副中心疾病预防控制工作对接合作框架协议》《北京安贞医院与通州区卫生计生委合作建立医疗联合体合作协议》，截至2017年11月，安贞医院2名主任累计出诊19次，开展慢病防治、全科医学、常规护理等领域学术讲座及培训6次，针对血糖控制不佳糖尿病患者调整用药53人次，带教住院医生6人，培养糖尿病专长医师1名，累计查房住院患者130例，接诊门诊患者157例。同时，工作小组积极协调推进各落户通州医疗卫生项目：一是加快推进市属医院副中心项目规划建设，安贞医院、首都儿研所、妇产医院分院建设项目正在进行前期论证，通州区政府与市医管局委托友谊医院管理新华医院完成协议签字。二是协调相关委直属单位副中心选址建设，市卫生职业学院将在通州重新规划选址，市疾控中心也将在通州区建立新址。三是完善副中心急救保障体系，工作小组协调市120和通州区属地医院，采取由市120提供车辆、通州区属医院提供人员场地的合作方式，加强通州区院前急救力量，年底前7所急救站点将投入运转。

市审计局对搬迁工作涉及的相关经济业务活动进行全程跟踪审计，通过全程审计和专项审计，关注副中心规划落地和北京城市总体规划落实情况，

① 预应力钢筒混凝土管（Prestressed Concrete Cylinder Pipe，PCCP），是一种新型的钢性管材。它是带有钢筒的高强度混凝土管芯缠绕预应力钢丝，喷以水泥砂浆保护层，采用钢制承插口，同钢筒焊在一起，承插口有凹槽和胶圈形成了滑动式胶圈的柔性接头，是钢板、混凝土、高强钢丝和水泥砂浆几种材料组成的复合结构，具有钢材和混凝土各自的特性。

加强对重大政策落实、重点项目建设、重要资金保障等方面的监督检查。市气象局全力指导通州区气象局的预报、预警工作，进一步加强预报服务产品精细化程度，其中格点化预报[①]空间分辨率提高到1km，12小时时间分辨率提高到1小时。

（五）传播党的“好声音”，思想引领，创新形式造势宣传

市直机关各级党组织主动作为，积极发挥各市直机关前线指挥及协调对接作用。市直机关工委举办“贯彻五大发展理念　绘就城市副中心宏伟蓝图”系列报告会，就城市副中心总体规划、生态环境建设、水系治理、教育、交通、医疗、文化资源配置，行政办公区工程建设进展情况等，加强政策解读和宣传引导，共有机关干部2600人参加，反响热烈、效果明显，畅通了机关干部了解城市副中心建设情况的信息渠道。《北京日报》、北京电视台等多家媒体进行了报道。

市交通委围绕提高交通供给能力、加强绿色出行体系建设、优化出行结构等改革热点难点问题，积极宣讲副中心交通规划建设进展，加深广大干部群众对通州北京副中心规划和建设的总体认识。

京报集团合作联盟与通州区委宣传部共同举办“看京东新发展”主题活动。来自北京十六区以及亦庄、首都高校等京报集团合作联盟成员单位的代表，与报社编辑记者、发行公司的党员和中层干部走进潞城镇，共同了解副中心的规划和建设情况。市安监局党支部联合市公安消防局、北燃实业有限公司赴城市副中心开展结对共建“送安全下乡”活动，通过为副中心的百姓送安全用品，传递安全知识。

新华社北京分社紧紧围绕北京城市副中心建设，充分发挥新华通讯社作为党的新闻舆论工作重镇的作用，分社分党组书记、社长梁相斌同志率先垂范，将通州区作为调研基地，多次带领记者深入开展调研，采写了一批重点

① 格点化预报技术是精细化和集约化预报最为关键的技术，可以解决时空分辨率上的精细化问题。

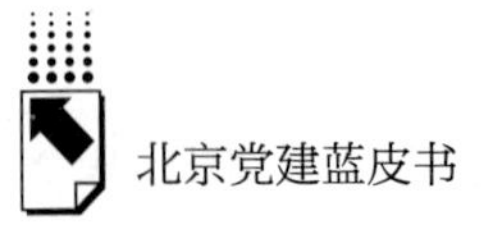

新闻报道。他领衔采写的公开稿件《承接北京城市副中心，通州怎样了?》《变“要拆我”为“我愿拆”——从北京城市副中心棚改“双百”看基层党建创新》等被《新华每日电讯》头版头条和《北京日报》头版采用，回应了中外公众关切。同时，还有多篇蹲点调研稿件，获得中央领导同志的批示肯定。分社成立“通州观察小组”，开辟“通州观察”专栏。分社分党组和总编室调动分社的业务骨干力量，精心打造一批有影响、有深度的新闻报道的精品力作。如《新年治霾，北京城市副中心在行动》《（春走基层）“河长”来了，水清岸绿不是梦——运河人的新年新盼》《看张家湾如何“转弯”——来自北京通州区产业疏解一线的调查》《“我符合政策要求，政策符合我期望”——北京城市副中心拆迁现场见闻》《古今同辉的运河城市——北京城市副中心通州的文化金名片》等。

市高级法院、市一中院，坚持“以党建带队建促发展”理念，普法送法，结合北京城市副中心建设过程中出现的涉及疏解整治的房屋租赁纠纷、劳动争议、拆除违法建设等案件数量增多的现状，高级法院机关党委制作《在北京城市副中心怎么打官司？——北京城市副中心法律纠纷服务指南》，以多媒体形式介绍在北京城市副中心进行诉讼的基本步骤；利用党日活动、国家宪法日、法院开放日等时机，深入农村、街道、学校开展普法送法活动，为村民、市民、学生解答各种法律问题，并组织民众旁听审判、参观智慧法院建设、观看法制教育短片，同时利用微信、官网平台等新媒体，及时发布法律常识和典型案例，为北京城市副中心建设做出法治贡献。

市法制办充分利用办内文化墙、办公 OA 网、门户网站和杂志等媒介，宣传中央和市委决策，宣传副中心建设，宣传身边的典型人物，营造积极向上的政治氛围。

市安全生产监督管理局在通州区运河文化广场举办 2017 年“防灾减灾”宣传教育活动，围绕“减轻社区灾害风险，提升基层减灾能力”和“防灾减灾，保障民生”主题，重点展示了近年来加强人道应急体系建设，人道利民惠民的成果，让人民群众切实从中受益。

（六）打造永葆先进的党员队伍，凝心聚力，开展形式多样主题党日活动

市直机关各级党组织结合副中心建设，多种形式组织开展系列主题党日活动。市委办公厅开展“看副中心新貌　共筑和睦家庭”主题活动，感受副中心发展的美好前景，打消干部群众的思想顾虑。市教委开展考察城市副中心教育配套情况主题活动，市交通委开展“展望副中心建设　凝聚交通发展力量”，市财政局、市总工会、市老干部局、市社科联赴副中心组织参观和调研活动，参观城市副中心行政办公区规划建设现场，现场参观规划沙盘，观看视频短片，了解副中心建设理念、目标定位、文化保护等情况。市政府研究室举办“坚定发展信心　展望美好未来”专题报告会，市新闻出版广电局开展“走进春天，走进版权，走进城市副中心”健步走活动，引导干部职工积极参与、主动融入城市副中心建设。市安监局组织100余名青年干部参加了“青春闪耀副中心”活动，青年干部参观了副中心规划展览馆、韩美林艺术馆和潞河中学，同时与副中心工程建设办公室的相关人员交流座谈，进一步打牢搬迁城市副中心思想基础。

市直机关工委组织全体党员群众在通州区杨庄广渠路景观大道北侧开展“建设副中心　描绘新蓝图”义务植树活动，为把城市副中心建设成蓝绿交织、清新明亮、水城共融、宜业宜居的美好家园增添新绿、奉献力量。为提高应急救援快速反应和突发事件处置能力，市红十字应急救援队参加了“2017年京津冀红十字应急救援队培训暨实战演练”，加强了京津冀三地红十字应急救援队伍之间的协同配合和交流合作，构建京津冀人道应急体系新格局。

二　日益凸显的服务保障成果

2017年，习近平总书记亲自考察北京城市副中心建设情况，亲自谋划、推动北京城市副中心建设，使市直机关每名党员干部备受鼓舞，决心发扬

“工匠精神”，形成了群众真心支持副中心建设、真心拥护党的领导的生动局面。市直机关各级党组织充分发挥战斗堡垒作用。

（一）党员干部思想日益稳定

市直机关各级党组织充分发挥思想引领作用，为党员干部群众描绘美好前景，为消除其思想顾虑，增强投身副中心建设热情，发挥了思想政治工作作用。

一是主流思想凸显，党员干部“四个意识”坚定。通过开展学习习近平总书记两次到北京视察工作时的重要讲话和对城市副中心建设做出的重要指示，以及座谈交流、问卷调查、现场参观等一系列工作，广大干部职工能够站在服务全市工作大局的高度，深刻认识推进副中心建设的重要意义，认识到副中心建设、搬迁工作是疏解非首都功能的重要环节，是京津冀协同发展战略的重要举措，有利于区域优势互补、良性互动、共赢发展，北京构建高精尖的经济结构，疏解人口、治理大城市病，改善生态环境，以及文化、教育、医疗等领域跨区域合作。广大干部群众表示要牢记习总书记“看北京首先要从政治上看”的要求，不折不扣地贯彻落实向城市副中心搬迁的决策部署，切实增强政治意识、大局意识、核心意识、看齐意识，在思想上政治上行动上同以习近平同志为核心的党中央保持高度一致。二是关注焦点符合“人之常情”，建设城市副中心美好愿景获普遍认可。城市副中心建设描绘了一个跨世纪的现代化宏伟蓝图，大到工作、休闲，小到居家生活，体现以人为本科学发展理念。但建设需要一个长期过程，虽然短期内估计达不到现在成熟的环境条件，有些设施和资源配置可能不会尽如人意，但广大干部职工充分做好接受艰苦环境考验的准备，做好循序渐进的适应准备。

（二）制度建设稳步推进

各级党组织着眼于北京城市副中心建设发展需要，注重宏观谋划，由主要领导带队，深入副中心开展实地调查，找问题、摸需求，经过多次走访调研、研讨分析、征求意见，出台了《北京城市副中心社会建设三年行动计划（2018—2020年）》《北京城市副中心海绵城市建设技术导则》《通州区中医药战略发展规划》等多规范性文件，顶层设计不断完善，配套衔接不断优化，发挥了制度整体功能，增强制度的针对性和可操作性，不断推动党建工作责任和各项任务目标的全面落实。

（三）建设工程成效明显

一是积极对接，及时跟进建设进度。各机关党支部结合本单位承担的工作职责和建设实际，及时成立临时指挥部党支部，积极到副中心建设现场调研，聚焦副中心建设，对接副中心建设需要，及时调整工作思路和努力方向，及时掌握中央和市委关于副中心建设的最新指示和要求，及时跟进了解副中心建设进度，为进一步做好该类项目的统计监测工作打下坚实的基础。如依托北京市科技计划，北京市园林科学研究院、城市所、中国城市规划设计研究院联合开展“城市绿化对北京城市副中心热岛改善关键技术研究与示范”研究及城市通风廊道构建方法及其气候效益评估研究，将城市气候信息应用于城市规划，量化城市各级通风廊道的划定依据，定量评估各级通风廊道对城市热环境和风环境的影响范围及程度，为科学合理地实施城市规划提供理论依据。二是服务保障，不断加快建设速度。市直机关主动适应北京城市副中心的建设需要，针对服务对象、服务内容、服务方式的变化，利用优势资源，以党建创新、科技创新为手段，以统筹发展、群众满意为标准，加快副中心各项工程建设，健全服务机制、强化服务保障，形成了通州支线工程、《东城、西城、朝阳、海淀与通州区基层卫生服务对口合作帮扶框架协议》、副中心急救保障体系、通州区通风廊道规划气候可行性论证等多项成果，在教育、财政、交通、审计、气象、卫生等各领域形成有效对接，全面加快副中心建设步伐。

（四）宣传工作引导有力

通过多角度、多手段的宣传引导，进一步发挥党组织宣传思想工作优良传统和政治优势，凝聚“通州力量”，展示“通州形象”，为北京城市副中心建设提供强大的思想保障和文化支撑。一是思想认识水平逐步提高。通过媒体宣传、观看报告、现场宣传等各类形式的宣传引导，突出了中央、市委决心意图和城市副中心建设的政治意义，各级党组织和党员把习总书记两次视察北京重要讲话和对副中心建设一系列重要指示作为案头卷、工具书、座右铭，在学习和工作中逐步提升“四个意识”及对城市副中心建设重要性的认识，自觉做到思想上拥护、行动上支持。二是主动参与意识日益强烈。围绕城市副中心建设的重点工作，以问题为导向，解决突出短板，创造条件，创新机制，发动党员干部主动参与创建，推进了志愿服务机制化；通过宣传中央和市级资源，鼓励和吸引更多人才投身于副中心建设，自觉服从、主动融入北京城市副中心建设这个大局，以主人翁的姿态，立足岗位，摆正位置，各司其职，各尽其责，满怀信心地服务国际一流和谐宜居之都的建设。

三　亟待完善的服务保障体系

2018 年，市直机关系统将进一步增强工作动力、工作信心，主动作为，敢于担当，着力打造具有城市副中心特色的党建模式，进一步严格基层党建工作的督导考核，强化基层党组织整体功能提升，加强基层骨干队伍建设，加大基层党建服务保障能力，提升基层党建工作的宣传力和影响力，切实把抓党建是最大政绩的要求落到实处，让党建工作也像副中心建设一样，一茬接着一茬干，一张蓝图绘到底，在中央要求推进“三个示范区”建设的同时，坚持首善标准，从严从实抓好基层党组织建设，全力打造好基层党建示范区，不辱使命、砥砺前行，为建设北京城市副中心提供坚强保证。

（一）立足法治要求，加强顶层设计和规划落实力度

在对标中心城区，全面提高管理标准时，加快形成与城市副中心定位相匹配的管理体系，以党建、制度为统领推动北京城市副中心建设。2018 年，北京城市副中心建设进入更加紧张、更加关键的阶段，需要下大力气、加快

推进各项工作，各直属机关将紧紧围绕以党建统领北京城市副中心建设的总体思路，把习近平总书记两次视察北京重要讲话和对副中心建设一系列重要指示作为案头卷、工具书、座右铭，加强制度建设，细化各项规定、条例，注重在强化思想引领的同时，加强干部队伍建设，夯实基层战斗堡垒，营造风清气正的环境，提高党建信息化、制度化水平，扭住不放、持续用力，进一步强化顶层设计，研究细化工作举措，全面提升建设副中心党建工作水平。

（二）立足精治要求，加强统筹协调和创新力度

在加快进度的同时，全面提升城市副中心建设管理服务水平，进一步处理好疏解与承接的关系，人口服务管理要突出以人为本等。统筹协调城市副中心与中心城区、郊区城区、河北省廊坊市北三县地区的关系，遵循城市发展规律，牢固树立、贯彻落实创新、协调、绿色、开放、共享的发展理念，坚持世界眼光、国际标准、中国特色、高点定位，发扬工匠精神，精心打磨，着力打造国际一流和谐宜居之都示范区、新型城镇化示范区、京津冀区域协同发展示范区；规划建设与先进技术结合，广泛应用世界先进节能环保技术、标准、材料、工艺，建成绿色城市、森林城市、海绵城市、智慧城市；坚持统筹规划生产、生活、生态空间布局，使工作、居住、休闲、交通、教育、医疗等有机衔接、便利快捷，力争实现跨界互联互通，强化交通与城市功能的协调配置，加强与区域的快速连接，重点推进京唐城际等规划建设，实现与津冀互联互通，增强与东部地区顺义、平谷、大兴、亦庄新城的交通可达性，特别是两个机场的交通联系，加强与中心城区的联系，通过轨道交通建设和一批道路的提级改造，提升交通运行效率。

（三）立足共治要求，加强宣传动员和思想引导

深入学习宣传贯彻习近平总书记系列重要讲话精神，全面领会“中国梦”的丰富内涵，进一步牢牢掌握意识形态工作的领导权、管理权和话语

权，抢抓宣传阵地制高点；坚持党管媒体原则，引导媒体全面服务于北京城市副中心建设大局，坚持团结稳定鼓劲，加大正面宣传力度，牢牢把握舆论导向，培育健康向上的网络舆论生态，在全社会唱响主旋律、传播正能量，引导全市干部群众坚定信心、凝聚共识、狠抓落实，积极支持、参与和推动北京城市副中心建设，巩固壮大主流思想舆论；加大主流媒体阵地建设，提高驾驭互联网、手机等新媒体的能力，利用微信、微博、客户端等新媒体平台增强网络主阵地话语权。

四　提高机关党组织服务保障作用的意见建议

（一）积极依托地方优势，合理确定功能定位

城市副中心功能的确定与发展都必须紧密结合本地优势和资源禀赋，城市副中心功能的确定不是简单的在规划图纸上的圈定，而是建立在已有优势基础之上的科学判断。城市副中心的产业发展也是如此，一旦早期的区位优势形成以后，产业的发展就具有很强的路径依赖，在原有产业的基础上发展壮大一个产业比开创新产业具有更高的成功概率。

（二）充分尊重经济规律，有效发挥市场机制

要重视城市副中心的集聚力，尊重经济不均衡发展规律，把提高土地效率和严控污染排放作为城市副中心产业选择的重要标尺。政府在公共服务和民生方面可以加大干预力度，但在经济发展方面要适度减少过度干预，侧重于市场的规范与管理，营造良好的市场环境，纠正要素价格的扭曲，谨慎使用过于优惠的政策与区位优势进行竞争。

（三）交通基础设施先行，重视轨道交通联系

综合交通枢纽是城市副中心建设的前提条件，因此强调交通基础设施先行。交通基础设施是城市副中心汇聚人气、有效承接主城部分职能和分担主

城服务功能的最基础条件，特别是对特大城市而言，多条轨道交通（地铁和轻轨）的交叉往往是城市副中心成长的首要推动力。因此，在确定城市副中心发展战略之后，应该尽快编制新的城市综合交通规划，通过交通枢纽的建设来保障城市副中心的发展。

（四）着力解决发展“短板”，提高群众满意度

着力破解通州区副中心发展中遇到的难题，补齐发展中的“短板”，坚持创新，在提升发展水平的过程中，解决各项重点难点问题，推动各项符合城市副中心发展规划要求的产业和事业全面协调发展。同时，党组织对城市副中心的评价标准，要以群众的感觉、认知和认可为依据，特别要注重以人为本的发展理念，重视人民的生活质量、发展潜能和幸福指数等一系列指标，努力让人民更多更好地享受到改革发展的成果，提高人民群众对率先基本实现现代化的满意度。

（五）借鉴国际先进经验，切合我国国情市情

在深入分析国际城市副中心发展经验的同时，也要冷静分析，国外的先进的经验如何借鉴，借鉴方式是什么，绝不可直接拿来；必须与中国国情和城市实际紧密结合，既吸收发达国家的先进经验，又符合国情和市情，这样的策略和政策才能真正推动城市副中心的快速发展。

参考文献

1. 刘伟、类淑霞：《北京城市副中心的形成定位及战略要求分析》，《华北科技学院学报》2016 年第 13 卷第 6 期。
2. 王继峰：《城市综合交通体系规划回顾与展望》，中规院交通院 35 周年专题 2017 年第 4 期。
3. 马海涛、罗奎、孙威、王昱：《东京新宿建设城市副中心的经验与启示》，《城市与区域》2014 年第 1 期。

B.25

北京市中小学校、民办学校落实“两个意见”调研报告

北京市委组织部

北京市委教工委

摘　要： 本报告从落实中央和北京市关于加强中小学校、民办学校党建工作的有关文件精神出发，从六大方面分析了全市16区和燕山地区贯彻落实两个意见的情况，研究总结了一些好的经验和做法。从五个方面对发现的问题进行了梳理，根据中央和北京市要求，坚持问题导向，提出了下一步工作思路。一是推动学习贯彻十九大精神和习近平总书记系列重要讲话精神不断走向深入；二是提高思想认识，逐级压实责任；三是聚焦明确重点任务，务求落实见效；四是强化督查指导，持续拧紧螺丝；五是注重典型引路，形成示范带动。

关键词： 中小学校　民办学校　党的建设

为进一步加强中小学校、民办学校党的建设，保证学校按照党的要求办学立校、教书育人，推动《关于加强北京市中小学校党的建设工作的意见》和《北京市贯彻落实〈关于加强民办学校党的建设工作的意见（试行）〉实施方案》的落实，市委组织部、市委教工委组成17个调研组，市委常委、市委教工委书记林克庆同志亲自带队，对全市16区和燕山地区进行集中调研，对部分中小学校和民办学校进行随机抽查。现将调研情况汇报如下。

一 贯彻落实两个意见情况

从调研情况来看，各区各学校高度重视，贯彻落实中央要求和市委部署态度坚决、措施有力，各项重点任务正在落实落地，各级党组织抓党建促教育改革发展的氛围日益浓厚，管党治党意识明显增强，中小学校和民办学校党的建设工作呈现良好态势。

其一，各级党组织高度重视，推动各项任务落实有力。各级党委把贯彻落实中央和市委文件精神作为当前工作重点，迅速行动起来，采取有效措施推动各项任务落实。一是迅速研究部署。各区均及时学习传达中央和市委文件精神，结合落实中组部九方面重点任务，专题研究、专题部署。东城、通州、密云等区召开区委常委会专题研究，召开有关会议进行专题部署。海淀、顺义、怀柔等区召开区委党建领导小组会议、“两新”组织党建工作联席会议，研究推进各项任务。西城、丰台、平谷等区着手起草本区中小学校、民办学校党建工作文件。昌平区建立任务清单、考核清单，明确责任单位、目标要求、完成时限。二是加强指导督促。丰台、昌平、大兴等区建立党建工作联系点制度，区委教工委、区人力社保局等相关部门领导干部，直接联系和指导学校党建工作。东城、丰台、怀柔等区赋予学区管理委员会、教育联盟等机构抓党建工作职责，海淀区依托学区建立 17 个党建管理孵化平台，学校之间互学互帮互查，共同落实好各项任务。三是开展专项督查。朝阳、门头沟、房山、大兴、延庆等区抽调专门力量组建督导组，顺义区成立教育系统党建督导办公室，内设党建督导组和民办学校党建工作指导组。海淀区抽调骨干成立党建巡视组，已完成对 140 余所学校的党建巡视。石景山区依托区纪委纪律作风巡查组，建立巡回督导工作机制。西城区实施每月“报账”制度并按月进行全区通报，燕山地区实行“亮晒清单、检查通报、述职考核”机制，推动任务落实到学校。

其二，严格落实党建责任，管理体制进一步完善。各区建立健全学校党建工作管理体制，理顺党组织隶属关系，层层压紧压实党建工作责任。一是构建齐抓共管的“大党建”格局。各区普遍建立了区委组织部牵头抓总，区委教工委和教委直接负责，区委社工委、区民政局等部门协助配合，乡镇街道兜底管理的责任体系。东城区成立教育系统工作领导小组，完善议事协商规则和运行机制，建立健全工作会议、工作报告、督查指导等六项制度，配强领导小组办公室人员力量。二是完善“管业务与管党建相统一”的管理体制。通州、昌平、房山、密云、延庆5个区，将原来隶属于乡镇（街道）的公办和民办中小学全部划归区委教工委统一管理。2017年，全市公办中小学校党组织全部纳入区委教工委统一管理，实现了“管业务与管党建”相统一。三是健全完善党建工作述职和考评制度。各区均把中小学校、民办学校党建工作纳入区委教工委书记抓基层党建述职评议考核内容。西城、延庆等区修改完善党组织书记的责任清单，修订党建工作考核办法。顺义区把中小学校和民办学校党建工作纳入全区党建指标考核体系，细化区委教工委、镇街以及学校党组织三级党建标准。丰台区南苑一小党支部在党员教师的学年业绩考评中实行党建“一票否决”。

其三，集中推进民办学校“两个覆盖”，党组织覆盖率进一步提高。各区把民办学校作为社会组织的重要组成部分，通过多种方式，着力推进党的组织和工作覆盖。截止到2017年6月，全市民办学校党组织覆盖率为63.6%，其中民办高校和民办中小学校党组织覆盖率分别达到93.5%和87.8%。一是全面深入排查，摸清工作底数。各区开展“拉网式”“地毯式”排查，一家一家摸清民办学校基本情况，打牢工作基础。朝阳区从2016年开始，连续三次对民办学校进行摸底调查并建立工作台账。门头沟区委教工委书记带队深入每所民办学校，建立推进时间表和工作台账。石景山、通州等区建立教工委、教委内部协调和信息共享机制，实现民办学校审批信息与党建科室同步共享，党建工作及时跟进。二是加强宣传引导，激发内在动力。各区采取多种方式加强宣传，做好思想政治工作，引导民办学校负责人深入学习党的理论和路线方针政策、深刻认识党建工作重要意义和对学校发展的引领保障作用。石景山、门头沟等区多次召开民办学校党建工作推进会、民办学校负责人会议，教育引导民办学校自觉、主动地建立党的组织、开展党的工作。三是条块协作联动，形成工作合力。海淀区委教工委重点抓“龙头”民办学校党建工作，积极进行典型培育、示范引领，同时在每个学区成立党建工作协作委员会和民办学校党总支，统筹抓好小型党支部和联合党支部的党建工作。房山区建立教工委统一领导、乡镇教育机构属地负责的工作机制，乡镇教育管理机构负责人兼任区域联合党支部书记，积极推进“两个覆盖”。四是深入联系指导，抓实工作覆盖。2008 年以来，市委教工委、市教委连续三轮向所有民办高校选派党建工作联络员兼教育督导专员，指导督促民办高校加强党的建设。西城区聘请经验丰富的党组织书记担任党建工作指导员，并建立了培训、例会、定期下校等制度，推动党建指导员每月至少下校一次。丰台、石景山、门头沟等区发挥公办教育党建工作优势，建立公办学校与民办学校结对共建机制，实现组织联建、业务交流、资源共享。

其四，完善学校领导体制和工作机制，党建工作与学校治理结构进一步融合。坚持把加强党的领导融入学校治理结构，落实党组织法定地位，实现党组织发挥作用组织化制度化具体化。一是稳步推进党建工作纳入民办学校章程。市委组织部、市委教工委等四部门联合下发专项通知，推动各民办学校将党建工作纳入学校章程，并制定“民办非企业单位章程示范文本”，明确章程修订的具体内容，便于基层操作。石景山区及时向民办学校传达有关要求，对党建指导员进行相关培训，将工作做实做细。二是积极推行“双向进入、交叉任职”。截止到 2017 年 6 月，全市 57.3% 的中小学已实行党政“一肩挑”，党政分设的学校也普遍推行党组织和行政领导班子交叉任职。门头沟、房山、通州、顺义、密云等区“一肩挑”的学校占比均达到 80% 以上。各区积极推进民办学校党组织书记由校领导班子成员担任，并进入学校董（理）事会，书记进入董（理）事会的比例已达到 63.2% 。昌平区 10 所民办高校党组织书记全部进入董（理）事会。丰台区怡海教育集团下属四个学校的党支部书记均在管理层担任重要职位。三是健全中小学校党组织参与重大决策制度和党管干部机制。各区进一步落实学校党组织参与校务会决策的要求，健全“三重一大”决策制度和党组织议事规则，完善党

管干部机制，充分发挥党组织的政治核心作用。石景山区研究起草完善校务会制度的《通知》和完善党组织会议制度的《意见》，明确校务会成员组成和两个会议的议事决策范围、程序、主要规则。海淀区出台规范中小学重大问题议事规则和决策程序的《意见》，制作下发《校务会专用记录本》，将学校重大事项决策纳入党建巡视重点内容。通州、昌平等区制定了学校中层干部选拔聘任工作的有关办法，规范学校的干部选拔任用工作行为，明确党组织在制定方案、沟通酝酿、民主推荐、组织考察、讨论决定等环节充分发挥主导作用，并对人选进行严格把关。

其五，深入推进“两学一做”学习教育常态化制度化，基层党组织活力进一步增强。各区加强党支部规范化建设，从严教育管理党员，充分发挥基层党组织战斗堡垒作用和党员先锋模范作用。一是加强党支部规范化建设。各区以“一规一表一册一网”为工作载体，认真抓好“三会一课”、主题党日等基本制度执行，构建“B + T + X”工作体系。大兴区教育系统把每月 10 日定为“党员固定活动日”，区委教工委每月随机参加 2 ~ 3 个学校党支部活动，集中观摩一个支部活动，2017 年上半年已组织了 5 场观摩活动、共 1200 人次参加。昌平区推行党员“积分制”管理，将参加“三会一课”、志愿服务、教学竞赛等内容纳入考核指标，实现党员评价有依据、争优有动力。延庆区第一幼儿园党支部建立《党员政治思想成长档案》，记录党员政治思想成长轨迹，党支部通过与党员谈话、查阅档案等方式，及时发现问题与不足，帮助党员成长进步。二是打造过硬书记队伍。各区注重把党性强、懂教育、会管理、有威信、善于做思想政治工作的优秀党员干部选拔到书记岗位。门头沟区要求中小学专兼职党组织书记、副书记都要具有教师资格和一线教师经历，同时区委教工委向民办学校派出 12 名党组织书记，帮助学校抓好党建工作。各区高度重视学校书记的教育培训，每年均开展集中轮训。许多区都建立了优秀书记工作室，搭设优秀书记传帮带、骨干书记交流共享的学习平台。丰台区建立书记成长全过程培养体系，对新任书记举办“书记实务培训班”，在成长期每年进行专题轮训，在成熟期为其聘请党建导师、进行个性化指导，打造党建领军人才。三是搭建党组织和党员发挥作用的载体。坚持围绕中心任务来开展党建工作，以增进教育改革发展的实际成效，检验党建工作水平。东城区在2016年参与改革交流的3139名干部教师中，党员超过50%。各区广泛建立“双培养”制度，坚持把骨干教师培养成党员、把党员教师培养成骨干。海淀区自2009年以来，共有412名获得区级以上奖励的骨干教师成为党员，477名党员获得区级以上骨干教师等称号。昌平区一中实施党员教师与青年教师一对一带教的“青蓝工程”，助推青年教师快速成长。许多学校注重搭建党员先锋岗、承诺践诺、教学竞赛等载体，发挥党员的示范引领作用。朝阳区陈经纶中学的党员示范岗，经过3年发展完善，已形成涵盖师德作风、教学示范、德育示范、课程拓展等在内的十大示范岗，彰显了党员的先进性，全面带动教育教学质量提升。房山区长阳中心小学以“党员+项目”方式，组建党员爱群服务队、青蓝社团、项目建设突击队等六大项目，使党员教师成为学校发展的中坚力量。四是加强对思想政治工作和德育工作的领导。牢牢把握意识形态工作的领导权、管理权和话语权，加强思想政治工作者队伍建设。房山区从2014年起，开展三年一轮的“最美党员、最美青年教师、最美学生”系列“塑魂工程”。海淀区育英学校党组织充分发扬自身红色传统，通过建立校史馆、开展系列主题活动等可看可学的方式，将红色文化融入教育教学和校园环境。东城区史家小学在党总支带领下，成立全国第一个由民政部社工协会批准的小学生公益社团——“阳光公益社”，让全体学生“行公益之善、尽和谐之美”。

其六，注重基层基础建设，党建工作保障进一步加强。各区认真落实基层党建基础保障5年规划，确保有机构管事、有人干事、有钱办事、有阵地开展活动。一是加强区委教工委党建工作力量。各区区委教工委均设置了党建工作科室，配备专职工作力量，统筹推进中小学校和民办学校党建工作。同时，还结合实际，通过内部人员整合、新建工作机构、建立综合党委、增加人员编制等多种方式，解决党务工作力量不足的问题。海淀区委教工委将老干部工作办公室与组织科合署办公，工作人员达到9名。朝阳区成立社会力量办学管理所，统筹负责民办学校业务管理和党建工作，该所现有事业编制8人、聘用制人员100多人，下设党建群团部专门负责党建工作。石景山区成立民办学校综合党委，由区委教工委副书记担任党委书记，区教委主管副主任担任副书记，选派30名党建工作经验丰富的公办学校党支部书记、相关业务科长担任党建工作指导员，加强对民办学校党建工作的领导和指导。二是加强党组织活动经费保障。各区均能按照每名党员每年不低于200元标准，足额下拨党组织工作和活动经费，积极落实民办学校上缴党费全额返还政策，并根据不同建制、连续2年给予新建民办学校党组织经费支持。大兴区从2017年开始，按照每名党员每年700元标准拨付中小学校党组织活动经费，并且每年对包含民办学校在内的社会组织，按照党委2万元、其他正式党组织5000元、流动和功能型党组织2000元标准，拨付党组织工作和活动经费。西城区实施“1000万元基层党组织解决重点难点问题经费”制度，以项目制对基层党建工作给予支持，3年来实施中小学党建和民办学校党建项目23个、资助经费70余万元。顺义区对学校的每个党建创新项目支持5万元、对在职党员回社区集体报到活动先进单位奖励5万元。三是加强活动阵地建设。在统筹利用学校各类会议、活动场所，加强党建阵地建设的同时，注重把党建元素融入其中，并提升党建活动阵地建设的标准化和规范化水平。石景山区制定规范基层单位党员活动室建设的意见，明确党员活动室建设的目标、原则和标准。怀柔区为全区中小学校党员活动室配备多媒体学习设备，制作活动展示板，为党员开展活动营造浓厚的氛围。

二　存在的主要问题

调研情况表明，通过各区的大力推动，中小学校和民办学校党建工作取得了新的发展，一些难点问题得到初步解决。但是从整体上看，还存在不平衡现象，有些工作推进较为缓慢，推进力度和精细程度不够，还需进一步加劲用力。

其一，党建责任落实存在不到位现象。有的区区委组织部牵头抓总、区委教工委具体负责、有关部门协同配合的工作机制还不够顺畅，区委组织部与区委教工委等部门经常性地一起研究解决重点难点问题、协同推进重点任务不够。有的区委教工委对基层党建的重视程度还有待提高，对学校党组织的指导不够细致，导致有的学校对一些重点难点任务理解不透彻、推进比较缓慢。有的学校党组织书记履行“第一责任人”职责不到位，存在“重业务、轻党建”倾向，或者把党建工作简单理解为党务工作，围绕中心、服务大局的意识不够强，发挥党组织和党员作用的有效办法不够多。

其二，民办学校“两个覆盖”存在简单化形式化问题。有的学校表面上看没有党员，但实质上是排查不深入，动员“口袋党员”“隐形党员”亮明身份不够。有的党支部有效覆盖不够，对党员教育管理不够严格，存在把微信群发信息当作组织学习、把开展文体活动等同于党的组织生活等现象。有的区仅对未建党组织的民办学校选派党建工作指导员，对已建党组织的学校缺乏持续深入的工作指导和管理。有的对党建指导员存在“重选派、轻管理”现象，培训、监督和考核不到位，党建指导员对学校的深入联系指导不够，有的几个月也不到学校一次。

其三，对涉及学校领导体制的难点问题动真碰硬不够。有的区推动党建工作纳入民办学校章程、党组织书记进入董（理）事会、党组织参与重大决策等重点任务，方式方法比较简单，仅将工作要求告知学校，对学校负责人、出资人的思想政治工作做得不深不细。有的区对中小学校务会制度没有进行统一规范，对党组织参与重大决策的机制和流程研究不够，更没有形成指导性和操作性强的制度规定。有的中小学校存在以校务会代替党组织会议的现象，党组织会议制度不够健全，党组织会议计划不完善，除开展学习、发展党员外，很少召开党组织会议。有的区比较注重抓中小学校领导班子的管理，对学校内部如何落实党管干部原则，指导和规范不够。

其四，党组织建设、思想政治工作和德育工作还存在薄弱环节。有的学校党组织对“三会一课”制度落实不够到位，组织生活质量不高，学习教育形式单一，党组织对党员的吸引力、凝聚力不够强。有的民办学校没有形成制度化的流动党员管理机制，有的流动党员没有参加学校组织生活。有的学校党组织比较注重抓党员教育管理，不善于做教职工的思想政治工作。有的学校对党组织领导思想政治工作和德育工作的职责认识还不够到位，与教育教学工作的关系还需要进一步理顺，抓工作的手段办法还需进一步创新。有的学校党组织对意识形态工作的敏锐性不够强，还需进一步加强对校本教材、课堂教学等思想文化阵地的管理。

其五，党建基础保障有待进一步加强。有的区委教工委党建工作力量比较薄弱，党建工作科室只有三四名工作人员，却承担着干部、组织、宣传等多项职能，管理着数十所公办中小学校和百余所民办学校党建工作。有的中小学校规模比较大且实行党政“一肩挑”，却没有配备专职副书记。有的党委或者党总支建制的学校，把党组织工作和活动经费都集中在校党组织层面，下属党支部开展活动缺乏经费支持。有的学校党组织活动场所建设不够规范，设计相对陈旧，党建元素不突出，党建氛围不够浓。

三　对策建议

按照中央和市委要求，各区要坚持目标导向和问题导向，以持续用力、久久为功的韧劲，推动中小学校和民办学校党建工作各项任务落地见效。

其一，推动学习贯彻十九大精神和习近平总书记系列重要讲话精神不断走向深入。各区各学校要把十九大精神、习近平总书记系列重要讲话精神，特别是视察北京教育工作的一系列重要讲话和指示精神，作为抓好中小学校和民办学校党建工作的根本遵循和工作指南，持续深入学习领会，不断提高政治站位，时刻对标对表，确保讲话和指示精神不折不扣贯彻落实。要以学习宣传贯彻党的十九大精神为主线，将深入学习贯彻习近平总书记视察北京教育工作的重要讲话和指示精神纳入“两学一做”学习教育常态化制度化，引导教育系统全体党员不断增强“四个意识”。要按照市委近期部署的党支部学习活动年度安排表的要求，结合本区本学校实际，采取“三会一课”、主题党日等多种形式，推动习近平总书记重要讲话和指示精神贯彻到每一个支部、传递给每一名党员和教师。

其二，提高思想认识，逐级压实责任。区委要进一步统一思想、凝聚共识，把中小学校和民办学校党的建设纳入全区党建工作整体部署，区委常委会每年至少专题研究一次中小学校和民办学校党建工作。区委组织部要负起牵头抓总职责，加强统筹协调和督促检查，定期会同区委教工委等部门，加强对重点难点问题的研究。区委教工委要切实履行管理责任，加强整体谋划和具体推动，采取有力措施保证各项任务落实到学校、落实到基层。区委社会工委、区人力社保局等有关部门，有关乡镇、街道，要发挥好职能作用，形成工作合力。学校党组织要认真履行主体责任，党组织书记要履行好“第一责任人”职责，坚持把党建作为主责主业，结合学校实际，以改革创新精神，推动各项任务落地生根。

其三，聚焦明确重点任务，务求落实见效。各级党委和各学校党组织要对标对表中央要求和市委文件明确的重点任务，逐条逐项明确推进措施和进度安排，实行挂图作战。要巩固和扩大“两个覆盖”成果，消除培训机构和幼儿园“两个覆盖”的“盲区”和“空白点”。要进一步提高覆盖质量，有计划、有步骤地提升正式党组织的覆盖率。要加强对民办学校党建工作指导，促进各学校党组织更好开展活动、发挥作用，实现从有形覆盖向有效覆盖的转变。要切实加强党支部规范化建设，指导各学校认真落实《党支部学习活动年度安排表》的各项安排，用好《党支部工作规范》《党支部工作手册》和北京长城网、“党员 E 先锋”网络信息平台。要按照既定时间节点和工作要求，完成好民办学校党建工作纳入章程、党组织书记进入董（理）事会等工作。督促中小学校完善校务会和党组织会议制度，充分发挥党组织在重大决策中的作用。积极推动民办学校党组织参与重大决策，在各类民办学校中培育一批示范校，一对一加强指导，探索党组织参与决策的有效途径和实现形式，带动广大民办学校党组织更好发挥政治核心作用。要认真研究推进中小学校党组织书记、校长“一肩挑”工作，各区要拿出具体工作方案，确保市委要求落地落实。

其四，强化督查指导，持续拧紧螺丝。在本轮全面督查基础上，市委组织部、市委教工委将采取随机抽查、统计通报等方式，进一步对各区落实重点任务情况进行督促检查。各区要采取经常性督查、集中督查、随机抽查等方式开展督促检查，每督查一个单位，都要进行反馈，发现问题跟踪督办、限期整改。各学校党组织要对下属党支部开展全面督查，推动支部发挥好作用，严格落实组织生活制度，解决好“最后一公里”问题。围绕贯彻落实中央和市委文件精神，市委组织部、市委教工委将开展区委教工委书记、专职副书记的集中轮训。各区也要在年底前将各学校党组织书记、专职副书记、党务干部轮训一遍。

其五，注重典型引路，形成示范带动。各区各学校要注意发现总结一批中小学校、民办学校党建工作的好做法好经验，选树一批先进党组织、优秀党务工作者和优秀党员的典型，通过多种渠道，有组织有计划地宣传报道。发挥公办学校党建工作辐射带动作用，按照需求互补、办学互助的原则，推行民办学校与公办学校党组织结对共建，通过组织联建、资源共享，提升民办学校党建工作整体水平。对重点任务进展情况和工作成效，破解重点难点问题的创新做法和典型经验，要加大宣传力度，树立正确舆论导向，营造良好氛围，不断提高中小学校、民办学校党建工作的整体水平。

参考文献

1. 中共中央组织部、中共教育部党组：《关于加强中小学校党的建设工作的意见》的通知（中组发〔2016〕17 号）。
2. 中共中央办公厅：《关于加强民办学校党的建设工作的意见（试行）》的通知（中办发〔2016〕78 号）。

B.26

北京市软弱涣散村整顿建设工作研究报告

北京市委农工委课题组*

摘　要： 本报告首先结合近年来北京市软弱涣散村的成因分析情况，总结梳理了全市软弱涣散村整顿建设工作实践和经验做法，评估了近年来全市软弱涣散村整顿建设工作情况。其次，从组织推动、机制保障、整顿对象3个方面剖析了全市软弱涣散村整顿建设工作存在的问题，并分析了产生这些问题的原因。最后，为全面加强农村基层组织建设，确保2020年前软弱涣散村实现“全部转化、全面提升”，提出对策措施：一是提高认识、强化担当，深刻把握整顿建设要求；二是上下联动、严督实导，严格落实整顿建设责任；三是明确标准、深查细究，切实找准软弱涣散症结；四是分类施策、着眼长远，着力补齐农村工作短板。

关键词： 软弱涣散村　整顿建设　基层党组织

“务农重本，国之大纲。”“三农”问题是关系我国社会主义现代化进程的重大问题，“三农”工作始终是全党工作的重中之重。党的十九大做出了实施乡村振兴战略的重大决策部署，中央农村工作会议对实施乡村振兴战略

* 课题组组长：康森，北京市委农村工作委员会副书记，高级政工师。
课题组成员：席俊克，北京市委农村工作委员会组织处副处长；吴永磊，北京市委农村工作委员会组织处干部；孔敏，北京市委农村工作委员会组织处干部；梁鸿斌，北京市委农村工作委员会组织处干部。

进行了安排部署，这为我们做好新时代“三农”工作指明了方向。做好新时代“三农”工作，关键在农村基层党组织。习近平总书记强调，党的工作最坚实的力量支撑在基层，最突出的矛盾和问题也在基层，必须把抓基层打基础作为长远之计和固本之举。软弱涣散村作为农村基层组织建设的薄弱环节，矛盾和问题相对突出，是农村地区的短板。抓好软弱涣散村整顿建设工作，对于推进乡村振兴战略实施、维护农村社会和谐稳定，对于落实全面从严治党责任、筑牢党在农村的执政基础，都具有非常重要的现实意义。为此，市委农工委专门成立课题组，采取问卷调查、实地调查、访谈走访、专题研讨等方式，对近年来全市软弱涣散村整顿建设工作进行了专题研究，深入分析了其存在的问题及原因，研究提出了软弱涣散村整顿建设工作的对策措施。

一　北京市软弱涣散村整顿建设工作的主要做法及成效

近年来，北京市高度重视软弱涣散村整顿建设工作，始终坚持把这项工作提到巩固党的执政基础的高度来认识，坚持问题导向、分类施治，着力解决突出问题，着力补齐农村短板，整顿建设工作取得明显成效。问卷调查结果显示，97.8%的调查对象认为北京市软弱涣散村整顿建设工作成效比较好。

（一）加强组织领导，健全了整顿建设工作机制

市委和各涉农区委坚持把软弱涣散村整顿建设列入重要议事日程，加强研究谋划，精心安排部署，采取得力措施，确保了整顿建设工作顺利开展。一是明确整顿对象。每年在各涉农区全面开展调查摸底，对村党组织建设状况进行分类划档，按照不低于10%的比例要求，倒排评差确定软弱涣散村。通过对近年来软弱涣散村的梳理分析，发现其成因主要有四个方面：①“组织不强”，主要表现在村“两委”关系不协调，干群关系紧张，党员先锋模范作用发挥不明显，村“两委”换届选举不顺利。②“发展落后”，主

要表现在没有集体经济收入或集体经济收入较少，农民增收致富难，生活水平长期没有改善。③“管理不善”，主要表现在村级民主管理制度不健全，重大事务决策不民主，党务、村务公开不及时，财务管理比较混乱等。④“社会不稳”，主要表现在不和谐问题得不到有效解决，社会治安隐患较多，宗族派系纠纷、群体访越级访事件时有发生。二是落实整顿责任。在软弱涣散村整顿建设中，明确区委书记是第一责任人，乡镇（街道）党（工）委书记是直接责任人，村党组织书记是具体责任人，形成了一级抓一级、层层抓落实的工作格局。比如，2017 年，在 212 个软弱涣散村普遍建立了“五个一”工作机制（1 名党员区领导直接联系、1 家区内处级单位结对帮扶、1 名乡镇党政领导包村、1 名选派的第一书记驻村、1 名大学生村官在村工作），形成了党委统一领导、各方协同配合、上下联动、齐抓共管的工作格局。各区、乡镇（街道）逐村制定了整顿方案、建立了工作台账，切实做到“一村一策”“一村一账”，进一步明确了目标任务、时限要求、方法步骤和责任主体，推动整顿责任落实。问卷调查结果显示，95. 3% 的调查对象认为软弱涣散村整顿建设责任落实比较到位。三是强化督促检查。建立了“月了解、季督查、年总结”工作督查机制，将整顿工作纳入全市城乡党的建设“三级联创”活动考评和区委书记抓基层党建工作述职评议考核，问效追责、以评促改。各区结合区情实际采取多种形式开展了自查活动。比如，平谷区定期组织召开阶段性推进会、结对帮扶单位联席会等，督促压实乡镇党委主体责任和结对单位帮扶责任，推动解决重点难点问题。延庆区把软弱涣散村整顿转化作为党建督导工作重点，对乡镇和村进行全面督促检查，以强有力的追责问责倒逼责任落实。问卷调查结果显示，85. 1% 的调查对象认为软弱涣散村整顿建设工作督查比较到位。

（二）坚持分类治理，解决了一批重点难点问题

根据软弱涣散村的不同情况，坚持分类指导、分类施治，有针对性地提出整顿方案和治理方法，做到有什么问题就解决什么问题，什么问题突出就

重点解决什么问题，推动了整顿工作取得实效。

第一，选准配强班子，着力解决村级班子战斗力不强的问题。一方面，坚持思想整顿与组织整顿相结合，采取集中培训、谈心谈话、专题教育等方式，加强村“两委”班子成员思想建设，着力理顺村“两委”关系；采取下派第一书记、调整村党组织班子、选派村党组织书记等工作举措，把肯干事、会干事、能成事的人选配到村级班子中来。近年来，全市共调整配齐了235个软弱涣散村党组织班子。比如，大兴区魏善庄镇党委下派农村工作经验丰富、工作能力强的副镇长邢玉超担任北田各庄村党支部书记，回请能人赵卫奇担任村党支部副书记，优化班子结构，强化支部班子，提升了村党支部的战斗力和创新力。另一方面，注重拓宽村干部选任渠道，按照专业相近、人岗相适、需求相接原则，扎实做好选聘高校毕业生到软弱涣散村任职工作；加强村级后备干部培养与选拔，采取“四个一批”方式（考录一批、选派一批、培育一批、回请一批），着力建强村级后备干部队伍，激发了村级班子的活力。比如，怀柔区采取“区招、镇管、村用”的模式，在全区范围内公开选拔50名农村党建工作助理员，整体充实村级后备干部队伍力量，着力破解村干部后继乏人问题。有关经验做法在中组部《组工信息》得到了刊发。问卷调查结果显示，96.7%的调查对象认为软弱涣散村实现整顿转化关键在于选优配强村“两委”班子。

第二，创新活动载体，着力解决党员作用发挥不充分的问题。结合“两学一做”学习教育和软弱涣散村整顿建设工作，在全市组织开展了“双争双带”活动，鼓励致富能力强的党员争当实用人才、带头创业致富，引导有帮带能力的党员争当服务标兵、带领群众致富，使农村党员真正成为带领农民群众增收致富的骨干力量。各区、乡镇（街道）、村立足自身实际，积极搭建平台，创新载体，充分发挥了党员的先锋模范作用。比如，通州区西集镇党委探索了“五单一体”党建服务模式，通过群众点单、支部列单、党员接单、组织清单、代表晒单，千方百计办好群众家门口的事，为群众提供更加贴心的精准服务，确保群众诉求件件有着落、事事有回音。平谷区推行农村党员议事会制度，形成“大事党员先知、难事党员先议、实事党员先做”的工作机制，让农村党员有职责、有地位、有作为，切实增强了软弱涣散村发展动力。密云区坚持每月 8 日开展“党员服务日”活动，引导软弱涣散村党员为群众提供力所能及的服务。问卷调查结果显示，86.5%的调查对象认为软弱涣散村整顿建设工作中党员先锋模范作用发挥得比较充分。比如，通州区台湖镇玉甫上营村全面推行“街巷长制”，由农村党员骨干担任其居住附近区域的“巷长”，让每名党员骨干都有一块“责任田”，积极参与联系服务群众、推进环境整治和倡导文明新风等活动，充分发挥了广大党员在整顿建设中的先锋模范作用。

第三，加大扶持力度，着力解决村级经济发展滞后的问题。各区、乡镇（街道）整合强农惠农政策，加大对软弱涣散村的投入和支持力度，帮助选准致富路子，培育支柱产业，拓宽增收渠道。比如，房山区探索建立了基层村党组织建设专项扶持经费，对全区 36 名派驻到软弱涣散村的第一书记申报的村级建设项目进行联审把关，从政策、经费等方面加大支持力度。通州区设立了软弱涣散村党组织整顿专项经费，每年投入近 1000 万元，在支持软弱涣散村强农富农项目、惠农产业发展、基础设施建设等方面给予资金扶持，全面提升软弱涣散村党组织引领发展能力。延庆区优先安排低收入村户增收致富、一事一议财政奖补、社会资源扶持等项目，共实施各类项目 42 个，涉及资金 1778.8 万元，支持软弱涣散村发展集体经济、增加村民收入。问卷调查结果显示，83.8%的调查对象认为各级各部门对软弱涣散村经济发展扶持力度比较大。比如，怀柔区琉璃庙镇梁根村在区农委等区级部门的扶持下，充分利用村庄区位、资源、气候等优势，引进木耳产业发展项目，大力发展木耳种植产业，成立了农民专业合作社，将农民组织起来，促进了村集体经济发展壮大和农民增收致富。

第四，加强制度建设，着力解决村务不公开、管理不民主的问题。各区积极探索新形势下开展村务公开和民主管理的途径和方式，借鉴“四议一审两公开”工作法，规范村级重大事务决策程序，完善党务、村务、财务公开制度，开展村务监督委员会建设，健全和完善村民自治章程以及村规民约，实现了群众对村级事务的广泛参与、有效管理和积极监督，切实保障了农民群众的民主权利。比如，海淀区推行村级事务民主听证制度，有效落实了群众的知情权、决策权、参与权、监督权。昌平区全面推行了农村集体重大事项民主决策“十步工作法”，促进了村级重大事项民主决策的制度化、科学化和规范化，有效保障了广大党员群众的知情权、参与权和决策权，切实强化了对村级民主决策的监督。问卷调查结果显示，84.7%的调查对象认为通过健全民主决策机制推动软弱涣散村整顿转化取得的效果比较明显。比如，平谷区东高村镇前台头村针对村务管理混乱、群众意见较大的问题，从规范民主管理制度入手，明确村内凡是涉及百姓利益的事，要全部上支委会讨论制定初步意见，并将意见提请党员大会及村民代表会议表决，表决结果及时张榜公示，提高了工作透明度。

第五，改进群众工作，着力解决村级矛盾突出的问题。各区切实改进和加强新形势下的群众工作，积极畅通群众利益诉求渠道，综合运用法律、政策、经济等手段和教育、协商、疏导等办法，依法及时处理群众反映的问题。同时，按照抓源头、建机制、清积案、保稳定的要求，做好重大决策风险评估，建立健全矛盾排查、信息预警、应急处置机制，解决了一批历史遗留问题，维护了农村和谐稳定。问卷调查结果显示，76.8%的调查对象认为改进群众工作是解决软弱涣散村突出问题的关键一招。比如，昌平区充分发挥包村工作队作用，深入剖析矛盾症结，围绕群众关注的小产权房、拆迁补偿等问题，上门入户宣传政策、答疑解惑，化解矛盾、维护稳定。延庆区深入开展软弱涣散村“民情大调研、大走访、大恳谈”活动，持续深化“六必访六必问”等工作机制，摸透村情民意，梳理矛盾根源，化解村内矛盾30余项，维护了农村和谐稳定。问卷调查结果显示，82.3%的调查对象认为软弱涣散村通过做群众工作维护村内和谐稳定效果比较好。比如，房山区城关街道党工委针对洪寺村历史问题遗留多、突出矛盾积压多、化解难题困难多等实际，以棚户区改造为契机，坚持抓学习教育、抓责任落实、抓承诺践承诺、抓廉政建设，推动村“两委”班子由弱到强，党员队伍由散到聚，集中解决了群众普遍关心的社保、住房等历史和现实问题，原来的软弱涣散村正逐渐转化为党群同心的先进示范村。

（三）整合城乡资源，形成了整顿建设工作合力

全市普遍开展了城乡党组织与软弱涣散村结对共建活动，鼓励市直机关单位与市级挂账经济发展薄弱村所在的乡镇结对共建；开展了百家单位帮扶百村工程、百家企业对接百村等“六个一百”工程，引导强农惠农政策和资金向软弱涣散村倾斜。各区、乡镇（街道）进一步完善结对共建制度，动员社会各方力量结对帮扶软弱涣散村，引导人才、信息、技术、资金等支持软弱涣散村建设，努力实现“优势互补、资源共享、共同发展”。各村立足自身资源优势，积极争取“外力”支持，统筹各类城乡资源，充分挖掘内生动力，推动村庄全面提升。比如，丰台区制定了软弱涣散村整顿工作18项任务清单，将整顿责任划分到12个区级职能部门和3个乡镇党委，安排区发改委、区财政局、区住建委、区市政市容委等7个单位结对帮扶，协调推进9个重点难点问题的解决。房山区启动了新一轮“连心共建”工程，安排区直机关、企事业单位与全区36个软弱涣散村建立结对共建关系，形成了“政府主导、部门联动、社会参与”的工作格局和“政策集成、资金聚焦、资源整合”的推进机制。密云区大城子镇碰河寺村在区、镇两级部门和第一书记派出单位的共同推动下，探索发展巢蜜品种，大力整合大龙门、张泉等相邻村农产品资源，注册打造了“龙泉寺”绿色农产品品牌。截至目前，“龙泉寺”板栗、巢蜜、核桃等农产品销售额达到40余万元。问卷调查结果显示，81.5%的调查对象认为统筹城乡资源、开展结对帮扶在软弱涣散村整顿建设中作用发挥得比较好。

经过整顿建设，近年来全市确定的1174个软弱涣散村，在原来的基础上均实现了进步，进步率达到100%，其中，962个软弱涣散村已经实现了转化，转化率达到81.9%，乡村面貌焕然一新。主要体现为四个明显：一是村党组织战斗力明显增强。通过强班子、带队伍、育骨干、建制度，扎实推进党支部规范化建设，着力打造过硬支部、培育合格党员，巩固了党在农村执政的组织基础。常态化推进“两学一做”学习教育，严格落实“三会一课”、主题党日等制度，进一步激发了党员队伍生机活力。二是农民增收

致富能力明显提高。各级各部门注重发挥村党组织引领发展功能，充分挖掘软弱涣散村资源优势，帮助软弱涣散村大力强基础、引项目、兴产业，促进了村集体经济转型发展，拓宽了农民增收渠道，打通了精准帮扶的“最后一公里”。三是农村生产生活条件明显改善。充分运用一事一议财政奖补、公益事业补助金、基层党组织服务群众经费等相关政策资金，大力加强农村基础设施建设，推动村级活动场所规范化建设和惠民利民项目建设，进一步改善了村民生产生活条件。四是群众精气神和村庄活力明显提升。推动完善村民自治运行机制，加强乡风文明建设，排查各类矛盾纠纷，促进了农村和谐稳定。规范执行“四议一审两公开”制度，抓好党务、村务、财务公开工作，完善村干部坐班值班、“三资”管理等制度，提高了“三务”公开民主管理水平。

二　北京市软弱涣散村整顿建设存在的问题及原因分析

从总体上看，全市软弱涣散村整顿建设工作进展顺利，取得了明显成效，但也存在一些问题和不足。在组织推动方面，有的区、乡镇（街道）对整顿建设工作重要性认识不足，缺乏抓常抓长的狠劲和韧性；有的发挥群众主体作用不够，听取群众意见、发动群众参与、争取群众支持不到位；有的整合资源和工作力量不够，整顿工作的合力不强。问卷调查结果显示，30.5%的调查对象认为全市软弱涣散村整顿建设工作存在“重视不够”的问题，16.2%的调查对象认为存在“群众参与度不高”的问题，17.6%的调查对象认为存在“合力不强”的问题。在机制保障方面，有的区、乡镇（街道）对整顿建设工作的投入支持力度不大，基层基础保障不到位；有的整顿工作考核评价机制不健全，抓督导、抓落实力度不够。问卷调查结果显示，15.7%的调查对象认为存在“扶持力度不大”的问题，13.9%的调查对象认为存在“督查考核不够严”的问题。在整顿对象方面，有的村党组织带头人素质不高、能力不强，说话没人听、办事没人跟；有的村“两委”关系不够协调，虽经多次整顿仍难以摆脱落后状态，比如，门头沟区龙泉镇某村2014～2017年连续四年被确定为软弱涣散村；有的村党组织后继乏人，“选人难、人难选”问题突出；有的村党组织引领发展能力不强，村集体经济薄弱，农民增收致富难，全市仍有234个低收入村和117个发展落后村；有的基层干部作风不正、漠视群众，甚至违纪违法，个别还出现了“小官巨腐”“村霸”等问题。2017年2月12日，中央巡视组向市委反馈巡视“回头看”情况时指出，村级组织软弱涣散，村委会换届难，2016年，644个村委会通过两次及以上选举才成功，占17.3%。问卷调查结果显示，77.5%的调查对象认为全市软弱涣散村整顿建设面临的最大困难是村党组织带头人不强，68.4%的调查对象认为村“两委”班子关系不和谐，57.3%的调查对象认为村集体经济薄弱，32.9%的调查对象认为基层干部作风不严不实。

产生这些问题的原因主要有以下三个方面：一是思想重视与行动乏力不协调。多数情况下对整顿建设工作比较重视，但由于对软弱涣散村自身的相对性、反复性、顽固性和软弱涣散村成因的复杂性、多样性缺乏深刻认识，没有把整顿建设工作作为提升整个基层组织建设的一个过程、一个机制、一个抓手，没有真正做到经常抓、反复抓、深入抓，未能有效整合各方力量协同推进，导致软弱涣散村整顿建设工作“像割韭菜一样”，割完一茬又一茬。二是责任落实与机制建设不统一。抓整顿建设工作层层压实责任、层层传导压力不够，一级抓一级、层层抓落实的整顿建设工作格局还不完善，落实整顿建设工作责任制仍存在不到位的地方；对新形势下农村党建工作的特点规律和重点、难点、热点问题研究不够，工作不够深入细致，跟踪问效、追责问责等长效机制不够健全，导致一些整顿措施没有落地。三是急于求成与缺乏信心相交织。有的工作停在面上、没有深入下去，有的标准不高，“以好充次”“以中充次”，相当一部分软弱涣散村并未列进来，有的在整顿中问题没完全解决就匆忙“收兵”，上报转化率；对解决村党组织存在的队伍老龄化、收入空壳化和作用边缘化等突出问题缺乏信心，特别是面对一些历史遗留问题较多、利益关系比较复杂的村时，避重就轻，不愿触及深层次矛盾、遇到难题绕道走。

三 北京市软弱涣散村整顿建设工作的对策措施

“基础不牢，地动山摇。”党的十九大报告明确提出：“要以提升组织力为重点，突出政治功能，把企业、农村、机关、学校、科研院所、街道社区、社会组织等基层党组织建设成为宣传党的主张、贯彻党的决定、领导基层治理、团结动员群众、推动改革发展的坚强战斗堡垒”。这就要求我们把软弱涣散村整顿建设工作作为基层组织建设的一项重要任务加以推进，牢固树立常抓不懈意识，始终突出问题导向，严格落实整顿责任，准确把握整顿规律，科学运用整顿方法，建立健全长效机制，全面加强农村基层组织建设，确保2020年前软弱涣散村实现“全部转化、全面提升”。

（一）提高认识、强化担当，深刻把握整顿建设要求

“认识决定行动。”认识上不去，行动就跟不上。要进一步提高政治站位，深化对软弱涣散村整顿建设工作重要性的认识，切实将思想和行动统一到中央和市委的要求上来。一是推进全面从严治党的必然要求。党要管党丝毫不能松懈，从严治党一刻不能放松。党的十九大报告强调：“全面从严治党永远在路上”。中央巡视“回头看”反馈意见指出了北京市村级组织软弱涣散的问题。这需要我们增强责任感和紧迫感，自觉落实“看北京首先从政治上看”的要求，提高思想认识，强化首善标准，加强软弱涣散村整顿建设，推动农村基层党建全面进步、全面过硬，把全面从严治党各项要求落到实处。二是落实乡村振兴战略的现实需要。党的十九大报告指出：“农业农村农民问题是关系国计民生的根本性问题，必须始终把解决好‘三农’问题作为全党工作重中之重”。软弱涣散村是农业基础薄弱、农村发展滞后、农民增收乏力等表现得尤为突出的地方，是农村工作中的重中之重、难中之难。加强软弱涣散村整顿建设，有利于补齐农村工作短板，加快推进农业农村现代化，为农村经济社会协调发展提供有力的支撑，为乡村振兴奠定坚实的基础。三是维护农村社会稳定的重要举措。软弱涣散村往往是群众对村干部意

见较多、干群关系紧张的地方。软弱涣散村整顿建设就是要维护农民群众民主权利，妥善处理利益关系，及时化解矛盾纠纷，密切党群干群关系，引导农民群众规范有序地参与村级公共事务的决策和管理，以理性合法形式表达利益诉求，把矛盾化解在基层、解决在萌芽状态，促进农村社会稳定。

（二）上下联动、严督实导，严格落实整顿建设责任

软弱涣散村整顿建设工作是一项系统工程，单靠基层来抓力不从心，单靠组织部门抓效果也会大打折扣。这就需要整合利用各级各部门的资源，坚持一竿子插到底，建立健全整顿建设工作责任制，层层分解目标任务，层层传导责任压力，形成工作合力。一是区镇领导带头抓。区镇领导的直接参与，能够起到很好的示范带动作用，也能将工作压力层层传导。完善领导干部包点帮扶工作机制，区、镇主要领导亲自包软弱涣散村，亲自联系，亲自进村入户，亲自与班子分析问题、研究整顿措施；坚持率先垂范，切实做到真重视、真督导、真投入、真倾斜，积极整合各方政策、项目、资金、人才等资源，帮助村党组织建强班子、理清思路、提高能力、强化保障，示范带动各级各部门抓好整顿建设工作。二是各方力量共同抓。采取派驻工作队、选派党建工作指导员、开展机关企事业单位与软弱涣散村结对子等方式，推动政策、资金、人才等向软弱涣散村集聚。加强协同配合，结对部门、第一书记、驻村干部负起帮带责任，实行责任捆绑、项目捆绑、资金捆绑，真正与群众同甘共苦、推心置腹，了解群众堵心的“忧”、破解群众增收的“结”、化解群众闹心的“难”，切实做到软弱涣散村不转化不脱钩。三是强化考核抓督促。加强工作考核，将软弱涣散村整顿建设情况作为基层党建工作考核的重要内容，作为乡镇（街道）党（工）委书记抓基层党建工作述职评议考核、村党组织书记“联述、联评、联考”、各级派出单位、驻村工作队成员、第一书记工作考核的重要内容，以考核促落实。强化考核结果运用，将考核结果与各级各部门领导班子和领导干部年度考核相结合，充分发挥考核的指挥棒和风向标作用。四是健全机制长期抓。实行整顿销号制度，做到完成一个、验收一个、销号一个。开展整顿转化“回头看”，对确实已

经转化的，坚持跟踪问效，巩固提升，防止“反弹”；对尚未转化的，再行“会诊”，强化措施，促进转化升级；对极少数没有纳入台账的，抓紧列入台账，一并进行整顿；对整顿效果较差或经满意度测评多数村民不满意的，整顿工作推倒重来并进行通报，确保整顿建设工作成效让党满意、让群众满意。

（三）明确标准、深查细究，切实找准软弱涣散症结

“欲治其病，必先查其因。”整顿软弱涣散村的首要任务就是找准问题、找到“病灶”。要明确软弱涣散村评定标准，在此基础上对村党组织进行全覆盖摸底排队，一个支部一个支部地分析，一类问题一类问题地研究，分门别类找准党组织“软、薄、乱、散”等致病原因。一是对照标准“评”。“不以规矩，不能成方圆”。对什么叫软弱涣散、怎样算是转化提升，要有一个衡量尺度。进一步强化工作规范，研究制定软弱涣散村的评定标准和整顿转化的具体标准，建立科学合理的量化指标体系，坚持组织评定与群众评议相结合、定量评价与定性分析相结合，不断提高科学性和可操作性，将主观因素的影响降到最低。二是深入摸底“查”。只有首先查明软弱涣散村产生的“病因”，才能开出整顿“药方”，为提高村党组织整体战斗力打下基础、提供可能。立足于掌握软弱涣散村的底数，“画准像”“把准脉”，查实找准软弱涣散村，坚持每年倒排筛选，严格审核把关，逐个“过筛子”，做到不遮不掩、应纳尽纳，不“以好充次”、“以中充次”，切实做到底数清、情况明、问题准。三是依靠群众“找”。群众是基层的主体，更是村党组织的服务对象和力量源泉。要发现问题，干部就要深入农村，走近群众。坚持把群众满意作为查找问题的基本准绳，充分尊重群众、依靠群众，积极组织群众、发动群众，通过与村干部、村民代表、老党员和其他党员群众进行谈心谈话等方式，让群众参与进来，发挥群众的主体作用，着力找准工作短板和具体“病因”。

（四）分类施策、着眼长远，着力补齐农村工作短板

“一把钥匙开一把锁。”开展软弱涣散村整顿建设工作，要着眼长远整

治，既要对面上存在的共性问题集中加以解决，又要对一些问题较多、矛盾突出、信访积案较多的村，坚持“一村一策”、分类施治；要注重精准施策，结合部门职能定位，组织党政部门进“软”村、政法部门进“乱”村、经济部门进“薄”村，深入开展结对帮扶，切实推动解决问题。一是着眼固本强基，建强村级班子。以增强班子整体功能为着力点，加强以村党组织书记为重点的村“两委”班子建设，通过交流选派、跨村兼职、公开考录、回请能人等方式，选好配强村级班子，着力打造一支懂农业、爱农村、爱农民的农村基层干部队伍。严格村干部管理监督，持续深化民主评议、任期承诺、述职考核、离任审计等工作，进一步规范村干部履职行为。围绕“有队伍、有活动、有阵地、有制度、有保障”目标，加强农村党支部规范化建设，推广党建实训基地模式，严格落实“三会一课”、发展党员、民主评议党员等基本制度，总结推广“支部评星定级”“支部主题党日”“党员积分管理”等经验做法，着力推进“两学一做”学习教育常态化制度化。充分发挥村党组织纪检委员的作用，强化政治纪律和组织纪律，带动廉洁纪律、群众纪律、工作纪律、生活纪律严起来。二是着眼强村富民，发展集体经济。着眼于增加软弱涣散村集体收入，充分利用选派第一书记政策，开展结对帮扶，发挥好第一书记及派出单位的优势，理清发展思路，明确发展举措；充分运用低收入村增收、一事一议财政奖补、公益事业补助金等相关政策资金，加大资源整合力度，强化政策落实；深化农村集体产权制度改革，探索农村集体经济新的实现形式和运行机制，发展壮大集体经济；强化农村集体“三资”管理，探索股权激励、产权交易、信托管理等新型集体资产经营管理机制，提高集体资产经营效益。三是着眼和谐稳定，完善乡村治理。针对历史遗留问题及矛盾纠纷、信访问题较多的村，一方面，建立健全“四议一审两公开”机制，加强村务监督委员会建设，全面推行“村党组织纪检委员兼任村务监督委员会主任”工作机制，规范党务、村务、财务公开，规范村级重大事务决策程序，广泛接受党员群众监督；健全完善村民自治章程和村规民约，全面推广乡贤公益协同共治模式，加强社会工作服务站、乡贤社会服务中心等党群服务中心建设，充分发挥社会各类群体和新乡贤在乡村治理中的作用。另一方面，加强社会治安综合治理，推动社会治安防控力量下沉，坚决打击“村霸”等各类违法犯罪行为，维护农村社会稳定；切实做好矛盾排查调处工作，提升农村基层矛盾预防化解能力，建立党代会代表、人大代表、政协委员联系农村制度，完善党员干部直接联系群众制度，健全畅通有序的诉求表达、矛盾调处、权益保障机制；健全农村公共法律服务体系，加大农村普法力度，加强对农民的法律援助和司法救助。四是着眼凝心聚力，走好群众路线。针对部分整顿对象联系服务群众不到位、凝聚力不强等问题，坚持以群众需求为导向，依托区、镇、村三级联动便民服务体系，建立健全近距离、常态化联系服务群众的长效机制，确保群众意愿在第一时间掌握，群众诉求在第一时间回应，群众困难在第一时间解决；坚持把群众利益放在首位，落实好新农合、低保等惠民政策，为最困难、最弱势群体提供力所能及的帮扶救助，让他们感受到党和政府的温暖；坚持改进工作作风，落实乡村干部分片包村、入户走访、在村服务制度，全面推行“四提四知”工作法（提村知户、提民知难、提人知业、提事知情），做到急事难事见干部、政策宣传见干部、项目推进见干部、矛盾化解见干部，打通联系服务群众“最后一公里”，走好联系服务群众“最后一步路”。

参考文献

1. 中共江苏省委组织部：《从严从实整顿软弱涣散基层党组织》，《党建研究》2015年第5期。
2. 王振东、肖启佑：《从严整顿农村软弱涣散基层党组织研究——以贵州省黔西南州兴仁县为例》，《延边党校学报》2017年第5期。
3. 白学贵、刘勇：《当前农村基层党建工作面临的难题及对策》，人民网-中国共产党新闻网，http://dangjian.people.com.cn/n/2015/1123/c117092-27844819.html。
4. 丁伟：《新形势下服务型农村基层党组织建设研究》，中共中央党校出版社，2014。

B.27
北京市社会领域加强基层党风廉政建设调研报告

北京市委社会工委课题组*

摘　要： 为进一步推动全面从严治党向社会领域基层延伸，着力解决社会领域（主要包括街道、城市社区、“两新”组织等）党风廉政建设中出现的新情况、新问题，课题组开展了专题调研，总结了全市社会领域开展加强基层党风廉政建设的实践经验，分析了当前在责权利不够统一、压力传导层层递减、组织体系不够健全、“两新”组织党风廉政建设比较薄弱、教育形式不够灵活等方面存在的主要问题，并从建立健全体制机制、压牢压实主体责任、加强组织体系和能力建设、探索“两新”组织党风廉政建设的新途径、创新丰富教育的形式和内容等方面提出了对策建议。

关键词： 社会领域　基层　党风廉政建设

为进一步推动全面从严治党向社会领域基层延伸，着力解决社会领域（主要包括街道、城市社区、“两新”组织等）党风廉政建设中出现的新情

---

* 课题组组长：宋贵伦，北京市委社会工委书记、市社会办主任。
课题组副组长：陈建领，北京市委社会工委副书记。
课题组成员：伍发明，北京市委社会工委社区党建工作处处长；李明洪，北京市委社会工委“两新”党建工作处处长；彭建强，北京市委社会工委社区党建工作处副处长；杨涛，北京市委社会工委社区党建工作处干部。

况、新问题，按照市纪委、市监察委的统一部署，2017 年 3 ~4 月，全市社会领域开展了加强基层党风廉政建设调研工作，形成了调研报告。

一 调研工作情况

调研组分别对 16 个区、市经济技术开发区、北京注册会计师协会党委、中关村社会组织联合会党建委、朝阳非公有经济组织党工委等单位加强基层党风廉政建设情况进行了调研，先后召开了 10 场座谈会，听取了 16 个区委社会工委（或纪检监察部门）、16 个街道、16 个社区的情况汇报，实地调研了 8 个街道、8 个社区，对街道党工委、街道办事处、街道纪工委、街道监察科的领导和同志及部分社会组织、非公有制企业和社区党组织书记约 130 人进行了访谈，实地察看过程中还随机访谈了部分社区居民，现场发放、收回调查问卷 240 份，组织网上在线调查 1040 人次。

从调查问卷和网上调查分析看，当前全市社会领域加强党风廉政建设的意识不断增强，党员、群众关注度非常高（参与调查党员 78.86%，群众 21.14%）。参与调查的人员对北京市社会领域基层党风廉政建设情况总体满意（街道、社区 91.97%，“两新”组织 79.78%），认为基层党组织普遍重视党风廉政建设（街道、社区 94.44%，“两新”组织 84.27%），但在实际工作中仍存在着薄弱环节和风险隐患，主要集中在重大事项不够公开透明（街道、社区 3.09%，“两新”组织 12.36%）、个别党员干部廉洁自律不够（街道、社区 2.72%，“两新”组织 7.87%）、仍部分存在“四风”问题（街道、社区 30.41%，“两新”组织 42.7%）等，建议主要从加强宣传教育（24.97%）、加强法制和制度建设（21.76%）、改革完善监督体制（21.15%）等方面入手。

二 全市社会领域加强党风廉政建设的实践探索

近年来，全市社会领域各级党的组织认真学习贯彻党的十八大及十八届三中、四中、五中、六中全会精神和习近平总书记系列重要讲话特别是视察北京讲话精神，按照中央和市委的部署要求，以党的建设为引领，以主体责任为根本，以制度建设为前提，以队伍建设为依托，以宣传教育为先导，聚焦党风廉政建设和反腐败中心任务，坚定不移推进“两个责任”落实，层层传导压力、逐级压实责任，有效推动全面从严治党向基层延伸、向纵深发展。

（一）以党的建设为引领，全面加强社会领域基层党风廉政建设

党的基层组织是党在社会基层组织中的战斗堡垒，是党的全部工作和战斗力的基础。近年来，全市社会领域以加强街道、社区党组织建设以及“两新”组织党组织建设和工作覆盖为重点，不断强化基层党组织建设，基层党组织的战斗力、凝聚力、影响力和号召力得到进一步增强，基层党风政风持续向好。一是抓好街道领导班子建设。充分发挥好街道工委班子在基层党风廉政建设中的领导核心作用，不断强化主体意识，增强建党管党治党的政治责任，为基层深入开展党风廉政建设打下良好的组织基础和政治保证。朝阳区坚持把抓班子、带队伍作为基层政治生态建设的基础，坚持认识再提升、责任再夯实、压力再传导，督促领导干部以身作则、率先垂范，当好本地区党风政风的示范者。二是配齐配强社区带头人。各区、街道从严督查指导社区“两委”换届，对社区“两委”候选人重点进行考廉考德，使一批优秀人才走上社区带头人的岗位，在党风廉政建设上有效发挥“领头雁”作用。全市新选出的2767名社区党组织书记平均年龄46.8岁，大专以上学历的占89.9%。850名大学生社工进入社区党组织班子，其中380人任书记或副书记，新一届社区党组织负责人的整体素质和服务能力明显提高。东城区在全区实施了优秀社区党组织书记及社区工作者奖励措施，明确党风廉政建设考核指标一票否决，将党风廉政建设放在社区党组织建设的突出位置。三是持续扩大“两新”组织覆盖面。截至2016年年底，全市10.3万家非公有制企业，党组织覆盖率达83%；1.2万家社会组织，党组织覆盖率达到67%；1297座商务楼宇，党组织覆盖率达到62.1%。按照“哪里有党组织，

哪里就抓党风廉政建设”的工作思路，紧密结合“两新”组织的特点和实际，以组织建设促进党风廉政建设，扎实推进党风廉政建设向“两新”组织不断延伸。丰台区卢沟桥街道辖区1286家非公企业，党组织覆盖率87%，94家符合条件的“两新”组织全部建立了党组织，并明确专人负责纪检工作，从组织上提供坚强保证，并以华信中安、金星卓宏2家规模以上企业为重点，积极打造“两新”组织廉洁示范点，充分发挥其典型引路、示范带动的作用。

（二）以主体责任为根本，逐级夯实全面从严治党基础

全市社会领域坚持“党要管党，从严治党”的总体要求，牢固树立“抓好党风廉政建设是本职，不抓党风廉政建设是失职，抓不好党风廉政建设是渎职”的理念，不断夯实街道工委、社区党组织的主体责任，层层向下传导压实责任，确保基层党风廉政建设落地生根。一是以确责为先导，明确责任内容。根据工作实际，制定主体责任个性化清单，层层签订责任书，形成“横向到边、纵向到底，一级抓一级、层层抓落实”的责任链条。房山区将各街道的主体责任11个方面分解为33个具体指标，从时限、内容、方法和标准等对主体责任落实进行了明确规定。昌平区各街道制定实施了领导班子成员700多条个性化责任清单。二是以履责为核心，强化责任落实。建立主体责任全程纪实制度，对主体责任落实情况实行全过程、记账式、档案化管理，重点围绕研究部署、监督检查、廉政教育、约谈情况等，进行流程记录、一事一记，全过程反映履责情况。大兴区、怀柔区把深化落实主体责任全程纪实留痕作为推动党委主体责任具体化的重要体现，把责任主体延伸到科室、社区，实现履责全程留痕、检查一目了然、追溯问责有据。三是以考责为导向，推动责任督查。将履行党风廉政建设主体责任同思想建设、组织建设等纳入大党建考核，发挥检查考核的指挥棒作用。平谷区对街道各科室和各社区进行量化考核，在科室负责人、社区党组织书记中开展年度述职述廉，考核结果作为晋级、评优的重要参考。

（三）以制度建设为前提，健全基层党风廉政建设长效机制

全市社会领域注重建立科学有效的权力运行制约和监督机制，从抓制度建设和制度执行入手，不断拓宽基层党风廉政建设的覆盖范围，扎紧制度的“笼子”。一是关口前移，加强事前监督。朝阳区麦子店街道突出关口前移，加强社区制度建设，先后制定了《社区公益金管理办法》、《社区常态问政金使用规则》、《社区“三重一大”决策制度》、《购买社会组织服务经费管理办法》和《社区党建经费使用管理办法》等规章制度，使班子集体决策和社会各界协商参与在制度的框架中良性互动，为社区群众提供了一个制度化参与监督、决策的平台。二是建章立制，深化社区党居务公开。为进一步改进工作作风，提高社区工作的透明度，各社区将党建经费、“三重一大”事项、重大民生项目、社区公益金等列为公开项目，细化公开内容，编制公示清单，自觉接受干部群众的民主监督，切实加大民主监督力度，保障社区干部群众的知情权。海淀区加大社区党组织和社区居委会对党务和居务公开的工作力度，建立并完善了社区居民对社区工作进行民主评议和民主监督的长效机制。密云区鼓楼街道东菜园社区对社区重点工作、社区财务收支、党组织重大决策、发展党员、后备干部培养等重大事项定期公开，自觉接受群众监督，让权力在阳光下运行。三是加强防控，强化重大事项源头治理。将政府购买社会组织公共服务、便民工程招投标、重大民生项目、社区工作者招录、党组织服务群众经费使用等社区群众关心的热点问题作为廉政风险防控的重点，坚持制度先行，注重监督在前。石景山区为指导社区用好党建统领服务群众经费（每个社区 50 万元），多部门联合下发了经费管理办法，对经费的标准、使用范围、使用程序、管理监督等方面做出明确规定，制定了经费使用流程图和项目实施指导目录，从源头上加大风险防控力度。

（四）以队伍建设为依托，充分发挥党内监督的重要作用

全市社会领域狠抓党的纪律检查和监察体制改革各项任务落实，基本建立起了覆盖所有社区和部分“两新”组织的专兼职纪检监督队伍体系。一

是不断扩大社区纪检组织覆盖面。结合社区“两委”换届，全市社区基本都建立了纪检组织。东城区182个社区中有170个设党委的社区选举产了社区纪委，12个设党总支的社区成立了社区纪检组。朝阳门街道在全市率先设立了社区纪检组织，并吸收社区群众作为纪检委员。二是深入探索社区纪检体制改革。西城区金融街街道探索开展社区纪检专员试点，打破原有社区属地管理的限制，按地理位置、社区构成等因素将所有社区划分为7个片区，分别成立社区联合纪检组，街道工委选派1名纪检专员任组长，片区内各社区纪检委员为联合纪检组成员。纪检专员直接对街道工委负责，专司纪检监察工作，由“同体监督”改为“异体监督”。三是探索尝试“两新”组织纪检体系构建。部分“两新”组织借鉴大型外资企业先进内控反腐败机制，积极完善与企业或社会组织特点相适应的纪检组织体系，永拓会计师事务所、海文资产、洛娃科技等“两新”组织设立了纪委或纪检机构，收到了良好效果。

（五）以宣传教育为先导，营造党风廉政建设的浓厚氛围

全市社会领域基层党组织坚持教育为先、预防为主，积极开展党风廉政宣传教育，不断丰富形式内容，打造廉政文化名片。一是与经常性教育相结合。各基层党组织以党的群众路线教育、“三严三实”和“两学一做”等学习教育活动为契机，通过经常性的“警示教育”、“主题教育”、上廉政党课、看廉政短片、讲廉政故事等形式，不断增强基层党员干部的廉政勤政意识。顺义区根据街道、社区党员干部的特点，编写廉政读本，制作廉洁从政制度汇编手册，作为对街道、社区党员干部开展经常性教育的教材。通州区北苑街道果园西社区让每一名党员走上讲台，个个讲收获、人人谈体会，以身边事教育身边人。二是与社区廉政文化建设相结合。大力开展廉政文化进街道、进社区、进家庭等活动，把廉政文化建设与职业道德、社会公德、家庭美德和法纪教育结合起来，与社区群众性文体活动结合起来，营造崇廉尚廉的良好氛围，促进基层党风政风民风的持续好转。门头沟区大峪街道建设廉政文化墙3022平方米，覆盖辖区20多个社区，打造廉政文化小院15个，让廉政文化深入社区。延庆区香水园街道着力打造高塔社区“家庭助廉”

教育基地，营造良好家风，打造廉洁家庭。三是与在职党员进社区相结合。2016 年，全市各区都动员组织在职党员到社区报到，每名党员结合自身特长认领岗位。各级领导干部自觉接受社区和群众的监督，带头遵纪守法，带头遵守社区规章制度，带头参加社区组织的公益活动，以实际行动营造良好的廉政氛围。四是与“两新”组织文化建设相结合。部分规模以上的“两新”组织把廉洁建设融入本单位文化建设，与企业职业道德建设和内控风险防范相整合、一起抓，普华永道、汉能集团等注重倡导诚信、廉洁的企业文化，倡导员工树立正确的价值观。

三　全市社会领域党风廉政建设存在的主要问题

近几年全市社会领域紧紧围绕党建工作大局，坚持惩治和预防两手抓，社会领域基层党风廉政建设稳步推进、不断深化，但是随着全面从严治党和反腐败形势向纵深发展，也逐步凸显出一些问题和不足。

（一）社会领域加强党风廉政建设的责权利不够统一

在座谈中，西城、通州、怀柔、延庆等区感到，由于市、区两级社会工委作为统筹协调市、区社会建设和社会领域党建的主管部门，对社会领域基层党风廉政建设承担有一定责任，但鉴于编办批复的社会工委职能和社会领域的特殊性，市区两级社会工委难以承担社会领域基层党风廉政建设的主体责任。在现行体制下，社会领域基层党风廉政建设主体责任、监督责任是什么，由谁负责，存在着职责任务不够清晰，责权利不够统一，工作力量薄弱等问题。东城、西城、海淀、石景山等区反映，区委社会工委原有纪委机构，但是由于纪检监察体制改革，纪工委相关人员划归区纪委统一管理，且没有对社会领域党风廉政建设的监督责任。

（二）党风廉政主体责任的压力传导层层递减

通过座谈交流和问卷调查，全市街道党工委对全面从严治党的形势与任务认识比较深刻，理解也比较透彻，91.59%的调查对象认为本街道对承担的主体责任比较明确，责任分解也比较清楚，但是部分社区“两新”组织党组织对党风廉政建设的必要性和迫切性认识不高，存在着“重业务、轻党建”的现象，没有把党风廉政建设摆在突出位置，7.9%的调查对象认为党风廉政建设影响业务工作，3.11%的调查对象认为本单位对党风廉政建设主体责任目标还不够明确，针对性还不够强，签订责任书流于形式，落实还不够到位。有的基层党组织负责人认为基层社区人员少、工作范围小、行使的权利微弱，自身既无钱，又无权，没有产生腐败的土壤和机会，党风廉政建设要从哪里入手，到底要干什么，怎样干，还比较模糊，有的把工作完全交给纪委，导致主体责任缺失。

（三）基层社区纪检组织体系不够健全

由于社区的编制问题，东城、朝阳、大兴等区的部分社区往往只有纪检委员一人从事纪检监督工作，人员力量薄弱，而且与社区党组织、居委会、服务站的工作存在交叉，一人身兼数职，“既是运动员，又是裁判员”，难以将纪检监督的作用落到实处。丰台、石景山等区反映，在实际工作中部分社区的纪检委员工作能力弱，对纪检监督的专业知识学习不够，发挥监督作用不明显，在实际工作中怕得罪人，碰到违纪问题绕着走，存在着“老好人”的思想。

（四）“两新”组织的党风廉政建设比较薄弱

海淀、丰台、平谷等区以及部分非公企业、社会组织反映，现行党纪党规，更多的是针对体制内党组织和党员，对于“两新”组织内的党组织书记如何落实主体责任，党员怎样发挥先锋模范作用，尚缺少相关的制度规定，党风廉政建设缺乏统一的制度规范，造成“两新”组织中的党组织开展工作缺少依据，开展党风廉政建设只能是摸着石头过河，各出各的招，在实际开展工作中时有困惑。信永中和、北京中路华、中复集团、蓝调庄园等单位感到，由于“两新”组织的特殊性，目前在党组织的覆盖面上还不够广泛，部分党务工作者开展工作能力不足，组织软弱涣散，部分党员的党性修养不够、模范带头作用不强，在群众中缺少相应的影响力。

（五）党风廉政教育的形式不够灵活

对基层党员干部的反腐倡廉宣传教育仍是党风廉政建设的薄弱环节，呈现出层层弱化态势，调查问卷显示，加强宣传教育是加强基层党风廉政的重要措施（街道、社区 27.15%，“两新”组织 22.78%），调研中大家普遍反映，当前开展党风廉政教育的形式存在着不多、不新、不实、不活等问题，党员干部理想信念“总开关”出现松动。兴华会计、大业传媒、叶青大厦等反映，当前对“两新”组织的党风廉政宣传教育针对性还不够强，教育的内容与工作实际存在着脱节现象，与“两新”组织党员年轻人多、流动性强的特点还不相适应。

四　全市社会领域加强党风廉政建设的对策建议

（一）建立健全社会领域党风廉政建设的体制机制

东城、西城、石景山、通州、怀柔等区建议，市、区社会工委可在市纪委等部门指导下，承担一定的党风廉政建设具体任务，但其法定职能难以承担主体责任，建议进一步探索社会领域党风廉政建设的主体责任、监督责任归属问题，逐步建立健全全市社会领域党风廉政建设体制机制，不断完善横到边、纵到底、辐射全面的党风廉政建设工作网络。

（二）压牢压实基层党风廉政建设的责任担当

西城、朝阳、海淀、房山、大兴、延庆等区以及北京注协党委、朝阳非公工委等单位建议，一是党的组织建设和党风廉政建设“两手抓、双促进”。从抓基层党的组织建设入手，充分发挥党在基层组织建设中的领导核心作用，坚持“不抓党风廉政建设的党组织是不合格党组织，抓不好党风廉政建设的党组织就是不称职党组织”的导向，自觉提高政治站位，以党建促廉建，以廉建带党建，“两手抓、两手硬，双促进、双过硬”。二是夯实基层党组织主体责任落实。进一步明确社区和“两新”组织党组织书记抓党风廉政建设的责任清单、目标任务、考核奖惩机制，增强针对性、可操作性，将责任和压力传导到班子成员和党员干部，激发担当精神，层层传导压力，逐级压实责任。三是扎实推进社区民主监督。进一步规范社区工作职能、社区运行机制、社区基础设施配置等，构建领导有力、协调有序、落实有效的社区民主监督体系，围绕人权、事权、财权等关键环节，建立健全决策权、执行权、监督权相互制约、相互协调的社区工作机制，将社区党风廉政建设与社区治理相结合，促进党风廉政建设和社区建设健康发展、良性互动。

（三）不断加强社区纪检监督的组织体系和能力建设

东城、丰台、门头沟、顺义、密云等区建议，一是建立健全社区纪检组织体系。在社区统一设立专职纪检委员，有条件的可设立纪检小组或纪委，进一步明确和规范社区纪检组织工作职责、任务清单，街道党工委要加强对社区纪检工作的领导和监管。二是强化群众监督员队伍。建立健全居民监督委员会机制，积极引导居民群众有序参与社区事务管理和监督，加强对公益事业建设管理和群众密切关心的重大事项监督，拓宽监督渠道、强化群众监督。三是加大社区民主协商力度。积极开展民情信箱、民情热线、民情日记、民情联络员、民情恳谈会等多种形式的民主协商和民主听证，不断完善民主管理和监督制度，加大社区党务、居务、财务公开力度，促进社区事务公开透明运行。四是加强纪检专业能力培养。分层次、有针对性地组织社区纪检队伍专业培训，坚持缺什么学什么、需什么补什么，分类施教，把学习理论与专题讨论、分析案例、研究政策、解决问题、交流经验、实地考察、网上互动结合起来，不断提高能力素质，确保基层党风廉政建设的工作机制有效运行。

（四）积极探索“两新”组织党风廉政建设的新途径

海淀、丰台、平谷等区以及叶青大厦、海文资产、瑞华会计师事务所、利安达会计师事务所、兴华会计师事务所等单位建议，一是持续推进“两个”覆盖。建强健全党的组织，扩大党的工作覆盖范围，压实各级党组织书记的主体责任，为党风廉政建设提供组织保障。积极为“两新”组织派遣党建指导员，帮助其把党的组织做强，把党的工作做实。二是紧密结合业务发展。要把“两新”组织党风廉政建设与业务发展、职业道德培养紧密结合，以服务为基础，紧紧围绕自身发展，做好与政府交流的桥梁纽带。不断完善与企业和社会组织特点相适应的反腐败制度，把廉洁建设融入单位文化建设，探索将党组织纪检与非公企业、社会组织反腐败机制有机融合，发挥各自优势，促进“两新”组织健康发展。三是推进行业自律建设。加强“两新”组织的行业、系统监督作用，指导行业协会（商会）制定各自行规、条约，规范行业组织成员的行为，加强行业自治；倡导诚信从业、廉洁从业的行业道德准则，建立行业成员廉洁信用制度，建立健全行业纪律，通过限制从业资格等手段惩戒行业成员的商业贿赂行为，为行业健康发展营造良好风气和环境。四是加大监管与处罚力度。严格对“两新”组织党员的监管，特别是涉及“两新”组织经营风险点党员员工的全程监管，始终把党纪挺在前面，执纪要严于普通员工，对违反党纪的党员，除依照企业制度处罚外，一并依党纪处理，严厉惩处“微腐败”。

（五）创新丰富基层党风廉政教育的形式和内容

通州、昌平、大兴、延庆等区以及市经济技术开发区、中关村社会组织联合会党建委建议，以廉政文化“进社区、进楼宇、进“两新”组织”为重点，进一步拓展活动载体，丰富活动形式，贴近实际、贴近生活、贴近群众，在基层党组织中进一步营造党风廉政教育的浓厚氛围。一是抓拓展。扎实推进分层分岗分类施教，做到有效辐射，积极扩面，充分运用群众身边的正反典型事例，对党员干部进行示范教育和警示教育，推动党风廉政宣传教

育向社区、楼宇和“两新”组织延伸，实现教育全员化。二是抓规范。各基层党组织结合自身实际，认真制订并落实基层党风廉政教育工作规划，完善工作制度，把集中教育与日常教育结合起来，实现党风廉政教育长效化、制度化。三是抓创新。进一步丰富教育形式和载体，根据不同教育对象、不同文化层次、不同年龄段的需求，努力在用好网络、微博、微信等新媒介上下功夫，提升宣传教育的便捷性和覆盖率，组织开展基层党员干部喜闻乐见、乐于接受的廉政文化活动，实现廉政教育载体化。

B.28

北京经济技术开发区国际人才发展环境优化研究报告

北京市委经济技术开发区工委组织部课题组*

摘　要： 国际人才逐步成为北京经济技术开发区创新发展的重要支撑力量，基于对开发区国际人才发展环境的调查研究，本报告总结开发区在国际人才工作体制机制建设、区域支撑能力建设、发展空间营造、生活服务配套等方面的实践经验和问题短板；提出开发区优化国际人才发展环境的党管人才、资源整合、创新突破三大原则；同时，立足开发区面向全球引才育才，打造具有全球影响力和示范意义的国际人才高地，形成开放式的人才流动格局，按照抓重点、补短板的思路，提出以下建议：一是深化人才体制机制创新探索，二是集聚全球智力资源，营造引才育才环境，三是建设新型载体，升级人才成长环境，四是提高人才智慧化管理水平，优化人才服务环境。

关键词： 国际人才　环境优化　创新服务

为深入贯彻落实党的十九大关于加快建设创新型国家、加快建设人才强国的战略部署，北京经济技术开发区（简称“开发区”）全面响应北京建设

---

* 课题组组长：王晖，北京市委经济技术开发区工委组织部副部长、调研员。
课题组成员：郭明宇，北京经济技术开发区高层次人才服务中心副主任；卢科，北京市委经济技术开发区工委组织部调研宣传科科长。

全国科技创新中心“三城一区”布局的战略要求，积极承接科技创新成果转化，重点培育具有国际竞争力的产业创新体系。集聚、培育一批具有全球视野和战略思维、在前沿技术领域能够领先或紧跟世界先进水平的国际人才，打造一支世界一流的国际化人才队伍，是开发区实现人才引领产业创新发展、打造“四区一阵地”① 的重要支撑和保障。为此，开发区工委组织部积极开展优化国际人才发展环境的调查研究，累计现场走访 40 余家企业，回收有效调查问卷 365 份，在广泛征集专家意见的基础上，分析论证和探讨，形成本研究报告。

一　开发区国际人才发展环境优化的必要性和紧迫性

开发区作为打造全国科技创新中心建设的前沿阵地和主平台，迫切需要集聚更多的国际人才。2016 年，开发区实现地区生产总值 1172. 6 亿元，同比增长 8. 1% 。仅用 59. 6 平方公里的面积支撑了全市 16% 的工业总产值、10% 的出口额。截至 2016 年底，开发区企业累计承担国家重大科技专项及“863 计划”30 余项，国家级重点实验室有 10 家，国家级、市级研发机构有 160 家。扎实的经济基础、完备的科技创新体系，为国际人才发展营造了良好的创新氛围。截至 2016 年底，开发区集聚了 9000 多名高层次人才，包括海外归国留学人员 3500 余名，外籍人才 330 余名，开发区认定的 530 名“新创工程·亦麒麟”人才，具有海外留学或工作经历的有 323 人（中央“千人计划”入选者 63 人，北京市“海聚工程”入选者 125 人）。但是，随着北京建设全国科技创新中心和构建“高精尖”经济结构的深入推进，开发区作为前沿阵地和主平台，对国际人才规模和质量提出更高的要求，现有国际人才队伍已经无法满足未来发展的需求。

面对国际人才抢夺日趋激烈的形势，开发区迫切需要进一步优化国际人

① “四区一阵地”定位：具有全球影响力的科技成果转化承载区、技术创新示范区、深化改革先行区、“高精尖”产业主阵地和宜居宜业绿色城区。

才发展环境。当前，国家和各地政府相继出台了一系列支持海内外高层次人才来华创新创业的政策，如“支持北京创新发展的20条出入境政策”“支持上海科创中心建设出入境政策‘新十条’”“支持广东自贸区建设16条政策”“福建自贸试验区的10项出入境新政”等，以东部沿海地区为先锋的国际人才政策创新构成了我国国际人才相互争夺的新态势。开发区作为北京全国科技创新中心建设“三城一区”的科技成果承载区，迫切需要在我国国际人才竞争激烈的大形势下，进一步优化国际人才发展环境，努力打造成为海内外产业人才向往的创新创业首选地。

二　开发区国际人才发展环境建设的实践探索

围绕国际人才的发展，开发区以建设北京高端产业领军人才发展示范区为契机，在工作体制机制建设、区域支撑能力建设、发展空间营造、生活服务配套等领域积极展开探索。

（一）健全工作体制机制，打造科学的人才管理制度环境

科学合理的顶层设计是人才发展的有力指导，也是吸引人才、留住人才、用好人才、成就人才的重要保障。一直以来，开发区不断探索建设独具特色的国际人才工作体制机制。通过成立人才工作领导小组，形成了“开发区工委统一领导，组织部门牵头抓总、统筹协调，各部门具体落实”的协同联动运行机制。主动对接中央“千人计划”、北京市“海聚工程”等政策，制订了海外高层次人才引进计划，定期征集区内企业对海外高层次人才的需求，多渠道在海内外发布，近三年来累计征集200余个海外高层次人才的需求岗位，引才成功率超过60%。此外，在加拿大建设“北京·亦庄北美海外人才联络处”，并与海外机构展开合作，促进海外引才长效化。

（二）加大人才创业支持力度，营造积极的人才工作成长环境

打造鼓励技术创新、服务创新的政策环境，增强区域支撑能力，是人才

发展、成长的必要条件。开发区不断加大政策支持力度，出台《关于北京经济技术开发区建设高端产业领军人才发展示范区的实施意见》及其实施办法；将“新创工程·亦麒麟”人才项目纳入市级人才政策体系，依托海外学人中心开发区分中心，开展人才认定和支持工作；每年设立2亿元的人才发展专项资金，用于人才创新创业的奖励扶持。同时，鼓励企业自建或者与国内外高校、科研机构联合共建重点工程实验室、工程研究中心、企业技术中心。统筹区内中小企业服务平台、产业人才联盟、科技创新服务平台等资源，成立高层次人才服务中心，为人才提供公共服务、投融资服务、房租补贴、贷款贴息等支持。

（三）搭建人才交流平台，营造顺畅的人才宣传交流环境

塑造人才品牌，促进人才交流，是帮助人才及其企业拓展发展空间的重要手段。2016年，开发区牵头组织成立京津冀地区16家国家级开发区产业人才联盟，不定期组织人才到三地考察交流，每年与北京大学共同举办京津冀高端产业领军人才国情研修班，促进京津冀国家级开发区之间的人才战略合作。面向全球征集方案，成功打造“亦麒麟”人才品牌，借助国家主流媒体、线上平台，提高了“亦麒麟”品牌知名度。成立产业人才协会，开展多种形式的研讨、联谊、文体休闲等活动，形成产业人才双周群英会、产业人才微论坛、文化创新主题活动等品牌项目，搭建各领域人才交流研讨、项目合作、联谊互动桥梁。

（四）关注人才生活需求，营造优质的人才生活配套环境

解决人才在生活上的后顾之忧，能够更好地让人才投入到创新创业中去。开发区统筹区内公共资源，协调区外资源，持续关注和尽可能满足人才在住房、健康、医疗、子女教育等方面的需求。近两年来，开发区累计为141名国际人才安排了精装公寓；与同仁医院合作，为人才办理医疗卡，每年组织人才参加人才休假、健康体检；保障国际人才子女就学，为人才配偶就业推荐岗位。

三　开发区国际人才发展环境建设存在的问题

与国内外先进地区相比，与区域发展趋势以及国际人才需求相比，开发区的国际人才发展环境仍然存在一些问题和短板。

（一）世界顶尖人才仍然缺乏

世界顶尖人才作为科技创新的杰出代表，是人才队伍的带头人，一个顶尖人才能够引领一项技术突破，带动一个产业发展。开发区集聚了一大批的海内外高水平人才，也积极引入了诸如欧洲科学院院士汉斯·乌思克尔特、美国麻省理工学院（MIT）博士谢良志等顶尖人才。但是，相对未来开发区所要担当的科技创新使命而言，顶尖人才的数量明显不足。

（二）产业人才结构过于集中

人才结构与产业发展结构存在互动关系，一支国际人才队伍支撑一个产业发展，同样一个产业集群也能吸引更多的人才。从开发区国际人才行业分布看，生物医药领域人才占比最高，达 56%；电子信息领域位列第二，占比 21% 左右；智能制造、互联网等其他领域比重偏少。同时，在企业分布中，国际人才主要集中在京东方、中芯国际、SMC 中国、神州细胞、康龙化成等几家高科技企业，创业的人才偏少。人才分布过于集中某一行业，在一定程度上造成开发区其他行业的创新创业链条缺失；过于集中在少数企业，不利于形成区域创新创业整体优势。

（三）人才管理体系不够完善

当前，开发区人才工作强调前端服务，对于已经认定的人才缺少跟踪和考核。人才数据统计口径不一，造成无法准确掌握国际人才资源情况以及人才实际需求。此外，开发区人才管理信息化程度偏低，给人才考核管理带来难度。

四　开发区优化国际人才发展环境的原则

深入优化国际人才发展环境，必须坚持党管人才的原则，聚天下英才而用之，突出国际人才的关键引领作用，深入整合资源、创新工作思维和方式，努力将开发区打造成为具有全球影响力和示范意义的人才高地。

（一）必须坚持党管人才，促进政府调控和市场配置相结合

针对国际人才面向全球发展的特征，要发挥党委总揽全局、协调各方的核心领导作用，增强战略思维、前瞻意识，调动市场的积极性。通过党管人才，建立“政府有效引导、市场合理配置、人才自主选择”的多方协调机制，促进政府调控和市场配置的有机结合。

（二）必须有效整合资源，打造全方位、多层面、高水平的服务体系

国际人才发展，需要广阔的创新创业平台和事业空间。优化环境，需要将人才发展与本地科技创新、产业转型的需求深入融合，建立“产业、科技、人才”联动机制，构建“政策、服务、宣传”多层面工作体系，打造“政府、园区、企业”多主体的服务模式，形成“领军人才引领发展、高端人才不断创新、创新团队合力攻关”的良好局面。

（三）必须强调思维方式突破，满足人才工作个性化要求

在新一代信息技术革命的大背景下，人才工作更多地以体验为出发点，为人才提供各具特色、各有侧重的服务“配方”。开发区需要进一步转变工作方式，探索应用“人工智能”“大数据”“云计算”等先进信息技术手段，营造精准化、多层次、全覆盖的环境，充分体现人文关怀，使国际人才更好地融入开发区。

五　开发区优化国际人才发展环境的对策建议

立足面向全球引才育才，打造具有全球影响力和示范意义的国际人才高地，形成开放式的人才流动格局，提出以下建议。

（一）深化人才体制机制创新探索，培育人才制度环境

积极争取北京市国际人才工作机制创新试点，探索人才创新基地建设新模式，为国家、北京市人才工作体制机制改革提供参考。加强顶层设计，充分发挥战略规划的引导作用，积极开展国际人才发展现状和需求的调研，强化战略引导的作用。建立与国际规则接轨的人才管理制度，制定和出台专门的管理办法和专项行动计划，明确国际人才发展的定位、目标和具体实施路线，构建梯度式、网络状、结构化的现代管理体制。

（二）集聚全球智力资源，营造引才育才环境

加大对世界顶尖人才的引进力度，围绕开发区创新型产业集群发展要求，在全球范围内遴选人才，参照国际惯例给予世界顶尖人才相应甚至高于国际市场的报酬和待遇。积极开展海外人才就地开发，大力加强人才的柔性引进，探索建立与世界接轨的柔性人才引进和培育机制。鼓励开发区内资企业在海外开设研发中心、并购海外研发机构，支持区内的外资企业、合资企业建立研发合作通道。助推本土人才国际化发展，建立重点培养人才数据库，打造人才培养、学习平台，定期组织人才海外行，促进本土人才和海外人才的相互学习，互通有无。

（三）建设新型载体，升级人才成长环境

营造“类海外”发展环境，按照产城融合、职住一体，多元包容、开放共享的要求，打造国际人才社区，为国际人才居住生活提供与国际接轨的居住、教育、交通、医疗、保险、商业、文化、健康等生活服务保障。鼓励

新型研发机构发展。针对当前开发区创新升级发展需求，引进或成立新型研究院，建立理事会制度，为引进世界顶尖人才、首席科学家提供必要的创新载体，推动开发区前沿技术研发及其产业化。面向海内外征集人才，建设国际人才智库，为开发区创新协同发展、国际化人才培养提供智力支持。通过全球征集、动态管理等方式，建设高端人才储备库，遴选一批首席专家。

（四）提高人才智慧化管理水平，提升人才服务环境

整合各部门人才信息资源，搭建基于 SaaS 架构的智慧管理服务平台，建设人才数据库，开展人才科技创新行为轨迹和能力的分析研究，跟踪了解开发区内人才现状基础、人才流动情况、人才需求趋势，为人才提供精准的定制化服务。构建国际人才发展指数，建立定性与定量相结合的考核体系，对人才从创新能力、现有实力、发展潜力、贡献度等角度进行分类和测评，建立调整和退出机制，形成有效的人才激励、奖励机制。打造人才智能服务平台，通过平台整合人才群体、创新资源、高端服务等功能模块，实现线上线下数据共享、资源互通。强化互联网技术在人才服务中的功能，整合网上办事系统，建立“一点受理、多点服务”的格局。

参考文献

1. 周欣、王选华：《北京地区国际化人才：现实差距与开发路径——基于纽约、伦敦和东京的比较视角》，《中国人力资源开发》2012 年第 4 期。
2. 孟续铎、李付俊：《世界城市背景下的北京国际人才发展》，《山东工商学院学报》2013 年第 5 期。
3. 沈荣华：《上海国际人才高地：人才发展的国家战略》，《中国组织人事报》2012 年 2 月 9 日。

B.29
驻京外企业党建工作调研报告

北京市国资委京外企业党建工作调研组*

摘　要： 为进一步了解把握京外企业党建工作现状和底数，不断加强京外企业党建工作，市国资委党委抽调相关人员组成调研组对京外企业党建工作进行了深入调研。调研挖掘总结了京外国企党建工作的亮点，分析查找了京外国企党建工作凝聚共识的作用发挥不够充分，党建工作的设计规划不够长远，组织体系建设、党员队伍管理上不够健全，顺应新形势的主动创新、主动作为不够鲜活，整体发展不够平衡等方面的问题。针对这些问题，研究提出了提高站位、强化意识，宏观统筹、加强组织指导，夯实基础、实现“两个覆盖”，以人为本、抓好队伍建设，开拓创新、激发工作活力等具体对策。

关键词： 京外企业　党建工作　队伍建设

为深入贯彻落实全国和北京市国有企业党的建设工作会议精神，进一步加强对京外企业党建工作的指导，压实全面从严治党责任，切实筑牢京外企业的“根”和“魂”，市国资委抽调相关部门32人组成四个调研组，赴东南、西南、东北、西北四个方向、14个省，采取实地察看、专题座谈、问

---

* 课题组组长：赵林华，时任北京市国资委党委副书记、巡视员。
课题组成员：满志德，北京市国资委副巡视员；屈少波，北京市国资委副巡视员；荀永利，北京市国资委副巡视员；吴军，北京市国资委副巡视员；马海山，北京市国资委党群工作处处长；汤英牛，北京市国资委宣传工作处处长。

卷调查等方式，对24家市管一级企业、10家中央在京双管企业的159个子公司、分公司和项目部，进行了调研。有关情况如下。

一　京外国企党建工作的特点与亮点

其一，钉钉子，抓落实，一把尺子量到底。各企业党委、支部坚决贯彻全国和北京市国有企业党建工作会议精神，坚定不移地在国企坚持党的领导，加强党的建设，大部分企业落实中央管党精神不走样、治党要求不打折，实现“一个标准、一贯到底”。

其二，观大势，紧跟随，同步建设不放松。各企业紧随国家提出的“一带一路”、西部开发、振兴东北等大的战略方针，将企业发展和服务保障投向国家战略需要，并同步开展党建，将党建优势与经营发展齐头推进，充分展现国企履行政治责任、社会责任和经济责任的风采。

其三，走九州，扬首善，京字品牌立八方。各企业都能积极发挥党组织引领作用，把北京国企的“首善标准”输入到当地企业，敢于创新，大胆改革，提升京字品牌企业美誉度和认可度。

其四，重融入，拴人心，和合文化显实效。京外企业能够积极融入当地的社会文化，注重与属地政府的沟通交流，发挥当地人才作用，主动加强区域内首都国企的联动，共同开展党建工作，促进了企业更好地发展。

其五，重日常，抓流动，思想廉政教育活。各企业党组织注重把思想教育做在日常、把廉政教育做到途中，无论是流动党员还是公司外党员，基本都能做到党员在企业一天，思想教育和廉政教育就不断，增强了党建工作活力、凝聚力和生命力。

二　京外国企党建目前存在的问题及原因

其一，认识上有一定提升，但党建工作凝聚共识的作用发挥还不够充分。在全面落实从严治党要求、大力加强基层党建方面，一些京外党组织对中央和市委的有关精神认识还不到位，思想上还有盲区，工作中还存在薄弱点。主要体现在：一是对党组织“两个核心”[①] 作用认识不够。有的企业在抓事关企业发展方向和重大问题决策上，还存在用行政办公会替代党委会职能的现象，党委发挥核心作用不明显。二是党建融入中心不够，“两张皮”现象突出。有的企业党组织尚未真正内嵌到公司法人治理结构之中，没有把自己摆在决策的前置位置。有的企业融入中心站位偏低，更侧重于凝心聚力、营造和谐的“促发展”，而在把握方向、战略引领的“谋发展”上力度不够。三是对党建的重视和投入不够。有的基层党组织负责人，对本党组织每年党费开支多少不清楚、开展多少党的活动不清楚。有的企业对党建工作经费投入不足，没有专门开展党建工作的活动场所。

其二，思路上有一定拓展，但对党建工作的设计规划还不够长远。相比企业经营发展规划，有的京外企业对党建的设计规划还不够及时完备，这点在京外企业党建中表现尤为突出。一是顶层设计和统筹谋划不到位。有的企业对党建工作的前瞻谋划、顶层设计思考偏少，特别是在“四个同步”[②] 的设置上主动性、系统性还不够，没有突出党建工作的全程保障作用。二是基层党建工作缺乏计划性。有的京外基层党组织对党建的思考谋划比较零碎和短浅，有的基层党组织没有年度工作计划和总结，开展党建存在着“拍脑门”“推着走”的现象。三是迫切需要提高、改进对新问题的应对意识和手段。比如在混合所有制企业中确保党的核心地位问题，是我们当前的一个亟待解决的新课题。很多京外企业当初在设置党组织架构时，按照协议，党委书记由当地产生，这就形成了企业党委一把手不来自控股方的局面。

其三，基础上有一定加强，但在组织体系建设、党员队伍管理上还不够健全。有的企业受距离遥远、布局零散、周期短暂、党员数量少等因素影

① 两个核心即领导核心和政治核心，见《习近平总书记在全国国有企业党的建设工作会议上的讲话》。

② 四个同步：在国有企业改革中坚持党的建设同步谋划、党的组织及工作机构同步设置、党组织负责人及党务工作人员同步配备、党的工作同步开展，见《关于在深化国有企业改革中坚持党的领导加强党的建设的若干意见》（中办发〔2015〕44 号）。

响，在体系建设、基础建设上存在短板。一是体系建设不够健全。有的京外企业资产关系、行政隶属、党组织关系等错综复杂，各种关系有待理顺、管理责任尚需进一步完善。在此次调研中，很多企业都提到了党组织关系应明确垂直或属地管理的问题。二是党员人数少，组织基础薄弱。京外企业中的党员大部分来源于总部派出，从当地员工中产生的比较少，有的企业只有1~2名党员。有的京外企业规模不小，但党员人数很少。

其四，活力上有一定激发，但顺应新形势的主动创新、主动作为还不够鲜活。有的京外企业党建还存在着活力不足、凝聚力不强、影响力不大的问题。一是载体不丰富。有的企业党建活动载体和工作方法老套单一，对党员的教育管理多是理论学习，内容枯燥，缺乏实效，在无形之中拉大了基层党组织与员工的距离。二是活动不扎实。有的企业层级过多，线条太长，导致部分党建任务落实存在着力度递减的情况。有的企业简单地认为开展文娱活动就是开展党建活动，存在党建活动娱乐化、简单化的倾向。三是方式不创新。有的企业满足于完成上级党建“规定动作”，缺少结合地域特色、自身实际的“自选动作”，主动创新热情不高，党建工作活力不足。

其五，整体上有较大提升，但局部差异明显，发展还不够平衡。有的企业党建工作水平、工作方式、工作实效方面还存在不均衡、不同步的现象，且差异较大。一是发展不平衡。存在各省、各区域、各企业间不平衡的问题。总的来说，中央企业党建工作要好于市属企业，传统工业企业党建好于新兴科技型企业，管理层级少的好于管理层级多的企业。二是融通不紧密。一方面京外驻地企业间的互动融合不够，彼此很少交流，另一方面部分企业党建工作在融入当地方面也存在沟通不畅、合作不力的情况。三是能力有欠缺。从了解掌握的情况看，派遣到京外的企业管理干部多是业务型干部，党务干部配备数量不足，有的党务部门只设1人，影响了企业党建工作的运行。

存在上述问题的原因有以下五方面。

一是认识上有偏差，削弱了党建向心力。有的京外企业负责人认为国有企业作为经济组织，企业经营生产是硬指标，经营生产搞好了，可以一好百好，缺乏“抓好党建就是最大政绩”的责任意识。

二是地缘上有影响，削弱了党建推动力。很多京外企业党组织因项目而建，受地域环境气候、民俗文化和当地政府党建工作特点的影响很大。项目党支部普遍存续周期短，工作缺乏连续性，导致党员缺乏归属感。

三是标准上有差异，削弱了党建执行力。有的京外企业认为“天高皇帝远”，放松了工作标准，造成党建任务落实松软、拖延、不力甚至不了了之，相较于京内差异巨大。

四是创新上有惰性，削弱了党建凝聚力。有的企业环境相对独立、信息相对闭塞，对新形势下如何加强国企党的建设研究不够，主动适应形势、推动党建创新的意识不强，安于现状、因循守旧，党建创新滞后于企业改革发展。

五是保障上有缺位，削弱了党建发展力。在硬件保障上，有的企业人财物投入不足，使党组织的作用发挥成了无源之水、无本之木。在软件保障上，缺乏有力的机构设置和人员配备。有的上级企业对京外企业领导人员轮岗交流、激励关怀考虑得不够，导致工作积极性和主动性不高。

三　加强京外企业党建工作的对策建议

第一，提高站位，增强京外企业做好党建工作的意识。京外企业要提高对党建工作重要性的认识。要教育引导广大党组织和党员认清，将党建工作向京外企业党组织延伸是贯彻落实全国、全市国企党建工作会议精神的必然要求，是落实全面从严治党的必然要求，是落实习近平新时代中国特色社会主义思想的必然要求。要坚持首善标准开展京外企业党建工作。始终以首都的站位、京企的品质谋划和推动党建工作，把首都国企的先进理念、良好风貌带到京外，使坚持首善标准作为首都国企的重要标签和靓丽的名片。要以思想建党引领京外企业党建工作。从思想建党入手，不断深化对习近平新时代中国特色社会主义思想、十九大精神、全国国企党建工作会精神的学习认识，做到学习同步、理解同步、落实同步，教育广大党员干部职工切实增强

“四个意识”，坚决维护党中央权威。

第二，宏观统筹，加强对京外企业党建工作的组织指导。要统筹京外企业党建工作的设计规划。市国资委党委要适时出台《关于加强和改进京外市属企业党建工作的意见》，指导京外市属企业党的建设。各一级企业党委要把京外企业党建工作融入企业发展全局同步推进，京外企业各级党组织要与企业经营发展规划同步制定党建发展规划或措施。要建立京外企业党建工作调研督导的长效机制。市国资委党委要切实加强对京外企业党建工作的具体指导和工作督导，各级企业党委要加大对京外企业党建工作调研的力度并提高频次，每年开展一次京外企业党建工作监督检查。要强化对京外企业党建工作考核评价。推进党建述职向京外企业延伸，明确京外企业党组织书记抓好党建述职评议的责任，强化京外企业党建工作责任考核，实现党建工作由软指标变为硬约束。要加强京外企业和驻地关系的协调联系。市国资委应加强与京外企业驻地国资委等相关主管部门的沟通协调，帮助京外企业解决改革发展与党建工作中遇到的困难问题。促进京外企业党建工作交流和业务合作，可探索建立地域联席工作机制，取长补短，共创共赢。

第三，夯实基础，有效实现京外企业党建工作“两个覆盖”。要规范京外企业党组织设置。严格按照“四同步”“四对接”① 要求，适应京外企业经济结构、生产方式、管理模式的变化，合理设置和动态调整党组织，切实解决基层党组织“应建未建”问题。针对建设类项目等周期短、流动性强、党员人数少的党组织，要保证党员的合理分布，为建立健全党组织创造条件。要明确京外企业党组织隶属关系。按照“有利于加强党的领导、有利于开展党的工作、有利于发挥党组织作用、有利于企业改革发展”的原则，因企因地制宜，充分考虑企业发展和驻地实际，合理确定京外企业党组织隶属关系。要完善京外企业党建基本制度建设。推进京外企业党建工作总体要求纳入章程，指导京外企业各级党组织同步健全完善“三重一大”决策制

① 四对接即体制对接、机制对接、制度对接和工作对接，见《关于在深化国有企业改革中坚持党的领导加强党的建设的若干意见》（中办发〔2015〕44 号）。

度和党委会（党组织）议事规则。京外企业党组织要不断完善和落实学习制度、组织生活会等基本制度，防止“沙滩流水不到头”。推行基层党支部规范化建设，推行“一规一表一册一网”，把“B + T + X”模式传播到京外企业党建的各个领域。要加强京外企业党员教育管理。严格党内组织生活，健全党员党性定期分析、民主评议制度，落实党员民主权利。持续推进“两学一做”学习教育常态化、制度化，深化和拓展“三亮三比三评”活动，建立健全党员立足岗位创先争优的长效机制。

第四，以人为本，抓好京外企业党务工作者队伍建设。要前置谋划京外企业党务机构设置。在筹备京外企业前期同步组建党的工作小组，考虑和调配优秀党建资源、骨干力量参与筹建。京外企业成立后，保证设置的党建工作机构和配备的党务工作人员能够承担党的建设各项任务、落实上级党组织决策部署。要选优配强京外企业党务干部。坚持把最优秀的党员选拔到支部书记岗位，把书记岗位作为选拔企业领导人员的重要平台，建设一支善于围绕生产经营开展党建工作的高素质、复合型党支部书记队伍。要加大京外企业党务干部教育培训力度。将党务干部理论学习和业务培训纳入企业人才教育规划和年度培训计划，开展组织调训、集中轮训和专题培训，提升党务干部理论水平和业务能力。要加强对京外企业外派干部的人文关怀。将京外企业作为领导干部培养的基地，把具有发展潜力的党员干部放到艰苦地区、重要岗位磨炼，加强岗位轮换。在优秀基层党组织和优秀共产党员评选表彰中提高京外企业党组织和党员候选名单的比例，有条件的京外企业要在偏远地区配备文化、体育设施、职工幼儿园等，妥善解决工作和生活中的各种实际困难。

第五，开拓创新，激发京外企业党建工作活力。要推动党建工作理念创新。把党的建设和文化构建结合起来，形成融合、和合的工作理念，党建工作要与经营业务工作融合、要与企业文化相融合，党建工作和企业文化要与驻地文化相融合、与本地员工相融合。要推动党建工作思路创新。京外企业党建工作应结合企业实际发展和驻地实际情况，确立具有自身特色的党建工作思路和途径，破除以往等布置、听指令的被动模式，主动把京外企业改革、发展、经营中的难点作为党建工作的重点，针对不足和薄弱环节进行改进和创新。要推动党建工作载体创新。积极适应信息时代发展变化，借助互联网、移动网络等技术，创新“互联网+党建”模式，丰富党建工作载体和阵地建设，提升党建工作水平。要围绕增强党建工作的凝聚力、吸引力，多组织基层党员开展小型分散的、灵活多样的党建活动。要推动党建工作经验创新。要研究不同行业党建的特点规律，按照“一地一品”“一企一品”的思路，深化党建工作经验创新，挖掘发现更多的京外企业党建工作亮点，并及时进行总结，形成经验，在系统内开展学习交流。

特色党建案例

Featured Cases of Party Building

B.30 以党支部规范化建设为抓手推动全面从严治党向基层延伸

北京市委组织部

一 背景

党支部是党的基础组织，党的理论和路线方针政策最终要靠支部来落实，党的各项任务最终要靠支部卓有成效的工作来完成，党和群众的血肉联系最终也要靠支部来保持和发展。党中央要求把党支部建设作为最重要的基本建设，把基层党支部建设成为团结服务群众的核心、教育党员的学校、攻坚克难的堡垒。党的十九大明确要求："党支部要担负好直接教育党员、管理党员、监督党员和组织群众、宣传群众、凝聚群众、服务群众的职责，引导广大党员发挥先锋模范作用"。2017年以来，北京市委深刻认识加强党支部建设的重大意义，提高政治站位、把握工作规律、积极试点探索，努力打通全面从严治党的"最后一公里"。

二 做法

1.聚焦“五有”党支部建设目标

围绕有基本队伍、基本活动、基本阵地、基本制度、基本保障等目标，全面提升党支部建设质量。一是有队伍，班子坚强有力、党员充满活力。严格支部书记选任标准，增强班子整体功能。严肃执行“六大纪律”，多管齐下管理党员，扩大组织覆盖，确保每名党员都纳入党支部有效管理。二是有活动，形式丰富多样、内容特色鲜明。全面推行主题党日制度，开展学习教育、组织生活、民主议事和志愿服务等活动。创新党员发挥作用载体，深入开展党员先锋岗、责任区、承诺践诺等活动。三是有阵地，建设因地制宜、功能充分发挥。标准化设计，多功能考虑，建设党群活动服务中心200多个，社区、村党组织活动场所分别达到350平方米和90平方米以上。四是有制度，体系健全完善、执行严格规范。健全党支部基本运行规则，严格执行“三会一课”等组织生活制度、按期换届制度，健全党员轮训、党内民主、党务公开等制度，让党的建设总体布局在基层支部落地生根。五是有保障，经费充足稳定、支撑有力有效。出台党建经费管理办法，按照党员年人均不低于300元、“两新”组织不低于400元标准核定党组织活动经费；按照每个社区20万元、村15万元标准拨付党组织服务群众经费，到2020年均提高至40万元。

2.建立“四个一”支撑载体

构建“一规一表一册一网”等载体，实现党支部工作有依据、重规范、可检查。“一规”即《党支部工作规范》，涵盖了党支部的职责任务、“三会一课”、活动载体等各方面基本规定，并制作流程图，选编典型案例，为党支部工作提供“规范依据”和“操作指南”。“一表”即《党支部学习活动年度安排表》，把中央、市委的基本要求，从学习和活动两个方面，细化为年度计划和月度安排。党支部根据年度安排表，深入学习习近平新时代中国特色社会主义思想，统一思想和行动；严格执行“三会一课”等组织生活制度，突出做好群众工作。“一册”即《党支部工作手册》，是党支部的工作台账和工作记录，每年一本，由党支部根据实际情况，对各项工作、会议和活动记录留痕，作为检查和评价支部工作的重要依据。“一网”即北京长城网、“党员 E 先锋”等网络平台。北京长城网侧重于服务支部学习，提供视频、辅导报告等优质学习资源。“党员 E 先锋”侧重于服务支部工作，实现党员组织关系网上接转、党员发展全程纪实、在职党员回社区报到服务等功能。目前，已开发视频课件 11 万个，访问量超过 7553 万人次，完成 1587 万名党员的组织关系接转，受到基层欢迎。

3. 实施四大专项行动

按照“强功能、抓基本、补短板、重创新”的思路，着力实施“四大专项行动”。一是实施“增强政治功能、提升组织力”行动。开展“党旗耀京华”实践活动，在城市副中心建设、三里屯脏街治理等重大项目上建立临时党支部，在“一带一路”峰会等重大活动保障中开展“次序动员”，在重点工作中组建党员先锋队。推动资源整合，在街道、社区普遍建立区域化党建协调机构，做实在职党员回社区报到服务，让基层党支部有力量、有抓手。二是实施“党支部晋位升级、全面过硬”行动。开展党支部评星定级，推动所有党支部奋勇向前。汇编出版《党旗耀京华——北京市基层党建工作创新案例》，推广好做法好经验，打造“首都基层党建风景线”。每年对党支部进行一次“体检”，发现问题、补齐短板。三是实施“软弱涣散集中攻坚”行动。以农村为重点，排查整顿软弱涣散村 212 个、后进社区 51 个，并延伸至高校、国企等领域，完善领导干部包点帮扶、选优配强支部班子、健全内部管理等工作机制，“一支一策”解决问题，转化一个、销账一个。四是实施“党支部书记素质能力提升”行动。严格落实轮训制度，建立怀柔实训基地，运用情景模拟、工作演练、案例剖析等实训方法，提升支部书记履职能力。

4. 健全落实五项配套制度

从书记队伍、活动安排、党员管理、检查考核等方面建立五项配套制度，共同支撑党支部规范化建设。一是支部书记轮训制度。突出习近平新时代中国特色社会主义思想、党的十九大精神和党建业务知识的学习，每年将全市党支部书记集中轮训一遍。二是主题党日制度。所有党支部每月固定一天开展党的活动，形成“政治生物钟”，让党员养成定期过组织生活、参加学习教育的行为习惯。三是党员积分管理制度。围绕党员参加组织生活、发挥先锋作用等情况确定积分项目，完成一项给予一定分值。积分情况作为评优推优、民主评议党员的重要依据，为党支部教育管理党员提供抓手。四是党支部评星定级制度。对党支部进行综合评价，确定支部星级，实行动态管理，以适当方式公开，鼓励先进、鞭策后进，推动支部创先争优。五是基层党建督查述职制度。由上一级党组织对所属党支部进行全覆盖督查，在此基础上，全面开展支部书记述职，压紧压实“第一责任人”职责。

三　成效

1. 抓实党支部建设，推动了全面从严治党向最基层延伸

大家反映，通过“四个一”载体、五项配套制度等，真正把党支部建设抓实了。基层党委有了管用的抓手，支部建设不再是虚功。支部书记感受到了沉甸甸的责任和压力，做好支部工作有了路径和方法，有效推动了党支部“自转”，全面从严治党不再是“沙滩流水不到头”。

2. 规范党支部工作，提升了党支部建设的整体水平

大家认为，“五有”党支部建设明确了支部建设的总体目标，“一规一表一册一网”提供了一套系统、简明的“教科书”，集成了党支部工作各方面的基本规定，还配备了工作流程图，指导性操作性强，基层党务工作者可以“按图索骥”“照方抓药”，使党支部建设有依据、重规范、可检查，同时实行党支部评星定级制度，有效调动了党支部做好工作的积极性创造性，

支部建设的整体质量提升有了动力、有了保证。

3. 严格组织生活，党员意识和党支部凝聚力明显增强

许多同志反映，学习活动年度安排表将“学”和“做”的要求细化到每个月，并建立了主题党日制度，让每个支部都形成了“政治生物钟”，党员到时间就主动询问支部活动的安排，特别是在社区、“两新”等领域党支部，党员参加组织生活的频率和人次明显提升。党员积分管理为抓实党员教育管理提供了有效的激励约束手段，党员意识明显提升，党支部的凝聚力得到加强。

四　启示

1. 关键在于抓住基本规范

以党支部的基本工作为着眼点，注重从党支部的组织设置、班子配备，到组织生活、党员发展教育管理，到述职评议、考核评定等进行全流程规范，让基层党支部知道支部建设“是什么”，应该“抓什么”，党员明确“做什么”，真正把从严治党要求延伸到基层，延伸到每名党员。

2. 重点在于抓好活力提升

在党支部明确“做什么”的基础上，注重通过支部书记集中轮训、编印支部活动创新案例等，指导支部书记“怎么抓”、怎么“抓得好”，不断增强支部工作的吸引力凝聚力战斗力，真正使基层支部强起来、党员队伍强起来、党的工作强起来。

3. 核心在于抓实工作效果

“围绕中心、服务大局”是基层党建工作的出发点和落脚点。加强党支部规范化建设，最终目的是要发挥党支部和党员作用。基本规范、基本制度的执行，关键在于效果，在于为中心工作和重点任务提供组织保障，发挥基层党支部的战斗堡垒作用和党员的先锋模范作用。

B.31
注重精准施策　强化责任落实
北京市扎实推进抓党建促低收入村发展工作

北京市委组织部

一　背景

消除贫困、改善民生、逐步实现共同富裕，是社会主义的本质要求，是我们党的重要使命，也是全面建成小康社会的关键所在。尽管北京没有国家标准下的贫困户和集中连片贫困地区，但存在相对低收入农户和低收入村。按照市委、市政府《关于进一步推进低收入农户增收及低收入村发展的意见》（京发〔2016〕11号），“十三五”期间本市低收入农户认定标准确定为家庭年人均可支配收入11160元，低收入村认定标准为低收入农户数量超过农户总数的50%，依据这一标准，全市共认定7万余户低收入户（约占全市农户总数的7%）和234个低收入村（约占全市行政村总数的6%），分布在门头沟、房山、通州、顺义、昌平、大兴、怀柔、密云、延庆9个区、49个乡镇，其中既是低收入村又是市级软弱涣散村的有14个，分布在门头沟、房山、怀柔、密云、延庆5个区。

这些低收入农户和低收入村，是当前全市农村工作的薄弱点，也是影响首善之区建设的短板。通过抓好农村基层党组织建设推动低收入农户、低收入村发展增收，既是贯彻习近平新时代中国特色社会主义思想和党的十九大精神、强化“四个意识”的自觉行动，也是组织部门不可推卸的职责使命，对整体推动部门各项工作来说，更是有利的契机和重要的抓手。

二 做法

1. 健全抓党建促脱贫攻坚责任机制

坚持党委统一领导、党政齐抓共管，充分发挥各职能部门优势，广泛凝聚社会力量，形成上下联动、部门协作、信息互通、社会参与的工作格局。要求各级党组织把低收入村发展增收工作摆在重要位置，加强组织领导，细化工作责任，层层抓好落实。落实领导干部挂钩联系低收入村制度，保证每个低收入村都有区、乡镇领导干部联系帮扶。完善乡镇干部驻村蹲点、包片走访、结对帮扶等制度，健全常态化民情收集、办理和反馈机制，切实指导基层、服务基层。健全考核评价机制，把低收入村增收致富工作纳入各级党组织书记抓基层党建述职评议考核、城乡党的建设“三级联创”考评体系、领导班子工作实绩以及评选“五个好”乡镇党委、村党组织的重要内容，确保脱贫攻坚工作取得实效。

2. 选优配强乡镇领导班子和村“两委”班子

在乡镇集中换届工作中，对低收入村较为集中的20个乡镇，选拔一批优秀的“老乡镇”和专业技术干部进入班子，配强党政正职，增强班子整体功能，并明确要求脱贫攻坚期间保持党政正职相对稳定。在2015～2016年全市村“两委”换届选举中，制定“五不能、六不宜”候选人资格条件，严控村干部用人源头，严厉打击贿选等违法行为，保证村干部队伍的纯洁性。其中，重点对234个低收入村的党组织书记、村委会主任逐人进行梳理，新调整党组织书记68人、村委会主任72人。一大批优秀农村人才进入村“两委”班子，为促进农民增收和低收入村发展奠定基础。

3. 持续整顿软弱涣散村党组织

全面推进党支部规范化建设工作，指导各涉农区对224个市级软弱涣散村开展集中整顿，对14个既是低收入又是党组织软弱涣散的村，加大力度集中攻坚。普遍建立“五个一”工作机制、“月了解、季督查、年总结”督查机制和“村申报、乡自查、区审核、市核实”三级核销机制，连续两年

举办4期软弱涣散村“两委”主要负责人培训班，进一步增强基层党组织的战斗堡垒作用，确保成为带领农民增收、农村发展的“主心骨”。

4. 派强用好第一书记

根据低收入村需求，从市级机关事业单位、市管国有企业、市属高校以及朝阳、海淀、丰台、开发区选派234名优秀中青年干部到村担任第一书记。目前，全市在岗第一书记569名，其中市级选派188名，区级选派381名，实现了市级低收入村和党组织软弱涣散村全覆盖。研究制定《关于健全和完善低收入村帮扶工作队的通知》《关于落实第一书记派出单位帮扶责任健全干部驻村帮扶工作机制的通知》，建立领导干部联系、第一书记任职、派出单位帮扶、社会资源带动的“四位一体”工作格局，推动形成责任在村衔接、组织在村建强、干部在村成长、政策在村集成、帮扶在村落实、成效在村检验的“六在村”帮扶工作机制。连续三年举办6期第一书记培训班，大力提升第一书记在脱贫攻坚方面的能力素质，保证党和国家脱贫攻坚政策有效落实。

5. 提高低收入村“两委”负责人引领发展能力

按照“市级示范培训、区级重点培训、乡镇普遍轮训”原则，以“抓党建、促发展、惠民生”为主题，连续两年举办低收入村“两委”负责人培训班，对近400名低收入村的党组织书记和村委会主任，重点开展基层党建、产业发展、社会治理等方面培训，提高低收入村基层干部履职能力。从市管党费中划拨800万元，按照每村每年约35万元的标准，用于保障低收入村基层党员干部、农村实用人才等人员培训。各区、乡镇按要求将低收入村干部培训纳入整体培训计划，做好带训、轮训工作，着力提高引领乡村发展的能力。

6. 加强村级后备人才队伍建设

制定进一步加强村级后备人才队伍建设的实施办法，以夯实农村基层组织为重点，着力选拔和培养素质优良、作风过硬、结构合理、数量充足、群众认可的村级后备人才队伍，为农村长远健康发展提供人才保障。依托北京农业职业学院、北京农学院等高等院校，开设乡村治理、村务管理方向的专业，开展村级后备人才学历教育，将科班培养和专项培训相结合，提高队伍整体素质。

7. 整合资源凝聚帮扶工作合力

先后选派166名农业、卫生、文化、旅游、金融等领域人才到郊区提供智力支持。会同市委统战部、团市委，以第一书记为平台，开展“新阶层新农村”“乡镇振兴、青年作为”等同心共建活动，发动非公企业、社会组织、高校社会实践队伍等参与精准帮扶，探索社会工作促进低收入村发展的新途径。

三　成效

通过党建引领，各级党委政府切实增强抓党建促脱贫攻坚、促乡村振兴的责任感、使命感和紧迫感，认真组织落实市委市政府“六个一批”的帮扶措施；第一书记从抓党建、聚人心入手，使农村基层党组织强起来、党员干部动起来，依托派出单位优势，大力引进发展项目，积极争取帮扶资金，助力村域经济发展，基层对第一书记工作的满意率达到99.2%；农村基层党组织和广大党员充分发挥战斗堡垒和先锋模范作用，不断提高引领发展能力，带动广大群众积极参与发展建设，增强内生“造血”动力，为村域长远发展提供坚实保障。

经过全市上下的共同努力，全市低收入农户收入实现快速增长。2017年，全市低收入农户人均可支配收入达到10698元，同比增长194%，快于全市农村居民收入增速107个百分点，55%的低收入农户家庭人均收入超过低收入标准线11160元；2018年一季度，全市低收入农户人均可支配收入3415元，同比增长151%，快于全市农村居民平均增速7个百分点，为低收入村按期“摘帽”奠定了较好的工作基础。

四　启示

通过积极探索、深入实践，抓党建促脱贫攻坚工作积累了宝贵经验，得到了有益启示。

1. 抓党建促脱贫，必须要建强基层组织

“农村要想富，关键靠支部”。基层党组织是带领群众脱贫致富的领导核心，抓好脱贫攻坚离不开坚强有力的党组织。实践证明，帮钱帮物不如帮助建个好支部，要切实抓好党支部规范化建设，大力整顿软弱涣散村党组织，不断增强党组织的政治功能和服务功能，着力提升党组织的凝聚力和战斗力，使党的扶贫政策在农村落地生根，把群众团结凝聚起来共谋发展，真正把党的政治优势转化为发展优势，成为带领群众脱贫致富的“火车头”。

2. 抓党建促脱贫，必须要选准用好干部

推进脱贫攻坚，干部是关键因素。党员干部是带领群众脱贫致富的骨干力量，新形势新任务对低收入村及所在乡镇的党员干部结构功能和专业化水平提出了更高要求。实践证明，只有选优配强乡镇领导班子和村“两委”班子，坚持在脱贫攻坚一线考察识别干部，大力选派第一书记或机关干部驻村帮扶，实现干部培养使用与推进精准扶贫相融互促，干部才能站稳扶贫一线，为群众实现脱贫致富带好头、指好路。

3. 抓党建促脱贫，必须要激发内生动力

低收入群众是脱贫对象，更是脱贫致富的主体。如果只是“干部干、群众看”，脱贫致富就难以实现。实践证明，只有充分发挥党组织和党员发动群众、组织群众的优势，引导低收入群众积极转变“等靠要”思想，坚定脱贫致富决心，主动想出路、谋发展，激发和调动低收入群众脱贫致富的内生动力，把中央和市委的政策要求化为自觉行动，脱贫攻坚才能取得最终胜利。

4. 抓党建促脱贫，必须要强化组织领导

脱贫攻坚是一项系统工程，加强组织领导，层层落实责任，是确保各项任务落到实处的重要保证。实践证明，只要把党建责任压紧压实，把脱贫攻坚的压力传导到位，健全完善部署、定期调度、督查通报、考核验收相结合的工作体系，始终以严的标准、严的要求、严的措施抓工作落实，协调各方资源力量聚焦低收入村帮扶发展，形成强大工作合力，脱贫攻坚就能扎实推进，取得实效。

B.32

用党建引领“街道吹哨、部门报到”

北京市西城区什刹海街道工委

一 背景

北京市西城区什刹海地区紧临中南海，地理位置特殊，确保核心区稳定就是政治；地处老城区，文物古迹多，有323公顷的文保区；老北京原著居民区，平房院落多，违法建设多，治理难度大；前海、后海和西海坐落其中，又是完全开放的4A级景区，客流量超载运行，公共安全压力大。因街道没有行政执法权，经常出现“看得见的管不了，管得了的看不见”的尴尬局面，什刹海街道工委牢记总书记两次视察北京的重要嘱托，以“绝对忠诚、责任担当、首善标准”的政治自觉，紧紧抓住疏解北京非首都功能这个“牛鼻子”，从联合执法到综合执法，从小分队行动到建立执法中心，逐步形成了党建引领“街道吹哨、部门报到”的基层治理模式。

二 做法

1. 着眼把方向管大局，强化政治引领

街道工委准确把握“四个中心”城市战略定位，开展“党旗耀京华”主题实践活动，引导党员干部牢固树立“红墙意识”，践行实干、法治、担当、团队“四种精神”，凝聚起强大的思想动力。定期召开工委会，对阶段性需要解决的问题进行梳理，对需要“吹哨”的事项进行综合研判，确定立项、倒排工期、监督跟进，确保“吹哨、报到”不偏向。结合疏解整治促提升，组建了25个“背街小巷”和3个“重大项目”临时党支

部，做到整治任务推进到哪里、党建工作就跟进到哪里，确保党的领导坚强有力。

2. 推进地区党建全覆盖，强化组织引领

利用驻区单位多的优势，街道工委统领区域化党建资源，着力消除党建“空白点”，形成多元主体参与的区域化党建格局。成立街道和社区两级党建工作协调委员会26个，定期组织驻区“两代表一委员”和驻区单位参加联席会议，深化项目化运作、组团式服务、开放式活动，搭建共商共治平台，为辖区单位、居民群众解决实际困难。按照“小事不出社区、大事不出街道”的原则，建立“吹哨”项目清单，形成街道、社区两级处置机制，对民生保障、社会救助等街道范围内能解决的问题，实行“社区吹哨，科室报到”，由相关科室履行首问责任；遇到拆除违法建设、治理“开墙打洞”和处置应急事件等任务，由街道相关部门和社区报综合执法中心汇总，启动“街道吹哨，部门报到”机制，调动公安、城管、交通、食药等部门，集中力量、重拳出击，把党组织锻造成推进地区发展的强大引擎。

3. 党员干部当先锋打头阵，强化行动引领

从发现问题到吹哨解决，街道上下全员参与，发挥领导干部的“头雁效应”和党员干部的先锋模范作用。街道领导干部分工包片，重大整治项目坐镇现场指挥，组织协调好执法力量。其他党员干部全部下沉到社区任街巷长、网格员，定期巡查街面小巷，深入居民家庭和商户，讲政策，听民需，将不能现场解决的问题通过智能APP终端传给综合治理指控中心，整合力量集中解决。在2016年安全隐患大排查大清理大整治专项行动中，街巷长与社区干部、志愿者、社会单位和物业公司一道，逐条胡同、逐个院落、逐个企业开展地毯式摸排，先后启动“街道吹哨、部门报到”18次，清理密集居住场所22处、发现和整改安全隐患6193项、清理地下空间16处，努力化解“灰犀牛”风险。

4. 推进共建共治共享，强化机制引领

街道工委注重把党建引领“街道吹哨、部门报到”制度化，建立党组织领导下的居民自治、民意征求、群团带动、社会参与、分级处置等机制，

有机衔接、良性互动，让党建引领有抓手、好操作、能持久。针对景山社区陟山门街机动车乱停放、街面秩序杂乱无章等状况，街道工委主动搭建平台，成立陟山门街综合整治临时党支部，联合交通、公安、城管和工商等部门综合执法6次，封堵“开墙打洞”33家，集中整治无照游商、店外经营等乱象，使陟山门街恢复了皇家御道景观。同时，通过反复征求居民意见，发动辖区单位、社会组织广泛参与，研究推敲停车难解决方案，采取错峰停车、重新规划车位、挖掘社会停车资源等办法，有效破解居民停车难题。

5. 围绕办实事解难事，强化作风引领

街道工委着眼建设服务型党组织，定期开展民情恳谈会，结合治理“开墙打洞”等工作对居民生活造成的影响，推进百姓生活服务中心建设，新增便民菜站4处，丰富“互联网＋实体服务”形式，解决群众买菜难、早餐摊点少、小五金网点少等难题，基本实现了“一刻钟服务圈”全覆盖。组织党员亮身份、“双报到”，佩戴党徽、手持党员证“进千门走万户”为群众服务，与居民群众“结对子”，在与群众面对面的互动中，听民声解民忧，不断深化群众路线在基层实践活动。去年，街道工委围绕民生保障难题，组织社保、住保、残联、信访、司法等部门会商7次，集中解决养老服务、困难救助等问题，得到了群众好评。

三 成效

1. 拆违清违，破除街区难题

坚持执法点对点、效果实打实，从多年难以解决的违法建设入手，出重拳、下猛药，对群众反映的违建“一抓到底”，对两层以上的违建“零容忍”。采取“早拆违、午巡查、晚整治”措施，集中整治银锭桥三角地脏乱点，清退6家违规占用绿地酒店等，根治了一大批“老大难”问题。2017年至今，先后拆除违法建设715处4万多平方米，整治开墙打洞1470处，拆除广告牌匾2930块。通过集中整治，露出屋檐、古树和天际线，打通银锭桥到鼓楼的视觉通道，再现了“银锭观山”、银锭桥上看鼓楼胜景。

2. 分类施策，规范街区秩序

清理景区周边53条胡同“僵尸机动车”27辆、非机动车562辆，拆除地锁203个，处理违章停车190起。消防部门出动人员上千人次，组织大兵团作战6次，联合检查37次，夜查52次，对什刹海景区检查562次；查封违规场所11处，关停19家，处罚7家，整改隐患980余处，拘留4人，震慑效果明显。结合扫黑除恶，多部门联合开展15次黑车专项治理，查扣处罚旅游黑大巴53辆、黑出租26辆、黑网约车63辆、黑三轮51辆，对酒吧吧托、黑导游等行为露头就打，景区秩序明显改善。

3. 严格执法，整治街区环境

坚持服务与治理并重，建立明察暗访机制，加大巡查督查力度。开展集中整治，救助流浪乞讨人员110人次，查处游商100余人次；治理店外经营1100余起、无证无照经营1800余起、规范门前三包410余起，有效杜绝酒吧店外经营现象。围绕“静下来、慢下来”目标，大力整治光、声污染，拆除违规射灯112个，清理卖艺卖唱81人次，治理噪声扰民430起。按照经营单位环境噪声最高限值，发放《致景区商户的一封信》，协调公安、城管、工商、环保等部门对不达标酒吧进行现场执法，关停和拆除环湖酒吧22家。

四　启示

1. 要紧紧抓住党的领导这条红线

党是领导一切的核心，这一点必须鲜明体现在基层治理中。党建引领“街道吹哨、部门报到”，说到底是方向引领、根本引领，必须增强政治意识、大局意识、核心意识、看齐意识，自觉维护党中央权威和集中统一领导，自觉在思想上政治上行动上同党中央保持高度一致，使基层治理始终沿着正确方向健康发展。

2. 要始终坚持问题导向这个重点

问题是时代的声音。推进党建引领“街道吹哨、部门报到”，必须始终坚持问题导向，把“吹哨、报到”的出发点和落脚点放在解决问题上。要理清“哪些事吹哨”“由谁来吹哨”，做到吹好哨、报好到、办好事，切实提高基层治理实际效果，努力走出一条符合超大城市特点规律的社会治理新路子，在推进社会治理创新上有新作为。

3. 要牢牢把握共建共治共享这个方向

党的十九大报告指出，要提高保障和改善民生水平，加强和创新社会治理。党建引领“街道吹哨、部门报到”必须贯彻以人民为中心的发展思想，民生工程民意立项，推广居民自治管理，深化参与式协商，探索破解地区治理难题，办好群众家门口的事，打造共建共治共享的社会治理格局。

B.33
找准工作着力点　打造商务楼宇党建新模式

叶青大厦党委

一　背景

商务楼宇是“竖起来的园区”，是非公企业的主要聚集地，也是加强非公企业党建的主阵地。相对于其他领域基层党建工作，商务楼宇党建起步较晚，基础较薄，在实际工作中面临着组织覆盖难、活动开展难、阵地建设难和作用发挥难等方面难题。为了有效应对和解决这些问题，叶青大厦作为朝阳区建立较早的五星级商务写字楼，在区委的部署推动下，于 2006 年 9 月成立北京市首家创新型商务楼宇党委——叶青大厦党委，率先探索商务楼宇党建新模式。

二　做法

1. 以党建统全局，构筑坚强有力的战斗堡垒

作为商务楼宇党委，如何充分发挥党组织的政治引领作用，把既无隶属关系又无资产联系的驻厦企业和各行各业员工凝聚在党旗下，是首先需要破解的难题。为此，大厦党委坚持以党建为统领，从解决现实问题入手，针对驻厦企业各自为政、分散经营、党建资源匮乏等实际情况，不断健全完善党组织设置，探索建立了以楼宇为单元、立体开放的基层党组织体系。对于规模较大、党员人数较多的企业，建立了二级党委；对于规模较小、党员队伍稳定的企业，建立了独立党支部；对于党员数量少、不具备成立党组织条件

的企业，党委以侨联、商会、知联会、新的社会阶层人士联谊会等群众组织为基础，成立了四个群团社会组织党支部，将分散的党员全部纳入到楼宇党组织体系中，实现了党的组织和工作对驻厦企业的全覆盖。

2. 以党建促发展，搭建优质高效的服务平台

发展是企业的根本目标。只有服务企业发展，商务楼宇党建工作才能赢得企业业主的认同和支持。为此，大厦党委坚持将党建与服务企业发展相融合，响亮地提出了“有事找党委”的口号，针对不同类型的驻厦企业和员工，打造人才、政策、文化、公益、合作共赢“五大服务平台”，实现了“围绕企业抓党建、抓好党建促发展、企业发展强党建”的良性循环。着力搭建人才服务平台，建立“人才服务园”，为企业开展人才表彰、技能培训、人才合作提供服务，帮助企业提升引进人才、培养人才、管理人才的能力。着力搭建政策服务平台，畅通非公企业与政府之间的双向沟通渠道，及时传达党和政府的声音，及时反映企业合理诉求。着力搭建文化服务平台，自筹资金建设300余平方米集阅览、展示、党员教育于一体的活动场所，设立7名专职党务工作者，同时每年从集团资金中拨款700余万元，帮助驻厦企业构建以党建为核心的先进企业文化。着力搭建公益服务平台，带领企业积极参与社会公益事业，引导非公经济人士承担社会责任，树立了非公企业良好形象。

3. 以党建聚人心，建立同心同行的统一战线

在商务楼宇中开展统战工作，是增强党的阶级基础、扩大党的群众基础、巩固党的执政地位的需要，也是将统战工作向社会拓展、创新社会治理方式的新途径。为此，大厦党委坚持将党建与统战事业相融合，不断强化党的政治引领，探索形成了“以党建带统战、以统战服务党建”的楼宇统战工作新模式。在此过程中，大厦党委从建立楼宇统战工作组织网络入手，成立了党委领导下的统战工作委员会，并在大厦党委和各党支部中设立了统战委员，明确了党组织的统战职能和工作对象。在此基础上，先后成立了民建、侨联、知联会、商会、妇联等民主党派和群团社会组织，进一步延伸了党委工作触角。2015年11月，中央统战部以通报的形式向全国转发了叶青大厦开展体制外人士统战工作的经验。2016年1月，中央统战部在叶青大

厦举行了全国统战工作实践创新现场观摩活动。叶青大厦党委将党建与统战事业相融合的创新实践，成为商务楼宇非公企业做好统战工作的成功范例。

4. 以党建增活力，打造先进和谐的楼宇文化

大厦党委坚持将党建与文化建设相融合，充分发挥党组织在企业文化建设中的引领作用，不断创新载体、搭建平台，努力践行社会主义核心价值观，将员工梦、企业梦和中国梦有机统一起来，用先进文化引领企业和员工共同成长。充分发挥综治委的作用，建立突发事件应急处置长效机制，在重大事件和重要活动中全力维护区域和谐稳定。以群众性精神文明创建为抓手，根据员工的兴趣爱好和个性特点，组织开展参观考察、知识竞赛、联谊会以及篮球、乒乓球比赛等丰富多彩的文体活动，促进沟通交流，增强企业员工的向心力和凝聚力。

5. 以党建育人才，团结凝聚新的社会阶层人士

叶青大厦党委始终坚持把“育人”作为工作目标，着眼凝聚人心、汇聚力量、培养人才，依托推优入党、推优参政议政的“双推”工作机制。一方面，自觉“把最好的粮食交国库”，共培养发展了90名新的社会阶层人士加入中国共产党，培养了300余名入党积极分子。另一方面，通过“梳理—细分—培养—推荐”四步工作法，按照有较高政治素质、有较大社会贡献、有较强参政议政能力、有较大影响力的标准，建立和完善非中共优秀人士综合评价体系，有重点地培养选拔，逐步建立起一支新的社会阶层人士队伍。目前，大厦党委培养推荐了全国、北京市、朝阳区各级人大代表、政协委员20人，还向工商联、青联等社会组织推荐人才。通过搭建成长平台、树立典型代表，推动新的社会阶层人士在更高平台和更广领域贡献才智、发挥作用。

三　成效

1. 强化了党的领导

党的十九大提出，党政军民学，东西南北中，党是领导一切的。叶青大

厦党委以创建服务型党组织为抓手，不断提升党组织在企业中的领导力和影响力，引导企业主动履行社会责任，吸引员工积极向党组织靠拢，党组织的政治核心和政治引领作用得到了充分发挥，凝聚力显著提升。

2. 促进了企业健康发展

党建工作做好了是生产力，做强了是竞争力。叶青大厦党委不断发挥优势作用，搭建政企沟通平台，优化营商环境，服务企业发展。目前，驻厦企业年总产值超过400亿元，年纳税超过15亿元，有7个公司成功上市，创值能力位居全国同规模商务楼宇前列。

3. 提升了非公党建影响力

叶青大厦作为北京市非公党建的标杆，获得了“全国先进基层党组织”“全国统战工作实践创新成果奖”等多项国家、市级和区级荣誉。2017年，以叶青大厦商务楼宇为标本展开研究的“商务楼宇党建标准化建设”项目，被市委组织部列为基层党建创新项目孵化工程重点孵化对象，孵化完成后将会对全市非公党建工作产生更大的推动作用。

四　启示

1. 坚定不移跟党走、始终保持政治定力，是做好商务楼宇党建工作的基本前提

坚持党的领导是当代中国最高政治原则，也是党和人民各项事业取得胜利的根本保证。长期以来，无论是董事长叶青，还是叶氏集团，都始终将把各方力量凝聚起来，带领大家听党话、跟党走，作为成立大厦党委、开展党建工作的初衷和持之以恒加强党建工作的动力。

2. 坚持以人为核心、树立正确工作理念，是做好商务楼宇党建工作的关键所在

企业发展关键在人，商务楼宇党建核心是做好“人”的工作。自成立以来，大厦党委始终坚持把“育人”作为根本理念，着眼教育人、引导人、培养人、凝聚人，逐步建立起一套涵盖党员、对员工、对非公经济人士和新

的社会阶层人士的完整的管理服务体系，为广大党员和各界人士搭建成长进步平台。正是基于这样的理念和做法，才充分调动了广大党员和各界人士的积极性，最大限度激发了潜力、增强了活力、凝聚了合力，保证了商务楼宇党建工作的顺利开展。

3. 一切从实际出发、与时俱进开拓创新，是做好商务楼宇党建工作的根本途径

实践是社会发展的基础，创新是引领发展的第一动力。正是在坚持实事求是和开拓创新的基础上，叶青大厦才得以创造性地探索出商务楼宇党建、统战等工作的成功经验，企业自身发展也才能始终走在时代前沿，始终保持盎然生机和强大活力。

B.34

探索思想、组织、人才“三位一体”工作法打造注册会计师行业党建高地

北京注册会计师协会党委

一 背景

注册会计师行业是高端服务业的重要门类，是市场监督体系重要的制度安排，与经济发展具有密切的互生互促关系，加强注册会计师行业党建工作是党中央赋予该行业的一项重要使命。北京注册会计师协会党委（以下简称“注协党委”）成立于2001年，是全国注册会计师行业建立的第一个党委，现有基层党组织147个、党员4815名。注协党委高度重视行业党建工作，积极探索思想、组织、人才“三位一体”工作法，逐步形成“抓党建、强党建”的浓厚氛围，有力保障和推动了行业与执业机构的健康发展。

二 做法

1. 以习近平新时代中国特色社会主义思想为统领，提高思想建设质量

思想建设是党的基础性建设，注协党委高度重视对行业党员的理想信念教育，不断用党的创新理论武装广大党员和从业人员头脑。党的十九大胜利闭幕后，行业党委迅速召开三届五次会议，将学习习近平新时代中国特色社会主义思想和党的十九大精神确立为行业“两学一做”学习教育常态化制度化的重要内容，组织广大党员和从业人员参加以“不忘初心 牢记使命 奋力走好新时代的长征路”为主题的报告会，并带

头用好北京注协党建网，完善在线学习教育平台；行业党委委员深入执业机构开展调研与指导工作，结合贯彻习近平新时代中国特色社会主义思想与行业发展的内在联系进行宣讲；执业机构党组织书记利用合伙人年会、管委会等平台为所在执业机构员工作专题辅导报告。在广泛宣传、持续学习、深入研讨中，注协党委注重教育引导广大党员和从业人员将个人发展与行业发展、党和国家的前途与命运紧密联系在一起，深刻领会习近平新时代中国特色社会主义思想的时代背景、历史地位、科学体系、精神实质、实践要求，增强广大党员和从业人员的政治认同、思想认同、理论认同和情感认同。

2. 以提升组织力为重点，加强基层党组织建设

党的基层组织是确保党的路线方针政策和决策部署贯彻落实的基础。近年来，注协党委根据行业业务工作周期长、地点分布不均衡、工作聚少离多等情况，摸索出一套切实管用的党建工作模式，夯实了基层基础工作。一是持续推进行业党的组织和工作覆盖。采取集中攻坚和常态推动的方法，新成立党组织 23 家；将党员人数少于 3 人的中小执业机构联合起来，成立了 4 个联合党支部；从注协秘书处选派 35 名党建工作指导员，指导没有党员的执业机构开展党建工作。目前，行业党的工作覆盖率达到 100%，组织覆盖率为 70%，30 名以上从业人员的执业机构组织覆盖率达 100%。二是创建与服务对象交流机制。国有企业是执业机构的重要服务对象，注协党委通过与国企联合开展党建工作和聘请国企党建工作专家到执业机构授课的形式，将与国企的业务交流延伸至党建工作领域。三是创新组织运行机制。注协党委将临时党支部、临时党小组建立在业务项目上，在执行审计项目时，要求党员戴党徽、亮身份，发挥党员先锋模范作用。四是创新网络选举工作机制。借助网络平台，以电子投票的形式，进行党组织书记、委员的选举和新发展党员的表决。五是推行“双向进入、交叉任职”。邀请非党员合伙人列席党员民主生活会和党员活动，提高非党员合伙人对党组织工作的认可；党支部书记通过列席管理合伙人会议，为机构的发展建言献策。

3. 强化人才队伍建设，提高党务工作者能力水平

一是选优配强基层党组织书记。鼓励党员行政负责人担任党组织书记，近九成的基层党组织实现书记和行政负责人“一肩挑”；加大党组织负责人选拔力度，按照守信念、讲奉献、有本领、重品行的要求，择优从执业机构的重要合伙人、注册会计师中选拔；开展基层党组织书记党建述职评议考核，推动全面从严治党责任落实。二是充实基层党员和党务工作者队伍。按时完成换届选举工作，坚持把政治标准放在首位，注重选拔有理想信念和奉献精神的党员担任党组织班子成员；积极与在京部队和党政机关联系，聘请理论功底扎实、实践经验丰富的退休党员到行业担任专职党务工作者；严把党员的“入口关”，有重点地吸纳执业机构合伙人、注册会计师等行业优秀分子入党。三是加强基层党务工作者教育培训。定期组织基层党组织书记培训班，赴陕西旬邑马栏地区、河南兰考、福建古田、贵州遵义开展实地培训；开通北京注协党建网，建立党员数据库、网上培训课程、知识库和信息发布平台，增进党员在线学习实效。

三　成效

1. 基层党组织的凝聚力和战斗力进一步提升

党的力量来自组织。近年来，行业党的组织更加健全、制度更加完善、考核更加严格，党员意识明显增强，党组织的凝聚力和战斗力显著增强。35家基层党组织被中组部、北京市委评为“先进基层党组织”“首都精神文明单位”等。在党组织的坚强领导下，全行业各执业机构积极履行社会责任，参与“社会组织公益行”“北京榜样”等公益活动，为贫困地区捐资助学，为残疾人和灾区人民捐款捐物，累计捐赠资金超过3000万元，彰显了行业积极回馈社会的良好形象，也激发了广大从业人员坚定不移跟党走的信念。

2. 党建引领行业发展的优势日益凸显

注协党委牢固树立“围绕发展抓党建、抓好党建促发展”的理念，积极带领基层党组织开展主题年活动，有力促进了党建与业务工作的有机结

合，党建引领行业发展的优势日益凸显。比如，在“制度建设年”中形成一套适应行业实际、规范执业行为，有利于促进行业跨越式发展的现代化制度规范体系；在“网络建设年”中打造了党建工作信息化系统平台，实现党建工作管理信息化，党员信息数据网络化，行业信息化顶层设计更加完善；在“诚信文化建设年”中以诚信文化为主攻方向，形成行业诚信为本、和谐为轴、专业为重、务实为要的行业文化发展体系。

3. 党管人才的制度优势不断发挥

千秋基业，人才为本。注协党委充分发挥统揽全局、协调各方的领导核心作用，真正用战略思维、开放视野、发展观念谋划和推动人才工作，共发展注册会计师和合伙人股东党员 367 名，推荐 24 名行业从业人员担任全国、北京市以及各区县的人大代表和政协委员，13 人次获得全国和北京市“优秀中国特色社会主义事业建设者”称号，2369 名非党股东人被纳入行业统战工作人才库，1362 名 45 岁以下的注册会计师非党股东被列为行业后备人才加以重点关注和培养。

四　启示

1. 必须坚持和加强党对注册会计师行业的全面领导

注册会计师行业不完全是以盈利为目的的传统服务业，它更是社会监督体系的重要组成部分，承担着重要的公共职能。因此，必须坚持和加强党对注册会计师行业的全面领导，坚决维护以习近平同志为核心的党中央权威和集中统一领导，认真执行党的决定，有效落实党的各项政策，进一步提升行业党建工作科学化水平，为行业健康发展和更好服务社会主义现代化建设提供坚强的政治保证。

2. 必须大力推进党建工作与业务工作深度融合

就注册会计师行业而言，党的建设与业务工作深度融合，就要发挥党建工作对提高行业经济效益、增强竞争实力的集中统一领导作用。必须坚持“两手抓”做到“两不误”，对党建工作与业务工作作通盘考虑，“跳出党建抓党建”，把党建工作的触角伸入业务工作的方方面面，拓宽党建工作领域，丰富党建工作内容，做到虚中有实；坚持把党的建设与业务工作同谋划、同安排、同考评，使党建工作与业务工作同频共振，做到实中有虚，真正把党建优势转化为行业发展优势。

3. 必须切实做好引领凝聚行业优秀人才工作

注册会计师行业是人合的行业，培养人才是任务，留住人才是本事。行业党组织必须坚决贯彻落实党管人才原则，以识才的慧眼、爱才的诚意、用才的胆识、容才的雅量、聚才的良方，把行业党内和党外的优秀人才凝聚起来；要进一步完善行业优秀人才培养体系，健全激励机制，最大限度把人才的报国情怀、奋斗精神、创造活力激发出来；要注重发挥党员先锋模范作用和引领带动作用，努力提升行业优秀人才的政治素质和业务水平，为维护首都市场经济秩序、推进市属国有企业改革等提供坚实的人才支撑。

B.35 创新“五微”工作机制 打造小舞台大作为

北京市通州区环境保护局党总支

一 背景

北京市通州区环境保护局党支部成立于1997年7月，组织关系方面隶属于通州区直机关工委，下设党小组7个。2017年11月，党支部升格为党总支，下设党支部4个，党员94名。2014年起，面对部分党员干部学习教育流于形式、行业监管手段单一、服务意识稍显淡薄、信息公开片面滞后等问题，环保局党支部（总支）突出党建引领，积极探索基层党组织建设、党员管理、宣传教育、党风廉政建设等新思路、新模式，把党建工作与环保业务紧密结合，增强落实新法执行力。进一步增强各级党组织凝聚力、战斗力，持续推进北京城市副中心生态环境建设。

二 做法

1. 开设“微课堂”

创新党课形式，打破传统党课单纯由领导、专家主讲的模式，采取党组成员、“五星党员”、支部委员每人必讲，普通党员选讲相结合的方式开设交流课堂，鼓励和要求人人争当教员、人人都是学员，让党员干部走上讲台，以小见大阐述宣讲道理，用自己的语言来谈学习感悟、谈学习体会。通过自选、定制学习内容，运用集体讲堂、小组课堂、在线视频等学习形式，每月围绕党史、党性、党纪、党风、工作能力建设、业务心得分享等定期开设学习课堂，进一步丰富了学习内容。通过创立微信群，开设每日 e 课堂，以碎片化学习形式，切实解决集中学习难的问题。群内党员结合岗位工作实际，及时分享所见所学，扮演“小教员”，发挥“传帮带”作用，切实提高了员工的综合素质和技能水平。

2. 搭建“微平台”

通过完善整合通州环保官网、通州环保微信公众号、《通州环保》等媒体平台，搭建形成党员教育管理“微平台”，拓宽党员教育管理途径。党支部依托“微平台”及时向党员发布政策信息、业务知识；党员通过“微平台”开展交流研讨、进行数据分享，实现党员教育管理全覆盖，有效提升工作合力。宣传身边的好人好事，以“身边人”和“身边事”感染教育党员，传播正能量，变被动教育为主动教育。利用相机的“小窗口”抓拍普通党员的一个善良举动，彰显党员在道德品质、为人处事、乐于奉献、争当表率等方面的闪光点，进行积极宣传，充分发挥党员的示范带动作用。

3. 开通“微工作室”

突出党员引领带动作用，主打以“硕博工作站”“环保焦点工作室”为主体的党员“微工作室”。“硕博工作站”深入开展环保课题研究，将研究成果转化到全局整体工作中，有效提升业务工作水平。“环保焦点工作室”聚焦环境热点信息、环保建设工作，在官网、微信平台等不定期发布视频，进一步强化环保理念。每年年底，通州区环保局年终总结大会不念稿、不汇报，通过播放“微工作室”自制视频，展现局全年工作的亮点、特色，达到“光色声影话工作”的效果。

4. 开展“微服务”

以强化党支部建设和提升窗口服务水平为重点，开展党员“微服务”。一方面优化一站式服务大厅配置，提高办事效率，党员主动地走进罗斯福、万达广场等企业进行现场办公、开展志愿服务、主动深入基地园区进行帮扶宣讲。通过 6 个“党员 + 群众”责任区活动的开展，提高工作效能，2017 年在全市核发首批排污许可证。另一方面为丰富群众文化生活提供服务，组建文化、体育等方面的兴趣小组，合理调配妇儿工委、群团组织资源，关心职工冷暖。

5. 评选“微之星”

开展优秀党员“微之星”评选，形成“一个党员一面旗帜”的良好作风；建立党员积分制，每位党员参加集体学习、做微课堂讲师、参与微平台建设、参加微服务等内容获得积分，党员积分按照调查分类、专人统计、一季一评、年度考评、亮分公示的步骤方法进行。通过量化考评、动态管理，激发党员队伍整体活力。

三　成效

“五微”工作机制实施以来，共开展不同形式的“微课堂”600 余节，“微平台”中官网信息 1800 篇、通州环保微信公众号刊 178 期、内刊 29 期，“微工作室”实施课题研究 5 个，开展“微服务”上百次，评选“微之星”11 人，通过创新“五微”党建工作机制，进一步丰富了“三会一课”的内容和形式，增强了党员的角色意识，营造了积极向上的工作氛围，形成党建与中心业务工作相结合、相促进的工作格局，有效打造了具有环保系统特色的党建品牌，使全区的大气和水环境质量明显改善。

1. 为民服务和自我提升的双向促进

将传统教育手段与信息化教育手段相结合，将传统载体与多媒体系统相结合，将业务工作与自身能力相结合，将窗口意识与服务质量相结合，将争在平时与评在平时相结合。党员群众把“微课堂”及“微平台”当作自己的日常学习平台、分享成长的空间，实现了个人养成计划。同时，在服务“最后一公里”中提高了工作效能，大大减少了群众的等待时间。几年来，通州区大气和水环境质量均有明显改善。

2. 示范常态与激励鞭策的双重实现

建立“1 + X”党建工作体系。每年制定党建工作白皮书，将学习教育等方面纳入《通州区环保局重点工作任务分解表》，确保“学”有计划，“做”有规划。围绕基本理论、道德修为、法治建设、党性修养、作风建设、区情教育六大模块，开展分层集中学习，与区委党校携手打造党员干部教育大课堂，邀请党史教育、环保理念等方面专家进行授课。组织开展全局党员干部集中学习 90 余次，邀请专家授课 17 次，观看专题教育片 30 次，实地参观 6 次。

3. 监督考核与绩效考核的双标体系

破除考核指标设置“一刀切”模式，实行分类考核，建立共性指标与差异指标相结合的考核指标模式。根据《年度考核量化评分标准表》与《“党员 + 群众”积分制》进行各层面量化评分，包含一票否决、加权量化分值等形式。其中，围绕党员学习情况与党员先进性作用发挥情况两方面制定党员考核加权项目。构建党建和业务工作一体化的责任体系，将党建和业务工作整体纳入全年目标管理，设立目标责任制度，从根本上保证党建工作与具体业务之间的“无缝链接”；构建以责任追究为手段的监督考核体系，切实做到“平时督查、半年检查、年末考核”，实现了专项督查和经常督查的有效结合。

四　启示

1. 坚持以小见大是“五微”工作机制持续推进的基础

通过“小舞台”，展现大作为，因此每一个“微”都突出做小事情，以小见大。解决了当前部分党员干部学习教育流于形式、行业监管手段单一、服务意识稍显淡薄、信息公开片面滞后等问题，把党建工作与环保业务紧密结合，探索支部建设新模式、增强落实新法执行力，以重难点问题的突破带动整体工作提升。将“五微”工作机制作为今后加强基层组织建设的重要举措。

2. 坚定角色意识是“五微”工作机制辐射带动的源泉

“五微”机制旨在培养锻炼党员干部的工作与服务能力，增强党员的角色意识，坚定理想信念，发挥党员的示范作用；发挥党员先进性的辐射作用，带动更多的群众向党组织靠拢，营造全局积极向上的工作氛围，打造具有环保系统特色的党建品牌。

3. 夯实群众基础是“五微”工作机制不断创新的途径

紧密与群众联系，党员领导干部带头参加活动，带头服务群众，充分发挥示范带动作用。通过不断总结基层党组织建设的经验，与群众打成一片，探索创立了更好建立服务型基层党组织的途径，比如“党员 + 群众”责任区、“党员 + 群众”积分制等，以服务副中心建设为中心，提升全局服务意识，树立环保党员服务品牌。

4. 依托信息化是“五微”工作机制快速推进的手段

随着信息化的快速推进，以信息网络技术为核心的新技术革命正在以一种深入持久的方式改变着世界的面貌，影响着人们的思想观念和行为方式。培养党建信息化队伍，创新基层党建工作的方法路径，可以拓展党组织工作平台和活动空间，增强和扩大党组织的影响力、吸引力和凝聚力，更好地参与社会管理服务。

B.36

“主讲主问制”党支部学习新模式助推党员理论学习入脑入心

北京建筑大学党委

一 背景

党支部是党的基础组织，担负直接教育党员、管理党员、监督党员和组织群众、宣传群众、凝聚群众、服务群众的职责。要把全面从严治党的要求落实到每个党支部、每名党员头上，使每个党支部都成为坚强战斗堡垒，每个党员都发挥先锋模范作用。必须把思想作为行动的先导，努力推动党内教育经常化，实现理论学习入脑入心，切实指导行动。提升理论学习效果，一直以来都是基层党建工作中的难点。对读文件、听报告、开大会、一人念大家听等传统的理论学习模式，很多党员反映效果不明显、方式单调、内容枯燥，难以入心入脑，甚至产生不想学、虚假学、僵化学等不良学风问题。对此，学校党委自2009年以来，以开展党内集中教育活动为契机，坚持把加强理论学习与推进基层党建创新紧密结合，从创新党支部理论学习模式着手，探索实施了党支部“主讲主问制”理论学习新模式，紧紧抓住“党委部署、支部选题、党员主讲主问、集体讨论、导师点评”等重点环节，不断增强党支部理论学习的实效性。2018年3月15日，市委教工委领导现场观摩指导了学生党支部“主讲主问制”理论学习活动，对这一做法给予充分肯定。

二 做法

1. 聚焦中国特色社会主义理论最新成果，明确学习方向

学校党委坚持以马克思列宁主义、毛泽东思想、邓小平理论、“三个代

表”重要思想、科学发展观、习近平新时代中国特色社会主义思想为指导，紧紧围绕中央、市委部署和要求，根据学校年度重点工作安排，每年围绕“主讲主问制”学习活动集中研究确定一个主题，已坚持开展了10年。选题包括：践行“三严三实”，全面推进学校高质量内涵式发展；学习贯彻党的十九大精神，建设高水平特色大学等。既突出对党的最新理论的学习和关注，又与解决学校发展难题和党员群众关心的实际问题紧密结合。2018年，围绕学习贯彻党的十九大精神，组织开展新时代高质量人才培养大研讨，组织党员师生针对学校和本单位人才培养中的难点和焦点问题，采取“主讲主问”学习形式，分教师、学生、管理三个层面开展专题研讨学习和调研，共同研究提出提升人才培养质量的新方案和新举措，使党的最新理论成果在具体工作中得到生动阐释与实践。

2. 聚焦支部特点精心选题，实现学习工作相融共促

每个党支部按照校党委选定的主题和方向，紧密结合各自专业特点和改革发展中心工作与重点任务，集体研讨确定支部主讲题目，坚持每年每个党支部平均组织开展“主讲主问”式学习5次，以深入学习宣传党的最新理论成果的实效，服务于学校和首都改革发展。比如，环境工程系教工党支部围绕习近平总书记视察北京重要讲话精神开展“主讲主问”学习活动，学习研讨成果为城市副中心海绵城市专项规划提供了重要参考。城乡规划系师生党支部围绕精准扶贫联合开展“主讲主问”，集体研讨形成的共同缔造美丽宜居乡村的方法和对策，直接服务于住建部“脱贫攻坚与美丽宜居乡村建设共同缔造示范项目”。建筑工程系本科生党支部开展深入学习贯彻习近平总书记关于北京城市治理重要讲话精神“主讲主问”学习活动，研讨提出了南锣鼓巷街区整治方案，有效提升了社区精细化管理水平。

3. 聚焦“主讲主问”，力求学深问透求实效

优秀党员带头、带动全体党员轮流主讲。结合党员自身知识结构特点，选择一些政治理论素质较高、对学习的主题有一定的知识积累和理解、表达能力强、善于调动课堂氛围的优秀党员担任主讲人，给全体党员作示范，鼓

励带动全体党员轮流上讲台。党员轮流主问。每次学习前都提前指定两名党员主问，针对学习主题做好发问准备，有的放矢，在一问一答过程中，加深对学习主题及相关理论的认识。导师点评指导。在主讲主问和全体党员进行讨论后，导师对“主讲主问”环节进行深度点评和系统指导，进一步加深学习印象和效果，推动理论入脑入心。及时固化经验做法，建立集体备讲制度，丰富讲和问的内容，完善讲和问的形式，确保主讲人讲得精彩，吸引力强，主问人问得深刻，引发思考。

三　成效

1. 坚持理论学习和思维锻炼“双提高”，实现了党员学习由被动向主动转变

“主讲主问制”理论学习模式，强调党员学习的职责，做到“人人须学”；强调学习机会的充裕性，保障“人人可学”；激发党员学习的主动性，促进“人人想学”；强调学习方法的改进，确保“人人会学”，拓展了理论学习的深度和广度，锻炼了党员分析问题、解决问题的思维能力，有效解决了理论学习机械读被动听、难以入心入脑的问题，增强了党支部理论学习的吸引力，提高了党员学习的积极性和主动性。

2. 坚持统一部署和突出特色“双结合”，实现了党支部理论学习方式由单一枯燥向灵活多样的转变

“主讲主问制”理论学习模式，既坚持党委统一部署，确保党支部理论学习符合上级要求和学校发展需要，又注重结合党支部自身特点，突出强化党支部特色，充分体现了分类指导和个性化需求的有效结合。经过各支部群策群力，发挥教职工党员和学生党员教学、科研等方面的优势，积极创新讲、问、评的形式和内容，逐步建立了个人自学、生动讲解与问答、集体研讨有机结合的参与式、主动式、互动式学习模式，受到了广大党员的欢迎。

3. 坚持理论高度和联系实际“双到位”，实现了理论学习与业务工作由“两张皮”向相互融合的转变

通过“主讲主问制”理论学习模式，着力引导广大党员学懂弄通马克思主义的立场观点和方法，用于指导工作实践，使党的创新理论在实际工作中得到生动阐释和鲜活实践，促进了理论学习由灌输式向研讨式、“要我学”向“我要学”、以提高素质为主向提高能力为主、以理论学习为中心向解决问题为中心的“四个转型”。该模式先后被评为“北京高校优秀基层党建工作创新项目”“北京市优秀党建工作创新项目”，被吸纳转化为《中共北京市委关于加强和改进新形势下北京高校党建工作若干意见》的相关条文，被市委教工委列入《北京高校党的建设2013—2017年工作规划》，进行推广。

四 启示

1. 必须把政治建设摆在首位，用习近平新时代中国特色社会主义思想武装党员头脑

新时代强化对支部党员的理论学习和思想武装，必须把握正确的政治方向，把政治建设放在首位。把提升党员的政治素养、政治意识、政治觉悟，作为政治建设、思想建设的重中之重。始终坚持以习近平新时代中国特色社会主义思想为指导，教育党员牢固树立“四个意识”，始终坚持围绕中心、服务大局，用理论指导实践、推动工作，使理论学习成果有效转化为推动事业不断发展的强大动力。

2. 必须强化党员主体地位，增强党员自主学习的主动性

党员是党内生活的主体。“主讲主问制”理论学习模式，在报选题、上讲台、提问题整个学习过程中，都注重把党员的积极性和主动性调动起来，突出党员主讲、党员主问、全程参与，变被动学为主动学，突出党员的主体地位，把党员作用有效激发出来，在增强党员自主学习的同时，又发挥了党员的先锋模范作用，有力促进了学习活动的开展。

3. 必须改进方式方法，不断提高学习的实效性

“主讲主问制”理论学习模式，探索了理论学习的新途径、新办法、新载体，注重党员参与、互动交流、深入研讨，搭建了党员之间沟通思想、相互启发的平台，开阔了党员思路、提高了党员认识。通过与党员所在支部业务工作的紧密结合，实现了理论学习与促进工作的双丰收，达到了学而懂、学而信、学而用、学而行的效果。

B.37

联创共建 乘势而为 助力首都轨道交通建设又好又快发展

北京市轨道交通建设管理有限公司党委

一 背景

近年来，随着北京城市经济的高速发展，首都轨道交通建设也进入了黄金机遇期、走上了发展的快车道。面对首都轨道交通建设规模不断扩大、参建企业和相关单位数量激增的现实情况，为充分发挥党组织在企业中心工作中的领导作用，推动轨道交通建设完成新的跨越，北京市轨道交通建设管理有限公司党委立足自身实际，牢牢把握党建工作促中心工作的强大作用，着眼于将轨道交通建设成“精品工程、阳光工程”的工作理念，积极打造了“结对共建、共建共享、共同提高、促进工程”的联创共建党建工作模式。通过联合轨道交通建设各相关单位，开展多层次、多领域的联创共建活动，加强各单位间的党建交流与合作，共享党建经验，发挥监督合力，从而凝聚起轨道交通建设沿线政府、建设单位、参建单位等各方力量，充分调动各方的积极性、主动性、创造性，实现党建工作成果和资源共享，推动了党建工作再上新台阶，实现了首都轨道交通建设又好又快发展。

二 做法

1. 与合作企业联创共建，使党建与工程项目共融互促

轨道公司党委紧跟形势，本着开放融合、优势互补、共同发展、积极创新的工作原则，主动加强与合作企业的联创共建，分别与多家市属企业和中

央企业党委联合开展形式多样的党建活动，整合了各类资源，提升了项目党建水平，形成了党建工建共融互促的良好局面。比如，2011 年，结合创先争优活动，公司党委与北京建工集团、北京城建集团、北京住总集团、北京市政路桥建设控股（集团）有限公司等市属企业党委，坚持以“目标统一、携手合作、注重实效、共建共赢”为原则，联合发起了“联创共建——精品工程、阳光工程”主题党建活动，各方不断深化党建共建、业务交流，圆满实现地铁 8 号线二期北段、9 号线南段的通车任务，有力推动了 7 号线、6 号线二期等线路的建设。2014 年，在总结联创共建经验的基础上，公司党委与中铁四局等中央企业党委，联合开展了“联创共建——高扬党旗、建功北京地铁”党建主题活动，将央企的优秀党建基因植入首都轨道交通建设中，在项目文明施工、取得相关单位支持等方面，有效降低了外界因素对工期的种种影响，圆满完成了 8 号线二期、昌八联络线的通车目标，有力推动了 14 号线中段、东段等线路建设。

2. 与属地单位联创共建，推动区域党建的共建共赢

随着轨道交通建设环境的不断变化，充分发挥属地单位特别是沿线街道社区党组织的作用，成为加快轨道交通建设的重要因素。近年来，公司党委与沿线街道社区党组织，通过联合开展“携手同心，联动共建，铸就首都轨道交通精品家园行动”活动，签署联创共建协议书，积极搭建土建工程建设平台、百姓互助关爱平台、党建融合交流平台，加强了属地单位与轨道交通建设方、施工方之间的交流合作，形成了工程建设与社会和谐共生存、同促进的良好局面。活动中，各参与单位创新党建工作方法，充分发挥组织互联、资源互通、功能互补优势，积极协调解决影响工程建设、社区和谐的矛盾和问题，保证了工程建设安全、环保、质量、进度等目标任务的完成，促进了沿线街道社区的和谐稳定。比如，2017 年，轨道公司三中心党支部、育德社区党总支、19 号线 04 标项目党支部积极发挥联创共建作用，共同与居民沟通、解释、协商，顺利解决了 19 号线 04 标平安里车站围挡影响附近居民房间采光补偿问题，确保了施工进度不受影响，营造了和谐融洽的施工环境。

3. 与参建单位纪委联创共建，努力为工程建设保驾护航

为贯彻落实全面从严治党的战略部署，聚焦主责主业，履行好监督职责，2017 年，公司纪委与 10 余家参建单位纪委联合开展了“匠心筑梦、廉洁树魂”联创共建活动。活动秉承“工程优质、干部优秀、携手共建、清正廉洁”的原则，深入开展党风廉政建设工作，打造廉洁高效的建设管理队伍，构建安全质量的保证体系，发放《廉政邀约函》50 余份，廉政海报 500 余份，到施工一线走访调研，发放调查问卷，广泛征求党风廉政建设方面的意见建议，与多家参建企业纪检部门建立了长效联络机制，为轨道交通建设的阳光健康发展提供了政治保障、发挥了保驾护航作用。

三　成效

1. 有效推进了党建工作的创新发展

轨道交通参建各方坚持以“党建 +”理念为牵引，以“共建、共创、共享、共管”为抓手，将各参建企业优秀的党建文化植入到首都轨道交通建设中，公司党委充分发挥区域化党建的优势，不断提升和扩大区域党建工作的影响力，参建各方在交通导改、征地拆迁、跨越桥梁铁路、绿色为民施工等方面，形成了强大合力，实现了党建资源共享，参建各方党组织的管控机制得到进一步完善，基本制度进一步健全，工作流程进一步优化，党建工作更加标准化、考核更加明细化，形成了区域化党建工作的新格局。

2. 助推了文明城市的和谐发展

联创共建活动依托区域化党建工作，整合凝聚建设工程沿线各领域党组织，联合开展“宣介会”“市民开放日”等活动，向沿线街道社区市民介绍轨道交通相关知识，及时了解施工给居民带来的噪声、粉尘、拥堵等影响，想办法解决市民合理诉求，争取广大市民的理解和支持，通过有效互动、同向发力，在确保工程质量和进度的基础上，共创了“社会责任共担、和谐稳定共促、城市文明共创”的良好局面。

3. 保证了工程建设的快速发展

通过联创共建活动的不断深入开展，促进了党建工作与业务工作的深度融合，保障了首都轨道交通建设又好又快发展。截至 2017 年 12 月，北京轨道交通开通运营线路 22 条，覆盖全市 11 个辖区，运营里程 608 公里，共设车站 370 座；轨道交通日均客运量 1035 万人次，全年累计客运量 378 亿人次，位居全国首位。2018 年，北京轨道交通运营里程将增加到 632 公里以上，绿色出行比例将提高到 73%。

四　启示

1. 开展联创共建活动，基础在“联”

必须做好“联建”“联络”“联动”，不断扩大党建“朋友圈”，打造党建“共同体”。“组织联建”，就是要加强基层党组织的自身建设，推动建设、施工、街道社区党组织三方互联互动、互学互促、共同进步，不断增强党组织的创造力、凝聚力和战斗力。“党员联络”，就是要加强三方党组织党员之间的沟通交流，共同学习、共同提高，不断增强党员队伍的整体能力和素质。“多方联动”，就是要加强三方党组织资源共享，共同破解难题，发挥工作合力，搭建起参建各方及沿线街道社区相互沟通促进的桥梁和纽带。

2. 开展联创共建活动，关键在“创”

联创共建目的是“创优、创效”。按照全面从严治党向纵深发展的要求，公司党委主导的联创共建活动从市属企业拓展到中央企业、从建设企业拓展到施工企业，从参建企业拓展到属地街道社区，实现了多方联动，党建工作深入到方方面面，最终推动首都轨道交通参建企业党建工作的不断优化，为做好党建工作开拓了新思路。

3. 开展联创共建活动，核心在“共”

“相互促进、共同发展”是开展联创共建活动的核心。只有建设、施工、街道社区党组织之间互相借鉴、共同发力、和谐共建，才能共同营造一个和谐的施工环境，实现三方共同进步、共同发展。要以推动工程建设为目标，通过“共建”活动，有效整合各方在技术、资金、人才、信息等方面资源，达到人尽其才、物尽所用、共享共建的效果，共同为首都轨道交通建设又好又快发展提供坚强保证。

4. 开展联创共建活动，重心在“建”

必须从工程建设需要出发，找准契合点，瞄准关键点，努力做到“三个结合”，即：工程建设必须与业主的管理要求相结合、必须与社区的关注需求相结合、必须与项目的中心工作相结合，着力把首都轨道交通建设工程打造成为项目管理标准化示范工程和全面从严治党标准化示范工程的“双标工程”，最终实现安全生产优、工程质量优、施工进度优、建设环境优、社区和谐优的“五优目标”。

附　　录

Appendix

B.38
2017年度北京市党建大事记

1月

1月4日　市委召开常委会，会议传达了全国党内法规工作会议精神。

1月8日　市委召开常委会，会议传达了全国宣传部长会议精神和中共中央关于《县以上党和国家机关党员领导干部民主生活会若干规定》的有关要求。

1月10日　市委常委会召开民主生活会，深入学习贯彻党的十八届六中全会精神，围绕“两学一做”学习教育的要求，开展批评和自我批评，明确整改方向和重点。

1月15日　市委召开常委会，会议传达学习了习近平总书记在中央政治局民主生活会上的讲话。

1月17日　市委召开常委会，会议传达了中央政治局常委会决定事项通知；传达了十八届中央纪委七次全会精神，研究了北京市贯彻意见。

1月24日 市委召开常委会，会议传达了全国组织部长会议精神，研究了北京市贯彻意见。

2月

2月9日 市委召开2016年度全市区委书记系统党（工）委书记抓基层党建述职评议考核工作会，会议听取了2016年度十六区区委书记和系统党（工）委书记抓基层党建工作述职，并进行评议考核。

2月12日 市委召开常委会扩大会议，会议传达学习了习近平总书记在省部级主要领导干部学习贯彻党的十八届六中全会精神专题研讨班上的重要讲话。

同日，中央第十一巡视组向北京市委反馈巡视“回头看”情况。中央巡视工作领导小组成员陈希同志主持召开向郭金龙同志的反馈会议，出席向北京市委领导班子的反馈会议，对北京市委主要负责人和市委领导班子抓好巡视整改工作提出要求。

2月22日 市委召开常委会，会议听取了关于2016年全市贯彻落实中央八项规定精神和市委实施意见情况的汇报，关于2016年全市党风廉政建设责任制检查考核情况的汇报。

2月28日 市委召开党的建设工作领导小组会议，会议审议了领导小组2017年工作要点、市委常委党建工作基层联系点等制度文件。

3月

3月1日 市委召开常委会，按照《关于新形势下党内政治生活的若干准则》关于“健全党代表大会代表参与重大决策、列席党委有关会议等制度”和《中国共产党地方委员会工作条例》关于“党的地方委员会应当有计划地邀请同级党代表大会代表列席全会或者常委会会议等重要会议”的规定，市委邀请四位基层一线党代表列席会议。

3月16日至17日 市委十一届十三次全会召开。会议深入学习贯彻习近平总书记视察北京重要讲话精神，动员全市广大干部群众进一步统一思想，凝聚共识，坚定不移地疏解非首都功能、坚持规划引领发展、全力做好北京冬奥会筹办工作、以良好作风开创各项工作新局面。

3月31日 市委召开常委会，会议研究了《中共北京市委实施〈中国共产党问责条例〉办法》和《关于加强和改进政协民主监督工作的实施意见》。

4月

4月7日 市委常委召开民主生活会，整改落实中央巡视“回头看”反馈意见；传达学习贯彻习近平总书记在听取十八届中央第十一轮巡视情况汇报时的重要讲话精神。

4月10日 市委召开常委会，会议研究了关于中央巡视“回头看”反馈意见整改落实情况的报告。

4月14日 《中共北京市委实施〈中国共产党问责条例〉办法》出台。

4月19日 市委印发《中共北京市委关于贯彻落实党的十八届六中全会精神深入推进全面从严治党的意见》。

4月20日 市委召开常委会，传达学习全国宣传部长座谈会精神，研究推进“两学一做”学习教育常态化制度化实施方案等事项。

4月25日 市委办公厅印发《关于推进“两学一做”学习教育常态化制度化的实施方案》。

5月

5月4日 召开推进“两学一做”学习教育常态化制度化工作会议，传达学习习近平总书记对推进“两学一做”学习教育常态化制度化的重要指示精神，贯彻落实中央推进“两学一做”学习教育常态化制度化工作座谈会精神，对全市学习教育常态化制度化进行安排部署。

同日下午，全市国有企业党的建设工作会议召开，会议深入学习贯彻习近平总书记关于国有企业党的建设工作重要讲话精神和全国国有企业党的建设工作会议精神，对加强和改进市属国有企业党的建设工作作了动员部署。

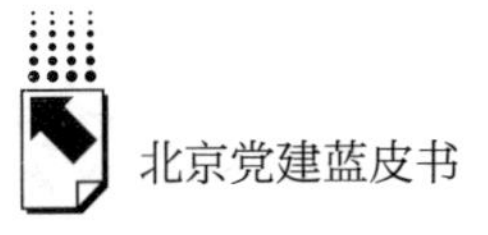

郭金龙同志出席会议并讲话。

5月10日 市委召开常委会，研究贯彻全国基层党建工作重点任务推进会精神的意见等事项。

5月17日 市委十一届十四次全会召开。全会深入学习贯彻习近平总书记视察北京重要讲话精神，研究讨论《北京城市总体规划（2016～2030年）（送审稿）》，决定将该总体规划按程序上报党中央、国务院审定。

5月27日 市委召开常委会，坚决拥护中央关于北京市委市政府主要领导调整的决定，坚决贯彻中央对北京工作的要求。会议强调，常委会要牢固树立“四个意识”，坚决维护以习近平同志为核心的党中央权威，确保党中央各项决策部署在北京不折不扣落地生根，形成生动实践；要以习近平总书记两次视察北京重要讲话精神为根本遵循，切实提高首都工作的政治站位，自觉从党和国家大局出发做好首都各项工作。

5月31日 市委召开常委会，会议研究了《十二届北京市委关于实施巡视全覆盖五年规划的意见》和《中共北京市委关于开展区委巡察工作的意见》。

6月

6月1日 市委召开全市区委书记会，会议要求全市各级党员干部要把以习近平同志为核心的党中央对北京市领导班子建设、对北京工作、对北京发展的高度重视和亲切关怀转化为做好首都工作、推动首都发展的强大动力，以优异成绩迎接党的十九大胜利召开。

6月2日 全市基层党建工作重点任务推进会召开，会议传达全国基层党建工作重点任务推进会主要精神及市委常委会有关要求，对2017年全市基层党建工作重点任务进行安排部署。

6月3日 蔡奇同志到市纪委市监委机关调研，深入了解纪检监察系统贯彻落实习近平总书记系列重要讲话精神，推进全面从严治党，以及开展深化监察体制改革试点工作情况，并主持召开市深化监察体制改革试点工作小组第五次会议。

6月7日 市委召开常委会，研究《关于进一步加强对市纪委市监委派驻机构统一管理的意见》。

6月9日 蔡奇同志主持召开市委党的建设工作领导小组会议，专题研究部署党支部规范化建设工作和全面从严治党工作。

6月14日 市委十一届十五次全会召开。会议决定，中国共产党北京市第十二次代表大会于6月19日至23日召开。蔡奇同志强调，要以高度的政治责任感，精益求精做好各项筹备工作，确保市第十二次党代会开成一个团结、奋进、胜利的大会。

6月16日 以“喜迎十九大，党史铸党魂”为主题的北京党史宣传月启动仪式在西城区文化中心举行。

6月19日 中国共产党北京市第十二次代表大会开幕，本次大会是在全市深入学习贯彻习近平总书记系列重要讲话精神和治国理政新理念新思想新战略、以优异成绩迎接党的十九大之际召开的一次重要会议。大会的主题是：高举中国特色社会主义伟大旗帜，以邓小平理论、“三个代表”重要思想、科学发展观为指导，深入贯彻习近平总书记系列重要讲话精神和治国理政新理念新思想新战略，为建设国际一流的和谐宜居之都而努力奋斗。

6月23日 中国共产党北京市第十二次代表大会在完成各项议程后胜利闭幕。会议选出新一届中共北京市委员会和市纪律检查委员会，以及北京市出席党的十九大代表，并通过了关于中共北京市第十一届委员会报告的决议和市纪委工作报告的决议。

同日下午，十二届市委一次全会举行。88名市委委员、16名市委候补委员出席会议。市委委员以无记名投票方式，选出中共北京市第十二届委员会常务委员会委员12名，选出市委书记、副书记；会议表决通过了《中国共产党北京市委员会工作规则》和《中国共产党北京市第十二届委员会第一次全体会议决议》；蔡奇同志代表新一届市委常委会，作了重要讲话。

同日下午，中国共产党北京市第十二次代表大会选举产生的中共北京市纪律检查委员会，举行了第一次全体会议。市纪委委员应到55名，实到55名。会议通过了选举办法，采取无记名投票的方式选举产生了市纪律检查委员会常务委员会委员和市纪委书记、副书记。

6月24日 市委召开常委会，会议研究了市委常委会带头落实全面从严治党主体责任的规定、十二届市委常委会工作规则等事项。

6月28日 市委组建市第十二次党代会精神宣讲团，开展为期一周的宣讲活动。

6月29日 市委召开常委会，会议深入学习贯彻习近平总书记关于党的历史和党史工作重要论述精神，研究了本市党史工作等事项。

6月30日 在“七一”党的生日来临之际，市委邀请部分先进基层党组织负责人、优秀共产党员和优秀党务工作者代表召开座谈会，交流工作经验和体会，纪念中国共产党成立96周年。蔡奇同志出席会议并讲话。

7月

7月5日 市委召开常委会，会议传达了中央纪委扶贫领域监督执纪问责工作电视电话会议精神；研究了《关于贯彻〈中国共产党党委（党组）理论学习中心组学习规则〉的实施办法》。

7月17～18日 中国共产党北京市第十二届委员会第二次全体会议召开，会议传达学习贯彻习近平总书记在中央政治局常委会会议审议北京城市总体规划时的重要讲话精神，对下半年的工作作了研究部署。

7月25日 市委召开常委会，会议传达学习了中央对孙政才涉嫌严重违纪问题立案审查的决定。

同日，市委召开巡视巡察工作会议。会议总结了十一届市委巡视工作，并对学习宣传贯彻《中国共产党巡视工作条例》作出了部署。蔡奇同志出席会议并讲话。

7月28日 市委召开常委会扩大会议，会议传达学习了习近平总书记在省部级主要领导干部专题研讨班开班式上的重要讲话精神。

8月

8月2日 市委召开常委会，会议传达学习了全国城市基层党建工作经验交流座谈会精神。

8月3日 市委市政府理论学习中心组举行学习（扩大）会，深入学习贯彻习近平总书记在省部级主要领导干部专题研讨班上的重要讲话精神，带头把学习贯彻重要讲话精神引向深入。

8月29日 市委召开全市区委书记会，会议就抓好“两贯彻一落实”、迎接党的十九大工作听取汇报，作出部署。蔡奇同志出席会议并讲话。

8月30日 市委召开常委会，研究《党费收缴工作专项检查中清理收缴的党费使用方案》等事项。

8月31日 市反腐倡廉建设领导小组召开会议，会议结合“两贯彻一落实”、迎接党的十九大，研究部署全市党风廉政建设工作。蔡奇同志出席会议并讲话。

9月

9月5日 市委召开常委会，研究《关于加强首都新型智库建设的实施意见》《首都高端智库试点单位建设管理办法》等事项。

9月13日 市委召开常委会，会议听取了十一届市委巡视发现重点问题及整改情况汇报，研究了2017年北京市党风廉政建设责任制检查考核工作方案。

9月20日 市委召开常委会，会议研究了《关于防止干部“带病提拔”的实施办法》等事项。

同日，市委理论学习中心组举行学习（扩大）会议，重温毛泽东同志《实践论》《矛盾论》，深入学习贯彻习近平总书记系列重要讲话精神和治国理政新理念新思想新战略，并以学哲学用哲学为主题进行了交流讨论。

9月26日 市委召开全市领导干部会议，对做好传达学习宣传贯彻党的十九大精神准备和十九大服务保障工作作了安排部署。

9月27日 市委召开常委会，会议研究了《关于加强和改进城市基层党建工作的意见》等事项。会议传达学习了中办印发的《关于五年来中央政治局贯彻执行中央八项规定并以此带动全党加强作风建设情况的报告》。

10月

10 月 15 日　市委常委会召开扩大会议，传达学习了党的十八届七中全会公报。

10 月 17 日　蔡奇同志主持召开出席中国共产党第十九次全国代表大会的北京市代表团第一次全体会议，会议传达党的十八届七中全会精神和中央关于大会的相关部署，研究了北京代表团相关工作。

10 月 18 ~24 日　北京代表团参加中国共产党第十九次全国代表大会。

10 月 25 日　市委常委会召开扩大会议，会议传达了党的十九大和十九届一中全会精神，对全市学习宣传贯彻作出了安排。

10 月 26 日　市委召开全市领导干部大会，传达学习贯彻党的十九大和十九届一中全会精神。

10 月 30 日　市委常委会召开扩大会议，学习贯彻 10 月 27 日十九届中央政治局会议和第一次集体学习会议精神。

11月

11 月 1 日　北京市学习宣传贯彻党的十九大精神宣讲团动员会召开，蔡奇同志出席会议并讲话。

11 月 2 日　市委召开常委会，会议研究了《中共北京市委关于认真学习宣传贯彻党的十九大精神的实施意见》，决定市委第十二届三次全会于 11 月 6 日至 7 日召开。

11 月 5 日　党的十九大精神中央宣讲团报告会召开，蔡奇同志作宣讲报告。

11 月 6 ~7 日　市委第十二届三次全会召开，全会围绕全面学习宣传贯彻党的十九大精神进行了深入学习讨论，要求坚决将习近平新时代中国特色社会主义思想贯彻落实到首都现代化建设全过程、党的建设各方面、改革发展稳定各环节。

11 月 8 日　市委召开常委会，会议对深入学习《习近平谈治国理政》

第二卷作出安排；研究了《中共北京市委关于维护党中央集中统一领导的规定》；研究了《中共北京市委贯彻落实〈中共中央政治局贯彻落实中央八项规定的实施细则〉精神的办法》；听取了关于修改《中共北京市委贯彻〈中国共产党巡视工作条例〉的实施办法》有关情况汇报。

11 月 10 日 全市城市基层党建工作座谈会暨市委党的建设工作领导小组会议在朝阳区三里屯街道办事处召开。蔡奇同志主持会议并讲话。

11 月 13 日 全市领导干部学习贯彻党的十九大精神专题研讨班在市委党校正式开班，蔡奇同志作辅导报告。陈吉宁同志主持开班式。

11 月 15 日 蔡奇同志到清华大学宣讲党的十九大精神。

11 月 16 日 全市领导干部警示教育大会召开，会议围绕深入学习贯彻党的十九大精神，深刻剖析北京农产品中央批发市场管委会党委等违纪案例，推动全面从严治党向纵深发展。蔡奇同志出席会议并讲话。

11 月 22 日 市委召开常委会，会议传达学习了贯彻十九届中央全面深化改革领导小组第一次会议精神；传达了全国精神文明建设表彰大会精神，研究了本市贯彻意见；研究了《关于对全面从严治党突出问题开展专项整治的意见》。

11 月 30 日 市委理论学习中心组举行学习（扩大）会，邀请党的十九大代表、中央候补委员、中央党校教务部主任谢春涛作了题为“坚持党对一切工作的领导，坚决维护以习近平同志为核心的党中央权威和集中统一领导”的辅导报告。

12月

12 月 5 日 市委召开常委会，传达弘扬“红船精神”座谈会精神。

12 月 13 日 市委召开常委会，会议学习贯彻习近平总书记关于进一步纠正“四风”、加强作风建设重要批示精神，研究关于力戒形式主义、官僚主义，纠正“四风”，锲而不舍抓好作风建设措施，市委常委、市政府党员副市长指导督促分管联系部门单位党委（党组）抓党建工作制度等事项。

12 月 21 日 市委召开常委会，会议研究了市直机关和国有企业党建、高校思想政治工作等事项。

12 月 23 ~ 24 日 市委十二届四次全会召开，全会认真学习贯彻党的十九大和中央经济工作会议精神，回顾总结 2017 年工作，研究部署 2018 年任务，审议《2017 年市委常委会抓党建工作情况报告》。

12 月 27 日 市委召开常委会，会议传达学习了习近平总书记在中央政治局民主生活会上重要讲话和关于在全党大兴调查研究之风的重要批示精神；传达了全国组织部长会议精神；研究了《关于加强党支部规范化建设的意见》；听取了十一届市委巡视发现问题集中整改情况汇报。

Abstract

An Annual Report on Party Building in Beijing 2018 is a report prepared by Beijing Party Building Society to summarize the city's Party building efforts over the past year. The book consists of a general report, thematic reports, regional reports, sector reports, case studies and an annex.

The general report provides information, outcomes and good practices of Party organizations of all levels in political, ideological, behavioral, disciplinary and institutional improvement.

The thematic reports cover basic-level Party organization building, leadership team building, human resource development, and disciplinary and supervision work. Regional and sector reports include selected studies from each district and administrative system. Case studies include typical cases of innovation in Party building.

The annex includes milestones in Beijing's Party building of the year.

Contents

I General Report

Abstract: The report covers the Party building efforts and achievements in Beijing during 2017. Five areas are highlighted, namely: i) organizing study sessions on the 19th CPC National Congress report, ii) implementing rectification measures proposed by the Central Inspection Team in its Looking Back program, iii) completing the supervision system pilot reform, iv) convening the 12th Congress of the CPC Beijing Municipal Committee, and v) emphasizing the "principal actor responsibility" for Party governance. The report summarizes Party building efforts in the following areas: i) prioritizing political improvement and upholding the authority of the Central Committee and its centralized, unified leadership with Comrade Xi Jinping at its core; ii) emphasizing the essential role of ideological improvement by arming Party members in public offices with Xi Jinping Thought on Socialism with Chinese Characteristics for a New Era; iii) training a contingent of competent and professional officials and improving the quality of leadership teams and officials; iv) improving the organizing capacity of basic-level Party organizations to improve their overall competency; v) improving Party conduct and enforcing Party disciplines to drive continuous improvement of Party and political climates; vi) punishing corruption and consolidating the overwhelming victory over corruption; and vii) building institutions and governing the Party by rules.

Keywords: Party Building; Principal Actor Responsibility, The Highest Standard

Ⅱ Thematic Report

Abstract: Understanding the characteristics of basic-level Party building in megacities and exploring ways to make the work more targeted and effective is crucial for basic-level Party building in Beijing in the new era. Through theoretical research, field studies, individual interviews and panel discussions, the study looks into the actual operation of Party building in Beijing and extrapolates five lessons. They are: i) the political function should be the primary function of Party building; ii) the structure of Party organizations should be adapted to changes in the basic-level social governance structure; iii) stronger driving forces should be created for Party building; iv) adequate resources should be provided to ensure the proper operation of Party building; and v) overall planning and coordination is a fundamental approach to Party building. The study provides theoretical support to basic-level Party building in Beijing for the new era.

Keywords: Beijing; Basic-level; Party Building; Characteristics

Abstract: Party branches play a fundamental role in all works of the

Party. The fact that the Party has won victory after victory during the revolution and reform has everything to do with the strong capacity of the Party's cells. Party branch building is, therefore, crucial in basic-level Party building; and creating an up-to-standard Party branch is an important leverage point. Based on analysis of the research results, the study i) defines the essence of standardization, ii) summarizes how Beijing standardizes its Party branches, and iii) identifies weak links and challenges in standardization. On the basis of this, the author proposes stricter requirements on and pragmatic approaches to standardization. The study serves as a reference for Beijing as it extends comprehensive and strict Party governance to the basic level and enhances capacity in Party branches for the new era.

Keywords: Basic-level Party Building; Party Branches; Standardization

Abstract: The 19th CPC National Congress Report requires us to be problem-oriented and ensure strict Party governance at a deeper level. Strict management and oversight of officials to prevent promotion of the "ill" is an important part of Party governance, an essential tool to rectify corruption in promotion, an important condition for improving office holders' conduct, and a necessary requirement for promoting officials based on Party's rules and disciplines. Using both quantitative and qualitative methods, and based on questionnaire surveys of municipal departments and 16 districts and interviews of individuals, the study summarizes the recent efforts and progress Beijing Municipality has made in the supervision of officials. This study identifies five challenges and suggests five policy measures that will address major issues, solve thorny problems, and provide comprehensive rectification. Measures include: i) more education and training, ii) clearer responsibilities of different actors, iii) more regular contact and evaluation, iv) stricter review of motions, and v) more accountability.

Keywords: Officials Management; Officials Oversight; Officials Selection and Appointment; Promotion of Corrupt Officials

Abstract: Comprehensive and strict governance of the Party is a salient feature of the governance theory of the CPC Central Committee with Xi Jinping at its core. The study expounds on the background of the initiative and its relevance, and analyses its essence and elements in seven dimensions: i) ideological consolidation, ii) intraparty political life, iii) enforcing disciplines, iv) improving conduct, v) bureaucrat governance, vi) strengthening basic-level Party organizations, and vii) fighting corruption. The theory has four characteristics: i) it is a demonstration of the Party's political ideals and political stance, ii) it embodies the Party's care for the future and sense of responsibility, iii) it is problem-oriented, and iv) it reflects the Party's determination and unwavering strategy. The study also analyzes the implementation of this initiative within the Organization Department of the CPC Beijing Municipal Committee from the 18th National Congress to the opening of the 19th National Congress in September 2017, and provides suggestions for advancing comprehensive and strict governance of the Party based on the mandates of the Organization Department.

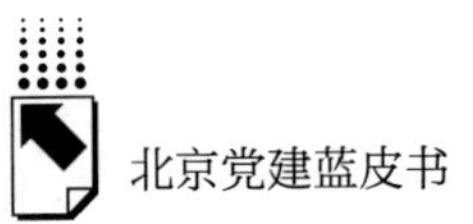

Keywords: Party Building; Comprehensive and Strict Governance of the Party; Work of the Organization Department

B.6 Human Resource Development in World-Class City Clusters and Lessons for Integrated Human Resource Development in Beijing, Tianjin and Hebei

a. Beijing Human Resource Research Center b. Beijing Center for Organizational Learning and Urban Governance Innovation / 085

Abstract: In response to the demand for integrated human resource development in Beijing-Tianjin-Hebei, this study analyzes three world-class city clusters, namely, Boswash, Tokyo and London, with regard their models of urban development and human resource systems. It also discusses the supply of human resources, human development environment, and the ways to tap the talents' potential in the development of world-class cities. Finally, policy recommendations on talent-driven urban innovation in Beijing-Tianjin-Hebei are provided by reference to the experience of talent development and use in large city clusters at home and abroad. These include: i) raising the awareness of city clusters as another way of urban development; ii) providing better infrastructure and services; iii) developing talent policies and systems; iv) building large-scale education clusters; v) establishing a coordination mechanism for Beijing-Tianjin-Hebei human resource integration.

Keywords: World-class City Clusters; Human Resource Integration; Talent-driven

B. 7 A Study of Approaches to Anti-corruption Work in a Capital City and Megacity

Abstract: Since the 18th National Congress, under the leadership of the CPC Central Committee with Xi Jinping at its core, Beijing has achieved significant progress in building a clean government and fighting corruption. Meanwhile, thorny problems remain to be solved. Based on Xi Jinping Thought on Socialism with Chinese Characteristics for a New Era, and guided by the strategic decisions on comprehensive and strict Party governance, the study analyses approaches to anti-corruption work in the national capital and megacity to secure a decisive victory over corruption. The study focuses on problems and their causes, including i) the lack of political ideals and belief, ii) vulnerability to power abuse in a political center; iii) fast economic and social development in a megacity likely to breed corruption; iv) the pressure for comprehensive and strict Party governance not effectively transmitted downward; and v) failure to resist unhealthy traditions and customs. Based on the analysis above, the study suggests the following: i) prioritizing political work of the Party; ii) transforming the institutional advantages brought by the reforms into governance effectiveness; iii) consolidating advances in implementing the Party's eight-point decision; iv) consolidating and expanding the overwhelming victory over corruption; and v) enforcing Party disciplines in all areas. This study will contribute to the improvement of discipline inspection in the capital city for the new era.

Keywords: Capital City; Megacity; Anti-corruption

Abstract: The study analyses the changes and challenges brought by the integrated operation of the Party's discipline inspection commission and the government's supervisory commission since Beijing initiated the pilot reform of the supervisory system. The study summarizes the experience of CPC Beijing Municipal Committee in terms of: i) regularizing supervision through new organizational structures and oversight approaches; ii) fulfilling the supervisory responsibility by focusing on priorities; iii) treating both the symptoms and root causes; and iv) institutionalizing and rationalizing supervision. In line with the new situations and requirements and based on the specific needs of Beijing, the study makes the following suggestions to improve the supervision work: i) priority to political integrity and focusing on primary responsibilities; ii) using Party discipline to conserve the political ecosystem; iii) exploring more effective supervision mechanisms; iv) building a faithful, committed and clean supervision team.

Keywords: Discipline Inspection Commission; Supervisory Commission; Supervision Work

Ⅲ Regional Report

Abstract: Based on lessons from Party building in New Economic Organizations and New Social Organizations (NESOs) in Dongcheng District in recent years, and in light of personal knowledge from daily contact and questionnaire surveys, the author analyses major challenges confronting these organizations with respect to: i) the presence of Party organizations and access to Party services; ii) ideological building; and iii) work foundations. To tackle these challenges and build strong and sound Party organizations, the author proposes five measures. These include: i) building consensus to consolidate the ideological basis; ii) increasing Party presence to provide organizational guarantee; iii) strengthening the role of Party to maximize outcomes; iv) developing personnel resources; and v) laying foundations for Party building.

Keywords: New Economic and Social Organizations (NESOs); Party Building; Physical Presence; Effective Presence

Abstract: How to use Party building as a means to improve urban basic-level governance and enable basic-level Party organizations to function effectively is important for strengthening the Party, improving its governance capacities, and modernizing its governance, as required by the 19th Party Congress. This in turn will have theoretical and practical relevance for strengthening the foundation of the Party and its competence. The study discusses governance tasks facing basic-level Party groups through examples from Chaoyang District. In Chaoyang, a Party building system consisting of one vertical network and four horizontal networks is created to promote grassroots governance. Problems are identified, such as inadequate leadership, poor coordination, underperformance and underutilization of information technology, and recommendations are provided to i) strengthen basic-level Party organizations, ii) harmonize interests and integrate resources, iii) build a team of high-quality and professional officials, and iv) promote the "Internet + Party building" initiative.

Keywords: Party Building; Grassroots Urban Governance; Vertical and Horizontal Networks

Abstract: Technology is the primary productive force and humans are the primary resource. Since the 18th Party Congress, China has seen significant progress in its technological advancement. Central and local authorities alike support commercialization of technologies and original and indigenous innovation. Considering Haidian's status as a national technology powerhouse, it is relevant to study how researchers of Haidian district are involved in technology commercialization. The study identifies several constraints, including insufficient policy support, lack of attention on the part of universities and research institutes, underdeveloped intermediary services, and inadequate business environment and human resources. The study goes on to provide recommendations: i) reforming the human resource and research management systems; ii) aligning research with the district's development strategies; iii) aligning the district's needs with the mission of research institutes; iv) creating an integrated platform for commercialization; v) building an enabling environment for innovation and entrepreneurship; and vi) strengthening advocacy among research institutes and researchers.

Keywords: Universities; Research Institutes; Researchers; Technology Commercialization

B. 12 Evaluation of Work Reports on Basic-level Party Building in Fengtai District: Practices and Reflection

Research Group of the Organization Department, CPC Beijing Fengtai Committee / 180

Abstract: The study analyzes practices and effects of evaluating Party building work reports submitted by basic-level Party secretaries across Fengtai district. Problems are identified with respect to the development of indicators, subject matter to be evaluated, design of the evaluation process, and use of evaluation results. The following measures are recommended to strengthen the "principal actor responsibility" and improve the evaluation work: i) the "who" —ensure evaluation on the top and deliberation at the bottom, i. e., through public participation; ii) the "what" —identify major areas of evaluation and provide detailed guidance; and iii) the "how" —be problems-oriented, improve methods of evaluation, and provide quantitative indicators, and iv) the "usage" —publish the results and use them to evaluate officials and rectify problems.

Keywords: Strict Party Governance; Basic-level Party Building, "Principal Actor Responsibility"; Work Report Evaluation

B. 13 A Study of Shijingshan's Experience in Improving Party Building through Comprehensive and Strict Party Governance

Research Group of CPC Beijing Shijingshan District Committee / 189

Abstract: Guided by Xi Jinping Thought on Socialism with Chinese Characteristics for a New Era and the 19th Party Congress, the study summarizes the strategies and approaches adopted in Shijingshan district to ensure comprehensive and strict Party governance since the 18th Party Congress and evaluates the achievements and lessons. The study further addresses the gaps in comprehensive and strict governance by reference to the benchmark set by the 19th Party Congress. The study suggests using Party building as the best instrument to close the gaps. To be successful in building a better Party, it is necessary to accomplish " six tasks ", namely, political, ideological, organizational, behavioral, integrity and institutional improvement of the Party.

Keywords: Shijingshan, Comprehensive and Strict Governance of The Party; Party Building

Abstract: In the context of Targeted Poverty Elimination proposed by CPC Beijing Municipal Committee, the study analyses the efforts of the Party organizations in Mentougou District to generate income for farmers. Forty-five low-income villages in 8 townships were studied to identify good practices and lessons and root causes of failures. To achieve the policy goal of eliminating poverty and building a moderately prosperous society, the following recommendations are made: i) strengthening responsibilities and leadership; ii) building the capacity of Party branches to lead at the forefront; iii) letting key members to team up with the poor; and iv) pooling resources from various channels through coordination.

Keywords: Mentougou; Basic-level Party Organizations; Party Building for Income Generation

B. 15 Current Situations and Solutions for Challenges Facing Development of Beijing Sub-center

Research Group of the Organization Department,
CPC Beijing Tongzhou District Committee / 214

Abstract: The study analyses the new situations faced by the Party organization department in the development of Beijing's sub-center. The report includes an analysis of 1516 questionnaires and interviews of 20 division-level authorities and 60 Party branches, conducted under the context of Xi Jinping Thought on Socialism with Chinese Characteristics for a New Era and the 19th Party Congress' decision to coordinate development of Beijing, Tianjin and Hebei, taking into consideration the actual situation of the sub-center development and organization work. The report identifies several problems: i) lack of qualified personnel, ii) failure to attain adequate standard in Party building, and iii) inadequate function in pooling human resources. The report suggests more attention to the political nature of organizational work and providing organizational guarantee for the construction of the city sub-center through measures on building a strong leader team, basic-level Party building and human resource development.

Keywords: Beijing Sub-center Development; Basic-level Party Building; Human Resource Development

B. 16 Adopting a Closed-Loop Holistic Approach to Party Building: Practices and Reflections

Yu Qingfeng / 233

Abstract: Since the 18th Party Congress, the CPC Central Committee has taken a series of measures on comprehensive and strict Party governance. In response to the criteria and schedules formulated by the Central Committee and the Municipal Committee, Shunyi District has developed a holistic approach to Party building based on the problems identified. Local practices were examined to find out how the district strengthens organization and leadership in Party building, establishes Party building systems, and assesses performances. Outcomes of this holistic approach were analyzed in relation to the district's economic and social development. The study provides typical examples of Party building that can be replicated elsewhere in the New Era.

Keywords: A Holistic Approach to Party Building; Closed-loop mechanism; Performance Appraisal

Abstract: In light of the urbanization process in Daxing District, the study analyses the problems confronting Party organizations in villages to be demolished and the new demands on governance when rural communities become urban communities. The paper presents the approaches adopted by the district Party authority to improve functions of village Party organizations, including work modality, institutional designs and organizational setup. The paper goes on to makes suggestions for such Party organizations: i) building stronger political leadership; ii) improving economic functions to protect community interests; iii) strengthening capacity in social governance for smooth transition; and iv) developing cultural capacity to build social cohesion.

Keywords: Urbanization; Demolition; Capacity Building; Party Organizations

Abstract: The report studies the political functions of basic-level Party organizations in Pinggu district through interviews, meetings and questionnaires. It summarizes the district's practices in Party building, in particular, efforts to strengthen the political functions of basic-level Party groups. The study analyses the problems in strengthening the political functions at the basic level, and proposes the following measures: i) implementing the "principal actor responsibility" for strengthening political function; ii) highlighting the political function in organizational development; iii) emphasizing political reliability in team building.

Keywords: Basic-level Party Organizations; Political Functions; Rural Governance

Abstract: Rural basic-level Party organizations are the foundation on which the Party builds all its work in rural communities. These organizations should strengthen their functions and link organizational development with village development. Through an analysis of the situation of low-income villages in Huairou District, the study highlights good practices of basic-level Party organizations in poverty alleviation, and proposes the following measures: i) developing the organizational capacity of rural basic-level Party groups; ii) creating a platform of various social forces for targeted poverty alleviation; and iii) strengthening performance evaluation and creating incentives.

Keywords: Basic-level Party Organizations; Low-income Villages; Targeted Poverty Alleviation

Abstract: The study presents Miyun District's Party building initiative on water source protection through a grid-based approach. As the primary surface water source of the capital, Miyun Reservoir faces protection challenges such as poor coordination, unclear responsibilities, and poor enforcement of law at the basic level. Acting on its sense of responsibility, the Miyun government and Party authorities incorporated water protection in the Party building program by establishing a Party branch in each square of the protection grid. The reservoir and surrounding areas are divided into squares, with each square falling under the clearly defined responsibility of designated persons. Summarizing the experience, the author provides the following recommendations: i) improving top-level design of the grid protection system; ii) upgrading the information system for the grid; iii) improving the protection teams.

Keywords: Party Building; A Grid-based Approach To Protection; Ecological Conservation

Abstract: The 19th Party Congress emphasizes the organizational capacity of basic-level Party organizations and their political functions. Such organizations in enterprises, rural communities, government organs, schools, research institutes, and urban sub-districts and communities should be developed into platforms for disseminating Party policy, implementing Party decisions, leading basic-level governance, uniting and mobilizing the people, and promoting reform and development. At the critical stage of preparation for Winter Olympics and Horticultural Expo in Yanqing and to promote green development, the functions of basic-level Party organizations are even more important. The paper summarizes the experience and achievements of Yanqing district in leveraging the political leadership function and reveals the problems and their causes. The author suggests improving the sense of responsibility, building a stronger team, and enhancing cohesion through public services. These measures are designed to improve the political leadership function of basic-level Party organizations, rally Party members and the people for development, and facilitate the successful completion of preparation for the two major international events.

Keywords: Basic-level Party Organizations; Political Leadership; Winter Olympics; World Horticultural Exposition

Ⅳ Sector Report

Abstract: Party building in Beijing's Internet companies is important due to the city's status as the national capital and a world-class Internet powerhouse. Relevant municipal and district authorities have assumed this major responsibility under the direction of the CPC Beijing municipal committee. In light of the capital's characteristics, the authorities have ensured the Party's political leadership in internet companies, the Party's organizational presence for building "united front", and the Party's services for companies' development. A single Party organization has been established to assume "principal actor responsibility" and connect with horizontal and vertical organizations. As time goes by, the focus has shifted from network expansion to quality improvement. In response to the challenges confronting internet companies in Beijing, the study suggests: i) studying the extent of Party services in internet companies and issuing guidelines on Party building; ii) institutionalizing good practices, including regular meetings on Party building in Internet companies; iii) strengthening industry-based management and local responsibility; iv) increasing Party presence and improving the incentives; and v) laying a solid foundation for Party building through multiple measures.

Keywords: Capital City; Internet Companies; Party Building

B. 23 A Report on the United Front Work of Yeqing Plaza

Research Group of the United Front Department,

CPC Beijing Municipal Committee / 302

Abstract: The study analyses the situation of united front work at Yeqing Plaza in response to the Party's call for strengthening Party building in "New Economic and Social Organizations" (NESOs) and united front work among new social classes. The report studies the organizational structure, regulatory system, human resource development and service systems in relation to the Plaza's united front work and extrapolated the following good practices: i) an integrated approach to Party building and united front work; ii) bringing together new social classes through social platforms; iii) improving effectiveness of work by providing services; and iv) working with representatives.

Based on the problems identified, the study proposes the following: i) consolidating the basis for united front work; ii) summarizing replicable practices; iii) defining the scope of replication; and iv) strengthening support from different levels of organizations.

Keywords: NESO Party Building; United Front Work in Office Buildings; New Social Classes

B. 24 A Study on the Role of Government Department Party Groups in Serving the Development of Beijing Sub-center

Abstract: A city is a huge and complex system that develops according to certain principles. City development takes two forms: expansion into new areas and redevelopment of old areas. Constructing a sub-center is one way of expansion widely adopted by large cities, especially in the context of rapid urbanization.
Building a sub-center for Beijing is a major decision of the Party Central Committee with Comrade Xi Jinping as its core. It is a strategic initiative to relieve the city from its non-capital functions and promote the integrated development of Beijing, Tianjin and Hebei.
The study focuses on the service functions of municipal department Party organizations in relation to Beijing's sub-center development, including a survey of Party members' mentality, the top-level design, Party building agenda, research outcomes, coordination between these departments and the sub-center project, as well as modalities of publicity. The study suggests policy responses to weaknesses in the service system. These include: i) properly defining functions; ii) promoting the role of the market; iii) developing transportation systems; iv) improving public satisfaction; and v) learning from international best practices.

Keywords: Construction of City's Sub-center; Service Guarantees Provided by Party Organizations Of Government Organs

Abstract: The study analyses six areas of efforts to implement the "Two Opinions" in 16 urban districts and Yanshan area, efforts required in the national and municipal documents on strengthening Party building in primary, secondary and private schools. Five issues are identified and the following recommendations are made: i) further implementing guidance from the 19th Party Congress and the General Secretary Xi Jinping's major policy addresses; ii) improving awareness and implementing responsibility at each level; iii) focusing on key tasks; iv) strengthening supervision and guidance; and v) replicating good practices.

Keywords: Primary and Secondary Schools; Private Schools; Party Building

Abstract: The study analyses the causes of poor organization in certain rural communities of Beijing, and summarizes and evaluates the measures of rectification. The paper goes on to examine barriers in improving the situation from three perspectives: i) pushes from superior Party organizations, ii) institutional guarantees, and ii) identification of target villages. Finally, the study makes four proposals to enhance the capacity of the rural basic-level organizations and to reorganize all disorganized villages by 2020: i) firm commitment, strong sense of responsibility and thorough understanding of the rectification requirements; ii) interaction between all levels of Party organizations to ensure implementation of rectification responsibility; iii) using clear standards and thorough study to identify the root causes of disorganization; and iv) differentiated measures for different types of situation and taking a long-term perspective to address weaknesses in rural work.

Keywords: Disorganized Village; Rectification; Basic-level Party organizations

Abstract: The paper summarizes Beijing's practices in improving Party conduct and moral integrity in "social sphere" (primarily urban sub-districts, urban communities, and New Economic and Social Organizations (NESOs)). This is done to ensure comprehensive and strict Party governance in all organizations and overcome challenges such as: i) ill-defined responsibilities; ii) diminishing "principal actor responsibility" down the Party organization hierarchy; iii) inadequate organizational system; iv) poor Party conduct and moral integrity in NESOs; and v) inflexible forms of education. The study goes on to provide remedial measures, including: i) improving institutions and mechanisms, ii) ensuring "principal actor responsibility", iii) enhancing organizational and capacity building, iv) developing new measures for NESOs, and v) diversifying the content and forms of education.

Keywords: Social Organizations; Basic Level; Party Conduct and Moral Integrity

Abstract: International talents have played an increasingly important role in supporting the innovation-driven development in Beijing Economic Technological Development Area (BDA) . Through a study of the area's talent development environment, the paper summarizes the good practices and challenges with regard to i) work mechanisms on international talents, ii) policy supports, iii) space for talent development, and iv) life services. Principles of Party leadership, resource integration and innovation are proposed to optimize talents' development environment. Meanwhile, the author proposes the following to build the area into a well-known destination for international talents: i) developing new mechanisms and institutions for talent management, ii) pooling global talent resources and creating an attractive environment, iii) creating new platforms for talent development, and iv) promoting smart management and improving services.

Keywords: International Talents; Environment Improvement; New Services

Abstract: A research group is set up by SASAC Beijing to study and advance Party building in SOEs outside Beijing. The study highlights good practices and identifies the following challenges: i) Party building not fully playing the consensus building function; ii) inadequate long-term planning; iii) incomplete organizational structure and inadequate Party member management; iv) lack of initiatives to respond to new circumstances; and v) imbalance among provinces, regions and enterprises. The study suggests: i) standing high and enhancing awareness, ii) improving coordination and providing guidance, iii) consolidating basis and ensuring Party presence, iv) building a competent team, and v) innovation in Party building to ensure vitality.

Keywords: SOEs Outside Beijing; Party Building, Team Building

Ⅴ Featured Cases of Party Building

Ⅵ Appendix

皮书起源

“皮书”起源于十七、十八世纪的英国，主要指官方或社会组织正式发表的重要文件或报告，多以“白皮书”命名。在中国，“皮书”这一概念被社会广泛接受，并被成功运作、发展成为一种全新的出版形态，则源于中国社会科学院社会科学文献出版社。

皮书定义

皮书是对中国与世界发展状况和热点问题进行年度监测，以专业的角度、专家的视野和实证研究方法，针对某一领域或区域现状与发展态势展开分析和预测，具备原创性、实证性、专业性、连续性、前沿性、时效性等特点的公开出版物，由一系列权威研究报告组成。

皮书作者

皮书系列的作者以中国社会科学院、著名高校、地方社会科学院的研究人员为主，多为国内一流研究机构的权威专家学者，他们的看法和观点代表了学界对中国与世界的现实和未来最高水平的解读与分析。

皮书荣誉

皮书系列已成为社会科学文献出版社的著名图书品牌和中国社会科学院的知名学术品牌。2016 年，皮书系列正式列入“十三五”国家重点出版规划项目；2013~2018 年，重点皮书列入中国社会科学院承担的国家哲学社会科学创新工程项目；2018 年，59 种院外皮书使用“中国社会科学院创新工程学术出版项目”标识。

中国皮书网

（网址：www.pishu.cn）

发布皮书研创资讯，传播皮书精彩内容
引领皮书出版潮流，打造皮书服务平台

栏目设置

关于皮书：何谓皮书、皮书分类、皮书大事记、皮书荣誉、
皮书出版第一人、皮书编辑部

最新资讯：通知公告、新闻动态、媒体聚焦、网站专题、视频直播、下载专区

皮书研创：皮书规范、皮书选题、皮书出版、皮书研究、研创团队

皮书评奖评价：指标体系、皮书评价、皮书评奖

互动专区：皮书说、社科数托邦、皮书微博、留言板

所获荣誉

2008年、2011年，中国皮书网均在全国新闻出版业网站荣誉评选中获得“最具商业价值网站”称号；

2012年，获得“出版业网站百强”称号。

网库合一

2014年，中国皮书网与皮书数据库端口合一，实现资源共享。

中国社会发展数据库（下设 12 个子库）

全面整合国内外中国社会发展研究成果，汇聚独家统计数据、深度分析报告，涉及社会、人口、政治、教育、法律等 12 个领域，为了解中国社会发展动态、跟踪社会核心热点、分析社会发展趋势提供一站式资源搜索和数据分析与挖掘服务。

中国经济发展数据库（下设 12 个子库）

基于“皮书系列”中涉及中国经济发展的研究资料构建，内容涵盖宏观经济、农业经济、工业经济、产业经济等 12 个重点经济领域，为实时掌控经济运行态势、把握经济发展规律、洞察经济形势、进行经济决策提供参考和依据。

中国行业发展数据库（下设 17 个子库）

以中国国民经济行业分类为依据，覆盖金融业、旅游、医疗卫生、交通运输、能源矿产等 100 多个行业，跟踪分析国民经济相关行业市场运行状况和政策导向，汇集行业发展前沿资讯，为投资、从业及各种经济决策提供理论基础和实践指导。

中国区域发展数据库（下设 6 个子库）

对中国特定区域内的经济、社会、文化等领域现状与发展情况进行深度分析和预测，研究层级至县及县以下行政区，涉及地区、区域经济体、城市、农村等不同维度。为地方经济社会宏观态势研究、发展经验研究、案例分析提供数据服务。

中国文化传媒数据库（下设 18 个子库）

汇聚文化传媒领域专家观点、热点资讯，梳理国内外中国文化发展相关学术研究成果、一手统计数据，涵盖文化产业、新闻传播、电影娱乐、文学艺术、群众文化等 18 个重点研究领域。为文化传媒研究提供相关数据、研究报告和综合分析服务。

世界经济与国际关系数据库（下设 6 个子库）

立足“皮书系列”世界经济、国际关系相关学术资源，整合世界经济、国际政治、世界文化与科技、全球性问题、国际组织与国际法、区域研究 6 大领域研究成果，为世界经济与国际关系研究提供全方位数据分析，为决策和形势研判提供参考。

法律声明

“皮书系列”（含蓝皮书、绿皮书、黄皮书）之品牌由社会科学文献出版社最早使用并持续至今，现已被中国图书市场所熟知。“皮书系列”的相关商标已在中华人民共和国国家工商行政管理总局商标局注册，如LOGO（）、皮书、Pishu、经济蓝皮书、社会蓝皮书等。“皮书系列”图书的注册商标专用权及封面设计、版式设计的著作权均为社会科学文献出版社所有。未经社会科学文献出版社书面授权许可，任何使用与“皮书系列”图书注册商标、封面设计、版式设计相同或者近似的文字、图形或其组合的行为均系侵权行为。

经作者授权，本书的专有出版权及信息网络传播权等为社会科学文献出版社享有。未经社会科学文献出版社书面授权许可，任何就本书内容的复制、发行或以数字形式进行网络传播的行为均系侵权行为。

社会科学文献出版社将通过法律途径追究上述侵权行为的法律责任，维护自身合法权益。

欢迎社会各界人士对侵犯社会科学文献出版社上述权利的侵权行为进行举报。电话：010-59367121，电子邮箱：fawubu@ssap.cn。

社会科学文献出版社